DEBUT D'UNE SERIE DE DOCUMENTS
EN COULEUR

JOURNAL
DU
SIÈGE D'ORLÉANS
1428-1429

AUGMENTÉ DE PLUSIEURS DOCUMENTS

NOTAMMENT

DES COMPTES DE VILLE
1429-1431

PUBLIÉ PAR

Paul CHARPENTIER et Charles CUISSARD

MEMBRES DE LA SOCIÉTÉ ARCHÉOLOGIQUE ET HISTORIQUE DE L'ORLÉANAIS
ET DE LA SOCIÉTÉ D'AGRICULTURE, SCIENCES, BELLES-LETTRES ET ARTS
D'ORLÉANS

ORLÉANS
H. HERLUISON, LIBRAIRE-ÉDITEUR
17, RUE JEANNE-D'ARC, 17

—

1896

DES MÊMES AUTEURS :

Histoire du Siège d'Orléans, 1428-1429. — Mémoire inédit de M. l'Abbé Dubois. — Orléans, H. Herluison, 1894, in-8º de 445 pages, avec plan.

Répertoire général bio-bibliographique du département du Loiret. — Orléans, H. Herluison, 1896, 5 vol. in-8 (*sous presse*).

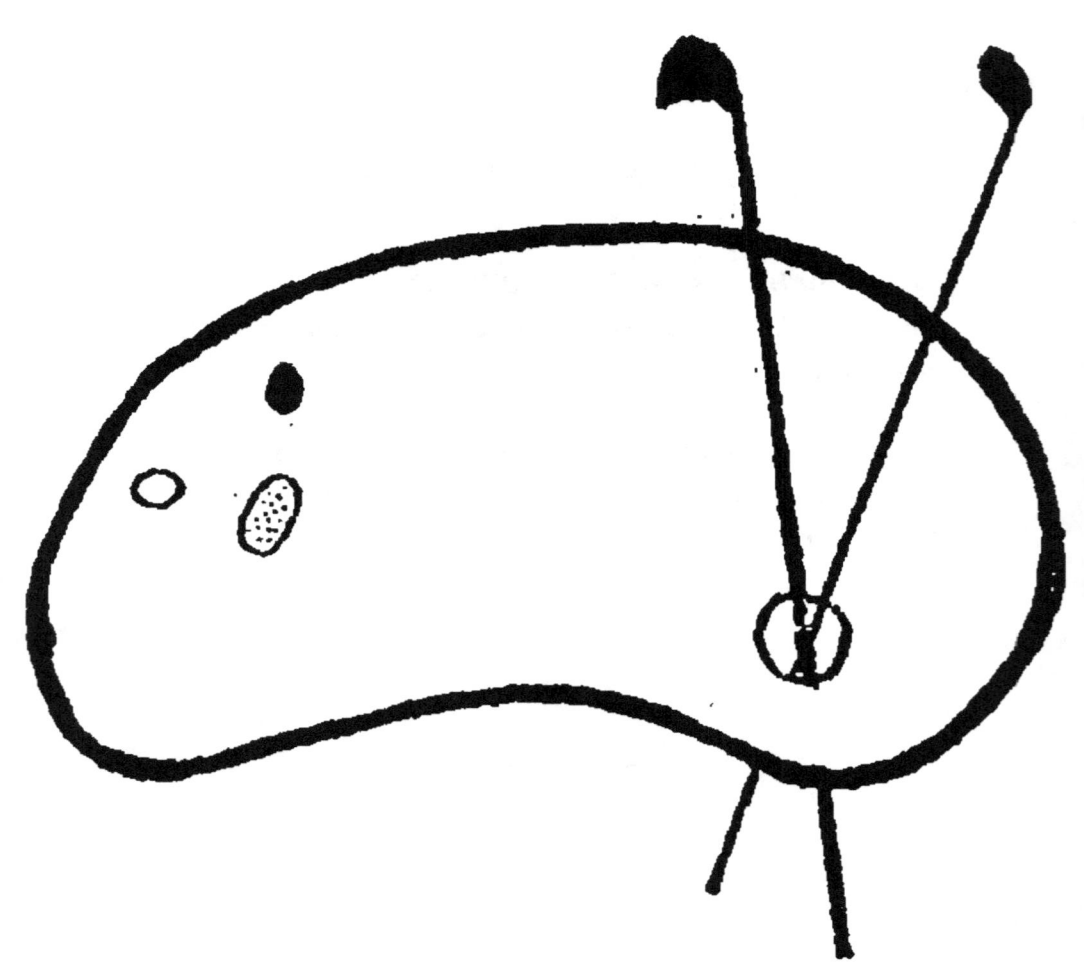

FIN D'UNE SERIE DE DOCUMENTS
EN COULEUR

JOURNAL

DU

SIÈGE D'ORLÉANS

1428-1429

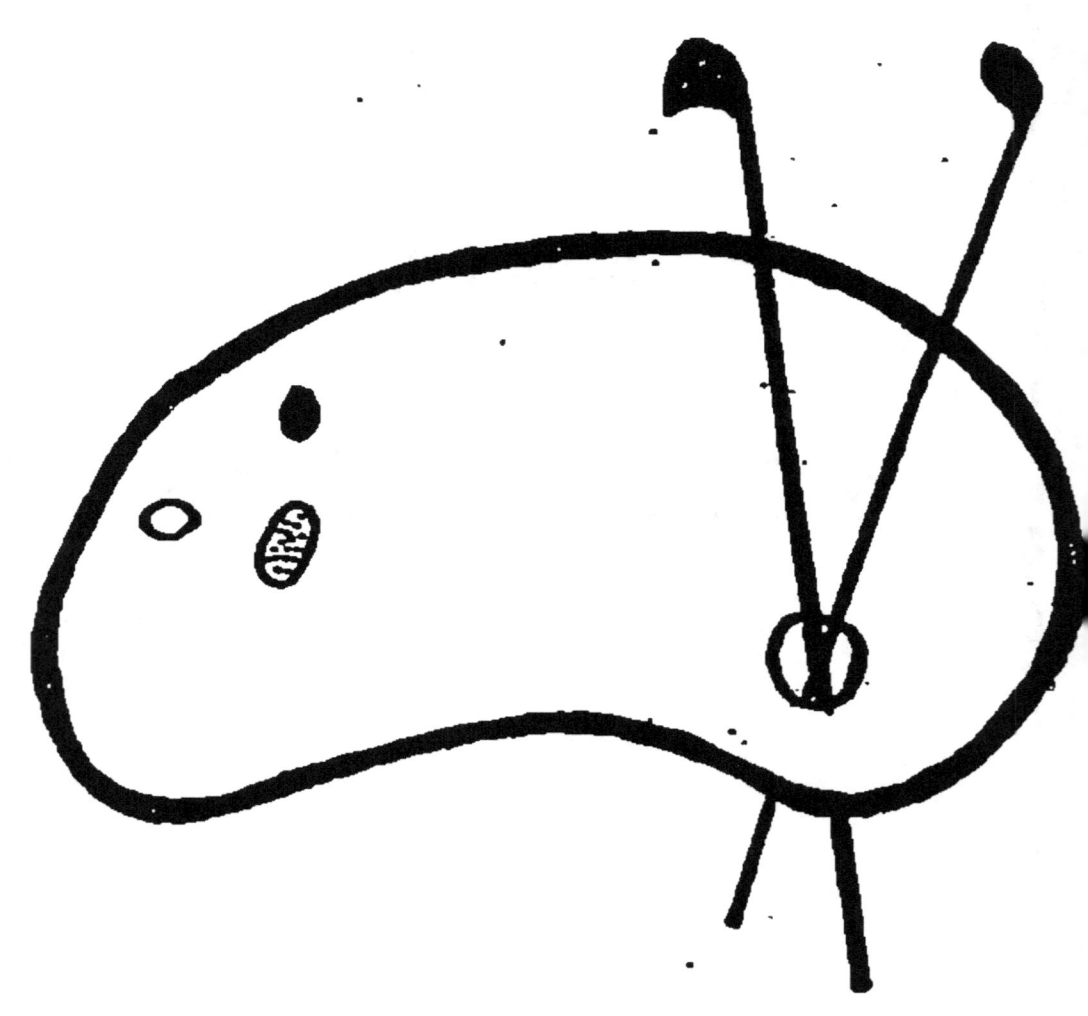

ORIGINAL EN COULEUR
NF Z 43-120-8

JOURNAL

DU

SIÈGE D'ORLÉANS

1428-1429

AUGMENTÉ DE PLUSIEURS DOCUMENTS

NOTAMMENT

DES COMPTES DE VILLE

1429-1431

PUBLIÉ PAR

Paul CHARPENTIER et Charles CUISSARD

MEMBRES DE LA SOCIÉTÉ ARCHÉOLOGIQUE ET HISTORIQUE DE L'ORLÉANAIS
ET DE LA SOCIÉTÉ D'AGRICULTURE, SCIENCES, BELLES-LETTRES ET ARTS
D'ORLÉANS

ORLÉANS

H. HERLUISON, LIBRAIRE-ÉDITEUR

17, RUE JEANNE-D'ARC, 17

—

1896

PRÉFACE

Il n'est personne, en France, qui ne connaisse l'histoire du mémorable siège que soutint Orléans contre les Anglais depuis le 12 octobre 1428 jusqu'au 8 mai 1429 ; mais on ignore, généralement, qu'il existe un mémorial de ce siège racontant, jour par jour, les diverses péripéties de cette lutte, dont la fin fut le triomphe de notre patrie et la gloire immortelle de Jeanne d'Arc. Ce livre d'or relate, en effet, l'arrivée des troupes anglaises et françaises accourues pour s'emparer d'Orléans ou pour le défendre, les noms des généraux et des vaillants capitaines qui les commandaient, les assauts quotidiens, les luttes journalières ; il montre surtout l'héroïque résistance des habitants de cette ville, qui, pour assurer le salut de leur cité, n'hésitèrent pas à détruire leurs maisons, leurs églises, leurs faubourgs, « qui estoient les plus beaulx de ce royaume. Mais ce non obstant, les abbattirent et bruslèrent les Françoys de la garnison, et ce par le vouloir et ayde des citoyens d'Orliens, affin que les Anglois ne s'y peussent loger, par ce qu'ilz eussent esté fort préjudiciables à la cité. »

L'histoire de cette lutte de sept mois ne pouvait demeurer dans l'oubli et le récit nous en a été conservé dans un ouvrage qui doit être regardé comme le *Journal du siège d'Orléans.* La lecture de ce livre offre un véritable intérêt non pas seulement pour les Orléanais, mais encore pour tous les Français, qui aiment Jeanne d'Arc, et qui donc pourrait ne pas aimer la Pucelle d'Orléans ! Chacun trouvera dans cet ouvrage la réalisation des deux œuvres principales de la mission de Jeanne : faire lever le siège d'Orléans, conduire le roi à Rheims et y être sacré (1).

---

(1) Sur la mission de Jeanne d'Arc, voir les deux ouvrages remarquables du R. P. Ayroles : *Jeanne d'Arc sur les autels,* 2ᵉ édition, pp. 116-117 ; *la Pucelle devant l'Église de son temps,* pp. 654-655. (Paris, Gaume).

Notre Journal ne se borne donc pas au récit des événements accomplis à Orléans ; il raconte encore la prise de Jargeau, la bataille de Patay et conduit la Pucelle jusqu'à Saint - Denis et à Bourges. La narration s'étend du 12 octobre 1428, à la fin de septembre 1429. Nous avons cru qu'il y aurait quelque intérêt à publier de nouveau cet ouvrage si peu connu, dont l'importance n'échappera à personne, quand nous aurons fait son historique, recherché son auteur, et montré qu'il fut composé par un Orléanais témoin du siège et contemporain des événements.

I

La première mention du *Journal du Siège* se trouve dans le manuscrit 451, d'Orléans, contenant des notes de Jousse, sur l'édition de 1576. On y lit, à la page 3, l'extrait suivant du compte de ville de 1466 : « Payé 11 s. parisis à P. Soubsdan, clerc, pour avoir escript en parchemin la manière du siège tenu par les Anglois devant la ville d'Orléans en 1428 et 1429. » Ce Pierre Soudan, dont le père, nommé Philippot Soudan, est compté, par l'abbé Dubois, parmi les courageux citoyens qui se distinguèrent durant le siège, était donc Orléanais ; il vivait encore en 1468, car on lit, à cette date, dans le Compte de commune, qu'on a « payé 5 s. 4 d. à Pierre Soubsdan, notaire en cour d'Église pour avoir doublé (copié) des mémoires relatifs à la troisième enceinte de la ville et avoir mis au net certains articles qui y ont été ajoutés. »

Le *Journal* est donc antérieur à l'année 1466. Nous ne savons ce qu'est devenue cette copie dont l'original était conservé dans nos archives. Mais « le P. Thoulouze, chambrier de Saint-Victor, de Paris, rapporta à Edmond Richer, qu'il existait en cette abbaye un manuscrit contenant le *Journal du Siège*, qui avait été exécuté par les soins de Nicaise de Lorme, et précisa les faits jusqu'à lui expliquer comme quoi Nicaise avait entrepris ce travail en 1472, pendant qu'il était prieur d'une maison de leur ordre, appelée Bucy, à six lieues d'Orléans. » Ces paroles, empruntées à Quicherat, confirment ce qu'avait dit Malingre (*Antiquités de Paris,* p. 465) : « Nicaise de Lorme, étant prieur de Bussy-le-Roy, l'an 1472, fit escrire l'histoire du *Siège d'Orléans* et le procez de la Pucelle, tant en accusation qu'en justification, qui se garde encore en la librairie de Saint-Victor. »

Cette copie, faite sur l'original d'Orléans, et cotée autrefois 285, est conservée aujourd'hui à la Bibliothèque nationale sous le n° 14665 ; elle a pour titre : « *Petit traictié par manière de croniques, contenant en brief le siège mis par les Angloys devant la ville d'Orléans, et les saillyes, assaulx et escarmouches qui durant le siège y furent faictes de jour en jour; la venue et vaillans faictz de Jehanne la Pucelle, et comment elle en feist partir les Anglois et enleva le siège par grace divine et force d'armes, 1428.* »

Au second folio, on lit ces mots : « *Iste liber est S. Victoris Parisiensis, quem fecit fieri frater Nicasius de Ulmo, abbas hujus ecclesiæ.* »

C'est sur cette copie qu'a été faite la transcription du *Journal du Siège*, de la Bibliothèque de Genève (mss. fr. n° 86), et dont l'exemplaire a été donné par J.-J. Rousseau. (Cf. Senebier, *Catalogue de la Bibliothèque de Genève*, p. 360.) Elle appartient au commencement du XVIe siècle.

Un autre manuscrit, portant le nom de Ms. d'Urfé, signalé par Quicherat et qui se trouve encore à la Bibliothèque nationale, contient aussi ce *Journal*, datant de la même époque que le précédent.

Longtemps on a cru que ces trois copies étaient les seules qui existassent ; mais, au Vatican, dans le ms. 891 du fonds de la reine Christine, se trouve une nouvelle copie de cet ouvrage. Le volume qui la contient, porte, à droite et en haut du premier feuillet, la marque bibliographique (R. 49) de Paul Petau, acquéreur d'une partie des manuscrits de Saint-Benoît-sur-Loire. Cette indication permet de supposer avec vraisemblance que cette copie fut faite ou sur l'original conservé à Orléans, ou sur le manuscrit de Soudan.

La Bibliothèque impériale de Saint-Pétersbourg possède à son tour, sous le n° 86 Z, une cinquième copie du *Journal*, dont le titre, ainsi que celui du Vatican, ressemble presque entièrement à l'énoncé du ms. de Saint-Victor. M. Boucher de Molandon a parlé de l'origine et du contenu de ces deux derniers manuscrits dans le t. XVIII, p. 251, des *Mémoires de la Société archéologique de l'Orléanais*.

Ces cinq manuscrits reproduisent un récit identique dans le fond, bien qu'un peu différent pour la forme. Ils ne tardèrent pas à être employés.

Celui que possédaient les Archives d'Orléans fut mis à contribution dans le *Mystère du Siège d'Orléans*, dont l'auteur est très probablement Jacques Millet, étudiant ès-lois dans notre Université, en 1542 (*Étude sur le Mystère du Siège d'Orléans*, par H. Tivier, Paris 1868); car la copie unique jusqu'ici connue de ce vaste poème, conservée à Rome, provient encore de la Bibliothèque de Saint-Benoît. Cette pièce, dit Quicherat (t. V. p. 79), n'est autre chose que le *Journal du Siège*, avec une exposition empruntée à la *Chronique de la Pucelle* (1).

Vers l'année 1516, Valerandus Varanius publia un poème latin en quatre chants, sous ce titre : « *De Gestis Joanne, virginis France, egregie bellatricis, libri quattuor. Venumdatur Parisiis à*

---

(1) Un ouvrage assez rare est le suivant : *L'histoire tragique de la Pucelle de Dom-Remy aultrement d'Orléans, nouvellement départie par actes et représentée par personnages*, par le P. Fronton du Duc, représentée à Pont-à-Mousson le 7 septembre 1580 et publiée par Barnet en 1581 ; Nancy, par la Vefve Jean Janson. Rééditée en 1859 par Durand de Lançon. Paris, in-8º.

Johanne de Porta in clauso Brunelli sub signo cathedre commorante. » Dans la dédicace au cardinal d'Amboise, datée du 10 des calendes de novembre 1516, l'auteur affirme qu'il a composé son récit d'après le manuscrit de Saint-Victor et renvoie à cette précieuse autorité celui qui aimerait à connaître plus à fond l'histoire de Jeanne d'Arc et les détails du siège d'Orléans. « *Si quempiam delectet plenius historiam nosse, ex cœnobio S. Victoris Parisiensis librum repetat, quem aliquot dies mutuatus sum, ubi abunde ex fori judiciarii ordine omnia quæ transcripsi digeruntur.* »

Dans quelques vers, qui terminent son ouvrage, il remercie l'abbé de Saint-Victor qui lui a prêté ce manuscrit.

> ...*Nostra tibi grates exolvit musa, quod hujus*
> *Historiæ nobis (te duce) aperta via est.*

Le poème de V. Varanius fut réimprimé parmi les *Opera de memorabilibus et claris mulieribus* publié à Paris, en 1521, in-fol., par Ravisius Textor. L'édition de la Bibliothèque d'Orléans, D 1284, a perdu les feuillets K III — L III. L'abbé Dubois ne semble pas avoir connu cet ouvrage et, cependant, le monastère de Bonne-Nouvelle en possédait un exemplaire, qui est, aujourd'hui, dans notre dépôt littéraire.

En 1560, Louis Micqueau publiait l'histoire du siège d'Orléans et le récit des merveilleux exploits de Jeanne d'Arc, avec ce titre : « *Aurelianae urbis anglicana obsidio et simul res gestae Joannae Darciae, vulgo Puellae Aurelianensis, autore Joanne Lodoico Micquello, juventutis Aurelianae moderatore. Aureliae, 1560, apud Trepperel, et Parisiis apud Wechel.* » Né à Reims, vers 1530, il vint à Orléans, en 1557, où « on le fit chef d'un des collèges de l'Université, qu'on nommait le collège de Champagne (Dom Gérou, t. Ier, p. 348) » et où il prononça, en 1558, un discours qui nous a été conservé *(De constituenda apud Aurelias juventutis disciplina. Aureliæ, in-8°)*.

Dans l'épitre dédicatoire adressée au cardinal de Lorraine, Micqueau affirme qu'il a composé son ouvrage sur des manuscrits français conservés à Orléans; cependant, l'abbé Dubois (p. 25) montre que sa narration, dont le fond est vrai, a été revêtue de tant de circonstances puisées dans son imagination, qu'il lui a fait perdre la majeure partie de son mérite. C'est pour cette raison que le savant Orléanais, Gentien Hervet, au jugement duquel Micqueau avait soumis son ouvrage, s'empressa de le féliciter, tout en lui envoyant une page d'observations : « *Tuam de viragine historiam perlegi, quæ meo quidem judicio longe est dignissima quæ in lucem exeat. In ea autem legenda occurrerunt nonnulla quæ paulo diligentius consideranda censeo, ea una pagella subnotata, ad te mitto. Tui erit judicii videre num id temere fecerim. Vale.* » Cette lettre, datée de Cravant, ne fut peut-être pas du goût de Micqueau, qui, du reste, ayant embrassé le parti de la Réforme, se brouilla complètement avec G. Hervet, ainsi que l'indiquent certains pamphlets devenus assez rares : *Response aux invectives d'un maistre d'escolle d'Orléans qui se dit de Rheims*. Rheims, 1564, in-8°. — *Response au discours de G. Hervet, sur ce que les pilleurs, voleurs, et brusleurs d'église n'en veulent qu'aux prestres*, par J. L. Micqueau, maistre d'escole à Orléans, Lyon, 1564, in-8°. — *Deuxiesme response de*

J. L. Micqueau, maistre d'escole à Orléans, aux folles resveries, exécrables blasphèmes et erreurs mensongères de G. Hervet. Lyon, 1564, in-8°. — Cf. *Revue historique et littéraire de la Champagne*, n°ˢ des 11 et 15 novembre 1854).

Quoi qu'il en soit, cet ouvrage eut une seconde édition donnée par un médecin : « *Hoc opusculum, quod Aurelianæ Puellæ bellicam virtutem olim explicabat præconio Micquelli et pene intermortuum insignis medicus magistra manu nunc vivere jussit* », en 1632, à Paris chez Jacq. Dugast, *in-12°*. L'année précédente, le sieur Dubreton l'avait traduit en français, avec une dédicace aux maire et échevins d'Orléans, sous ce titre : *Histoire du siège d'Orléans et de la Pucelle.* Paris, 1631.

Jusqu'à cette époque, les Orléanais ne semblent pas s'être préoccupés du *Journal du Siège* ; du reste, le souvenir de Jeanne d'Arc vivait toujours dans leurs cœurs et la procession annuelle du 8 mai rappelait à leurs souvenirs la mémoire de leur délivrance. Mais les mauvais jours étaient venus avec les guerres de religion, la procession n'avait plus lieu, la statue de Jeanne d'Arc, élevée sur le pont par la reconnaissante générosité des dames orléanaises, avait été renversée par les soldats huguenots. La ville d'Orléans, redevenue cité royale et catholique, répara promptement ses ruines, rétablit la fête annuelle, et, non contente de faire revivre Jeanne d'Arc « par sa remembrance de bronze, » voulut aussi laisser à la postérité un mémorial de sa gratitude.

Saturnin Hotot, libraire et imprimeur de la ville, ayant manifesté le désir de publier le *Journal du Siège*, le maire et les échevins chargèrent l'avocat Nicolas Rousseau de leur adresser un rapport à ce sujet. Celui-ci s'exprimait ainsi : « Maintes proüesses et exploitz chevaleureux périroient comme enseveliz ès ténèbres d'oubliance, si la clarté de l'histoire ne les remettoit en lumière. C'est pourquoy j'ay trouvé fort à propos le desseing de vostre Imprimeur de retirer de vostre trézor et publier à la congnoissance d'un chacun le vray discours de ce qui s'est passé soubs la conduite de la Pucelle d'Orléans contre les ennemis héréditaires de ce royaume, rafraischissant par ce moien sa mémoire presque éteincte. »

Muni du privilège royal en date du 20 juillet 1576, fort de l'approbation de M. Rousseau, du 15 septembre de la même année, Saturnin Hotot conclut avec la ville un traité par lequel il s'engageait à lui fournir un certain nombre d'exemplaires du *Journal du Siège*, et dont les détails se lisent dans l'article suivant du Compte de forteresse. « Payé à Saturnin Hotot, imprimeur de la ville, la somme de 30 l. tournois, pour avoir, par lui, suivant le marché de ce faict, imprimé le livre de la Pucelle et en avoir délivré trente livres, dont il y a deux imprimés en parchemin, pour mettre au trésor de ladite ville, par marché signé Fleureau et Rousselet, deux des échevins, en date du 8 dudit mois d'octobre 1576, et quittance dudit Hotot, signée de luy et de Dubois notaire. » (*L'Abbé Dubois*, p. 61.)

Cet ouvrage, nommé plus haut *Livre de la Pucelle*, porte dans l'édition de S. Hotot un long titre dans le genre de ceux qui furent publiés à cette époque (Voir Brunet, *Discours au vray*, etc.) :

« L'histoire et discours au vray du siège qui fut mis devant la ville d'Orléans par les Anglois, le mardi XIIe jour d'octobre M.CCCC.XXVIII. régnant alors Charles VII. de ce nom Roy de France. Contenant toutes les saillies, assaults, escarmouches et autres particularitez notables qui de jour en jour y furent faictes ; avec la venue de Jeanne la Pucelle, et comment par grâce divine et force d'armes, elle feist lever le siège de devant aux Anglois. Prise de mot à mot, sans aucun changement de langage, d'un vieil exemplaire escript à la main en parchemin, et trouvé en la maison de ladicte ville d'Orléans. Plus un Écho contenant les singularités de ladicte ville par M. Léon Trippault, conseiller en icelle ville. »

Les deux exemplaires sur parchemin, qui devaient être déposés dans les archives de la ville, en ont disparu à une époque impossible à déterminer : l'un se trouve à la Bibliothèque nationale, avec le n° 2807 (*Inventaire alphabétique des livres sur vélin.* Paris 1877) ; l'autre, croyons-nous, est conservé au British Museum.

Cette édition de 1576 ne fait pas honneur aux presses de S. Hotot, car chaque page donnerait lieu à une foule de corrections typographiques ; cependant, les exemplaires étant devenus rares, les bibliophiles se les disputent avec acharnement dans les ventes où on les rencontre.

Aussi Olivier Boynard et Jean Nyon, imprimeurs à Orléans, crurent-ils utile d'en donner une seconde édition, en 1606, avec quelques additions et des caractères plus soignés, bien que souvent encore défectueux. Ils y joignirent une gravure de Léonard Gauthier, représentant la Pucelle, d'après un tableau de la mairie d'Orléans, daté de 1581.

Nous ne savons si ces mêmes libraires firent un second tirage de cette édition ; mais Denis Godefroy (*Histoire de Charles VII*, p. 853) cite, comme étant extrait du *Journal du Siège*, un passage qui ne s'y rencontre point (*L'abbé Dubois*, p. 55).

Une troisième édition parut à Lyon, chez Larjot, en 1619, avec ce titre : « La vie et la mémorable mort de la Pucelle d'Orléans, contenant au vrai l'histoire de ladite ville assiégée par les Anglois, le 12 octobre 1428, sous Charles VII, roi de France, tirée d'un ancien manuscrit. » In-12.

A mesure que les éditions se multiplient, les imprimeurs ajoutent de nouveaux détails sur Jeanne d'Arc. Telle est encore l'édition de 1621, qui se vendait à Orléans, chez Robert Hotot et Charles Rose, et à Rouen, en la boutique de Jacques Caillon. Dans les exemplaires de Rose, on oit une gravure sur cuivre, représentant la Pucelle montée sur un cheval de bataille et tenant une épée nue à la main et une vue perspective d'Orléans.

En 1622, Edme Briden en imprimait une cinquième édition que l'on trouvait à Orléans, chez le libraire Foucault (1).

Nos annalistes orléanais ne pouvaient passer sous silence un fait aussi important.

La Saussaye publiait, en 1615, ses *Annales ecclesiæ Aurelianensis,* et, à la page 587 de cet ouvrage, il racontait en abrégé le siège d'Orléans, renvoyant ceux qui désiraient des détails plus circonstanciés à un manuscrit conservé dans les archives de notre ville : « *Historiam fulsissimam istius obsidionis habemus ex archivis publicis civitatis Aurelian. antiquo idiomate gallico, cui consentiunt omnes annales antiqui.* » Ce manuscrit, quel était-il ? Nous ne savons, car La Saussaye ne le désigne pas autrement ; mais il existait encore au commencement et même au milieu du XVII° siècle.

---

(1) Vergnaud Romagnési, après avoir cité les éditions signalées, ajoute : « Il existe de cet ouvrage des exemplaires qu'on dit avoir été annotés, du temps de Symphorien Guyon, par son frère Jacques. » (*Histoire d'Orléans,* p. 253, note 1.)

En 1650, Symphorien Guyon écrivait à son tour en français une *Histoire de l'Église d'Orléans* et, à la page 183 du second volume, parlant du siège, il dit : « Cette histoire est tirée d'un vieil livre manuscrit, trouvé dans les archives de la maison de ville d'Orléans, et depuis imprimé à Orléans en vieil langage gaulois, selon la phrase de ce temps-là, duquel j'ay tiré le sens et la substance de l'histoire, retranchant quelques choses non nécessaires et y ajoutant quelques autres nécessaires qui avoient été omises. »

Quatre ans après, ce même auteur faisait un tirage à part de son *Histoire de Jeanne d'Arc* et le publiait sous ce titre : « La Parthénie Orléanoise, ou l'histoire mémorable de la ville d'Orléans assiégée par les Anglois et délivrée par une vierge envoyée de Dieu, tirée de l'*Histoire d'Orléans* de M. Symphorien Guyon, prestre orléanois. Orléans, Claude et Jacque Borde, 1654, pet. in-8 » (1).

(1) Ce volume assez rare, que ne possède pas la bibliothèque publique et qui nous a été aimablement communiqué par M. A. Basseville, érudit et bibliophile orléanais, contient d'abord un avant-propos de 4 pages « au lecteur amateur de la vérité de l'histoire » ; viennent ensuite 14 pages destinées à amener le récit du siège ; enfin, l'histoire du siège qui n'est que la reproduction de l'édition in-folio. Une particularité de ce petit volume, c'est que les vingt pre-

Nous arrivons à l'année 1739. A cette date, Barrois publiait à Orléans, une « Histoire du mémorable siège de la ville d'Orléans par les Anglois, commencé le 12 octobre 1428 et levé le 8 mai 1429, avec la vie de Jehan d'Orléans, comte de Dunois. In-8 de 93 p. et une dédicace aux maire et échevins d'Orléans. »

Enfin une nouvelle édition du Journal était donnée en 1841, par Quicherat ; A. Jacob en publiait une autre en 1855. Les deux dernières sont de notre érudit libraire, M. H. Herluison : l'une de 1867, in-12 ; l'autre de 1885, en caractères microscopiques.

L'abbé Dubois disait : « Le grand nombre d'éditions du *Journal du Siège* d'Orléans prouve combien les François ont toujours été curieux de connaître les principales circonstances d'un événement si mémorable. Cependant, cet ouvrage est assez rare, parce qu'on ne l'avoit couvert qu'en parchemin, pour en diminuer le prix, et que les

mières pages ne sont ni foliotées, ni paginées, mais ont seulement au bas le signe §, §§, etc. ; la pagination en chiffres arabes ne commence qu'à la page 21, qui est paginée 1. De sorte que l'ouvrage contient en réalité avec le titre et l'avant-propos 6 + 20 + 263 pages.

ignorants, qui sont malheureusement si nombreux, mettent au poivre tous les volumes couverts en parchemin, présumant qu'il n'est pas possible qu'ils contiennent des choses intéressantes » (p. 58).

Tel est l'historique de cet ouvrage.

Il nous reste à faire connaître l'époque de sa composition.

II

Tous les efforts de la science historique de Quicherat tendent à démontrer que le *Journal du Siège* n'a pu être rédigé, dans l'état où se présente cet ouvrage, qu'en l'année 1467. « Le manuscrit exécuté par Soudan était-il la transcription d'un exemplaire plus ancien, ou bien seulement la mise au net d'un travail achevé en 1467? Contre l'opinion jusqu'ici accréditée, je dois dire que la dernière de ces hypothèses est la seule admissible. » (T. IV, p. 95.)

De son côté, l'abbé Dubois (p. 61) ajoute:

« En 1466 (et non en 1467), les officiers municipaux d'Orléans faisoient un grand cas du *Journal du Siège*, puisqu'ils crurent devoir le faire copier sur parchemin pour le conserver plus longtemps. Or, la plupart avoient été témoins des événements rapportés dans ce journal, ou ils en avoient entendu parler à leurs parents dans le plus grand détail. On doit donc regarder ce journal non seulement comme l'ouvrage d'un historien contemporain, mais encore comme une pièce pour ainsi dire authentique, puisqu'elle a été approuvée par les officiers municipaux qui gouvernoient la ville, en 1466, et qui l'ont fait copier. »

La question, on le voit, devient assez intéressante à résoudre, et, pour la trancher, il importe d'étudier dans tous ses détails le *Journal du Siège*.

On peut distinguer en cet ouvrage deux parties essentielles, deux sortes d'événements, dont les uns concernent le siège, et les autres n'en sont que la conséquence immédiate et comme le complément indispensable.

§ 1. — Ce qui constitue le siège proprement dit remonte, tout le monde le reconnaît, à un mémorial quotidien tenu en présence des événements, et, quoi qu'en dise Quicherat, ce registre n'offrait point de lacunes. Les Comptes de ville que nous publions en appendice n'ajoutent aucun fait nouveau, aucun détail à ceux qu'a consignés l'auteur de ce mémorial. Nous avons parcouru les notes annoncées comme propres à développer certaines circonstances omises et nous n'y avons relevé aucune particularité remontant à cette source précieuse, et, si le *Journal* renferme tous les faits relatifs au siège, n'est-on pas en droit de conclure que sa rédaction première remonte à l'époque même du siège ?

Sans doute, il y a certains jours, certaines semaines où le mémorial garde le silence ; mais qui donc prouvera que ce vide devait être rempli ? D'ailleurs les armées en présence ne se livraient pas des assauts continuels, et, quand on lit des récits qui ne semblent pas se rattacher au siège, il est permis d'affirmer qu'il ne s'y rencontre aucune omission.

« Le jour de Noel, dit le journal, furent données et octroyées treves d'une partie et d'autre, durées deppuis neuf heures au matin jusques à trois heures apprez midy. Et ce temps durant, Glacidas et autres seigneurs du pays d'Angletere requisdrent au bastard d'Orléans et au seigneur de Saincte Sévère, mareschal de France, qu'ilz eussent une note de haulx menestriers, trompettes et clarons, ce qui leur fut accordé; et jouèrent les instrumens assez longuement, faisans grant mélodie. Mais si toust que les treves furent rompues, se print chacun garde de soy. »

« Le mardy, vingt deuxiesme de février, le conte de Suffort et les seigneurs de Talebot et d'Escales envoyèrent par ung hérault pour présent au bastard d'Orléans un plat plain de figues, roisins et dattes, en luy priant qu'il luy pleust envoyer à celluy conte de Suffort de la panne noire pour fourrer une robbe. Ce qu'il feist volontiers, car il lui envoya par le hérault mesme, de quoy le conte luy seut très grant gré. »

Ces deux récits, pris entre bien d'autres du même genre, prouvent que l'auteur du journal n'a négligé aucun de ces menus faits de détail qui charment le lecteur; mais ils montrent en même temps qu'il s'est bien gardé d'oublier les grands faits dignes de l'attention et propres à éclairer l'histoire.

Ce mémorial a été rédigé par un Orléanais, par un habitant de la ville, à l'époque même du siège.

Chacun sait que le notaire Guillaume Girault constatait la délivrance d'Orléans dans une de ses minutes et son témoignage nous a paru si plein d'intérêt et d'actualité que nous avons jugé à propos de reproduire ces impressions écrites le jour du sept mai.

Les événements mémorables accomplis durant ce siège de sept mois ne méritaient-ils pas d'être laissés à la postérité? Et qui pouvait mieux les faire connaître qu'un Orléanais ?

Il y a en effet certains détails qui prouvent que ce journal fut rédigé par un habitant de la ville. Un étranger n'aurait pas parlé d'une femme, nommée Belles, « demourant prez la poterne Chesneau », qui fut blessée par une pierre lancée par le gros canon Passe-Volant, et de trois autres Orléanais tués le 15 février et les 3 et 19 mars. La mort du prévôt Alain Dubey, survenue le 17 mars, eût passé inaperçue pour un autre.

Il n'aurait pas signalé ces combats singuliers qui eurent lieu, le 31 décembre et le 17 janvier ; plein d'impartialité, notre auteur n'hésite pas à dire qu'un des Anglais, nommé Robin Héron, s'acquit une grande gloire et que, dans une certaine escarmouche, un des étendards français tomba au pouvoir des ennemis. Seul un Orléanais pouvait raconter ce qui suit du célèbre couleuvrinier maître Jehan : « Pour mocquer les Angloys, se laissoit aucune fois cheoir à terre, faignant estre mort ou blecié et s'en foisoit porter en la ville. Mais il retournoit incontinent à l'escarmouche et faisoit tant que les Anglois le sçavoient estre vif en leur grant dommaige et desplaisir. 25 décembre. »

Est-il besoin de parler de l'énumération des troupes qui arrivaient chaque jour pour augmenter la résistance, des généraux accourus à la défense de la ville, des armes et des provisions de toutes sortes envoyées par les cités de France dans le but d'encourager ces nobles défenseurs ? Ces détails accusent une plume orléanaise, au service d'un homme intelligent, instruit, voulant consigner par écrit le souvenir des faits accomplis sous ses yeux.

Et quel est cet homme ? Nous avouons que son

nom demeurera à jamais dans l'oubli; aucune allusion, aucun indice, rien qui puisse prêter à une supposition. Tout ce qu'on est en droit de conclure avec quelque vraisemblance, c'est que l'ouvrage a été rédigé par un prêtre. Voici ce qu'on lit après la prise des Tourelles : « Louèrent Nostre Seigneur de cette belle victoire qu'il leur avoit donnée... Et aussi fut miracle de Nostre Seigneur faict à la requeste de sainct Aignan et sainct Evurtre, jadis évesques et patrons d'Orléans, comme assez en fut apparence, selon la commune opinion, et mesme par les personnes qui celuy jour furent amenez dedans la ville; l'un desquelz certiffia qu'à luy et à tous les autres Anglois des Tournelles et boulevarts sembloit, quand on les assailloit, qu'ilz véoient tant de peuples que merveilles et que tout le monde estoit là assemblé... »

Il serait facile de relever un grand nombre d'expressions du même genre, telles que « le jour de sainctes Pasques », « pasques clouses », « veille de pasques fleuries » ; après le combat meurtrier du 18 avril, « furent renduz les corps de chacun costé, si furent enterrez en terre sainte. »

Enfin, un témoin oculaire seul peut avoir saisi

pour ainsi dire sur le vif les sentiments intimes de la population. Lorsque, le 18 février, le comte de Clermont, à la tête de deux mille combattants, quitta la ville, sous prétexte d'aller trouver le roi, « ceulz d'Orléans les voyans partir, ne furent pas bien contens. » Au grand combat du 18 avril, « ceux de la ville ne furent pas sans grant dommaige, et bien y parut au retour, par le deuil que firent les femmes d'Orléans, plourans et lamentans leurs pères, maris, frères et parens, tuez et bleciez en icelle escarmouche. »

Le caractère des Orléanais est admirablement peint dans les lignes suivantes : « Combien que les bourgeois ne voulsissent au commencement et devant que le siège fust assiz souffrir entrer nulles gens de guerre dedens la cité, doubtant qu'ilz ne les voulsissent piller ou maistriser trop fort, toutes fois en laissèrent ilz aprez entrer tant qu'il y en vouloit venir, deppuis qu'ilz conneurent qu'ilz n'entendoient qu'à leur deffence et se maintenoient tant vaillanment contre leurs ennemis, et si estoient très uniz pour deffendre la cité, et pour ce les départoient entre eux, en leurs hostelz et les nourrissoient de telz biens que Dieu leur donnoit, aussi familièrement comme se ilz eussent esté leurs propres enfans. »

Il fallait avoir vu l'enthousiasme des Orléanais à l'entrée de la Pucelle pour assurer qu'« ilz la regardoient moult affectueusement, tant hommes, femmes que petiz enfans. Et y avoit moult merveilleuse presse à toucher icelle ou au cheval sur quoy elle estoit, tellement que ung de ceulz qui portoient les torches s'approcha tant de son estandart que le feu se print au panon. Pour quoy elle frappa son cheval des esperons et le tourna autant gentement jusques au panon, dont elle en esteignit le feu comme se elle eust longuement suivy les guerres ; ce que les genz d'armes tindrent à grandes merveilles et les bourgeois d'Orléans aussi. »

Il est donc de toute certitude que le Journal fut rédigé par un Orléanais témoin des événements, ce qui constitue un vrai mémorial.

Toutefois une lecture attentive de cet ouvrage fait découvrir dans cette première partie, relative au siège proprement dit, certains détails qui doivent avoir été ajoutés après coup ; ce sont ceux qui concernent la Pucelle avant son arrivée à Orléans. Ils peuvent être retranchés sans nuire au récit, et leur rédaction même laisse soupçonner l'interpolation.

Après le 8 février, se trouve la première mention de Jeanne : « Environ ces jours avoit une pucelle, nommée Jehanne... » Sa connaissance de la défaite des Harengs, le dimanche 13 février, son arrivée à Chinon, le 17 du même mois, commençant, ainsi que nous l'avons vu plus haut, par ces mots : « Environ ces jours arriva dedens Chinon... », ne font pas partie du mémorial. L'auteur lui-même en prévient. « Combien, dit-il, que toutes les choses déclarées en iceluy chapitre se feirent à plusieurs fois et par divers jours, mais je les ai cy ainsi couchées pour cause de briefveté. » Ces paragraphes, ainsi que plusieurs autres que nous avons indiqués par des crochets, n'existaient certainement pas dans le Journal ; mais leur addition semble presque s'imposer pour la clarté des événements, et on ne concevrait pas ce Journal autrement. Est-ce à dire que, dans la rédaction primitive, il ne fut pas question des bruits qui couraient relativement à l'arrivée d'une jeune fille se disant appelée de Dieu pour délivrer Orléans ? Personne ne pourrait affirmer le contraire, et la mention de Jeanne s'impose d'elle-même dans le cours du récit ;

elle forme une sorte de répit, de même qu'elle devint pour les assiégés un encouragement à la résistance et une douce consolation au milieu de leurs ennuis.

Il y aurait encore d'autres observations à faire au sujet de quelques expressions insérées dans ce mémorial : nous les examinerons bientôt.

Telle est cette première partie du Journal relatant le siège proprement dit, et tout esprit non prévenu reconnaîtra sans peine qu'elle fut rédigée au jour le jour par un témoin oculaire, par un Orléanais, qui a vu se dérouler sous ses yeux les diverses péripéties de ce grand drame appelé le siège d'Orléans. Jeanne avait rempli le premier point de sa mission, et la ville délivrée conservera toujours le souvenir de son nom que l'histoire reconnaissante associera sans cesse à celui de la cité, devenue le seul boulevard de la patrie.

§ 2. — Mais la reconnaissance imposait un autre devoir aux Orléanais; il fallait suivre la Pucelle jusqu'à Reims et montrer que les Anglais avaient abandonné toutes les villes de notre province. C'est le but que se propose l'auteur du Journal dans la seconde partie de son récit.

xxx

Désormais le lecteur ne doit plus s'attendre à trouver un récit des événements avec tous ces détails qui font l'attrait de la première partie ; l'action de Jeanne d'Arc se précipite avec une rapidité merveilleuse, et, à la suivre dans la variété de ses opérations militaires, on dirait véritablement qu'elle a hâte de terminer sa mission, pour rejoindre la maison paternelle et reprendre ses occupations de jeune fille. Aussi l'auteur, pénétré de cette pensée, raconte brièvement les faits accomplis, sans cependant négliger certaines circonstances propres à intéresser. On lit avec plaisir les prises de Jargeau et de Baugency, la bataille de Patay, le sacre du roi, l'assaut inutile de Paris ; Courtenay, Château-Renard, Montargis et Gien, sont au pouvoir royal. Le Journal se termine par ces mots : « ... Fais fin par son octroy divin à celluy présent et très compendieux traitié, préintitulé du siége d'Orléans, mis par les Anglois et de la venue et vaillans faictz de Jehanne la Pucelle, et comment elle les en feist partir et feist sacrer à Reins le roy Charles septiesme, par grâce divine et force d'armes. »

On voit que ces expressions concordent avec le titre donné par tous les manuscrits.

Mais cette seconde partie, qui intéresse notre ville moins directement, appartient-elle encore à un Orléanais contemporain des événements qui y sont racontés, ou bien a-t-elle été inspirée par d'autres récits ; autrement dit, l'auteur du Journal ne mérite-t-il que le titre de compilateur ? Avouons, sans hésiter, que la question devient fort embarrassante, car nous avons à lutter contre des historiens d'un grand mérite, dont l'opinion n'est point à dédaigner ; d'un autre côté, on nous reprochera peut-être de plaider *pro aris et focis*. Quoi qu'il en soit, nous ne craignons pas d'avancer que le rédacteur de la première partie du Journal a composé aussi la seconde, sans avoir besoin du secours d'autres chroniqueurs.

Nous remarquerons d'abord que l'ouvrage offre une véritable unité de conception ; tout se suit et s'enchaîne et rien ne prouve une solution de continuité. C'est la même manière de raconter, la même forme de journal ; les événements se suivent sans interruption, avec plus ou moins de détails ; le rôle de Jeanne domine toujours et on sent que c'est elle qui agit et qui dirige tout. Le style seul varie et diffère de celui que l'on trouve dans la première partie ; beaucoup de répétitions de mots, d'expressions, qui, revenant sans cesse, fatiguent le lecteur. On voit que l'auteur se borne à raconter vite et brièvement, sans se préoccuper de la forme, et cependant on le suit avec un vrai plaisir, parce que les péripéties diverses de ce drame se déroulent au milieu d'une activité incroyable. Les assauts se multiplient, les villes se soumettent, l'ennemi fuit épouvanté, Jeanne triomphe malgré le roi dont le rôle est absolument nul. C'est donc le même écrivain qui a raconté le siège et qui nous énumère avec une joie véritable toutes les victoires de la Pucelle. Il semble que notre ville délivrée se réjouisse des actions éclatantes et des hauts faits que célèbre la plume du rédacteur.

Il y a donc unité de récit, par conséquent unité de conception, et si, comme nous l'avons montré, la première partie du Journal a été écrite par un contemporain, par un témoin oculaire, par un Orléanais, nous devons reconnaître qu'il en est de même pour la seconde.

Est-ce à dire que le récit soit entièrement de la

main d'un contemporain et que le Journal, tel qu'il nous a été conservé, ait été rédigé dans sa forme actuelle ? Hâtons-nous de reconnaître que certaines expressions donnent lieu de supposer une retouche postérieure aux événements.

En effet, dans douze endroits de l'ouvrage, on trouve la préposition *depuis* suivie d'un ou plusieurs mots et même de quelques phrases, qui, de toute évidence, ont été ajoutés après coup. On nous pardonnera de signaler ces additions :

Le 24 octobre, le comte de Salisbury est blessé, « pourquoy fut dict des lors et *depuis* aussi par plusieurs que c'estoit euvre divine. »

Le mercredi 27 du même mois : « Plusieurs dirent *depuis* que le comte de Salebris print telle fin par divin jugement de Dieu et le croient. »

Le jeudi 17 février... « desconfiture emprez Rouvraye Saint Denis que plusieurs ont *depuis* nommée la bataille des Harangs. »

Le 3 avril : « Et pour icelle escarmouche et autres que *depuis* firent devant Orléans les paiges françois estoit leur capitaine... Aymart de Puiseux. Lequel fut *depuis* nommé Capdorat par la Hire..., et bien le monstra *depuis* en plusieurs faicts d'armes tant en ce royaulme, comme en Allemaigne et ailleurs. »

Au siège de Reins : « Et *depuis* de leur consentement même s'en départirent. »

Ambroise de Loré « *depuis* prévost de Paris. »

Au siège de Paris : « Aucuns dirent *depuis* qu'il y avoit grant apparence qu'elle en fust venue à son vouloir. Plusieurs notables personnes se feussent mis, comme *depuis* feirent six ans après. »

« Le comte de Clermont, *depuis* duc de Bourbon *(cette expression se rencontre trois fois)*, et plusieurs autres seigneurs vaillans et de grant couraige, comme par avant, et lors et aussi *depuis* monstrèrent en leurs faicts. »

Or, il suffit de retrancher ces incises et l'on aura un récit contemporain. Trois d'entre elles indiquent une date postérieure aux événements : le comte de Clermont ne fut duc de Bourbon qu'en 1434 ; Ambroise de Loré devint prévôt de Paris après 1437 ; enfin, cet Aymart de Poisieu, gentilhomme dauphinois, sous la date du 3 avril 1429, « ne commença à faire figure que sous le règne de Louis XI ; on sait même, ajoute Quicherat, que, par la faveur de ce roi, il fut appelé, en

1466, au commandement général des francs archers d'une division comprenant l'Orléanais, n'est-ce pas à cette dignité qu'il doit les louanges qui lui sont données dans un livre écrit pour la ville d'Orléans ? Ainsi, d'après toutes les apparences, la rédaction du Journal du siège a devancé de très peu le travail de copie exécuté par le clerc Soudan. »

Cette conclusion du savant historien serait légitime, s'il s'était borné à dire que ces additions ont pu avoir été faites par Soudan ; mais, ainsi que nous l'avons montré, ces incises retranchées, reste le témoin oculaire.

On ajoute que plusieurs circonstances ont été empruntées au procès de réhabilitation et, par conséquent, que le récit où on les trouve, ne doit avoir été fait qu'après 1456. Mais ces détails, qui ne furent connus, dit-on, que par la déposition du Bâtard d'Orléans, ne pouvaient-ils pas l'avoir été longtemps auparavant ? Peut-on croire qu'il ne les ait point fait connaître à l'auteur de notre Journal, surtout sachant qu'on devait raconter les exploits de la Pucelle ? Et qui était plus apte à recevoir ces confidences qu'un habitant de cette ville, dont il portait le nom, ce nom qu'il conserva jusqu'en 1439 ? D'ailleurs, nous sommes portés à croire que l'épisode, où Jeanne eut un entretien secret avec le Bâtard, a été ajouté postérieurement. C'est la seule circonstance en laquelle notre auteur le nomme *Conte de Dunois*, c'est-à-dire « aux champs assez pres de Dampmartin en Gouelle » ; partout, avant comme après cette confidence, le Journal ne parle que du « Bastard d'Orléans ». Cette unique désignation ne doit pas tirer à conséquence.

III

Nous reconnaissons donc que des additions furent faites au récit primitif. Leur explication se présente d'elle-même. Le copiste, quel qu'il soit, peut-être même Soudan, le premier qui nous soit connu, a cru qu'il serait bon de consigner dans sa transcription ces détails ignorés au moment de la rédaction, et pour mieux montrer qu'ils étaient de son fait, il a employé cette expression *depuis*, signalée plus haut.

Du reste, les copies manuscrites qui nous restent portent avec elles la preuve palpable de certaines retouches, que l'on pourrait justement qualifier de maladroites.

Après avoir parlé des événements survenus « le mercredy neufiesme jour du mesme mois de febvrier, » et le « lendemain qui fust jeudy », l'auteur met « le vendredy neufiesme jour d'iceluy mois. » Il y a donc une erreur de copiste ; on doit lire « unziesme ».

Nous en trouvons une autre pour le jour du sacre. Au lieu de « le lendemain, qui fut dimenche septiesme jour de juillet », il faut lire « dix septiesme ».

Sans doute l'erreur est facilement explicable ; en supposant que les dates fussent écrites en chiffres romains, dans le premier cas, c'est xi au lieu de ix, dans le second cas, c'est l'omission de l'x qui a produit la faute. Signalons maintenant une nouvelle erreur produite par l'omission d'un i. Le lundi étant le 2 mai, le mercredi 4, le samedi ne pouvait se trouver le 6 et le dimanche le 7. En admettant encore la date en chiffre, on a samedi vij et dimanche viij, ainsi qu'écrivent nos Comptes de ville.

Mais il y a plus. « A la fin du mois de janvier 1429, dit l'abbé Dubois (p. 71), il y a quelques transpositions qu'on doit attribuer à la négligence des imprimeurs, qui, ayant omis plusieurs alinéas, n'ont pas voulu retoucher leur planche et se sont contentés d'insérer, sans ordre, ce qu'ils avoient omis. Ce sont ces transpositions qui ont fait dire à Berriat-Saint-Prix qu'on remarque dans le *Journal du Siège* le double emploi d'une semaine. » Or, cette faute, qui s'est glissée dans toutes les éditions imprimées, faute non signalée par Quicherat, se retrouve dans les quatre copies manuscrites.

Voici ce qu'on lit :

Le mardy 18ᵉ janvier...

Le mardy d'après (ce qui suppose le 25 janvier) ;

Le jeudy ensuivant, 27 ;

Le vendredy 28 ;

Le samedy ensuivant 29 ;

Le dimanche (sans quantième) ;

Le lendemain jour de lundy 24 ;

Le mercredy 26 ;

Le lendemain qui estoit samedi 29 ;

Le jour d'après qui fut dimenche (sans quantième) ;

Le lendemain jour de lundy 31 et dernier d'icelui mois de janvier.

Ces fautes de transposition doivent être ainsi corrigées :

Le mardi 18 ;

Le dimanche (sans quantième) 23 ;

Le lundi 24 ;

Le mardi d'après, 25 ;

Le mercredi 26 ;

Le jeudi ensuivant 27 ;

Le vendredi 28 ;

Le lendemain qui était samedi 29 ; et au lieu de « le samedy ensuivant 29, » dire le mesme samedy. »

Enfin, nous signalerons une grossière interpolation qui est plus qu'une maladresse et qui constitue une véritable erreur. Au 10 mars, il est dit : « D'autre part s'en allèrent les Anglois à Saint Loup d'Orléans et y commencèrent une bastille, tendans tous jours entretenir leur siège contre Orléans, pour lequel faire lever se mist sur les champs Jehanne la Pucelle..... et print congé du roy... » Or, Jeanne ne partit de Blois qu'à la fin du mois d'avril.

Autre bizarrerie. Après la prise de Baugency, on

lit : « ... ilz se hastèrent le plus qu'ils peurent..., tant que les Anglois n'eurent loisir d'aller jusques à Ienville *(ici une lacune dans tous les manuscrits)*, villaige en Beausse nommé Pathay. » Il y avait évidemment dans l'original un mot que le copiste n'a pu lire, « ils s'arrêtèrent à un ».

Or, ces fautes, reproduites dans tous les manuscrits, supposent un original défectueux, et, comme la copie la plus ancienne à date connue 1472, celle de Paris, a été prise vraisemblablement sur celle de Soudan de 1466 ; comme, en outre, il est de toute probabilité que le premier original ne contenait pas ces erreurs palpables, n'est-on pas en droit de reconnaître aussi que des additions, de quelque nom qu'on veuille les qualifier, ont pu et dû avoir été faites à une époque impossible à préciser ; par conséquent, le véritable original, privé de ces erreurs, de ces transpositions, de ces incises *depuis*, remonte à l'époque même des faits racontés et suppose un témoin oculaire, un rédacteur contemporain des événements.

A ces difficultés déjà grandes, les savants orléanais en ajoutent d'autres qui ne sont pas à dédaigner.

« Je puis assurer, dit l'abbé Dubois, qu'en copiant sur parchemin le *Journal du Siège*, Soudan s'est permis de substituer plusieurs mots nouveaux à ceux qui se trouvaient dans l'original. En 1428, on ne disait pas la ville d'*Orléans*, mais *Orliens*, la porte *Bannier*, mais *Bernier*, qui perdit ce nom en 1440; et je ne puis pardonner à Soudan d'avoir substitué le mot *Tournelles* à celui de *Tourelles*, qui est le seul qu'on trouve dans les comptes de ville de 1429 à 1576 (p. 65 et 66). » On pourrait ajouter *Regnart* au lieu de *Renart*.

Nous répondrons d'abord que le nom de notre ville pouvait être écrit *Orls* en abrégé, comme il se trouve dans beaucoup de comptes de l'année 1426, et que le copiste de 1466 a pu lire *Orléans*.

Ensuite, bien que les Orléanais aient toujours écrit officiellement, c'est-à-dire, dans leurs comptes de commune et de forteresse, *Orliens*, jusqu'à une époque assez tardive (1464 autant que nous avons pu suivre ce nom), M. L. Jarry a reproduit *(Histoire de la Cour-Dieu*, p. 176-177) des lettres de *Vidimus* qui commencent ainsi : « A tous ceulx qui verront ces présentes lettres, Jehan Poirier, prévost d'*Orléans*, salut..... », et qui se terminent par ces mots : « ...avons fait sceler ces lettres de *Vidimus* du scel de la prévosté d'*Orliens*. »

Voilà un Orléanais qui, le 28 novembre 1392, date de ces lettres, emploie les deux formes.

M. Bailly, dans son savant mémoire sur l'histoire et étymologie des mots « Orléans » et « Orléanais », publié dans les *Mémoires de la Société d'agriculture, sciences, belles-lettres et arts d'Orléans*, t. XIII, pp. 287-288, de la 3ᵉ série, constate, avec Mantellier, que des pièces tirées des archives de la ville fournissent *Orléans* de 1412 à 1446, conjointement avec la forme *Orliens*.

L'auteur du Journal avait donc le droit de choisir le mot qui lui convenait le mieux. Et Dunois ne signe-t-il pas toujours *Bastard d'Orléans* ?

Les deux autres formes reprochées par l'abbé Dubois s'expliquent de la même manière. Voici des textes formels.

« A Colin Thomas, charpentier, pour avoir fait amener ledit bois des forsbourgs de la porte *Banier* à lad. porte *Regnart*, vj. s. p. »

Ces expressions, tirées du 13ᵉ mandement du compte de forteresse des années 1424-1426, se retrouvent dans les mandements 18, 19, 22, 23 et

25 de la même date. Les années 1428-1430 donnent la porte *Bernier* et la porte *Renart*.

Quant au mot *Tourelles,* nous avouerons qu'il est généralement employé ; cependant, les mandements 18 et 26 des comptes de forteresse 1424-1426 donnent *Torelles*, et le mandement 49 du compte de forteresse 1428-1430 fournit *Tournelles*.

« A Collin Gallier, pour bailler à viij memeneuvres qui ont osté la terre de dessus le planchier des *Tournelles*..., à chacun ij s. p. — A luy, pour deux macons, lesquieulx ont osté et arrachié les pierres d'icelles *Tournelles* qui vouloient cheoir, viij s. p. »

Parlerons-nous de certaines expressions qui sentent le terroir orléanais, comme : « Les Anglois levoient des *charniers,* c'est des eschalas des vignes », « l'heure de fremer les portes », « les portes deffremans », c'est-à-dire fermer et ouvrir ; « gardant un peu de berbis qu'ilz avoient » ; « furent là que tuez que prins », c'est-à-dire tant tués que pris.

Nous sommes donc en présence d'un auteur orléanais, d'un contemporain des faits ; le Journal remonte donc à l'époque même du siège.

Tel n'est pas cependant le sentiment de plusieurs historiens qui lui donnent une origine plus moderne.

« Il me paraît certain, dit l'abbé Dubois (p. 75), que l'auteur de cet intéressant journal n'a accompagné la Pucelle que jusqu'au 15 août 1429, car il a puisé dans l' « *Histoire de la Pucelle* » tout ce qu'il rapporte de cette héroïne, depuis le 15 août jusqu'à la fin de septembre où il termine son ouvrage, parce que l'*Histoire de la Pucelle* finit à cette époque. » Et, comme preuve de ce qu'il avance, le savant abbé met en parallèle deux passages, empruntés l'un au journal, l'autre à l'*Histoire* ou *Chronique de la Pucelle*. L'argument n'est pas sérieux, car le contraire pourrait être prouvé de la même façon.

« Il s'en faut, dit à son tour Quicherat (t. IV, p. 203), que la *Chronique de la Pucelle* ait le caractère d'originalité qu'on lui attribue. Une partie de ce qu'elle contient sur la Pucelle n'est que la copie légèrement modifiée soit de Jean Chartier, soit du *Journal du Siège* paraphrasant Jean Chartier, de sorte que ces seuls emprunts en reculent la composition au delà de 1467. D'autres portions du récit sont faites après le procès de réhabilitation. L'auteur se met lui-même en avant, comme ayant ouï parler sur la matière des plus grands capitaines français, circonstance d'où il résulte que, si cet auteur (Guillaume Cousinot, deuxième du nom) écrivit postérieurement à celui du *Journal du Siège*, du moins il ne fut pas séparé de lui par un grand intervalle de temps, puisqu'il put connaître quelques-uns des capitaines contemporains de Jeanne d'Arc. D'ailleurs, à partir de la reddition de Troyes, le récit n'est plus qu'une copie de ce journal. »

De ces deux opinions contradictoires, il résulte que le journal et la *Chronique de la Pucelle* ont suivi Jean Chartier.

Vallet de Viriville apporte à son tour une troisième opinion.

« La chronique du chancelier Cousinot, qui porte le nom de *la Geste des nobles*, était précisément ce que nous appellerions la chronique officielle du duché d'Orléans. Elle devient, dès qu'elle a atteint la venue de la Pucelle, un mémoire étendu jusqu'à reproduire des documents entiers dans le texte de la narration (telle est, par exemple, la fameuse lettre écrite par la Pucelle aux Anglais), et s'arrête au 6 juillet 1429, puis le texte s'interrompt brusquement. Il n'est donc pas étonnant que les bourgeois ou les clercs d'Orléans, auteurs du journal, et même que le chroniqueur du roi, Jean Chartier, aient mis à contribution ce document, cette source d'information si bien faite pour correspondre aux sympathies de ces compilateurs et pour leur inspirer toute confiance. » *(Chronique de la Pucelle*, p. 20.)

Guillaume Cousinot succéda, dans la charge de chancelier du duc d'Orléans, à Jean Davy, entre le 23 février 1414 et le 22 avril 1415. Certains textes le désignent comme l'un des membres du conseil qui, sous la direction de Gaucourt et du bâtard d'Orléans, s'occupèrent activement de la défense de la place; ce fut dans sa maison que se décidèrent plus d'une fois les événements du siège; ce fut encore lui qui, après la victoire, régla, de concert avec Hémon Raguier, les dépenses de l'armée. Nos comptes de forteresse des années 1428-1430 mentionnent sa générosité et ses gages.

« A Maistre Guillaume Cousinot, chancelier de Monseigneur le duc d'Orliens, sur ce que la ville lui doit du temps des précédens procureurs, lxiiij l. p., 51ᵉ mandement.

« A Monseigneur le chancellier d'Orliens, pour le paiement de vj*ˣˣ* xvj l. à lui deues pour l'avaluement de *(blanc)* par lui prestez à ladicte ville sur laquelle somme lui a esté paié par ledit Hilaire soixante-quatre livres parisis, et cy pour le seurplus lxxij l. p. 53ᵉ mandement. »

Ce chancelier était admirablement placé pour voir les événements qui s'accomplissaient sous ses yeux, nous ne pouvons le nier; mais de cette circonstance s'ensuit-il d'abord qu'il ait écrit l'histoire que lui attribue Vallet de Viriville, la question demeure douteuse; en second lieu, en supposant même qu'il soit l'auteur de la *Geste des nobles*, sait-on à quelle époque fut composée cette narration; en troisième lieu, comment pouvait-il inspirer l'auteur du journal avec un récit aussi abrégé que celui qui nous a été conservé? Et ne pourrait-on pas affirmer, avec autant de vérité, en présence de tant de doutes, que c'est le journal qui lui a fourni les élements de son récit, puisque nous avons montré que notre mémorial était contemporain des événements.

Reste Jean Chartier qui seul paraît avoir fourni des renseignements à l'auteur du journal.

Ce chroniqueur royal de Saint-Denis entra en fonction le 10 novembre 1437 ; or, si l'on compare certains récits de cet historien avec la narration de notre journal, on trouve identité complète d'expressions, l'un des deux a dû copier l'autre ; quel est l'original ?

Deux suppositions se présentent : ou Chartier a écrit son histoire en visitant les lieux témoins des faits qu'il raconte, ou restant à Paris, il a compilé les documents mis à sa disposition. En ces deux cas, nous affirmons l'antériorité de notre Journal.

S'il a quitté sa ville, sa première visite dut être pour Orléans et, en cela, il ne fit que suivre bien des historiens, témoin Berri ou Jacques le Bouvier, qui, au dire de Quicherat (p. 40) « conçut, à l'âge de seize ans, le dessein de suivre les grandes assemblées du royaume, pour être témoin des hauts faits de ses contemporains et les mettre en écrit. » Quelle ville, à cette époque, offrait plus d'attraits que la nôtre ? N'était-il pas facile d'étudier les lieux, de voir l'emplacement des bastilles anglaises, de questionner les témoins nombreux de ce mémorable siège? La première pensée qui se présentait à l'esprit n'était-elle pas de s'informer si l'on ne conservait pas des monuments écrits, un mémorial des faits accomplis? Et les échevins montraient avec orgueil le *Journal du Siège*, cette mine si riche de détails où la vie d'un peuple est prise sur le vif, où les actions merveilleuses de la Pucelle se déroulent avec cet enthousiasme qu'enfante l'héroïsme. Puis, à Orléans, n'y avait-il pas cette solennelle procession instituée le lendemain même de la délivrance, fête qui vaut à elle seule tout un poème? Et si, de nos jours, après bientôt cinq siècles, cette imposante cérémonie, unique en France, a le privilège d'attirer une foule empressée et recueillie, quel concours de pèlerins de toutes sortes ne devait-il pas se produire plusieurs années seulement après l'accomplissement de la délivrance?

Orléans devenait donc, pour les historiens, une attraction invincible, à une époque où, malgré les difficultés des chemins, on voyageait pour s'instruire, pour recueillir des faits dignes d'intéresser les générations présentes et futures. Jean Chartier ne dut pas négliger une source aussi naturelle de sûres informations.

d

Dans le cas, au contraire, où il aurait rédigé sa chronique au fond de sa cellule, il ne pouvait, en véridique historien, que s'entourer de tous les documents aptes à favoriser son entreprise. Ainsi agissaient nos moines de Saint-Benoît-sur-Loire, qui, recueillant de tous côtés des renseignements soit écrits, soit oraux, les communiquaient à l'un d'entre eux, reconnu comme possédant le plus de talents, et celui-ci coordonnait docilement tous ces récits épars et en formait cette source, si féconde pour l'histoire générale et cependant si peu connue, qu'on nomme les *Miracles de saint Benoît*.

Les religieux de Saint-Denis ne tinrent pas une autre conduite. Ils recueillirent tous les matériaux de l'histoire future et les apportèrent au rédacteur en chef, pour employer une expression de nos jours, ne négligeant aucune source d'information, consultant au besoin ce que nous appellerions les archives particulières. Or, pouvait-on, dans cette circonstance, oublier le livre d'or des Orléanais, conservé précieusement dans le trésor de la ville, peut-être avec la bannière de la Pucelle?

Donc, Jean Chartier a connu notre Journal, lui a très vraisemblablement emprunté l'ensemble des faits et l'a même copié complètement sur certaines parties.

Que conclure ? Notre journal a servi de guide à beaucoup d'historiens qui se sont inspirés de sa narration. Il a été fait, en 1428-1429, au jour le jour ; mais un compilateur, un copiste probablement, a complété le texte primitif en y intercalant des additions parfaitement distinctes.

IV

Cette histoire du siège d'Orléans constituant la plus belle page de nos annales, nous avons pensé qu'il serait utile d'en publier une nouvelle édition, parce que celle de Quicherat est épuisée et que les autres sont fautives. Nous avons procédé de la manière suivante.

Il ne fallait pas songer à reproduire l'édition publiée à Orléans.

Bien que Saturnin Hotot ait affirmé que l'histoire imprimée par lui, en 1576, était « prise de mot à mot, sans aucun changement de langage, d'un vieil exemplaire escript à la main en parchemin et trouvé en la maison de ladicte ville d'Orléans », son ouvrage ne pouvait nous servir de guide, parce qu'il en a modifié les expressions pour leur donner la couleur du XVI° siècle.

Que dire en outre des fautes typographiques suivantes : *Tuerie* pour *turcie; dix vingts et quatre* pour *six vingt et quatre; saint Aux* pour *saint Avy; ostant* pour *obstant;* le mardi 7 décembre, *ils s'en retournèrent en leurs Tournelles et tandis, obstant ce..... pour..... en leurs Tournelles et taudis, obstant ce.....; Pooton* pour *Poton; Saucourt* pour *Gaucourt;* etc., etc.

D'un autre côté, nos recherches étant restées infructueuses pour retrouver le manuscrit original d'Orléans, nous avons été obligés de recourir aux manuscrits signalés plus haut, et, comme celui de Saint-Victor semblait le plus rapproché des événements et le plus conforme au style orléanais, nous l'avons reproduit dans notre édition, ainsi qu'a fait Quicherat. Ce manuscrit, mis à notre disposition par l'inépuisable complaisance du savant administrateur de la Bibliothèque nationale, a été copié mot à mot et intégralement; nous nous sommes bornés à corriger quelques fautes de copistes.

On nous reprochera sans doute de n'avoir pas donné en note, au bas des pages, les variantes de mots que fournissent les autres copies de Paris, de Rome, de Genève et de Saint-Pétersbourg. Notre but unique, dans la réédition de cet ouvrage, a été de publier, non un livre savant, mais un document intéressant au point de vue de notre histoire locale, un livre de propagande historique.

Dans cette intention, nous l'avons complété par la publication de pièces historiques d'une grande importance dont les unes sont connues et les autres inédites.

1. — La note du notaire Guillaume Girault y avait sa place naturelle; rédigée entre deux actes, elle a été écrite le jour même de la délivrance de notre ville.

2. — La seconde pièce, bataille de Saint-Sigismond ou de Patay, est une lettre latine, écrite par Jacques de Bourbon, comte de la Marche, roi de Naples, à l'évêque de Laon. Ce document, signalé par Wattembach, en 1851, a été mis en lumière par M. Bougenot et publié en français

avec un commentaire par M. Siméon Luce dans la *Revue bleue*, 1er semestre de l'année 1892, pp. 202-204.

3. — La troisième pièce est le récit abrégé du siège et la mention de l'établissement de la procession solennelle, instituée pour perpétuer le souvenir de cette même délivrance. Le texte est la reproduction du manuscrit de Rome, faite par M. Boucher de Molandon, dans les Mémoires de la Société archéologique de l'Orléanais, t. XVIII, p. 241.

4. — Nous ajoutons un Extrait du compte de Hemon Raquier, trésorier des guerres du roi, relatif à l' « advitaillement et secours sur les Anglois de la ville d'Orliens ». Ce document sert d'appendice et de preuve à la savante dissertation de M. Loiseleur, bibliothécaire de la ville d'Orléans, intitulée : « Compte des dépenses faites par Charles VII pour secourir Orléans pendant le siège de 1428 », précédée d'études sur l'administration des finances, le recrutement et le pied de solde des troupes à cette époque, et publiée dans les Mémoires de la Société archéologique de l'Orléanais, t. XI.

5. — Enfin, nous terminons nos pièces justificatives par les Comptes de commune et de forteresse 1428-1430, qui constituent des documents totalement inédits.

Ces documents nous ont semblé être le meilleur commentaire du *Journal du Siège* et il n'est pas besoin d'en faire ressortir tout l'intérêt. Ils représentent la vie intime de notre ville durant trois années, 1428, 1429, 1430. Leur publication prouvera, plus éloquemment que les arguments de rhétorique, que le journal n'a omis aucun fait important et que son auteur vivait à l'époque même des événements qu'il raconte.

Puisse cet ouvrage contribuer modestement à faire connaître nos annales, aimer notre ville et grandir encore la gloire impérissable de la Pucelle d'Orléans ! Puisse-t-il montrer que les habitants de notre cité, hommes, femmes, enfants, ont toujours admirablement compris le rôle d'Orléans et que, dans la paix comme dans la guerre, il s'y est toujours rencontré des hommes éclairés, des citoyens dévoués pour défendre ses droits, soutenir ses intérêts, enflammer son zèle et accroître son patriotisme!

Orléans, 6 janvier,
Jour anniversaire de la naissance de Jeanne d'Arc.

PETIT TRAICTIÉ par manière de cronicque, contenant en brief le siège mis par les Angloys devant la cité d'Orléans, et les saillyes, assaulx et escarmouches qui durant le siège y furent faictes de jour en jour ; la venue et vaillans faictz de Jehanne la Pucelle, et comment elle en feist partir les Angloys et enleva le siège par grâce divine et force d'armes. 1428.

Le conte de Salebris (1), qui estoit bien grant seigneur et le plus renommé en faictz d'armes de tous les Angloys, et qui pour Henry roy d'Angleterre (2) dont il estoit parent, et comme son lieutenant et chef de son armée en ce royaulme, avoit esté présent en plusieurs batailles et diverses

(1) Thomas Montaigu, comte de Salisbury et de Sarum, avait le commandement en chef des troupes anglaises à Cravant, prit part à la bataille de Verneuil et, en 1427, était retourné en Angleterre avec de grandes richesses. Il en fut rappelé pour le siège d'Orléans. M. L. Jarry a publié « Deux chansons normandes sur le siège d'Orléans et la mort de Salisbury », dans le *Bulletin* de la Société archéologique de l'Orléanais, t. X, p. 359.

(2) Henri VI, roi d'Angleterre.

rencontres et conquestes contre les François, où il s'estoit tousjours vaillamment maintenu, cuydant prendre par force la cité d'Orléans, laquelle tenant le party du roy son souverain seigneur Charles, septiesme du nom, la vint assiéger, le mardi douziesme jour d'octobre mil quatre cens vingt-huit, à tout grant ost et armée, qu'il feist loger du costé de la Sauloigne, et prez de l'ung des bourgs que on dict le Porteriau (1). Ouquel ost et armée estoient avec luy messire Guillaume de la Poulle (2), conte de Suffort, et messire Jehan de la Poulle (3), son frère ; le seigneur d'Es-

1428.
12 octobre.

(1) Aujourd'hui le Portereau du Coq, ainsi nommé de l'hôtel du Coq. En 1428, trois rues ou bourgs formaient le faubourg d'Orléans du côté du midi, et portaient le nom de Portereau. Celle qui était dirigée vers le sud se nommait le Portereau Saint-Marceau, parce qu'on y trouvait l'église de ce saint ; elle conduit à Olivet. Le Portereau de Tudelle, du côté de l'ouest, conduisait à Saint-Mesmin. Celui du Coq se dirigeait vers Saint-Jean-le-Blanc ; il portait alors le nom de Turcie Saint-Jean-le-Blanc. C'est au bas de cette Turcie que campèrent les Anglais. Le mot Portereau, en latin Porterellus, se lit dans le nécrologe de Sainte-Croix, ms. 112 bis de la Bibliothèque de la ville, écrit en 1421 : 22 janvier « Anniversarium pro Johanne Villedense, in quo distribuentur, VI. l. t. super domum quamdam sitam in Porterello » ; 22 octobre « super censum Porterelli » ; 22 novembre « pro censu Porterelli. »

(2) Guillaume de la Pole, comte de Suffolk et de Dreux, gouverneur des pays chartrains et d'entre Seine et Loire, en 1424, pris à Jargeau le 12 juin 1429, fut mis à mort au mois de février 1450 pour crime de haute trahison. (Cf. M. L. JARRY, Compte de l'armée anglaise au siège d'Orléans, p. 208-209.)

(3) Jehan de la Pole, frère du précédent, capitula à Jargeau le 5 octobre, ainsi qu'Alexandre de la Pole.

calles (1), le seigneur de Fouquembergue (2), le bailly d'Evreux (3), le seigneur de Gres (4), le seigneur de Moulins (5), le seigneur de Pomus (6), Glacidas (7) fort renommé, messire Lancelot de

(1) Thomas de Scales, baron de Nucelles, vidame de Chartres, pris à Patay le 18 juin, périt, en 1460, de mort violente. (Cf. L. Jarry, op. cit., p. 210-211.)

(2) Guillaume Neville, lord Falcombridge, capitaine d'Évreux. (*Id.*, p. 213.)

(3) D'après Quicherat, ce bailli d'Évreux serait Richard Guethin, chevalier du pays de Galles ; cependant, en 1429, c'était Richart Waller ou Wallier qui possédait ce titre, dont il avait déjà joui en 1425 et 1426. (*Id.*, p. 208; B. de Molandon et A. de Beaucorps, *l'Armée anglaise vaincue par Jeanne d'Arc sous les murs d'Orléans*, p. 129.)

(4) Richart, seigneur de Grey ou Gray, neveu de Salisbury, capitaine de Janville, fut tué le 3 mars par la couleuvrine de maître Jehan. — Une épitaphe du Grand Cimetière contenait une erreur manifeste. Voici le texte : « *Joannes Lhuillier, nomine secundus, qui, anno 1428, Aurelianensibus obsessis auxilio cucurrit, duce Stephano de Vignolles, dicto Lahire, et eisdem post Kalendas martias erumpentibus in Anglos, mylordum Grey, comitis Salisbury fratris filium, ipse ferro manu sua interfecit ; cujus facti ob memoriam ad sacrum solemne Caroli VII regis jussu, rex ille Joannem nostrum Lhuillier in equitum ordinem adscivit et Caroli VII manu ipsa factus fuit eques torquatus* ». Ms. 461 d'Orléans, p. 11.

(5) Guillaume de Molins, frère de Guillaume Glasdall.

(6) Richart Ponyngs fut tué aux Tourelles. Son chapelain fut fait prisonnier en même temps.

(7) Guillaume Glasdall, bailli d'Alençon, assista au siège de Montargis au mois de septembre 1427, se noya en regagnant les Tourelles et fut pleuré par Jeanne d'Arc. Son corps, rapporté à Paris, y fut exposé pendant huit jours à l'église de Saint-Merry, puis conduit en Angleterre. (B. de Molandon, op. cit., p. 97.)

Lisle (1), mareschal de l'ost, et plusieurs autres seigneurs et gens de guerre, tant Angloys comme autres faulx Françoys tenans leur party. Mais les gens de guerre y estans en garnison avoient ce mesme jour avant la venue des Angloys, du conseil et ayde des cytoyens d'Orléans, faict abatre l'esglise et convent des Augustins d'Orléans (2), et toutes les maisons qui lors estoyent audict Porteriau, affin que leurs ennemys ne y peussent estre logez ne y faire fortificacions contre la cité.

17 octobre. Le dimenche ensuyvant, gectèrent les Angloys dedens la cité six vingtz et quatre pierres de bombardes et gros canons : dont telles pierres y avoit qui pesoient cent seize livres. Et entre les autres avoient assiz près de la turcie de Sainct Jehan le Blanc, entre le pressouer de la Favière (3) et le Portereau, ung gros canon, qu'ilz nommoient Passe volant. Lequel gectoit pierres pesans quatre vingtz livres, qui feit moult de dom-

---

(1) Lancelot de Lisle eut la tête emportée par un boulet qui n'était vraisemblablement destiné qu'à lui seul, le 30 janvier.

(2) L'église et le couvent des Augustins se trouvaient à peu près à l'endroit où l'on a élevé une croix auprès de laquelle se fait la station du 8 mai ; ils étaient au midi du boulevart des Tourelles et un chemin de quarante pieds de large les séparait seulement.

(3) Le Pressoir de la Favière, suivant l'abbé Dubois, était la maison qui touchait du côté de l'est à l'ancienne raffinerie et qui avait son entrée dans le Portereau du Coq. Le camp anglais occupait les jardins qui sont à l'entrée de la rue de la Guigne, de Guigny ou des Anguignis : cette rue est l'ancien chemin de Saint-Cyr conduisant dans une partie du Berry.

maiges aux maisons et édiffices d'Orléans, combien qu'il n'y tua ne blessa si non une femme nommée Belles, demourant près la poterne Chesneau (1).

Cette mesme sepmaine, rompirent aussy et abatirent les canons des Angloys douze moulins qui estoient sur la rivière de Loire (2), entre la cité et la Tour neufve. Pour quoy ceulx d'Orléans feirent faire dedens la ville unze moulins à chevaulx qui moult les reconfortoient. Et non obstant les canons et engins des Angloys, feirent sur eulx les Françoys estans dedens Orléans, plusieurs saillyes et escarmouches entre les Tournelles (3) du pont et Sainct Jehan le Blanc, depuis celluy jour de dimenche jusques au jeudi vingt et ungniesme jour du mesme moys.

Auquel jour de jeudi, assaillirent les Angloys ung boulevert qui estoit faict de fagotz et de terre, assiz devant les Tournelles, dont l'assault

21 octobre.

---

(1) La poterne Chesneau, du nom d'un particulier qui demeurait non loin de là, s'appelait au IXe siècle *posterula sancti Benedicti*. Cette porte était la seule par laquelle on pouvait se rendre au fleuve en temps de guerre.

(2) Ces moulins étaient assis sur des bateaux. La Tour Neuve était à l'extrémité de la rue de ce nom. (Cf. *Mémoires de la Société archéologique de l'Orléanais*, t. XVIII, p. 76.)

(3) A la tête du pont, du côté du sud, il y avait une porte défendue par deux tours fort élevées qu'on nommait les Tourelles. Ces tours étaient séparées de leur boulevart par un bras de la Loire qui en rendait l'approche très difficile, et sur lequel se trouvait un pont que la Pucelle fit sauter. Le boulevart des Tourelles avait, suivant l'abbé Dubois, 60 pieds de long sur 80 de large, et était environné d'un fossé de 24 pieds de large.

dura quatre heures sans cesser, car ilz commencèrent dès dix heures au matin, et ne le laissèrent jusques à deux heures après midi, là où furent faictz plusieurs beaulx faitz d'armes, tant d'une part que d'aultre. Des principaulx Françoys qui gardoient le boulevert, estoient le seigneur de Villars (1), capitaine de Montargis, messire Mathias (2), Arragonnoys, le seigneur de Guitry (3), le seigneur de Courras (4), gascon, le seigneur de Sainctes Trailles (5), et son frère Poton de Sainctes Trailles (6), aussi gascons, Pierre de la

---

(1) Archambault de Villars, autrefois favori du duc d'Orléans, s'était rendu célèbre dans le combat de Montendre, en 1402, entre sept Anglais et sept Français.

(2) Ce personnage est appelé Madre dans les comptes de ville ; il était seigneur d'Archiac. Il portait peut-être encore le nom d'Amade.

(3) Guillaume de Chaumont, seigneur de Guitry.
Un de ses descendants, le comte de Chaumont Guitry, mourut à Orléans le 18 décembre 1814.

(4) Raimond Arnauld, seigneur de Corraze, était béarnais et non gascon. Il vint au siège avec le comte de Foix, dont il était lieutenant, et son nom se trouve plusieurs fois dans le compte d'Hémon Raguier « du faict de l'avitaillement et secours sur les Anglois. »

(5) Le seigneur de Xaintrailles, frère de Poton, se nommait Jean.

(6) Poton de Xaintrailles, bailli de Berry, vicomte de Brouttes, maréchal de France. Octavien de Saint-Gelais dit, dans son *Séjour d'honneur*, de Poton et de La Hire :

> Après luy, vis deux nobles conquérans,
> Ce fut La Hire et Pothon de Saintrailles,
> Lesquels souvent ont sousténu les renes
> En fiers destoùs et crueuses batailles.
> France doit bien plorer leurs funérailles

Chappelle, gentilhomme du pays de Beausse (1), et plusieurs autres chevalliers et escuyers, sans les citoyens d'Orléans, qui tous se portèrent très vaillamment.

Pareillement y feirent grant secours les femmes d'Orléans; car elles ne cessoient de porter très diligemment à ceulx qui deffendoient le boulevert, plusieurs choses nécessaires, comme eaues, huilles, gresses bouillans, chaux, cendres et chaussetrapes. En la fin de l'assault, y furent plusieurs blessez d'une partie et d'autre, mais trop plus des Angloys, dont il y en mourut plus de douze vingtz. Lors advint que durant l'assault, chevauchoit par Orléans le seigneur de Gaucourt (2), car il en estoit gouverneur; mais en passant par devant Sainct Pere Empont (3), il

> Et regretter deux si nobles consors,
> Car eulx vivans n'ont espargné leurs corps
> Au bien publique, sans lascheté commettre
> Envers le Roy leur tres souverain maistre.

(1) Pierre de la Chapelle, dont le château, suivant Lebrun de Charmettes, s'élevait sur le bord de la Loire, à La Chapelle-Saint-Mesmin, était plutôt seigneur ou de La Chapelle-du-Noyer, ou de La Chapelle-Onzerain, paroisses voisines de Châteaudun. Une famille de La Chapelle habitait à Thimory, mais ce pays n'appartient pas à la Beauce.

(2) Le sire de Gaucourt était gouverneur d'Orléans depuis le 28 mars 1426, par lettres du duc Charles, prisonnier en Angleterre. Il mourut âgé de plus de quatre-vingt-cinq ans. Il déposa dans le procès de réhabilitation.

(3) Cette église, aujourd'hui démolie, aboutissait sur la rue allant directement au pont romain situé à la poterne Chesneau. La tour servait de beffroi à la ville avant que les échevins eussent fait élever celle du Musée. Il y avait un guet-

cheut de son cheval par cas d'aventure, tellement qu'il se desnoua le bras; si fust incontinent mené aux estuves pour appareiller (1).

22 octobre.

Le vendredy ensuyvant vingt-deuxiesme jour d'icelluy mois d'octobre, sonna la cloche du beffroy, par ce que les Françoys cuidoient que les Angloys assaillissent le boulevert des Tournelles du bout du pont par la mine dont l'avoient miné ; mais ilz s'en deportèrent pour celle heure. Et ce meisme jour rompirent ceulx d'Orléans une arche du pont, et feirent ung boulevert au droit de la Belle Croix (2), qui est le pont (3).

---

teur de jour et de nuit dont parlent les Comptes de ville ; et c'est lui qui, durant le siège, donna souvent l'alarme et prévint les attaques des ennemis.

(1) Il y avait deux sortes d'étuves ou de salles de bains : les unes pour les hommes, les autres pour les femmes. Les premières se trouvaient dans la rue du Petit-Puits, derrière Saint-Donatien, les secondes dans le cul-de-sac de Sainte-Barbe, sous les murs d'Orléans. Vergnaud dit que la maison rue du Plat-d'Étain, nos 4 et 6, est désignée, de temps immémorial, comme ayant été le lieu des étuves. C'était dans cette rue, et non loin des étuves, que demeurait maître Jean, l'habile couleuvrinier du siège.

(2) La Belle-Croix était un monument de bronze doré, élevé sur le pont, en 1407, par les soins de Pierre de Saint-Mesmin, lieutenant général au bailliage et gouvernement d'Orléans, et orné de quatre bas-reliefs, représentant : la Sainte Vierge, saint Pierre et saint Paul, saint Jacques et saint Étienne, et, enfin, saint Euverte. Un treillis en fer doré l'environnait. Cette croix avait été placée sur le pilier qui séparait la cinquième arche de la sixième, entre la motte Saint-Antoine et l'extrémité méridionale du pont, du côté de l'est. Brisée en 1562, refondue par Jehan Buret, et rétablie en 1578, la Belle-Croix subsista jusqu'en 1729. A cette époque, dit

Le samedy ensuivant, vingt troisiesme jour d'icelluy mois, bruslèrent et abatirent ceulx d'Orléans le bolevart des Tournelles et le habandonnèrent, par ce qu'il estoit tout myné, et n'estoit pas tenable, au dit des gens de guerre.   23 octobre.

Le dimenche ensuivant, vingt quatriesme jour de ce mesme mois d'octobre, assaillirent les Angloys et prindrent les Tournelles au bout du pont, parce qu'elles estoient toutes desmolies et brisées des canons et grosse artillerie que ilz avoient gectez contre. Et aussi ni eut point de deffence, parce qu'on ne se osoit tenir dessoubz.   24 octobre.

Celluy jour de dimenche au soir, voult le conte de Salebris, ayant avecques luy le cappitaine Glacidas et plusieurs autres, aller dedans les Tournelles, aprez que elles eurent esté prinses, pour regarder mieulx l'assiecte d'Orléans ; mais ainsi qu'il y fut, regardant la ville par les

---

Jousse (ms 451, p. 24), un coup de vent fit tomber les deux bras de la croix ; le reste n'a été détruit qu'en 1751, quand on a construit le nouveau pont.

Il ne faut pas confondre cette croix avec le monument en l'honneur de Jeanne d'Arc érigé par la générosité des dames d'Orléans, très probablement sous le règne de Louis XI, et placé aussi sur le pont témoin de ses exploits.

(3) La plus ancienne mention de ce pont remonte à l'année 1178 : « *In capite pontis janitor castelleti fenum a quadrigis non exigat* ». (Charte de Louis le Jeune.) Il était composé de 19 arches et mesurait en longueur 182 toises. Vers le milieu de sa longueur, ce pont s'appuyait sur une île qu'il partageait en deux portions appelées les mottes Saint-Antoine et des Poissonniers ou Challans percés. (Cf. ms. 436^x, p. 120.)

fenestres des Tournelles, il fut actaint d'un canon que on disoit avoir esté tiré d'une tour appellée la tour Nostre Dame (1) combien qu'il ne fut oncques sceu proprement de quel part il avoit esté gecté ; pour quoy fut dit dès lors [et deppuis aussi] par plusieurs que c'estoit euvre divine. Le coup d'icelluy canon le frappa en la teste tellement qu'il luy abatit la moictié de la joue et creva ung des yeulx : qui fut un très grant bien pour ce royaume, car il estoit chief de l'armée, le plus craint et renommé en armes de tous les Anglois.

Ce meisme jour du dimenche que les Tournelles avoient esté perdues, rompirent les François, estans dedans la cité, ung autre bolevart très fort. Et d'autre part rompirent les Anglois deux arches du pont devant les Tournelles, aprez qu'ilz les eurent prinses, et y firent ung très gros bolevart de terre et de gros fagotz.

25 octobre. Le lundy ensuyvant, vingt cinquiesme jour d'icelluy moys d'octobre, arrivèrent dedens Orléans pour la conforter, secourir et ayder, plusieurs nobles seigneurs, chevalliers, capitaines et escuyers fort renommez en guerre, desquelz estoient les principaulx : Jehan bastard d'Orléans (2), le seigneur de Sainct Sevère

---

(1) La tour Notre-Dame tirait son nom d'une chapelle adossée aux murs de la ville, à l'endroit où est le chœur de l'église actuelle de Recouvrance. Elle était située entre la tour de la Barre-Flambert et celle de l'Abbreuvoir.

(2) Jean d'Orléans, comte de Dunois et de Longueville,

mareschal de France (1), le seigneur de Bueil (2), messire Jacques de Chabannes (3), seneschal de Bourbonnoys, le seigneur de Chaumont sur Loire (4), messire Théaulde de Valpergue (5), chevalier lombart, et ung vaillant cappitaine

grand chambellan de France et le plus grand capitaine de son temps, était fils naturel de Louis, duc d'Orléans, et de la dame de Cany. Pour récompenser son mérite, Charles VII lui donna le titre de Restaurateur de la patrie. Sa déposition dans le procès de réhabilitation prouve qu'il connaissait admirablement le caractère de la Pucelle. Il mourut en 1468 ; son corps fut rapporté à Cléry, où il reposa auprès de Charlotte de Harcourt, sa seconde femme, dans la chapelle de Saint-Jean qu'ils avaient fondée.

(1) Jean de Brosse, seigneur de Sainte-Sévère, d'Huriel et de la Pérouse et de Boussac, conseiller et chambellan du roi, fut fait maréchal de France par lettres du 17 juillet 1426 et mourut en 1433, fort endetté, ayant dépensé tous ses biens au service de son souverain. Ses créanciers, qui, de son vivant, l'avaient fait excommunier, voulurent, après sa mort, qu'on jetât ses cendres au vent, mais son fils paya ses dettes et fit lever l'excommunication.

(2) Jean V, sire de Bueil, seigneur de Montrésor, de Saint-Calais, et comte de Sancerre, était d'une famille de Touraine. Il fut fait amiral de France en 1450, et chevalier de Saint-Michel de la première promotion, en 1469.

(3) Jacques de Chabannes Ier, seigneur de la Palice, grand maître d'hôtel de France, mourut de contagion huit jours après la bataille de Castillon, en 1453. Son corps fut déposé à Charlus, en Chabanais, où on le transféra de chez les Cordeliers de Riom qui avaient reçu sa dépouille mortelle.

(4) Pierre d'Amboise, seigneur de Chaumont-sur-Loire, chevalier et chambellan des rois Charles VII et Louis XI, mourut le 28 juin 1473.

(5) Théaulde de Valpergue reçut, d'après les Comptes de ville, 135 s. « pour un cheval qu'il avoit perdu tué soubs luy devant les bastilles d'Orliens ».

— 12 —

gascon, appellé Estienne de Vignolles, dit La Hire (1), qui estoit de moult grant renom, et vaillans gens de guerre estans en sa compaignie. Et pour lors estoit cappitaine de Vendosme messire Cernay (2), Arragonoys, et plusieurs autres, acompaignez de huit cens combatans, tant hommes d'armes, comme archiers, arbalestriers, avecques autres enfanterie d'Italie, qui portèrent tergons.

27 octobre. Le mecredi ensuyvant, vingt septiesme jour d'icelluy moys, trespassa de nuit le conte de Salebris en la ville de Meung sur Loire, où il avoit esté porté du siége, après qu'il eut eu receu le coup de canon dont il mourut. De la mort duquel furent fort esbahiz et doulans les Angloys tenans le siège, et en feirent grant deuil, combien qu'ilz faisoient le plus secretement qu'ilz povoient, de paour que ceulx de Orléans ne s'en apperceussent. Si feirent vuyder les entrailles, et envoyer le corps en Angleterre. La mort duquel conte feit grant dommaige aux Angloys, et par le contraire grant prouffit aux Françoys. Plu-

(1) Il se distingua dans maintes circonstances : au siège de Montargis, à la bataille des Harengs, à la prise des Tourelles, au siège de Jargeau et à la bataille de Patay.

(2) Guillaume de Cernay, Ternay ou même Sarnay, d'après les Comptes de ville. Dans le Compte d'Hémon Raguier, il reçut une somme de soixante livres pour plusieurs objets et, entre autres, pour « avoir esté avec les bourgois d'Orliens, en Auvergne, par devers le comte de Clermont luy dire et nottifier certaines choses touchant le faict du siège et pourvoir au lièvement d'iceluy ».

sieurs dirent [depuis] que le conte de Salebris print telle fin par divin jugement de Dieu, et le croyent, tant pour ce qu'il avoit failly de promesse au duc d'Orléans prisonnier en Angleterre, auquel il avoit promis qu'il ne mesferoit en aucune de ses terres, comme aussy parce qu'il n'espargnoit monastères ne églises qu'il pillast et feist piller, puis qu'il y peust entrer : qui sont choses assez induisans à croire que ses jours en furent abbregez par juste vengence de Dieu. Et en especial fut pillée l'église Nostre Dame de Cléry et le bourg aussy pareillement.

Le mardy huitiesme jour de novembre, fut devisé et déséparé l'ost des Angloys, qui s'en alèrent, partie à Meung sur Loire, et partie à Jargueau, et laissèrent grosses garnisons aux Tournelles et boulevart du pont, desquelles demoura cappitaine Glacidas, et avecques luy cinq cens combatans pour les garder. *8 novembre.*

Ce meisme mardy brulèrent et ardirent les Anglois plusieurs maisons, pressoers et autres édifices ou val de Loire. Et d'autre part mirent telle dilligence les gens de guerre et citoyens d'Orléans, qu'ilz brulèrent et abatirent dedans la fin de ce mesme moys de novembre plusieurs églises qui estoient ès forsbourgs d'entour leur cité, comme l'église de Sainct Aignan (1), pateron

(1) Abattue déjà en 1370 pour résister aux Anglais commandés par Knolle ou Kanolle, relevée par Charles V et achevée par Charles VI, cette église, démolie au moment du siège, fut reconstruite sous les rois Louis XI, Charles VIII et Louis XII.

d'Orléans, et aussy le cloistre d'icelle église, qui estoit moult bel à veoir, l'église de Sainct Michiel (1), l'église de Sainct Avy (2), la chappelle du Martroy (3), l'église de Sainct Victur (4), assize ès forsbourgs de la porte de Bourgogne, l'église de Sainct Michel dessus les foussés (5), les Jacobins (6), les Cordeliers (7), les Carmes (8).

En 1567, la voûte et la couverture de sa nef principale furent encore détruites depuis le portail actuel jusqu'à sa tour qui occupait l'angle de la rue des Cinq-Marches et qui ne disparut qu'en 1804.

(1) L'église Saint-Michel ouvrait sur l'Étape, en face de la mairie ; c'est aujourd'hui le théâtre.

(2) Relevée de ses ruines, démolie encore en 1562, cette église disparut en 1710 et, à sa place, on construisit le Grand-Séminaire. On y voit une curieuse crypte, du VIIe siècle très probablement.

(3) La chapelle du Martroy-aux-Corps était adossée au grand cimetière ; on y entrait par la rue de l'Évêché. Elle appartenait aux chapelains de Sainte-Croix.

(4) L'église Saint-Victor était construite à l'extrémité de la rue des Pensées.

(5) Ce n'était qu'une chapelle bâtie sur l'emplacement d'une croix. Elle n'existait pas encore en 1358 ; on en attribue la fondation aux maîtres couvreurs, maçons et charpentiers. Elle fut vendue en 1792. Une rue porte encore son nom.

(6) La porte de ce monastère était dans un angle de la place de l'Étape ; ce couvent est devenu une caserne.

(7) Le couvent des Cordeliers s'étendait jusqu'à la rue Vaslin et probablement jusqu'à la rue Sainte-Anne.

(8) L'emplacement qu'ils occupaient était situé entre les rues de l'Arche-de-Noé et des Charretiers ; il leur fut accordé par un riche libraire nommé Hervé. A l'endroit où se trouvait le couvent s'élèvent toutes les maisons de la rue des Carmes. Le portier occupait une petite maison qui sert aujourd'hui de boucherie, au coin de la rue des Charretiers.

Sainct Mathurin (1), l'Aumosne Sainct Pooir (2), et Sainct Lorens (3). Et oultre plus brulèrent et démolirent tous les forsbourgs d'entour leur cité, qui estoit très belle et riche chose à veoir avant qu'ilz feussent abattuz; car il y avoit de moult grans édifices et riches, et tellement que on tenoit que c'estoient les plus beaulx forsbourgs de ce royaume. Mais ce nonobstant les abatirent et bruslèrent les Franchois de la garnison, et ce par le vouloir et ayde des citoyens d'Orléans, afin que les Anglois ne s'y peussent loger, parce qu'ilz eussent esté fort préjudiciables à la cité.

Le premier jour de decembre ensuivant, arrivèrent aux Tournelles du pont plusieurs seigneurs Anglois, dont entre les autres estoient de plus grant renom messire Jehan Talbot, premier baron d'Angleterre, et le seigneur d'Escalles, acompaignez de trois cens combatans, qui y amenèrent vivres, canons, bombardes et autres habillemens

1er décembre.

(1) Cette chapelle, située à l'ouest de la rue Bannier et au nord de celle du Colombier, servait à un hôpital fondé par saint Louis pour les aveugles. Le 24 mars 1620, les administrateurs en vendirent l'emplacement aux religieuses de la Visitation qui y demeurèrent jusqu'à la Révolution.

(2) En 1428, il y avait une barrière et un corps de garde à l'endroit où la rue de la Bretonnerie se joint à la rue Bannier. L'aumône Saint-Pouair était au sud de ce corps de garde. Cet hôpital avait été bâti, en 1298, par la confrérie des écrivains.

(3) L'église de Saint-Laurent-des-Orgerils, aujourd'hui Saint-Laurent, fut rebâtie vers 1446. En 1625, on travailla de nouveau à son portail et à la tour du clocher, et on sculpta au-dessus de la porte un gril qui se voit encore.

de guerre : desquelz ilz gectèrent contre les murs et dedans Orléans plus continuellement et plus fort que devant n'avoient faict au vivant du conte de Salebris ; car ilz gectoient de telles pierres, qui pesoient huit vingts quatre livres, qui feirent plusieurs maulx et dommaiges contre la cité, en plusieurs maisons et beaulx édiffices d'icelle, sans personne tuer ne blescher : que on tenoit à grant merveille, car entre les autres, en la rue Aux petitz Souliers en cheut une en l'ostel et sur la table d'un homme qui dinoit, luy cinequiesme, sans aucun en tuer ne blescher : que on dit avoit esté miracle faict par Nostre Seigneur à la requeste de monsieur Sainct Aignan, patron d'Orléans.

7 décembre
Le mardy ensuivant, à trois heures du matin, sonna la cloche du beffroy, parce que les François cuidèrent que les Anglois voulsissent assaillir le bolevart de la Belle Croix sur le pont. Et aussi en y avoit deux qui l'avoient dès jà eschellé jusques à l'une des canonnières ; mais ilz se en retournèrent tantost en leurs Tournelles et taudis, obstant ce qu'ilz apperceurent que les François faisoient le guect, et avoient appareillé toutes choses, comme canons, arbalestres, fondes (1) à baston, couleuvrines, pierres et autres habillemens de guerre, nécessaires à leur deffence, se on les assailloit.

(1) « Il y a cent ans à peine, dit Jousse, qu'on écrivoit fonde pour fronde. »

Le jeudy vingt troisiesme jour de ce mois de décembre, commença à gecter la bombarde (1), gectant pierres poisans six vingts livres, que ceulx d'Orléans avoient lors faict faire toute neufve, par ung nommé Guillaume Duisy, très soutil ouvrier, et fut assortie à la croche (2) des moulins de la poterne Chesneau, pour gecter contre les Tournelles ; auprez de laquelle estoient assortiz deux canons, l'un dit Montargis, et l'autre Rifflart (3), qui durant le siége gectèrent contre les Anglois, et leur feirent de grands dommaiges.

23 décembre.

Le jour de Noël ensuivant, furent données et octroyées tréves d'une partie et d'autre, durées deppuis neuf heures au matin jusques à trois heures apprez midy. Et ce temps durant, Glacidas et autres seigneurs du pays d'Angleterre requis-

25 décembre.

---

(1) La bombarde était une pièce d'artillerie grosse et courte, avec une ouverture fort large, servant à lancer des boulets de pierre tels qu'on en voit dans notre Musée ; on la balançait sur des cordages soutenus par des grues.

(2) Une croche, croiche ou crèche, est une sorte d'éperon, ouvrage avancé en rivière pour protéger le pied d'une construction. Nous avons encore la Croche Meffroy.

(3) L'usage du temps était de donner des noms aux pièces d'artillerie et nous verrons plus tard une bombarde appelée Bergère ou Bergerie en l'honneur de la Pucelle. Les Anglais avaient leur Passe-Vollant. Dans les Comptes de ville du 28 mars 1485-1486, on lit : « En la tour André y a un gros canon enfusté, appellé Rillard, garny de sa boueste » ; et dans un inventaire du 28 novembre 1670 : « Une pièce nommée la Pucelle. » Il y avait en outre le canon Naudin et la grosse bombarde qui sont indiqués dans les Comptes de forteresse 1428-1430.

drent au bastard d'Orléans et au seigneur de Sainct Sevère, mareschal de France, qu'ilz eussent une note de haulx menestriers, trompettes et clarons : ce qui leur fut accordé ; et jouèrent les instrumens assez longuement, faisans grant mélodie. Mais si toust que les trèves furent rompues, se print chacun garde de soy.

Durant les festes et fériers de Noel, gectèrent d'une partie et d'autre très fort et horriblement de bombardes et canons, mais sur tous faisoit moult de mal ung couleuvrinier, natif de Lorraine, estant lors de la garnison d'Orléans, nommé maistre Jehan (1), que l'on disoit estre le meilleur maistre qui fust lors d'icelluy mestier. Et bien le monstra, car il avoit une grosse couleuvrine dont il gectoit souvent, estant dedans le pillier du pont, près du bolevart de la Belle Croix, tellement qu'il en tua et bleça moult d'Angloys.

(1) D'après le compte de Hémon Raguier, il fut donné 140 écus d'or « à maistre Jehan de Montesiler, canonnier, demourant à Angiers, envoié à Orliens pour servir le roy de son industrie. » Dans le Compte de forteresse de 1428-1430, on lit : « A maistre Jehan, canonnier, pour don faict à luy par les procureurs pour luy aidier à vivre, pour ce qu'il n'a nulz gaiges de la ville, xxiiii l. p. » (9e mandement.) Voici les noms des autres canonniers : Barthélemy Courtbec, Pesson Bailly, dit Rousselet, Bertin, qui jouait de la grosse bombarde, Arnoul la Vaintre, Jehan du Pont, Basin, Perrin Bontemps, Mahiet de la Forest, Guillaume Boisdurant, Thomas Lucas, Claude Gobin, Guillaume Doisy et Jehan François. Les couleuvriniers connus étaient : Jehan Hurecoq, Jehan Mauviet, Gabriau et Estienne Troissillon.

Et pour les mocquer, se laissoit aucune fois cheoir à terre, faignant estre mort ou blecié, et s'en faisoit porter en la ville; mais il retournoit incontinent à l'escarmouche, et faisoit tant que les Anglois la sçavoient estre vif en leur grant dommaige et desplaisir.

Le mecredy vingt neufviesme jour d'icelluy mois de décembre, furent brulées et abatues plusieurs autres églises et maisons, qui estoient aincoires demourées auprez d'Orléans, comme Sainct Loup (1), Sainct Marc (2), Sainct Gervais (3), Sainct Evurtre (4), la chappele Sainct Aignan (5), Sainct Vincent des Vignes (6), Sainct

29 décembre.

---

(1) Le monastère de Saint-Loup était bâti sur le haut du coteau de la Loire. C'est aujourd'hui une habitation particulière. Outre l'église ou chapelle du couvent, il y avait une église paroissiale qui fut supprimée en 1580 et réunie à Saint-Jean-de-Braye. En 1428, les religieuses se retirèrent dans une maison qui leur appartenait, dans le quartier de la Juiverie, près de l'ancienne église de Saint-Germain ; elles y demeuraient encore en 1434.

(2) L'église Saint-Marc n'a pas changé de position.

(3) Saint-Gervais était un prieuré dépendant de Saint-Benoît-sur-Loire, situé tout près de l'église Saint-Marc, du côté de l'ouest. Il portait aussi le nom de Saint-Phallier.

(4) Saint-Euverte et sa collégiale sont bien connus.

(5) La chapelle Saint-Aignan fut bâtie en 854, sous l'épiscopat d'Agius ; elle était connue sous le nom de Notre-Dame-du-Chemin, et située non loin de la porte actuelle de Bourgogne.

(6) Cette église portait ce nom à cause de sa situation au milieu des vignes.

Ladre (1), Sainct Pouoir (2), et aussi la Magdeleine (3), afin que les Angloys ne se peussent là loger, retraire et fortiffier contre la cité.

30 décembre.

Le penultiesme jour d'icelluy mois, arrivèrent environ deux mil cinq cens combatans Anglois à Sainct Lorens des Orgerilz près d'Orléans, pour là fermer ung siège ; desquelz estoient cappitaines le conte de Suffort et Talbot (4), messire Jehan de la Poulle, le seigneur d'Escales, messire Lancelot de Lisle et plusieurs autres. Mais à leur venue furent faictes ce jour grandes escarmouches, car le bastard d'Orléans, le seigneur de Sainct Sevère, messire Jacques de Chabannes, et plusieurs autres chevalliers, escuiers et cytoiens d'Orléans, qui moult vaillamment se portèrent, leur alèrent au devant et les recueillrent comme leurs ennemys. Et là furent faicts plusieurs beaulx faiz d'armes d'une partie et d'autre. En celles escarmouches

---

(1) Saint-Ladre était une maladrerie fondée au commencement du XIIe siècle très vraisemblablement. Située dans le faubourg Bannier, elle fut donnée en 1622 aux Chartreux qu'ont remplacés les religieuses de la Visitation.

(2) Saint-Pouair est l'église de Saint-Paterne actuelle.

(3) C'était une maison de religieuses de Fontevraud, à l'extrémité de la ville actuelle d'Orléans, sur la route de La Chapelle-Saint-Mesmin ; aujourd'hui, elle est devenue une maison particulière, avec un beau parc dont la vue domine la Loire.

(4) Jean, s. de Talbot, chevalier banneret, comte de Shrewsbury, de Furnival et Welford, fut pris à Patay et échangé, en 1431, contre Xaintrailles. Il mourut à la bataille de Castillon, en 1453. (L. Jarry, op. cit., p. 209-210 ; B. de Molandon, p. 113.)

fut blesché ou pié d'ung traict des Angloys messire Jacques de Chabannes et son cheval tué par cas pareil.

Ce mesme jour aussy furent faicts plusieurs beaulx faiz d'armes, d'une partie et d'autre, environ la Croix Boissée près de Sainct Lorens. Et tout ce jour feist grandement [son] devoir maistre Jehan à tout sa couleuvrine.

Le vendredy, dernier jour de l'an, à quatre heures après midy, eut deux Françoys qui deffirent deux Anglois à faire deux coups de lance, et les Angloys receurent le gaige. L'un des Françoys avait nom Jehan le Gasquet, et l'autre Vedille, tous deux gascons, de la compaignie de La Hire; ledit Gasquet vint premier contre son adversaire et le gecta par terre d'un coup de lance; mais Vedille et l'autre Angloys ne peurent veincre l'un l'autre. Pour lesquelz regarder avoit assez prez d'eulx plusieurs seigneurs, tant de France comme d'Angleterre.

Le samedy ensuivant, premier jour de l'an, eut une grousse escarmouche, environ trois heures aprez midy, entre la rivière Flambert (1), la porte Regnard (2) et la Grève: là où furent plusieurs

31 décembre.

1429.
1ᵉʳ janvier.

---

(1) Il n'a jamais existé de rivière de ce nom; c'était un bras de la Loire formant une petite île en face la tour Notre-Dame. Comme il y avait une grève entre ce bras et les murs de la ville, on avait construit une barrière pour empêcher les Anglais d'aborder de ce côté.

(2) A l'entrée de la rue du Tabour, sur l'emplacement du marché Porte-Renart.

tuez, bleciez et prins prisonniers d'une partie et d'autre, et plus de François que d'Angloys. L'abbé de Cerquenceaux (1) que on disoit estre religieux, et estoit moult vaillant pour les François, y fut blecié. Là fut aussi perdu le chariot de la couleuvrine et prins par les Anglois : par quoy furent les François constrains de reculler hastivement parce que les Anglois saillirent à grant puissance.

2 janvier. Le dimenche ensuivant, à deux heures aprez minuyt, sonna la cloche de la cité à l'effroy, parce que les Anglois cuidèrent escheller le bolevart de la porte Regnard : maiz ilz trouvèrent ceulx de la cité qui faisoient bon guet, et constraingnirent les Anglois d'eulx en retourner à grant haste dedans leur ost et bastille de Sainct Lorens des Orgerilz. Sy ne gaignèrent que estre mouillez, car durant celle heure pleuvoit très fort.

3 janvier. Le lundy ensuivant, troisiesme jour de janvier, arrivèrent devers le matin, dedans Orléans, neuf cens cinquante quatre pourceaulx, grous et gras, et quatre cens moutons. Et passa cellui bestial au port de Sainct Loup (2) : dont le peuple

(1) L'abbaye de Cerquenceaux, *Sacra cella*, se trouvait dans le diocèse de Sens, à deux lieues de Nemours. L'abbé qui la gouvernait à cette époque est demeuré inconnu. (Cf. *Gallia christiana*, t. XII, col. 241, et D. Morin, *Histoire du Gastinois*, p. 386.)

(2) Ce port était sur la rive gauche, vis-à-vis le monastère de Saint-Loup, à l'endroit où se joignent les communes de Saint-Jean-le-Blanc et Saint-Denis, auprès des maisons nommées l'Amérique et les Bouteroues.

d'Orléans fut fort joyeulx, car ilz vindrent au besoing.

Le mardy ensuivant, quatriesme jour d'icelluy moys, et environ trois heures aprez minuyt, sonna la cloche du beffroy, parce que les Anglois se vindrent présenter devant le bolevart de la porte Regnard, où ilz firent à tous grans criz sonner leurs trompettes et clairons et aussi firent parcillement ceulx des Tournelles, comme s'ilz voulsissent assaillir le boulevert. Mais ceulx d'Orléans se portèrent si grandement, et tant saigement se deffendirent des canons et autres habillemens de guerre, que les Anglois se recullèrent en leurs bastilles de Sainct Lorens. *4 janvier.*

Le mecredy ensuivant, vint messire Loys de Culan (1), admiral de France et deux cens combatans avec luy, courir au Porteriau devant les Tournelles, où estoient les garnisons des Angloys, et malgré eulx passa Loire au port de Sainct Loup; et s'en entra luy et ses gens dedans la cyté pour sçavoir des nouvelles, et du gouvernement d'elle et des Franchois y estans. Auquel et à ses gens fut faict grant chière, et moult furent louez. Car aussy s'estoient ilz portez tres vaillamment contre les Angloys à l'escarmouche du Porteriau. *5 janvier.*

Le jeudy suivant, feste de la Tiphaine (2), c'est *6 janvier.*

(1) Louis de Culan, baron de Châteauneuf-en-Berry, conseiller et chambellan du roi, amiral de France en 1422, mourut en 1444.

(2) C'est le nom qu'on donnait à l'Épiphanie, d'après le Nécrologe ms. de Sainte-Croix, n° 112 *bis*. On disait aussi Tiphanie.

des Rois, saillirent d'Orléans, les seigneurs de Sainct Sevère et du Culan, messire Théaulde de Valpargue, et plusieurs autres gens de guerre et cytoyens ; et feirent une grant escarmouche, où ilz se portèrent très grandement contre les Angloys, lesquelz se deffendirent bien et hardiment. Aussy estoient ilz beacoup de seigneurs d'Angleterre, tant de chevalliers comme d'escuyers ; mais on ne scet leurs noms. A celle escarmouche se porta pareillement moult bien maistre Jehan à tout sa couleuvrine.

Durant celluy temps avoient tant travaillé les Angloys, qu'ilz avoient faiz deux boulevars sur la rivière de Loire, l'un estant en une petite ysle du cousté et au droit de Sainct Lorens (1), qui estoit faict de fagotz, sablon et de bois ; et l'autre ou champ de Sainct Privé (2), au droit de l'autre et sur le rivaige de la rivière, laquelle ilz passoient en celluy endroit, portans vivres les ungs aux autres. Et pour les garder en avoient faict cappitaine messire Lancelot de Lisle, mareschal d'Angleterre.

10 janvier. Le lundy, dixiesme jour d'icelluy mesmes mois, arrivèrent dedans Orléans grant quantité de

---

(1) Cette île portait le nom de Charlemagne, d'après les Comptes de forteresse de 1429 ; il ne faut pas la confondre avec une île du même nom du côté de Saint-Loup. Celle qui se trouvait au droit de Saint-Laurent n'existait plus en 1689 ; mais elle tend à se reformer aujourd'hui. Un peu plus bas, on voyait l'île de la Madeleine.
(2) Sur la rive gauche de la Loire.

pouldres de canon, et plusieurs vivres que on y amenoit de Bourges, pour la conforter et secourir. En celluy jour eut aussi une très grousse et forte escarmouche, tant des canons comme d'autre traict et couleuvrines : dont ceulx qui les gectèrent feirent grandement leur devoir, et tellement, qu'il y eut beacoup d'Angloys tuez et plusieurs prins prisonniers.

Le mardy ensuivant, environ neuf heures de nuyt, fut toute la couverture et le comble des Tournelles abatue et gectée au bas, et six Angloys tuez dessoubz, d'un coup de canon de fer qui estoit assorty ou boulevart de la Belle Croix du pont (1), et que on feit gecter au bas à celle heure. *11 janvier.*

Le mecredy ensuivant, douziesme jour d'icelluy moys de janvier, sonna la cloche à l'effroy, parce que les Angloys firent merveilleux cry, et sonnèrent leurs trompettes et clairons devant le bolevart de la porte Regnart. Et ce meisme jour arrivèrent dedans Orléans, vers le matin six heures, six cens pourceaulx. *12 janvier.*

Le samedy ensuivant, quinziesme jour du meisme janvier, environ huit heures de nuyt, saillirent hors de la cité le bastard d'Orléans, le seigneur de Sainct Sevère, et messire Jacques de *15 janvier.*

(1) Le boulevart de la Belle-Croix fut élevé entre les mottes et ce monument par les Orléanais, après la prise des Tourelles par les Anglais. Il était défendu par une si grande quantité de bois et de pieux que, lorsqu'on le détruisit, on en chargea quarante-deux voitures, d'après les Comptes de forteresse de 1429.

Chabannes, acompaignez de plusieurs chevaliers, escuiers, capitaines et citoyens d'Orléans, et cuydoyent charger sur une partie de l'ost de Sainct Lorens des Orgerilz ; mais les Angloys s'en aperceurent, et crièrent alarme dedens leur ost : par quoy ilz se armèrent, tellement qu'il y eut une grousse et forte escarmousche. En fin se retrairent les François ou boulevart de la porte Regnart, car les Angloys saillirent à toutte puissance, combien que en leur saillie furent très bien batuz.

16 janvier.

Le dimenche ensuivant, environ deux heures aprez midy, arrivèrent en l'ost des Angloys douze cens combatans, dont estoit chef messire Jehan Fascot (1) ; et amenèrent avecques eulx, vivres, bombardes, canons, pouldres, traicts et autres habillements de guerre, de quoy leurs gens de l'oust avoient grant souffrette.

17 janvier.

Le lundy ensuivant, dix septiesme d'icelluy moys, advint moult merveilleux cas : car les Angloys gectèrent un canon de leur boulevart de la Croix Boisée, dont la pierre cheut devant le boulevart de la porte Banier, ou milleu de plus de cent personnes, sans aucun blescher ne tuer ; mais frappa seullement par le piet ung compaignon françois, tant qu'elle lui osta le soullier, sans luy faire aucun mal : qui est chose merveilleuse à croire.

(1) Jean Fastolf, chevalier, grand-maître d'hôtel du duc de Bedford, capitaine de Honfleur. (L. Jarry, op. cit., p. 206.)

— 27 —

Cellui mesme jour se devoit faire ung gaige de bataille de six Françoys contre six Angloys ou prouchain champ de la porte Banier, là où souloit estre le coulombier Turpin; mais il ne se fist point, combien qu'il ne tint aux François, car ilz se presentèrent contre leurs adversaires, qui ne vindrent ne comparurent, avec ce n'osèrent saillir.

Le mardy, dix huitiesme d'icelluy moys de janvier, à neuf heures de nuyt, tirèrent les Anglois, estans ès Tournelles, ung canon ou bolouart de la Belle Croix, qui frappa ung nommé Le Gastelier, natif d'Orléans, lequel, en les regardant, bandoit une arbalaistre voulant tirer contre eulx. *18 janvier.*

Celluy jour arrivèrent dedans Orléans, ainsy comme aux portes deffremans, quarante chiefz d'aumailles et deux cens pourceaux.

Celluy jour et toust après l'entrée du bestial, guaingnèrent les Angloys des Tournelles la charrière, deux sentines et cincq cens chiefz de bestial, que marchans cuydoient amener dedans Orléans, lesquelz furent acusez par aucuns traistres d'ung villaige emprez, dit Sandillon (1), afin qu'ilz eussent partie du butin ; et aussi fut après le bestial butiné à Jargueau, estant lors Anglois.

Celluy mesme jour, environ trois heures après

---

(1) Village à quelques lieues d'Orléans, sur la rive gauche de la Loire.

midy, eut une grousse et forte escarmousche en une isle devant la croiche des moulins de Sainct Aignan, parce que les Angloys rompirent le conduict pour passer la charrière qu'ilz avoient gaingnée au port de Sainct Loup. Et les François, tant gens de guerre comme citoyens d'Orléans, se firent passer l'eaue en cette isle, cuydant recouvrer leur charrière perdue dès le matin. A l'encontre desquelz yssit grant puissance d'Angloys, qui estoient embuchiez derrière la turcie, ung peu plus loing que Sainct Jehan le Blanc, et faisans grans criz se adressèrent contre les François qui s'en retournoyent, et reculèrent vers leurs boulevars très hastivement : ce qu'ilz ne sceurent faire si toust que il n'y en demoura vingt deux mors. En oultre y furent prins deux gentilzhommes, l'ung nommé le petit Breton, qui estoit au bastart d'Orléans, et l'autre, nommé Remonet (1), estant au mareschal de Sainct Sevère. A icelle escarmousche fut aussy perdue une couleuvrine, qui estoit à maistre Jehan, qui fut en grant péril d'estre prins : car ainsy qu'il cuyda retraire en sa santine, d'autres se boutèrent dedans avecques luy : tellement qu'elle enfonça en la rivière : par quoy il se cuida retraire dedans ung grant chalan ; mais il ne peut oncques, parce

(1) On trouve, sous Louis XI, un Remond d'Ossaigne, surnommé le Cadet Remonet, gascon, qui fut pendu, par ordre de Maximilien d'Autriche, pour avoir défendu le château de Malancy contre l'armée de ce prince, pendant trois jours, à la tête de 160 Gascons déterminés.

qu'il estoit jà party. Toutesfoiz, véant le destroit dangier, feit tant qu'il saillit sur la peaultre, qui luy demoura en la main, ainsi qu'il s'efforça pour saillir de l'eau ou chalan, au derrenier, non obstant toutes telles infortunitez nageant sur la peautre vint à rive et se sauva dedans la cité, laissant sa couleuvrine jà gaignée par les Angloys, qui la emportèrent aux Tournelles.

Le jour de lundy, vingt quatriesme jour d'icelluy mois de janvier, environ quatre heures après mydi, arriva dedans Orléans La Hire, et avecques luy trente hommes d'armes; contre lesquelz gectèrent les Angloys ung canon, dont la pierre cheut au meilleu d'eulx, lorsqu'ilz estoient à l'endroit de la porte Regnart, combien qu'elle n'en tua ne bleça aucun : qui fut une grant merveille. Sy entrèrent sains et saulfz en la ville, et en allèrent rendre grâces à Nostre Seigneur qui les avoit préservez de mal.

<small>24 janvier.</small>

Le mecredy, vingt sixiesme du meismes janvier, eut une forte escarmousche devant le boulevart de la porte Banier, parce que les Angloys advisèrent caultement que le souleil luysoit aux visaiges des François, qui estoient hors du bolevart pour escarmouscher. Et saillirent de leur ost à grosse puissance, monstrans grant semblant de hardiesse ; et feirent tant qu'ilz recullèrent les François jusques à la doue des foussez du boulouart et de la ville, dont ilz approuchèrent tant prez qu'ilz apportèrent ung de leurs estandars en une lance près du boule-

<small>26 janvier.</small>

vart; combien qu'ilz n'y arrestèrent que ung petit, parce que on leur gectoit d'Orléans et du boulevart moult espessement de canons, bombardes, couleuvrines et autre traict. Et fut dit que en celle escarmousche fut tué vingt Anglois, sans les blecez. Mais des François n'y mourut que ung des archiers du mareschal de Sainct Sevère, qui fut tué d'ung canon mesme d'Orléans : dont son maistre et les autres seigneurs furent bien marriz.

27 janvier. Le jeudy ensuivant, vingt septiesme d'icelluy moys de janvier, à trois heures après midi, eut une très grousse escarmousche devant le boulevart de la porte Regnard, parce que de quatre à cinq cens combatans Angloys y vindrent de leur bastille, faisant là très grans et merveilleux criz. Contre lesquelz saillirent ceulx d'Orléans par le boulevart meismes, et se hastèrent tant qu'ilz se mirent en desarroy, par quoy le mareschal de Sainct Sevère les feit retourner dedans. Et aprez qu'il les eut mis en ordonnance, les feit de rechef saillir, et les conduit tant bien par son sens et prouesse qu'il contraingnit les Angloys de retourner en leur ost et bastille de Sainct Lorens.

28 janvier. Le lendemain, jour de vendredy, arrivèrent dedans Orléans, environ onze heures de nuyt, aucuns ambassadeurs qui avoient esté envoyez devers le roy de par la ville pour avoir secours.

29 janvier. Le samedy ensuivant, vingt neuviesme jour du mesmes janvier, à huit heures du matin, firent les Anglois grans criz en leur ost et bastilles, se mirent en armes à grant puissance et, par grant ordonnance, continuans tousjours leurs criz et faisans demonstrance de grant hardiment, s'en vindrent jusques à une barrière qui estoit en la grève devant la tour Nostre Dame, et jusques devant le boulevart de la porte Regnart ; mais ils furent bien receuz, car les gens de guerre et beacoup de peuple d'Orléans saillirent incontinent contre eulx, bien ordonnez, tellement qu'il y eut une très forte et grande escarmousche, tant à la main comme des canons, couleuvrines et traict ; et y eut beacoup de gens tuez, bleciez et prins prisonniers d'une part et d'autre. Et par expécial y mourut ung seigneur d'Angleterre, que les Anglois plaingnoient moult ; et le portèrent enterrer à Jargueau. Et ce jour mesmes devers le matin, aussy arrivèrent dedans Orléans le seigneur de Villars, le seigneur de Sainctes Trailles et Poton, son frère, messire Ternay, et autres chevaliers et escuiers venans de parler au roy.

Celluy mesme jour de samedy vingt neufviesme d'icelluy meisme moys de janvier, fut donné seureté d'une part et d'autre à La Hire et messire Lancelot de Lisle de parler ensemble : ce qu'ilz firent environ l'eure de fremer les portes. Mais après qu'ilz eurent parlé ensemble et que l'eure de la seureté fut passée, comme chacun d'eulx s'en retournoit devers ses gens, ceulx d'Orléans gectèrent ung canon qui frappa messire Lancelot, tellement qu'il luy enleva la teste : dont ceulx de l'ost furent très doulans, car il estoit leur mareschal et bien vaillant homme.

30 janvier.

Le jour d'après, qui fut dimanche, eut une forte escarmousche, parce que les Angloys levoient des charniers, c'est des eschallas, des vignes d'environ Sainct Ladre et Sainct Jehan de la Ruelle, prez d'Orléans, et les emportoient en leur ost pour eulx choffer. Pour quoy le mareschal de Sainct Sevère, la Hire, Pothon, messire Jacques de Chabannes, messire Denis de Chailly (1), messire Cernais, Arragonnois, et plusieurs autres d'Orléans en saillirent hors et se frappèrent en eulx, et les assaillirent vaillamment, tellement qu'ilz en tuèrent sept, et en amenèrent quatorze prisonniers dedans leur cyté. En laquelle celluy jour trespassa ung vaillant bourgois qui en estoit natif, nommé Simon de Beaugener, qui avoit esté blecié en la gorge d'ung traict des adversaires.

Celluy mesmes dimenche, se partit d'Orléans durant la nuit le bastart d'Orléans acompaigné de plusieurs chevaliers et escuiers, pour aler à Blois devers Charles, conte de Clermont, fils aisné du duc de Bourbon; pourquoy les Anglois, les oyans parler, crièrent à l'arme; et sy feirent fort guet, doubtans qu'ilz ne les voulsissent assaillir en leurs bastilles.

31 janvier.

Et l'endemain, jour de lundy, trente et ungniesme et dernier d'icelluy moys de janvier,

(1) Capitaine de Moret.

arrivèrent dedans Orléans huit chevaulx chargez de huiles et de gresses.

Le jeudy ensuivant, troisiesme jour de fevrier, yssirent d'Orléans le mareschal de Sainct Sevère, messire Jacques de Chabanes, la Hire, Couras, et plusieurs autres chevaliers et escuiers ; et coururent jusques au boulevart de Sainct Lorens. Pour quoy les Angloys crièrent aux armes, desployèrent douze de leurs bannyères, et se mirent tous en bataille en leurs ostz sans yssir de leurs boulevars et barrières. Les François en fin de pièce voyans que leurs ennemys ne sailloient, s'en retournèrent en belle ordonnance dedans leur cyté, sans autre chose faire. *3 février.*

Le samedy cinquiesme d'icelluy moys, vindrent au soir à portes fremans dedans Orléans vingt six combatans, très vaillans hommes de guerre et bien habillez, qui venoient de Sauloigne, et estoient au mareschal de Sainct Sevère ; lesquelz se portèrent très grandement, tant qu'ilz furent en la garnison. *5 février.*

Le l'endemain, jour de dimenche, environ vespres, saillirent d'Orléans le mareschal de Sainct Sevère, Chabanes, La Hire, Pothon et Chailly, avecques deux cens combatans ; et furent courir jusques environ la Madeleine, là où ilz trouvèrent le seigneur d'Escalles et trente combatans avecques luy, qui recullèrent bien hastivement en leur ost et bastille de Sainct Lorens ; combien qu'en la fin furent là que tuez que prins quatorze Angloys. *6 février.*

7 février.

Le lundy, septiesme jour d'icelluy moys, arrivèrent dedans Orléans messire Théaulde de Valpergue, messire Jehan de Lescot (1), gascon, et autres ambassadeurs, qui venoient de parler au roy pour apporter les nouvelles du secours qui devoit venir lever le siége.

8 février.

Le lendemain, jour de mardy, entrèrent dedans la ville d'Orléans plusieurs très vaillans hommes de guerre et bien habillez, et entre les autres messire Guillaume Estuart, frère du connestable d'Escosse, le seigneur de Gaucourt, le seigneur de Verduran, et plusieurs autres chevaliers et escuiers, acompaignez de mil combattans, tellement habillez pour faict de guerre, que c'estoit une moult belle chose à veoir.

Ce mesmes jour, arrivèrent de nuyt deux cens combatans, qui estoient à messire Guillaume de Le Bret (2), et peu après six vingtz autres estans à La Hire.

[Environ ces jours, avoit une jeune pucelle nommée Jehanne, native d'un villaige en Barroys, appelé Domprehemy, près d'un autre dit Gras, soubz la seigneurie de Valcouleur. A laquelle gardant aucunes foys à l'entour de la maison de

---

(1) Jean de Lescot ou Lesgot, seigneur de Verduzan, fut tué à la Journée des Harengs.

(2) Guillaume d'Albret, seigneur d'Orval, se distingua au siège de Montargis et périt à la bataille des Harengs : « Pour xxIIII pintes de vin présentées à Monsr de Bourbon et à Monsr d'Elebret, le IIIIe jour de novembre, xxIII s. p. » (Comptes de comm., 1428-1430, 19e mand.)

son père et de sa mère ung peu de berbis qu'ilz avoient, et autres foiz cousant et filant, s'apparut Nostre Seigneur plusieurs foiz en vision ; et luy commanda qu'elle s'en allast lever le siége d'Orléans, et faire sacrer le roy à Rains, car il seroit avecques elle, et luy feroit par son divin ayde et force d'armes acomplir celle entreprinse. Pour quoy elle s'en alla devers messire Robert de Baudricourt (1), lors cappitaine d'icelle place de Vaucouleur, et lui raconta sa vision, luy priant et requérant que pour le très grant bien et prouflit du roy et du royaume, il la voulsist habiller en habit d'homme, la monter d'un cheval, et faire mener devers le roy, ainsi que Dieu luy avoit mandé aller. Mais pour lors, ne plusieurs jours après, ne la voulut croire, ainçois ne s'en faisoit que mocquer, et reputoit sa vision fantasies et folles ymaginacions, combien que, cuidant faire servir ses gens d'elle en péché charnel, il la retint. A quoy nul d'eulx, ne autre après, ne la peurent oncques retourner : car si toust qu'ilz la regardoient fort, ilz estoient tous reffroidiz de luxure.]

Le mecredy, neufviesme jour du meisme moys, se deppartirent d'Orléans messire Jacques de Chabanes, messire Regnault de Fratames (2), et le

9 février.

(1) Conseiller et chambellan du roi, bailli de Chaumont, capitaine de Vaucouleurs.

(2) Regnault de Fontaines : « Pour six pintes de vin présentées à Messire Rigault de Fontaines, le IX⁰ jour de mars, vi s. p. » (Comptes de comm. 1428-1430, 21⁰ mand.)

Bourg de Bar (1), acompaignez de vingt ou vingt-cincq combatans, voulans aler à Blois devers le conte de Clermont, mais ilz furent rencontrez sur le chemin par aulcuns Angloys et Bourguignons qui prindrent le Bourg de Bar, et l'emmenèrent prisonnier dans la tour de Marchesnoir, et les deux autres seigneurs se sauvèrent. Auquel jour arriva dedans la ville d'Orléans messire Gilbert de La Faiète (2), natif de Bourbonnois et mareschal de France, qui amena avecques lui trois cens combatans.

10 février.
Le lendemain qui fut jeudy, se partit d'Orléans le bastart d'Orléans, et deux cens combatans avecques lui, pour aler à Bloys devers le conte de Clermont, et messire Jehan Estuart (3), connes-

(1) Son prénom de Bourg annonce qu'il était bâtard. Son père, Gui de Bar, dit le Veau ou le Beau, comme écrit Malingre (p. 179), conseiller chambellan de Charles VI, avait été prévôt de Paris le 29 mai 1418. Il était peut-être frère de Robert de Bar, comte de Marle et de Soissons.

(2) Gilbert Motier de la Fayette, maréchal de France, se distingua aux sièges de Jargeau, Meung, Baugency, et à la bataille de Patay.

(3) Jean Stuart de Darnley revenait d'un pèlerinage en Terre-Sainte. Dès l'année 1421, il avait donné au chapitre de Sainte-Croix une rente de cent livres pour la fondation d'une messe *de Beata* qu'on appelait messe des enfants de chœur ou écossaise. Par deux chartes, datées du 23 août et du 22 septembre 1421, cette rente avait été amortie. Deux seigneurs de Douglas, ses parents, morts en 1420, avaient donné à ce même chapitre 140 écus d'or et 10 aunes de damas rouge, et les chanoines, par reconnaissance, les avaient inhumés dans le chœur de la cathédrale. (Cf. Nécrologe de Sainte-Croix, ms 112 *bis*, fol. 50.) Jean Stuart et son épouse

table d'Escoche, le seigneur de la Tour (1), baron d'Auvergne, le vicomte de Thouars (2), seigneur d'Amboise, et autres chevaliers et escuiers, acompaignez, comme on disoit, de bien quatre mil combattans, tant d'Auvergne, Bourbonnois, comme d'Escosse, pour sçavoir d'eulx l'eure et le jour qu'il leur plairoit mectre d'assaillir les Angloys et faulx François, amenans de Paris vivres et artillerie à leurs gens tenans le siège.

Le vendredy, neufviesme [corrigé au-dessus xı°] jour d'icelluy mois de février, se partirent aussi d'Orléans messire Guillaume d'Albret, messire Guillaume Estuart, frère du connestable d'Escosse, le mareschal de Sainct Sevère, le seigneur de Graville (3), le seigneur de Sainctes Trailles,

11 février.

Elisabeth furent à leur tour enterrés dans la même église, d'après ce même Nécrologe (fol. 9, à la date du 16 février) : « *Anniversarium nobilis et magnifici viri D. Johannis Stewart, militis, domini de Dernesle et d'Aubigny, constabularii Scotorum, qui pro deffensione istius civitatis ab Anglis obsessæ interfectus fuit, in quo anniversario distribuuntur, lx. s. p. capiendi annuatim super domo claustrali in qua quondam morabatur defunctus magister Johannes le Bossu, et fiet cum tali solemnitate, sicut consuetum est pro regibus fieri. Et in dicto anniversario associatur nobilis domina Helizabeth uxor prædicti domini, quorum corpora requiescunt in capella Beatæ Mariæ Albæ.* »

(1) Le seigneur de la Tour d'Auvergne, Bertrand I er du nom, comte de Boulogne.

(2) Louis d'Amboise, vicomte de Thouars.

(3) Jean Malet, seigneur de Graville, chevalier normand, grand maître des arbalétriers, dernier défenseur de la Normandie, d'où il s'était expatrié en 1418, après la prise de Pont-de-l'Arche, avait assisté au siège de Montargis. Il fut, depuis, amiral de France.

Pothon son frère, La Hire, le seigneur de Verduran, et plusieurs autres chevaliers et escuiers acompaignez de quinze cens combatans, et tendans eulx trouver et assembler avecques le conte de Clermont, et les autres jà nommez, pour aler ou devant des vivres et les assaillir. Et celluy meisme jour se partit pareillement celluy conte de Clermont, et fit tant qu'il vint à tout sa compaignie en Beausse, à ung villaige nommé Rouvroy de Sainct Denis, qui est à deux lieues d'Ienville. Et quand ilz furent tous assemblez, ils se trouvèrent de trois à quatre mil combatans, et ne s'en partirent jusques à l'endemain environ trois heures après midy.

12 février. Celluy jour de l'endemain, qui fut le samedy douziesme jour de février, veille des brandons, messire Jehan Fascot, le bailly d'Évreux pour les Anglois, messire Simon Morhier (1), prévost de Paris, et plusieurs autres chevalliers et escuiers du pays d'Angleterre et de France, acompaignez de quinze cens combatans, tant Angloys, Picards, Normans, que autres gens de divers pays, amenoyent environ trois cens que chariotz et charrettes, chargez de vivres (2) et de plusieurs habil-

---

(1) Simon Morhier, Français renié, seigneur de Gilles dans le pays chartrain, fut prévôt de Paris pour le compte des Anglais, à dater de 1422. Au siège de Montargis, il fut pris au piège d'une trahison simulée. Il reçoit souvent les montres des troupes de passage à Paris. Il devint, en 1438, trésorier de Normandie. (B. de Molandon, op. cit., p. 108.)

(2)   De caresme estoit la saison
    Et menoient en l'ost du haren ;

lemens de guerre, comme canons, arcs, trousses, traict et autres choses, les menans aux autres Angloys tenans le siège d'Orléans. Mais quand ilz sceurent par leurs espies la contenance des Françoys, et congnurent que leur intencion estoit de les vouloir assaillir : ilz s'encloyrent et feirent ung parc de leur charroy et de paulx aguz, en manière de barrières, lessant une seule longue et estroicte issue ou entrée, car le derrier de leur parc, ainsi clous de charroy, estoit large et le devant long et estroit : ouquel celle yssue ou entrée estoit tellement, que par là convenoit entrer, qui les vouloit assaillir. Et ce faict se mirent en belle ordonnance de bataille, actendans là vivre ou mourir ; combien que d'eschapper n'avoient guères d'espérance, considérans leur petit nombre contre la multitude des Françoys, qui tous assemblez d'un commun accord, conclurent que nul ne descenderoit des chevaulx, sinon les archiers et gens de traict, qui en leur venue faisoient devoir de tirer.

Aprez laquelle conclusion se mirent devant La Hire, Poton, Saulton, Canede, et plusieurs autres venans d'Orléans, qui estoient environ quinze cens combatans, qui furent advertiz que les Angloys amenans les vivres venoient à la file,

Pour quoy fut la cause ou raison
Qu'ainsi la journée nomma l'en.

Martial de Paris, *Vigilles de Charles VII,* p. 93, édition de 1723.

non ordonnez et sans avoir nulle suspeccion d'estre surpris : par quoy ilz furent tous d'une oppinion qu'ilz les assauldroient ainsi qu'ilz venoient despourveuement. Mais le conte de Clermont manda plusieurs fois et par plusieurs messaiges à La Hire et autres, ainsi dispos d'assaillir leurs adversaires, qu'ilz trouveroient en eulx tant grant advantaige, et qu'ilz ne leur feissent aucun assault jusques à sa venue, et qu'il leur ameneroit de trois à quatre mil combatans moult desirans d'assembler aux Anglois. Pour l'honneur et amour duquel ilz délaissèrent leur entreprinse à leur très grant desplaisance, et sur tous de La Hire, qui demonstroit l'apparance de leur dommaige, en tant que on donnoit espasse aux Anglois de eulx mectre et serrer ensemble, et avecques ce, de eulx fortiffier de paulx et de charrois. Et à la vérité La Hire et ceulx de sa compaignie partiz d'Orléans, estoient arrestez en ung champ, au front et tant près des Angloys, que très legierement les avoient veuz, comme est dit, venir à la file et eulx fortiffier ; dolans à merveilles de ce qu'ilz ne les osoient assaillir, pour la deffense et continuelz messaiges d'icellui conte de Clermont, qui tousjours s'approuchoit au plus qu'il povoit.

D'autre part, porta aussi moult impacianment celle actente le connestable d'Escosse ; lequel estoit pareillement venu là près, à tout environ quatre cens combatans, où avoient de bien vaillans hommes. Et tellement que ainsi entre deux et trois heures après midi, approuchèrent les archiers et gens de traict françois de leurs adversaires, dont aucuns estoient jà sailliz de leur parc, qu'ilz contraignirent reculler très hastivement, et eulx bouter dedans par force de traictz, dont ilz les chargèrent tant espessement qu'ilz en tuèrent plusieurs ; et ceulx qui peurent reschapper, s'en rentrèrent dedans leur fortifficacion avecques les autres. Pour quoy et lors quant le connestable d'Escosse veit qu'ilz se tenoient serrez et rengez, sans monstrer semblant d'yssir, il fut par trop grant chaleur tant desirant de les vouloir assaillir qu'il despeça toute l'ordonnance qui avoit esté faicte de tous, que nul ne descendist. Car il se mist aprez, sans actendre les autres ; et à son exemple, et pour luy ayder, descendirent aussi le bastart d'Orléans, le seigneur d'Orval, messire Guillaume Estuart, messire Jehan de Mailhac (1), seigneur de Chasteaubrun, viconte de Bridiers, messire Jehan de Lesgot, seigneur de Verduran, et messire Loys de Rochechouart (2), seigneur de

(1) Jehan de Nailhac, chevalier, seigneur du Blanc, de Châteaubrun, grand panetier de France et sénéchal du Limousin, mourut avant 1437. Cette famille du Berry fut fondue dans les maisons de Preuilly et de Brosse, d'après La Thaumassière. (*Histoire de Berry*, l. VII, c. 51.)

(2) Louis de Rochechouart, seigneur de Montpipeau (communes de Huisseau et de Coulmiers), était fils d'Aimery II, seigneur de Mortemar, et de Jeanne Dangle, dame de Montpipeau, qui, par son mariage, en 1381, apporta cette terre. En 1741, ce château fut vendu à François-Camille de Polignac, après la mort de Charles, marquis de Montpipeau, brigadier des armées du roi, le dernier de la branche des Rochechouart.

Monpipiau, et plusieurs autres chevalliers et escuiers, avecques environ quatre cens combatans sans les gens de traict, qui jà s'estoient mis à piet, et avoient reboutez les Angloys, et faict moult vaillamment ; mais peu leur valut : car quant les Anglois virent que la grant bataille, qui estoit assez loing, venoit lachement et ne se joingnoit avecques le connestable et les autres de piet, ilz saillirent hastivement de leur parc, et frappèrent dedans les François estans à piet, et les mirent en desarroy et en fuite, non pas toutes fois sans grant tuerie, car il y mourut de trois à quatre cens combattans françois.

Et oultre ce, les Angloys non saoullez de la tuerie, qu'ilz avoient faicte en la place devant leur parc, s'espendirent hastivement par les champs, chassans ceulx de piet, tellement qu'on véoit bien douze de leurs estandars loing l'un de l'autre, par divers lieux, à moins d'ung traict d'arbaleste de la principal place où avoit esté la desconfiture. Par quoy La Hire, Poton et plusieurs autres vaillans hommes, qui moult enviz s'en alloient ainsi honteusement, et s'estoient tirez ensemble près du lieu de la destrousse, rassemblèrent environ soixante ou quatre vingtz combatans, qui les suivoient, et frappèrent sur les Angloys ainsi espars, tellement qu'ilz en tuèrent plusieurs. Et certes se tous les autres François fussent ainsi retournez qu'ilz firent, l'onneur et le prouffit du jour leur fut demouré : combien que par avant avoient esté là mors et tuez plusieurs grans seigneurs, chevalliers, escuiers, nobles et vaillans cappitaines et chiefz de guerre. Et entre lesquelz y furent tuez messire Guillaume d'Albret, seigneur d'Orval, messire Jean Estuart, connestable d'Escosse, messire Guillaume Estuart, son frère, le seigneur de Verduran, le seigneur de Chasteaubrun, messire Loys de Rochechouart, et messire Jehan Chabot, avecques plusieurs autres, qui tous estoient de grant noblesse et très renommée vaillance. Les corps desquelz seigneurs furent deppuis apportez à Orléans et mis en sépulture dedans la grant église, dicte Saincte Croix, là où se feist pour eulx beau service divin.

De ceste bataille eschappa entre autres le bastart d'Orléans, obstant ce que dès le commencement avoit esté blecié d'un traict au piet : par quoy deux de ses archiers le tirèrent à très grant peine hors de la presse, le montèrent à cheval et ainsi le sauvèrent. Le conte de Clermont, qui ce jour avoit esté faict chevallier, ne toute la grousse bataille, ne firent oncques semblant de secourir les compaignons, tant parce qu'ilz estoient descenduz à piet, contre la conclusion de tous, comme aussi parce qu'ilz les véoient presque tous tuez devant eulx. Mais si toust qu'ilz apperceurent que les Angloys en estoient maistres, ils se mirent à chemin vers Orléans : en quoy ne firent pas honnestement, mais honteusement; et ilz eurent assez espasse d'eux en aller, car les Angloys ne les chassèrent pas, obstant ce que la plus part d'eulx estoient à piet, et qu'ilz sçavoient les François estre plus grant nombre qu'ilz n'estoient. Combien que tout l'onneur et le prouffit de la victoire en demoura aux Angloys, dont estoit chef pour lors messire Jean Fascot, avecques lequel estoient aussi messire Thomas Rameston (1), qui pareillement avoit grant charge de gens d'armes.

Ce mesme jour arrivèrent dedans Orléans, au soir bien tart, le conte de Clermont, le bastard d'Orléans, le seigneur de la Tour, le viconte de Thouars, le mareschal de Sainct Sevère, le seigneur de Graville, La Hire, Poton, et plusieurs chevaliers et escuiers françoys, qui venoient de la bataille, qui avoit esté ainsi perdue par faulte d'ordonnance. Combien que La Hire, Poton, et Jamet de Tilloy (2) entrèrent les derniers dedans; car par l'ordonnance de tous demourèrent tousjours à la queue des retournans, pour contregarder que ceulx des bastilles ne saillissent sur eulx, s'ilz sçavoient la desconfiture ; en quoy les eussent peu encores plus endommaiger que devant, qui ne s'en fust prins garde.

[Cestui propre jour aussi, sceut Jehanne la Pucelle, par grace divine, ceste desconfiture, et dist à messire Robert de Baudricourt que le roy

---

(1) Thomas Rampston, chevalier banneret, chambellan du Régent, capitaine d'Argentan. (L. Jarry, op. cit., p. 207.)

(2) Jamet du Tillay, bailli de Vermandois, capitaine de Blois.

avoit eu grand dommaige devant Orléans, et auroit aincoires plus, s'elle n'estoit menée devers lui. Pour quoy Baudricourt qui l'avoit jà esprouvée et trouvée très sage et comme véritable, persévérant en ses premières requestes, la feit habiller en habit d'homme, ainsi qu'elle le requerit. Et pour la conduire luy bailla deux gentilzhommes de Champaigne, l'un nommé Jehan de Metz (1), et l'autre Bertrand de Polongy (2), qui moult envis le firent, pour les périlleux chemins. Mais elle les assceurant que jà n'auroyent nul mal, se mirent à chemin avecques elle, et deux de ses frères, pour aler devers le roy, qui estoit lors à Chinon.]

Le lundy aprez celle desconfiture, quatorziesme du mesmes moys de fevrier, fut par les Anglois estans de la garnison des Tournelles, gecté ung canon dont la pierre cheut dedans Orléans en l'hostel de la Teste Noire, en la rue des Hostelleries ; ouquel hostel elle feit grant dommaige et descendit en celle rue et tua trois personnes de

14 février.

---

(1) Jean de Novelampont, dit de Metz : « A Jehan de Metz, escuier, la somme de cent livres pour le defrayement de luy et de aultres gens de la compaignie de la Pucelle nagueres venue par devers le Roy, à cause des frais qu'ilz avoient faiz en la ville de Chinon et que il leur convenoit faire ou voiaige qu'ilz avoient l'intention de faire lors, pour servir icelluy seigneur en l'armée par luy ordonnée pour le secours d'Orléans. » (Godefroy, *Histoire de Charles VII*, p. 907.) Il déposa à Vaucouleurs dans le procès de réhabilitation.

(2) Bertrand de Polongy, gentilhomme champenois, écuyer du roi, fut interrogé à Toul pour le procès de réhabilitation.

— 46 —

la ville, l'un desquelz estoit marchant, nommé Jehan Turquoys.

17 février. Le jeudy ensuivant, dix septiesme jour d'icelluy moys, furent par messire Jehan Fascot et ses gens amenez en l'ost et siége des Angloys les vivres et autres habillemens de guerre qu'ilz avoient conduis depuis Paris, et ceulx aussi qu'ilz avoient conquestez en leur dernière desconfiture emprez Rouvray Sainct Denis, [que plusieurs ont deppuis nommée la *bataille des Harans*] ; contre lesquelz saillirent les François de la garnison et aucuns citoyens, pour leur cuider courir sus, et gaigner les vivres et artillerie qu'ilz menoient. Mais toutesfois ne s'entretouchèrent point l'un l'autre pour celle fois.

[Environ ces jours arriva dedans Chinon Jehanne la Pucelle et ceulx qui la conduisoient, fort esmerveillez commant ilz estoient peu arriver sauvement, veuz les perilleux passaiges qu'ilz avoyent trouvez, les dangereuses et grosses rivières que ilz avoyent passées à gué, et le grant chemin qu'il leur avoit convenu faire, au long duquel avoyent passé par plusieurs villes et villaiges tenans le party Angloys, sans celles estans françoises, esquelles se faisoient innumerables maulx et pilleries. Par quoy lors louèrent Nostre Seigneur de la grâce qu'il leur avoit faicte, ainsi que leur avoit promis la Pucelle par avant. Et notiffièrent leur faict au roy, par devant lequel avait jà esté traicté par plusieurs fois en son conseil que le milleur estoit qu'il se retirast au Daulphiné, et le gardast avecques le pays de Lyonnois, Languedoc et Auvergne, au moins se on les povait sauver, se les Angloys gaignoyent Orléans ; mais tout fut mué, car il manda les deux gentilzhommes, et présent ceulx de son grant conseil, les fit interroguier du faict et estat de la Pucelle, dont ilz respondirent la vérité. Et à celle occasion fut mis en conseil se on la feroit parler au roy : à quoy fut conclud que oyl ; et de faict y parla, luy feit la reverence, et le cognut entre ses gens, combien que plusieurs d'eulx faignoyent, la cuidant abuser, estre le roy : qui fut grant apparance, car elle ne l'avoit oncques mès veu. Sy luy dist par moult belles parolles, que Dieu l'envoyoit pour luy ayder et scourir, et qu'il luy baillast gens, car par grâce divine et force d'armes, elle levroit le siége d'Orléans, et puis le menroit sacrer à Reims, ainsi que Dieu lui avoit commandé ; qu'il vouloit que les Angloys s'en retournassent en leur pays et lui lessassent son royaume en paix, lequel lui devoit demourer ; ou s'ilz ne le lessoient, il leur en mescherroit.

Ces paroles ainsy par elle dictes, la feit le roy remener honnorablement en son logis, et assembla son grant conseil, ouquel furent plusieurs prélatz, chevalliers, escuyers et chiefz de guerre, avecques aucuns docteurs en théologie, en lois et en decret, qui tous ensemble advisèrent qu'elle seroit interroguée par les docteurs, pour assaier se en elle se trouverroit évidente raison de povoir acomplir ce qu'elle disoit. Mais les docteurs la trouvèrent de tant honneste contenance, et tant saige en ses parolles, que leur relacion faicte, on en tint très grant compte. Pour quoy, et aussi parce que on trouva qu'elle avoit sceu véritablement le jour et l'heure de la journée des Harens, ainsi qu'il fut trouvé par les lettres de Baudricourt, qui avoit escript l'heure qu'elle lui avoit dict, elle estant aincorres à Valcouleur ; et deppuis mesmes déclaré au roy en secret, présent son confesseur (1), et peu de ses secrets conseillers, ung bien qu'il avoit faict, dont il fut fort esbahy ; car nul ne le povoit sçavoir sinon Dieu et luy : fut conclud qu'elle seroit menée honnestement à Poictiers, tant pour la faire derechef interroguier et sçavoir sa persévérance, comme aussy affin de trouver argent, pour luy bailler gens, vivres et artilleries, pour assaier de ravitailler Orléans ; ce qu'elle sceut par grâce divine, car elle estant ou milleu du chemin, dist à plusieurs : « En nom de Dieu, je sçay bien que je auray beaucoup affaire à Poitiers, où on me meine ; mais Messires me aydra ; or alons, de par Dieu ! » car c'estoit sa manière de parler.

Quant elle fut audict Poictiers, où estoit pour lors le Parlement du roy, diverses interrogacions lui furent faictes par plusieurs docteurs et autres gens de grant estat, à quoy elle respondit moult bien. Et par expecial à ung docteur Jacobin, qui

(1) Son confesseur était Jehan Pasquerel, religieux augustin de la maison de Tours, homme recommandable par sa piété et ses lumières.

lui dit que se Dieu vouloit que les Angloys s'en alassent, qu'il ne falloit point d'armes. A quoy elle respondit qu'elle ne vouloit que peu de gens qui combatroyent, et Dieu donrroit la victoire. Pour laquelle responce, avecques plusieurs autres qu'elle avoit faictes, et la fermeté de ses premières promesses, fut conclud de tous que le roy se devroit fier en elle, et lui bailler vivres et gens, et l'envoyer à Orléans, ce qu'il fist. Et oultre la fist bien armer, et lui donna de bons chevaulx. Et voult et ordonna qu'elle eust ung estandart (1), ouquel par le vouloir d'elle on fist paindre et mectre pour devise IHESVS MARIA, et une magesté. Le roy luy voulut donner une belle espée, elle luy pria qu'il luy pleust luy en envoyer quérir une, qui avoit en la lumelle cinq croix emprez la croisée, et estoit à Saincte Katerine du Fierboys. Dont le roy fut fort esmerveillé, et luy demanda s'elle l'avoit oncques

(1) Ce fut pendant son séjour à Blois que Jeanne fit faire et peindre, par Poulnoir, un étendard qui fut bénit par l'archevêque de Reims, dans l'église Saint-Sauveur. « Cet étendard, comme ceux des généraux d'armée au XVe siècle, était une très longue pièce d'étoffe coupée en triangle ou flamme, et cloué par sa base au bois d'une lance. Il était de toile blanche ou boucassin (fine toile de lin), semé de fleurs de lis d'or et frangé de soie. Le monde, c'est-à-dire Dieu tenant le monde, y était figuré assis sur l'arc-en-ciel, les pieds sur les nuées, devant lui deux anges agenouillés, l'un desquels présentait une fleur de lis, l'autre se tenait en prière ; à côté, les mots IHESVS MARIA. » (*Le 426e anniversaire de la délivrance d'Orléans*, par M. Mantellier, Orléans, 1855, p. 119.) Jeanne avait, en outre, une bannière représentant le Christ en croix.

veue. A quoy elle respondit que non : mais toutesfois savoit elle qu'elle y estoit. Le roi y envoya, et fut trouvée celle espée avecques autres, qui là avoient esté données le temps passé, et fut apportée au roy, qui la feist habiller et garnir honnestement. Et luy bailla pour l'acompaigner ung bien vaillant et saige gentilhomme, nommé Jehan Daulon (1) ; et pour paige, et la servir en honneur, lui bailla ung autre gentilhomme nommé Loys de Contes (2). Combien que toutes les choses déclairées en cestuy chappitre se firent à plusieurs foys et par divers jours ; mais je les ay ainsy couschées pour cause de briefté.]

18 février. Le vendredy, dix huitiesme jour de février, se partit d'Orléans le conte de Clermont, disant qu'il vouloit aler à Chinon devers le roy, qui lors

---

La ville d'Orléans avait, de toute ancienneté, une bannière qui était en boucassin de couleur sandal (rouge) avec frange. (Vergnaud, Ancienne bannière de la ville, dans les *Mémoires de la Société d'agriculture, sciences, etc.*, 2e série, t. XIV, p. 25.)

(1) Jean d'Aulon, gentilhomme de Comminge, écuyer et maître d'hôtel de la Pucelle, se trouvait à Chinon lorsque Jeanne y arriva. Il ne la quitta plus. Il déposa dans le procès, le 28 mai 1456, à Lyon.

(2) Louis de Contes, ou Coutes, dit Imerguet. Mantellier (*ibid.*, p. 141) le dit beau-frère de Jean de Beauharnoys, bourgeois d'Orléans. Il existait en notre ville une famille de Contes, dont un membre, Agnan de Contes de la Clémendière, pénitencier de Sainte-Croix et curé de Sainte-Catherine, a laissé plusieurs pièces de vers latins. (Cf. Louis de Coutes, page de Jeanne d'Arc, improprement nommé Louis de Contes, son origine, sa famille, dans les *Bulletins de la Société archéologique*, t. IX, p. 52.)

y estoit ; et emmena avecques luy le seigneur de la Tour, messire Loys de Culan, admiral, messire Regnault de Chartres (1), archevesque de Rains, et chancellier de France, messire Jehan de Sainct Michiel (2), évesque d'Orléans, natif d'Escosse, La Hire, et plusieurs chevaliers et escuyers d'Auvergne, de Bourbonnoys et d'Escosse, et bien deux mil combatans. Dont ceulz d'Orléans les voyans partir ne furent pas bien contans ; mais ilz leur promisdrent pour les appaiser, qu'ilz les secourroient de gens et de vivres. Aprez lequel departement ne demoura dedans Orléans sinon le bastart d'Orléans, le mareschal de Sainct Sevère, et leurs gens. Et le conte de Clermont, [qui depuis fut duc

(1) Regnault de Chartres, archevêque de Reims et chancelier de France, sortit d'Orléans le 18 février sans qu'on trouve l'indication de son entrée dans la ville. Il reçut l'évêché d'Orléans en commende le 17 mars 1439 et mourut à Tours en 1444.

(2) Jean de Saint-Michel ou Kirkmichael, d'origine écossaise, chanoine de Bourges et d'Orléans, docteur en l'un et l'autre droit, succéda, comme évêque d'Orléans, à Gui de Prunelé, et fut préconisé par Martin V, le 8 avril 1426. Au lieu de soutenir par sa présence et ses exhortations le courage des habitants, il préféra suivre la cour en grand seigneur, d'où il ne revint qu'en 1430, pour instituer des supplications publiques et assister à la solennelle procession du 8 mai. Il mourut vraisemblablement en 1438.

On lit, dans les Comptes de commune 1428-1429 (16e mandement) : « A Raoulet de Harecourt, pour despence faicte par lui et Jehan Maby, ung varlet en leur compaignie, à aler à Jargueau querir Monsr l'evesque d'Orliens pour estre à la dicte procession, pour louaige des chevaulx et sallaire de varlet, pour tout, LXVIII s. p. »

de Bourbon], s'en ala, et les seigneurs et combatans dessus nommez avecques luy, et se mirent dedans Bloys.

Et lors, quant ceulx d'Orléans se virent ainsi delaissez en petit nombre de gens de guerre, et apperceurent la puissance et le siége des Angloys croistre de jour en jour, ilz envoyèrent Poton de Sainctes Trailles et aucuns bourgeoys devers Philippes (1), duc de Bourgongne, et messire Jehan de Luxembourg (2), conte de Ligny, tenant le party d'Angleterre ; et leur firent prier et requérir qu'ilz voulssent avoir reguard en eulx ; et pour l'amour de leur seigneur Charles (3), duc d'Orléans, estant prisonnier en Angleterre, et pour la conservacion de ses terres, ausquelles garder ne povoit pour cellui temps entendre, leur pleust pourchasser aucune abstinence de guerre devers les Angloys, et faire lever le siége jusques à ce que le trouble du royaume fust autrement esclarcy, ou leur donner ayde et secours en faveur de leur parent ainsi prisonnier.

(1) Philippe, dit le Bon, fils de Jean sans Peur, duc de Bourgogne, et de Marguerite de Bavière, mourut en 1467.

(2) Jean de Luxembourg était neveu de Louis de Luxembourg, évêque de Thérouanne, cardinal et archevêque de Rouen. Jean faisait partie du grand Conseil ou Conseil de la Régence, séant ordinairement à Paris et embrassant dans ses attributions l'ensemble des affaires et surtout les plus importantes.

(3) Charles, duc d'Orléans, fils de Louis d'Orléans et de Valentine de Visconti, avait été fait prisonnier à la bataille d'Azincourt et ne recouvra sa liberté qu'en 1440. Il mourut à Amboise en 1465, laissant pour fils unique le duc d'Orléans qui fut, depuis, Louis XII.

Le dimanche aprez eut une très grousse et forte escarmousce, et tant que les Angloys saillirent de leur ost et bastilles, portèrent sept estandars, et firent tant qu'ilz en chassèrent et recullèrent les Françoys qui les estoient allez assaillir jusques au champ Turpin, qui est à un gect de pierre d'Orléans. Mais ilz furent bien recuillis de canons, couleuvrines et autre traict que on leur gecta de la ville incontinant, tant espessement qu'ilz s'en retournèrent à grant haste dedans leur ost et bastilles de Sainct Lorens et autres là entour. — 20 février.

Le mardy prouchain ensuivant, vingt deuxiesme de février, le conte de Suffort et les seigneurs de Talebot et d'Escalles envoyèrent par ung hérault pour présent au bastart d'Orléans un plat plain de figues, roisins et dattes, en lui priant qu'il luy pleust envoyer à celluy conte de Suffort de la pane noire pour fourrer une robbe. Ce qu'il feist volentiers, car il lui envoya par le hérault mesmes ; de quoy le conte luy seut très grant gré. — 22 février.

Le vendredy vingt cincquiesme jour d'icelluy moys, arrivèrent dedans Orléans neuf chevaulx chargiez de blez, harengz et autres vivres. — 25 février.

Le dimenche après ensuivant, penultiesme du mesmes moys de février, creut la rivière tant et si grandement que les François d'Orléans cuidèrent fermement que les deux boulevars faiz par les Angloys sur celle rivière au droict de Sainct Lorens, et aussi celluy des Tournelles fussent tous mynez et abatuz : car elle creut jusques aux canonnières des boulevars, et couroit si fort et si — 27 février.

roidement qu'il estoit legier à croire. Mais les Angloys mirent telle dilligence, tant de jour que de nuyt, que les boulevars demourèrent en leur estat, et aussi appetissa la rivière en peu de temps. Et ce nonobstant gectoyent les Angloys plusieurs coups de bombardes et canons, qui moult faisoient grant dommaige aux maisons et édiffices de la cité.

Cellui jour, la bombarde de la cité, pour lors assortie à la croiche des moulins de la poterne Chesneau, pour tirer contre les Tournelles, tira tant terriblement contre elles, qu'elle en abattit un grant pan de mur.

3 mars. Le jeudy, troisiesme jour de mars, saillirent les Françoys au matin contre les Angloys, faisans pour lors ung foussé pour aler au couvert de leur bolevart de la Croix Boissée à Saint Ladre d'Orléans, afin que les François ne les peussent veoir ne grever de canons et bombardes. Celle saillie feist grant domaige aux Angloys, car neuf d'eulx y furent prins prisonniers. Et oultre ce, y tua maistre Jehan d'une couleuvrine cincq personnes, à deux coups. Et desquelz cincq fut le seigneur de Gres, nepveu du feu conte de Salebris, qui estoit cappitaine d'Yenville; dont les Anglois feirent grans regretz, parce qu'il estoit de grant hardiesse et vaillance.

Cellui mesmes jour, eut aussy une très forte et grande escarmousche, car les Françoys saillirent d'Orléans, et alèrent jusques bien prez du boulevart des Angloys estans à la Croix Boissée, et gaignèrent ung canon gectant pierres grousses comme une boule. Et oultre ce en rapportèrent dedans leur ville deux tasses d'argent, une robe fourrée de martres, et plusieurs haches, guisarmes, arcs, trousses de fleiches, et autres habillemens de guerre. Mais incontinant aprez, saillirent les Angloys de leur ost et bastilles, portans neuf estandars qu'ilz desployèrent, et chassèrent les Françoys jusques bien près du boulevart de la porte Banier, et ce faict se retirèrent, combien que de rechef et toust retournèrent et chargèrent fort et asprement sur les Françoys, et tant les suivirent de prez, que plusieurs d'eulx se gectèrent dedans les foussez d'icelle porte ; contre lesquelz gectèrent ceulx d'Orléans à grant force. Et entre les autres qui là cheurent, furent ung Estienne Fauveau, d'Orléans mesmes. Et ce faisoient, parce qu'ilz ne povoient pas fouyr. En celle escarmousche tuèrent, blecèrent et prindrent les Angloys plusieurs prisonniers, et par especial y prindrent un vaillant escuier gascon, nommé Regnault Guillaume de Vernade, qui estoit fort blecié.

Le lendemain, jour de vendredy, partirent environ trois cens combatans angloys, et s'en alèrent querir des charniers ès vignes, environ Sainct Ladre et Sainct Jehan de la Ruelle : pourquoy sonna la cloche du beffroy. Mais ce non obstant, ils prinrent et emmenèrent aucuns pouvres laboureurs, labourans leurs vignes, prisonniers. Et celluy mesme jour arrivèrent dedans Orléans

4 mars.

douze chevaulx chargez de blé, harengs et autres vivres.

5 mars. Le samedy aprez, cincquiesme d'icelluy moys de mars, fut tiré d'une couleuvrine d'Orléans ; le traict de laquelle tua ung seigneur d'Angleterre, dont les Angloys firent moult grant dueil.

6 mars. Le lendemain, qui fut jour de dimenche, arrivèrent dedans Orléans sept chevaulx chargez de harengs et autres vivres.

7 mars. Le lundy ensuivant, septiesme du mesme moys de mars, y arrivèrent six chevaulx chargez de harengs. D'autre part tirèrent les Angloys plusieurs coups de bombardes et canons, qui cheurent en la rue des Hostelleries, et firent grant dommaige en divers lieux. Et sy arrivèrent environ quarante Angloys d'Angleterre en leur ost.

8 mars. Le mardy prouchain aprez, saillirent aucuns Françoys et rencontrèrent six marchans et une damoiselle menant en l'ost neuf chevaulx chargez de vivres, qu'ilz prindrent et amenèrent dedans Orléans. Ce meisme jour arrivèrent deux cens Angloys, qui venoient de Jargueau ; et pareillement aussi arrivèrent en leur ost et bastilles plusieurs autres venans des garnisons de Beausse. Et par ce cuidèrent les Francoys qu'ilz voulsissent assaillir aucuns de leurs boulevars. Pour quoy ilz se tindrent sur leurs gardes et apprestèrent toutes choses nécessaires à leur deffence, se mestier en estoit.

9 mars. Le lendemain, jour de mecredy, trouvèrent aucuns Françoys que on avoit presque perchié

tout le mur de l'Aumosne d'Orléans (1), au droit de la porte Parisis (2); et y avoit on fait ung trou pour passer ung homme d'armes. Et oultre fut trouvé ung mur faict tout de nouveau, où avoit deux canonnières. Et si ne peut on sçavoir pourquoy il avoit esté faict : dont aucuns le presumoient en bien, et les autres en mal. Toutesfoiz quoy qu'il en feust, s'enfouyt le maistre d'icelle Aumosne, si toust qu'il dit qu'on s'en estoit asperceu ; car de prime face il fut en grant danger de la commocion du peuple, qui feist cellui jour très grant noise et bruit en celle Aumosne.

Le jour d'aprez, qui fut jeudy, feist le bastart d'Orléans pendre à ung arbre, ès forsbours et masures de la porte Bourgongne, deux hommes d'armes françoys estans au Gallois de Villiers, parce qu'ilz avoient rompu son sauf conduict ; mais si tost qu'ilz furent mors, ils les feist despendre et enterrer ès fauxbours meismes.

[D'autre part s'en alèrent les Angloys cestui propre jour à Sainct Loup d'Orléans (3) et y commancèrent une bastille, qu'ilz fortiffièrent, tendans tousjours entretenir leur siége contre

10 mars.

---

(1) L'Hôtel-Dieu était attenant à la cathédrale, sur la place Pothier. De la porte Parisie, il n'est resté que le nom donné à la rue Parisis. Le maître de l'Aumône était celui qui dirigeait l'établissement ; il se nommait Jehan Godefroy, d'après l'abbé Bellu. (*Archives de la Charité*, p. 198.)

(2) Cette porte se trouvait non loin du cloître Saint-Étienne.

(3) La bastille Saint-Loup avait été construite sur les ruines de l'église et du monastère de Saint-Loup et, située sur le

Orléans. Pour lequel faire lever, se mist sur les champs Jehanne la Pucelle acompaignée de grant nombre de seigneurs, escuiers et gens de guerre, garniz de vivres et d'artillerie ; et print congé du roy, qui commanda expressément aux seigneurs et gens de guerre, qu'ilz obéissent à elle comme à luy, et aussi le feirent ilz.]

<small>11 mars.</small> Le vendredy ensuivant, unziesme jour de ce mesmes moys de mars, sonna la cloche du beffroy, parce que les Angloys estans à Sainct Loup coururent jusques à Sainct Evurtre ; et là, environ les vignes, prindrent plusieurs vignerons, et les enmenèrent prisonniers.

<small>12 mars.</small> Le lendemain saillirent aucuns de la garnison d'Orléans, et en leur retour ramenèrent six prisonniers.

<small>15 mars.</small> Le mardy d'aprez, quinziesme d'icelluy moys, arriva de nuit dedans la ville le bastart de Lange, qui avecques luy amena six chevaulx chargez de pouldre de canon. Et ce meisme jour se partirent trente Angloys de la bastille de Sainct Loup, estans habilliez en guise de femmes, et faisans semblant de venir querir du boys et fagotz de serment, avecques aucunes femmes, qui en apportèrent dedans Orléans. Mais quant ilz virent leur advantaige, ilz saillirent hastivement sur les vignerons, labourans lors ès vignes environ Sainct Marc, et la

---

haut du coteau, elle présentait une excellente position militaire. En outre, faisant face au port Saint-Loup, qui se trouvait vis-à-vis sur la rive gauche, elle permettait de tirer sur les bateaux que l'on y chargeait.

Borde aux Mignons (1), et firent tant qu'ilz en envoyèrent neuf ou dix prisonniers en leur bastille.

Le lendemain, qui fut mecredy, se partit d'Orléans le mareschal de Saincte Sevère, tant pour aler devers le roy, comme pour aler prendre la possession de plusieurs terres qui lui estoient escheues par la mort du seigneur de Chasteaubrun, frère de sa femme ; mais il promist à ceulx de la ville, qu'il retourneroit en brief, et ilz furent très contans ; car ilz l'aymoient et prisoient, parce qu'il leur avoit faict plusieurs biens, et aussi pour les grans faiz d'armes que lui et ses gens avoient faiz pour leur deffence.

16 mars.

Ce mesme jour amenoient les Angloys de la bastille de Sainct Loup grant charroy à leur autre bastille de Sainct Lorens. Et quant ilz furent devant Sainct Ladre, ilz feirent ung grant cry : pour quoy sonna la cloche du beffroy ; car les François d'Orléans cuidèrent qu'ilz voulsissent assaillir aucuns de leurs bolevars.

Le jeudy ensuivant dix septiesme jour d'icelluy moys, trespassa maistre Alain du Bey, prevost d'Orléans, et mourut de mort naturelle. Dont ceulx de la ville furent moult doulans, parce qu'il gardoit tousjours bien justice.

17 mars.

Le samedy ensuyvant, dix neufviesme du

19 mars.

(1) La Borde-aux-Mignons est une maison située dans la paroisse Saint-Marc, à l'ouest du Bourg-Neuf et tout près du chemin de la Croix-Fleury.

mesme moys et veille de Pasques fleuries, tirèrent les Angloys dedans Orléans plusieurs coups de plus grousses bombardes et canons qu'ilz n'avoient faict par avant, et dont ilz feirent moult de maulx et dommaiges, car une pierre de l'une des bombardes tua que bleça, sept personnes du coup ; de laq^uelle mourut ung potier d'estain, nommé Jehan Tonneau. Et oultre ce, cheut une autre pierre de canon devant l'hostel de feu Berthault Mignon, dont furent blecez que tuez cinq personnes.

21 mars.
Le lundy d'aprez, le vingt ungniesme d'icelluy moys de mars, feirent les François sonner la cloche du beffroy, e^t saillirent d'Orléans à grant puissance, tant gens de guerre comme citoyens, et autres du pays d'environ, là retraictz ; et s'en allèrent assaillir les boulevers faictz de nouveau par les Angloys au droict de la grange de Cuiveret (1). Mais quant ceulx qui les gardoient les virent approucher, ilz s'en alèrent et se mirent à la fuicte, et feirent tant qu'ilz se boutèrent dedans leur bastille de Sainct Lorens, et y emportèrent tout ce qu'ilz peurent de leurs biens et artillerie. Et incontinent aprez saillirent de celle bastille, faisans merveilleux criz et semblant de

(1) Le boulevart de la Grange-de-Cuiveret était construit sur le pavé de la porte Saint-Jean, un peu plus près de la ville que le chemin qui va gagner le faubourg Madeleine et Ingré. Cette grange appartenait probablement à un boulanger nommé Quiévret, dont il est parlé dans les Comptes de forteresse de 1428-1430. Ce boulevart était aussi appelé des Douze-Pierres, du nom d'un quartier désigné dans un Compte de forteresse de 1443. (47e mandement.)

grant hardiesse : tellement qu'ilz rechassèrent les Françoys jusques à l'aumosne de Sainct Pouair ; et combien qu'ilz ne passèrent point oultre, obstant ce que les Françoys se retournèrent contre eulx et les chargèrent tant de canons, couleuvrines et autre traict, qu'ilz les contraingnirent rebouter et retraire à grant haste dedans leurs bastilles. De celles escarmousches acquist grant los, entre les Angloys, ung de leurs gentilzhommes, natif d'Angleterre, nommé Robin Heron, car il se monstra vaillant homme d'armes.

Le lendemain eut aussi grosse escarmouche, et sonna la cloche du beffroy, parce que les Angloys saillirent en grant nombre contre les François estans yssuz et alez environ Sainct Pouair, et jusques au delà de la Croix Morin (1) pour escarmoucher, où ilz furent bien recueillez par les Angloys, qui les rechassèrent jusques à l'Aumosne Sainct Pouair et au champ Turpin ; combien que enfin recouvrèrent force et se frappèrent dedans les Angloys par tant grant hardiesse, qu'ilz les firent reculer arrière vers leurs bastilles. L'un desquelz non soy donnant garde, cheut dedans ung puis prez de la Croix Morin, dedans lequel il fut tué par les Françoys.

22 mars.

(1) A l'embranchement de deux chemins conduisant l'un à la Madeleine et l'autre à Saint-Jean. Un clos compris entre ces chemins appartenait à un nommé Morin qui lui a donné son nom, ainsi qu'à la croix qui était à l'extrémité. Le Nécrologe de Sainte-Croix dit : « *Vineæ sancti Laurentii in clauso Morini.* »

[Ce mesme jour de mardy, la Pucelle estant à Bloys, où elle séjournoit, actendant partie de ceulx de sa compaignie, qui n'estoient pas aincoires arrivez : envoya ung hérault par devers les seigneurs et cappitaines angloys, estans devant Orléans, et par eulx lui escripvit unes lettres, qu'elle mesmes dicta, et ayant en chef dessus, comme ayant principal tiltre, *Iesus Maria*, et commençant aprez en marge comme il suit :

« Roy d'Angleterre, faictes raison au roy du ciel de son sang royal ; rendez les clefz à la Pucelle de toutes les bonnes villes que vous avez enforcées. Elle est venue de par Dieu pour réclamer le sang royal, et est toute preste de faire paix, se vous voulez faire raison, par ainsi que [France] vous mectez jus, et payez de ce que vous l'avez tenue. Roy d'Angleterre, se ainsi ne le faictes, je suis chef de guerre : en quelque lieu que je actaindray voz gens en France, se ilz ne veullent obéir, je les feray yssir veullent ou non. Et s'ilz veullent obéyr, à mercy je les prendray. Croyez que s'ilz ne veullent obéyr, la Pucelle vient pour les occire. Elle vient de par le roy du ciel, corps pour corps, vous bouter hors de France. Et vous promect et certiffie la Pucelle, qu'elle y fera si grant hahay, que deppuis mil ans en France, ne fut veu si grant, se vous ne lui faictes raison. Et croyez fermement que le roy du ciel lui envoyra plus de force à elle et à ses bons gens d'armes, que ne sçauriez avoir à cent assaulx.

« Entre vous, archiers, compaignons d'armes,

qui estes devant Orléans, allez vous en en vostre pays, de par Dieu. Et se ainsi ne le faictes, donnez vous garde de la Pucelle, et de vos dommaiges vous souviengne. Ne prenez mie vostre oppinion, que vous ne tendrez mie France du roy du ciel, du filz de Saincte Marie; mais la tendra le roi Charles, vray héritier, à qui Dieu l'a donnée, qui entrera en Paris en belle compaignie. Se vous ne croyez les nouvelles de Dieu et de la Pucelle, en quelque lieu que vous trouverons, nous fierrons dedans à horions, et sy verrez lesquelz milleur droit auront, de Dieu ou de vous.

« Guillaume de la Poulle, comte de Suffort, Jehan, sire de Thalbot, Thomas, sire d'Escalles, lieutenant du duc de Bethefort, soy disant régent du royaume de France pour le roy de Angleterre, faictes responce, se vous voulez faire paix ou non à la cité d'Orléans. Se ainsi ne le faictes, de voz dommaiges vous souviengne.

« Duc de Bethefort, qui vous dictes régent de France pour le roy d'Angleterre, la Pucelle requiert et prie, que ne vous faciez mie destruire. Se vous ne lui faictes raison, elle fera tant que les François feront le plus beau faict qui oncques fut faict en la chrestienté.

« Escrit le mardy en la grant sepmaine.

« Entendez les nouvelles de Dieu et de la Pucelle.

« Au duc de Bethefort, qui se dit régent du royaume de France pour le roy d'Angleterre. »

Quant les seigneurs et cappitaines angloys eurent leues et entendues les lettres, ilz furent

courrouchez à merveilles, et ou despit de la
Pucelle, disant d'elle moult de villaines parolles,
par expécial l'appellant ribaulde, vachère, la
menaschant de la faire bruler, retindrent le
hérault porteur des lettres, tenans à mocquerie
tout ce qu'elle leur avoit escript.]

24 mars. Le jeudy après prouchain et vingt quatriesme
du mesmes mois de mars, et jour de jeudy absolut,
tirèrent les Angloys d'une bombarde dedans
Orléans, dont la pierre qui cheut en la rue de la
Charpenterie, tua que blecha trois personnes.
Durant lequel jour courut grant bruit, que
aucuns de la cité la debvoient trahir et bailler ès
mains des Angloys ; pour quoy celluy mesme
jour et l'endemain, veille de sainctes Pasques, et
le jour aussi, furent les gens de guerre y estans
retraictz pareillement, tousjours en armes et
chacun sur sa garde, tant en la ville et sur les
murs, comme ès boulevars d'entour.

27 mars. Le jour de sainctes Pasques, qui furent le vingt
septiesme d'icelluy mois de mars mil quatre cens
vingt neuf, furent trèves donnés et octroées d'une
part et d'autre entre les François d'Orléans et les
Angloys tenans le siége.

29 mars. Le mardy ensuivant, vingt neufiesme du mesme
moys, arrivèrent dedans la ville aucun nombre de
bestial et autres vivres.

1er avril. Le vendredy d'aprez qui fut premier jour du
mois d'avril, et en cellui an mil quatre cens vingt
neuf, alèrent les François escarmouscher les
Anglois prez de leur boulevart, qu'ilz avoyent

faict de nouvel à la grange Cuyveret. Pour quoy ilz saillirent contre eulz à tout deux estandars, et demourèrent là grant espace de temps l'un devant l'autre et tirans les ungs contre les autres de canons, couleuvrines et autre traict, tellement que de chacune partie y en eut plusieurs bleciez.

Le lendemain arrivèrent dedans Orléans neuf beufz gras, et deux chevaulz chargez de cheveraulx et de vivres. Et ce jour meismes, aprez midy, escarmouchèrent les Franchois de rechef le boulevart de la grange Cuyveret, là où ilz furent bien recueilliz ; car de la bastille Sainct Lorens saillirent contre eulz environ quatre cens combatans, portant avec eulz deux estandars, dont l'un estoit celui de sainct George, estant my party de blanc et de rouge, et ayant ou milleu une croix rouge ; et vindrent jusques à Sainct Maturin et ou champ Turpin (1), chargant fort sur les François, lesquelz furent mis en belle ordonnance par le bastard d'Orléans, le seigneur de Graville, La Hire, Poton et Tilloy : tant qu'ilz se portèrent très vaillanment, et y eut très forte et grousse escarmousche. Durant laquelle tirèrent merveilleusement de chacune partie de leurs canons, bombardes, couleuvrines et autre traict, tellement que en fin y furent plusieurs tuez et bleciez, tant des Françoys comme des Angloys.

2 avril.

(1) Le colombier Turpin, à un jet de pierre de la porte Bannier, était à l'entrée de la rue actuelle du Colombier. On distinguait aussi le champ Turpin, situé à l'endroit où la rue du Colombier rejoignait la rue Porte-Saint-Jean.

3 avril.

Le dimanche ensuivant, dit Quasimodo, c'est le jour de Pasques clouses, saillirent aucuns habitans d'Orléans et gangnèrent environ Sainct Loup ung chalan, ouquel avoit neuf tonneaulx de vin, et ung pourceau, et de la venoison, qu'on cuidoit mener aux Angloys, en celle bastille de Sainct Loup ; mais ceulx d'Orléans beurent le vin, et mengèrent le pourceau et la venoison.

Et celluy mesme jour, eut forte escarmousche entre les paiges des François et ceux des Angloys, entre les deux isles Sainct Lorens ; et n'avoyent escuz, sinon de petiz paniers ; et gectoient pierres et calloux, les ungs contre les autres. Au derrenier firent ceulx des François reculler les autres des Angloys ausquelz regarder y avoit mout de gens. Et pour celle escarmouche et autres que deppuis firent devant Orléans les paiges françois, estoit leur cappitaine l'un d'eulx, gentilhomme du Daulphiné, nommé Aymart de Puiseux : [lequel fut depuis nommé Capdorat par La Hire, tant parce qu'il estoit fort blanc, comme aussi parce qu'il estoit fort esveillé et de grant hardiesse entre les autres ; et bien le monstra deppuis en plusieurs faicts d'armes, tant en ce royaume, comme ès Allemaignes et ailleurs.]

4 avril.

Le lendemain, jour de lundy, ainsi que on ouvroit les portes de la ville, y arrivèrent aucuns Francoys, qui estoient alez courir dedans Meung, dont ilz avoient tué le cappitaine, et enmenoient quarante trois chefz de grousses aumailles, combien que plusieurs d'eulx estoient navrez.

Cellui jour aprez midy, eut une autre bataille entre les paiges, qui estoient habillez comme devant ; et là fut tué d'un coup de pierre l'ung des paiges angloys, et si y eut plusieurs blechiez d'une part et d'autre : combien que en la fin gaignèrent les paiges angloys l'estandart des paiges françoys.

Le mardy, cincquiesme d'icelluy mois, arrivèrent aux portes ouvrans dedans Orléans, cent et ung pourceaulx, et six beufz gras, que marchans y amenoient de Berry ; lesquelz passèrent au droit de Sainct Aignan d'Orléans. Contre lesquelz saillirent moult hastivement les Angloys des Tournelles, si toust qu'ilz les apperceurent ; mais ce fut trop tart, car ilz perdirent leur peine.

5 avril.

Ce mesme jour arrivèrent aussi deux chevaulx chargiez de beurre et frommaiges, et dix sept pourceaulx qu'on y amena de Chasteaudun. Et si vint aussi nouvelles que les François estans en garnison en celle ville de Chastiaudun avoient que tué que prins et destroussez trente ou quarante Angloys qui apportoyent grant argent aux autres Angloys de l'ost.

Le jeudy aprez, septiesme d'icelluy mois, arrivèrent aux Angloys de la bastille Sainct Lorens plusieurs vivres et autres habillements de guerre, sans trouver aucun empeschement.

7 avril.

Le lendemain arrivèrent devers le matin dedans la cité vingt six bestes aumailles, que aucuns Françoys qui en estoient de la garnison avoient gangniez en Normandye.

8 avril.

9 avril.

Le samedy ensuivant, neufviesme du mesme moys, y arrivèrent aussi vers le matin, dix sept pourceaulx et huict chevaulx (les deux chargez de cheveriaulx et cochons, et les six autres de blé), qui furent amenez de Chasteaudun. D'autre part firent les Angloys environ ce temps ung autre boulevart et foussé au droit du Pressouer Ars (1). Pour lesquelz empescher, saillirent les Françoys, et alèrent jusques au boulevart ; mais il survint une grant pluie et merveilleux temps, qui dura longuement : pour quoy ilz ne peurent acomplir leur intencion, et s'en retournèrent dedans la cité sans riens faire.

12 avril.

Le mardy après, douziesme d'icelluy moys, se partirent d'Orléans de nuyt aucuns François et alèrent à Sainct Marceau ou val de la Loire, et rompirent et percèrent l'église ; dedans laquelle ilz trouvèrent vingt Angloys, qu'ils prindrent et enmenèrent prisonniers dedans leur ville, combien qu'ilz y perdirent deux de leurs compaignons.

13 avril.

Et le lendemain, fut apporté dedans Orléans grant argent pour souldoyer ceulx de la garnison qui en avoyent bien mestier.

(1) Le Pressoir ars, que les Anglais nommèrent boulevart de Rouen, était situé dans la rue de la Mare-aux-Solognots et sur l'emplacement de l'ancien boulevart allant de la porte Bannier actuelle à celle de Saint-Jean. Voici quelle était, de ce côté, la ligne de défense : Saint-Laurent, la Croix-Boissée, la Grange-Cuiveret, le Pressoir ars et la bastille, entre Saint-Pouair et Saint-Ladre, à laquelle les Anglais donnèrent le nom de Paris ; cette dernière était dans le faubourg Bannier actuel, à égale distance de Saint-Paterne et des Chartreux.

Le vendredy quinziesme jour du mesmes avril, firent et parfirent une moult belle bastille et forte, très bien faicte, entre Sainct Pouoir et Sainct Ladre, en une place qui comprenoit grant ensainte ; dedans laquelle mirent et laissèrent plusieurs seigneurs et gentilzhommes d'Angleterre, avecques grant nombre d'autres gens de guerre, voulans garder que par là prez ne peussent plus estre menez aucuns vivres dedans Orléans, ainsi comme ilz avoient veu faire plusieurs foiz par avant, malgré les gens de leurs autres bastilles. *15 avril.*

Le lendemain venoyent de Bloys à Orléans par le chemin de Fleury aux Choux, aucun nombre de bestial et autres vivres, que les Angloys cuidèrent destrousser, et leur alèrent au devant, mais trop tart, car la cloche du beffroy sonna pour scourir les vivres. Ce qui fut faict, et tellement qu'ilz arrivèrent sauvement dedans la ville. *16 avril.*

Ce mesme jour, vindrent courir devant les Tournelles environ cincquante hommes d'armes françoys d'aucunes garnisons de Sauloigne, et enmenèrent bien quinze Angloys prisonniers. Et la nuyt ensuivant celluy jour, se partirent de la ville aucuns François qui tuèrent trois Angloys faisans le guet emprèz l'Orbecte (1).

Le dimenche ensuivant, dix septiesme d'icellui mois d'avril, arrivèrent dedans Orléans, Poton de Sainctes Trailles, et autres embassadeurs, qui estoyent alez avecques eulx devers le duc de *17 avril.*

(1) Le quartier de l'Orbette, dans le faubourg Bourgogne.

Bourgougne et le conte de Ligny, et amenèrent avec eulx la trompette dudict duc de Bourgoingne. Lequel, si toust qu'il sceut la requeste de ceulx d'Orléans, s'en ala et messire Jehan de Luxenbourg avecques luy devers le duc de Bethefort, soy disant régent de ce royaume pour le roy Henry d'Angleterre, en luy remonstrant la pitié qui estoit au duc d'Orléans ; et luy avoit requis et prié bien chierement qu'il lui pleust faire lever et departir le siége estans mis devant sa principalle ville et cité d'Orléans. A quoy n'avoit voulu acquiescer pour nul d'eulx le duc de Bethefort, dont le duc de Bourgoigne n'estoit pas contant; et à ceste occasion envoyoit avecques les embassadeurs sa trompette, qui de par luy commanda à tous ceulx de ses terres et villes à luy obéissantes, estans en celluy siege, qu'ilz s'en allassent et departissent, et ne mesfeissent plus en aucune manière à ceulx d'Orléans. Pour obtemperer auquel commandement, s'en alèrent et departirent très hastivement plusieurs Bourguignons, Picars, Champenois et moult d'autres des pays et obéissance d'icelluy duc de Bourgoigne.

18 avril.

Le lendemain au matin, environ quatre heures après minuyt, saillirent les Françoys sur l'ost des Angloys, et feirent tant que en leur entrée, tuèrent une partie de leur guet, et gaignèrent l'un de leurs estandars, et furent dedans longue espace. Durant laquelle ilz firent grant dommaige à leurs adversaires; lesquelz crièrent moult effrayment à l'arme, et se mirent tous en ordonnance le myeulx qu'ilz peurent, adreschans contre les Françoys, qui, les congnoissans aprester, en grant foulle yssirent de l'ost, où ilz avoient gaigné plusieurs tasses d'argent, beacoup de robes de martres et grant nombre d'arcs, trousses, fleiches et autres habillemens de guerre. Toutesfoiz les Anglois les poursuivirent et tindrent de tant prez, qu'il y eut forte et grousse escarmousche, où plusieurs furent tuez et bleciez, tant d'une partie que d'autre. Et par expécial y fut tué d'un coup de couleuvrine celluy qui portoit l'estandart des Angloys ; combien que ceulx de la ville ne furent pas sans grant dommaige, et bien y parut au retour, par le deueil que firent les femmes d'Orléans, plourans et lamentans leurs pères, mariz, frères et parens, tuez et bleciez en celle escarmousche. Et celluy mesmes jour furent renduz les corps de chacun cousté ; si furent enterrez en terre saincte.

Le mardy aprez et dix neufviesme jour du mois d'avril, environ l'heure de vespres, arrivèrent en l'ost et bastilles des Angloys grant quantité de vivres et autres habillemens de guerre, et avecques eulx plusieurs gens d'armes, qui les conduisoient. *19 avril.*

Le lendemain, environ quatre heures du matin, se partist d'Orléans ung cappitaine nommé Amade, et seize hommes d'armes à cheval avecques luy, qui alèrent courir environ Fleury aux Choux, où s'estoyent logez les Angloys qui avoyent amenez les vivres derreniers, et firent *20 avril.*

tant qu'ilz en emmenèrent six Angloys prisonniers, qu'ilz prindrent, et plusieurs chevaulx, arcs, trousses et autres habillemens de guerre.

Environ cellui mesmes temps, fortiffièrent les Angloys Sainct Jehan le Blanc, ou val de Loire, et y feirent ung guet pour garder le passaige.

21 avril. Le jeudy ensuivant, arrivèrent dedans Orléans trois chevaulx, chargez de pouldre à canon et de plusieurs autres choses. D'autre part aprestèrent celluy jour ceulx d'Orléans plusieurs canons à gecter contre les Angloys, pource qu'ilz cuidoyent qu'ilz deussent faire aucune forte escarmousche pour leur bienvenue, et en firent tirer merveilleusement contre eulx estans sailliz ; pour quoy se retrahirent en leur ost ; mais plusieurs d'eulx s'en partirent la nuyt ensuivant, pour aler au devant des vivres que on amenoit en la ville, les voulans conquester.

23 avril. Le samedy vingt troisiesme du mesmes mois d'avril, arrivèrent dedans Orléans quatre chevaulx chargez de pouldre de canon et de vivres.

24 avril. Et le lendemain y entra le Bourg de Mascaran, acompaigné de quarante combatans.

25 avril. Et le jour prouchain aprez, qui fut mardy vingt sixiesme jour du mesmes moys, y entra aussi Alain de Giron (1), acompaigné de cent combatans.

27 avril. Le mercredy ensuivant, saillirent les Françoys et alèrent en moult grant haste et belle ordon-

(1) Capitaine breton.

nance jusques à la Croix de Fleury, pour scourir aucuns marchans amenans vivres d'entour Bloys, pour les avitailler, parce qu'ilz eurent nouvelles qu'ilz avoyent empeschement ; mais ilz ne passèrent point oultre, obstant ce que on leur vint au devant ; et leur fut dit qu'ilz n'y feroyent riens, car les Angloys les avoyent jà destroussez. Combien que d'autre part leur vint autre rerconfort de soixante combatans venans de Beaune en Gastinoys, qui leur amenoient d'autres pourceaulx.

Le lendemain jour de jeudy, vingt huitiesme jour d'icelluy moys d'avril, arrivèrent aprez midy dedans Orléans, ung cappitaine moult renommé appellé messire Fleurentin d'Illiers (1), et avecques luy le frère de La Hire, acompaignez de quatre cens combattans, qui venoient de Chasteaudun. Et celluy mesmes jour eut une forte et grousse escarmousche, parce que les Angloys vindrent escarmouscher devant les boulevars d'Orléans. Mais les gens de guerre et plusieurs citoyens d'Orléans saillirent contre eulx et les chassèrent jusques en leurs boulevars, et feirent tant qu'ilz en tuèrent et navrèrent plusieurs, et les autres

28 avril.

(1) Florent d'Illiers, d'une famille qui a pris son nom de cette petite ville, capitaine de Châteaudun, assista au siège de Montargis et se signala dans maintes batailles, et mourut en 1461. Un de ses descendants fut le chevalier sieur de Radrets, commissaire nommé en 1485 pour faire le plan de la nouvelle enceinte d'Orléans et une rue de notre ville porte son nom.

tombèrent dedans les foussez de leurs boulevars, qui estoient pour lors environ la grange Cuyveret et le Pressouer Ars, en aucune vallée qui là estoit d'ancienneté. Toutesfoiz convint aux François lescher leur escarmousche et retourner en la ville, pour la grant multitude des canons, couleuvrines et autre traict dont tirèrent les Angloys contre eulx moult espessement, tellement que plusieurs y furent en fin tuez d'une partie et d'autre; et en leur retour cheut ung des Françoys dedans ung puys, là où il fut tué.

D'autre part, sceurent la Pucelle et autres seigneurs et cappitaines estans avecques elle, comment les Anglois la desprisoient et en eulx mocquant d'elle et de ses lettres, avoient retenu le hérault qui les avoit portées. Pour quoy ilz conclurent qu'ilz marcheroyent avant à tous leurs gens d'armes, vivres et artilleries, et passeroient par la Sauloigne, obstant que la plus grant puissance des Angloys estoit du cousté de la Beausse; combien que de ce ne dirent riens à la Pucelle, laquelle tendoit aler et passer par devant eulx à force d'armes. Et pour ce ordonna que toutes les gens de guerre se confessassent, et laissassent toutes leurs folles femmes et tout le bagaige; et en ce point s'en alèrent, et feirent tant que ilz vinrent jusques à ung villaige nommé Checy, là où ilz geurent la nuyt ensuivant.

29 avril.

Le vendredy ensuivant, vingt neufviesme du mesmes moys, vinrent dedans Orléans les nouvelles certaines commant le roy envoyoit par la

Sauloigne vivres, pouldres, canons et autres habillemens de guerre, soubz le conduict de la Pucelle, laquelle venoit de par Nostre Seigneur pour avitailler et reconforter la ville, et faire lever le siège, dont furent moult reconfortez ceulx d'Orléans. Et parce que on disoit que les Angloys mectroient peine d'empescher les vivres, fut ordonné que chacun fust armé et bien empoint par la cité ; ce qui fut faict.

Ce jour aussi y arrivèrent cincquante combatans à piet, habillez de guisarmes et autres habillemens de guerre ; et venoient du pays de Gastinois, où ilz avoient este en garnison.

Cellui mesmes jour eut mout grousse escarmousche, parce que les Françoys vouloient donner lieu et heure d'entrer aux vivres que on leur amenoit. Et pour donner aux Angloys à entendre ailleurs, saillirent à grant puissance, et alèrent courir et escarmouscher devant Sainct Loup d'Orléans. Et tant les tindrent de prez, qu'il y eut plusieurs mors, blecez et prins prisonniers d'une part et d'autre, combien que les François apportèrent dedans leur cité ung des estandars des Angloys. Et lors que celle escarmousche se faisoit, entrèrent dedans la ville les vivres et artillerie que la Pucelle avoit conduicts jusques à Checy (1). Au devant de laquelle alla jusques à cellui villaige le bastart d'Orléans et autres che-

(1) Sur le séjour de la Pucelle à Chécy, voir les travaux publiés par M. Boucher de Molandon dans le *Bulletin de la Société archéologique de l'Orléanais*, t. IV, p. 427 et t. IX, p. 73.

valliers, escuiers et gens de guerre, tant d'Orléans comme d'autre part, mout joyeulx de la venue d'elle, qui tous luy feirent grant reverance et belle chière, et s'y feist elle à eulx. Et là conclurent tous ensemble qu'elle n'enterroit dedans Orléans jusques à la nuyt, pour éviter le tumulte du peuple, et que le mareschal de Rays (1) et messire Ambroys de Loré, (2) qui par le commandement du roy l'avoyent conduicte jusques là, s'en retourneroyent à Bloys où estoient demourez plusieurs seigneurs et gens de guerre Françoys : ce qui fut faict; car ainsi comme à huyt heures au soir, malgré tous les Angloys qui oncques n'y mirent empeschement aucun, elle y entra armée de toutes pièces, montée sur ung cheval blanc; et faisoit porter devant elle son estandart, qui estoit pareillement blanc, ouquel avait deux anges tenans chacun une fleur de liz en leur main ; et ou panon estoit painte comme une Anonciacion c'est l'image de Nostre Dame ayant devant elle ung ange luy présentant ung liz.

Elle ainsi, entrant dedans Orléans, avoit à son cousté senestre le bastart d'Orléans, armé et monté moult richement. Et aprez venoyent plusieurs autres nobles et vaillans seigneurs, escuyers, cappitaines et gens de guerre, sans aucuns de la garnison, et aussy des bourgoys d'Orléans, qui luy estoyent allez au devant.

(2) Gilles de Laval, sire de Retz, conseiller et chambellan du roi, maréchal de France.
(3) Ambroise de Loré, chevalier manceau.

D'autre part, la vindrent recevoir les autres gens
de guerre, bourgoys et bourgoises d'Orléans,
portans grant nombre de torches, et faisans autel
joye comme se ilz veissent Dieu descendre entre
eulx, et non sans cause, car ilz avoient plusieurs
ennuys, travaulx et peines, et qui pis est grant
doubte de non estre secouruz, et perdre tous
corps et biens. Mais ilz se sentoyent jà tous
reconfortez, et comme desassiégez, par la vertu
divine qu'on leur avoit dit estre en ceste simple
Pucelle, qu'ilz regardoyent mout affectueusement,
tant hommes, femmes, que petis enfans. Et y
avoit moult merveilleuse presse à toucher à elle,
ou au cheval sur quoy elle estoit, tellement que
l'un de ceulx qui portoient les torches s'ap-
proucha tant de son estandart que le feu se print
au panon. Pourquoy elle frappa son cheval des
esperons, et le tourna autant gentement jusques
au panon, dont elle en estaingnit le feu, comme
se elle eust longuement suyvy les guerres : ce
que les gens d'armes tindrent à grans merveilles,
et les bourgois de Orléans aussi ; lesquelz l'acom-
paignèrent au long de leur ville et cité, faisans
moult grant chière, et par très grant honneur la
conduisrent tous jusques auprez de la porte
Regnart, en l'ostel de Jacquet Boucher (1), pour
lors trésorier du duc d'Orléans, où elle fut

(1) Jacques Boucher, trésorier du duc d'Orléans. (Voir
Jacques Boucher, sieur de Guilleville, sa famille, son monument funéraire, son hôtel, dans les *Mémoires de la Société
archéologique*, t. XXII, p. 373.)

receue à très grant joye, avecques ses deux frères (1), et les deux gentilzhommes et leur varlet, qui estoient venuz avecques eulx du pays de Barroys.

30 avril. Le lendemain qui fut samedy, derrenier jour d'icellui mois d'avril, saillirent La Hire, messire Florent d'Illiers et autres plusieurs chevalliers et escuiers de la garnison, avecques aucuns citoyens, et chargèrent, estandars desployez, sur l'ost des Angloys, tant qu'ilz les firent reculler, et gangnèrent la place où ilz avoient faict le guet qu'ilz tenoient lors à la place de Sainct Pouoir, à deux traicts d'arc de la ville. Pour quoy on cria fort tout au long de la cité, à celle heure, que chacun apportast feurres, pailles et fagotz, pour bouter le feu ès logis des Angloys dedans leur ost; mais on n'en feit riens, obstant que les Angloys firent terribles cris et se mirent tous en ordonnance. Et pour ce s'en retournèrent les Françoys, combien que avant leur retour y avoit eu très forte et longue escarmousche, durant laquelle tirèrent merveilleusement les canons, couleuvrines et bombardes, tant que plusieurs furent tuez, blecez et prins prisonniers d'un party et d'autre.

(1) Deux de ses frères, Jean et Pierre. Jean, prévôt de Vaucouleurs, mourut en 1460; Pierre, fait chevalier par lettres du 28 juillet 1443, s'établit dans l'Orléanais. (Cf. Maison de Pierre d'Arc, dans les *Mémoires de la Société archéologique de l'Orléanais*, t. XV, p. 501, et Famille de Jeanne d'Arc dans l'Orléanais, *ibid.*, t. XVII, p. 1.)

La nuyt venue, envoya la Pucelle deux héraulx devers les Angloys de l'ost, et leur manda qu'ilz luy renvoyassent le hérault par lequel elle leur avoit envoyé ses lettres de Bloys. Et pareillement leur manda le bastart d'Orléans que s'ilz ne le renvoyaient, qu'il feroit mourir de male mort tous les Angloys qui estoient prisonniers dedans Orléans, et ceulx aussi qui par aucuns seigneurs d'Angleterre y avoient esté envoyez pour traicter de la rençon des autres. Pour quoy les chefz de l'ost renvoyèrent tous les héraulx et messagiezs de la Pucelle, luy mandans par eulx qu'ilz la bruleroyent et feroyent ardoir, et que elle n'estoit que une ribaulde, et comme telle s'en retournast garder les vaches. Dont elle fut fort yrée ; et à ceste occasion, quant vint sur le soir, elle s'en ala au boulevart de la Belle Croix, sur le pont, et de là parla à Glacidas et autres Anglois estans ès Tournelles, et leur dict qu'ils se rendissent de par Dieu, leurs vies sauves seullement. Mais Glacidas et ceulx de sa rote respondirent vilainement, l'injuriant et appellant vachère, comme devant, crians moult haut qu'ilz la feroient ardoir, s'ilz la povaient tenir. De quoy elle fut aucunement yrée, et leur respondit qu'ilz mentoyent ; et ce dit, s'en retira dedans la cyté.

Le dimenche d'aprez, qui fut premier jour de may, celluy an mil quatre cens vingt neuf, se partist de la ville le bastart d'Orléans, pour aller à Bloys devers le conte de Clermont, le mareschal de Saincte Sevère, le seigneur de Rays, et plusieurs

1er mai.

autres chevalliers, escuyers et gens de guerre. Celluy jour aussi chevaucha par la cité Jehanne la Pucelle, acompagnée de plusieurs chevalliers et escuiers, parce que ceulx d'Orléans avoient si grant voulenté de la veoir, qu'ilz rompoient presques l'uys de l'ostel où elle estoit logée ; pour laquelle veoir avoit tant grans gens de la cyté par les rues où elle passoit, que à grand peine y povoit on passer, car le peuple ne se povoit saouller de la veoir. Et moult sembloyt à tous estre grant merveille comment elle se povoit tenir si gentement à cheval, comme elle faisoit. Et à la vérité aussi elle se maintenoit aussi haultement en toutes manières, comme eust sceu faire ung homme d'armes, suivant la guerre dès sa jonnesse.

Ce mesmes jour parla de rechef la Pucelle aux Angloys prez de la Croix Morin, et leur dist qu'ilz se rendissent leurs vies sauves tant seullement, et s'en retournassent de par Dieu en Angleterre, ou qu'elle les feroit courouchez ; mais ilz luy respondirent aussi villaines parolles que ilz avoient faizt des Tournelles à l'aultre foiz : pour quoy elle s'en retourna dedans Orléans.

2 mai. Le lundy, deuxiesme jour de may, se partist d'Orléans la Pucelle estant à cheval, et alla sur les champs visiter les bastilles et ost des Angloys ; aprez laquelle couroit le peuple à très grant foulle, prenant moult grant plaisir à la veoir et estre entour elle. Et quant eust veu et regardé à son plaisir les fortifficacions des Angloys, elle s'en

retourna à l'église de Saincte Croix d'Orléans dedans la cité, où elle oyt les vespres.

Le mercredy, quatriesme jour d'icelluy moys de may, saillit aux champs la Pucelle ayant en sa compaignie le seigneur de Villars et messire Fleurent d'Iliers, La Hire, Alain Giron (1), Jamet de Tilloy, et plusieurs autres escuiers et gens de guerre, estans en tout cinq cens combatans ; et s'en alla au devant du bastart d'Orléans, du mareschal de Rays, du mareschal de Saincte Sévère, du baron de Coulonces (2), et de plusieurs autres chevalliers et escuiers, avecques autres gens de guerre habillez de guisarmes et mallez de plomb, qui amenoyent vivres, que ceulx de Bourges, Angiers, Tours, Blois, envoyoient à ceulx d'Orléans, lesquelz receurent en très grant joye en leur ville, en laquelle ilz entrèrent pardevant la bastille des Angloys, qui n'osèrent oncques saillir, mais se tenoient fort en leurs gardes.

4 mai.

Et ce mesmes jour aprez midy, se partirent de la cité la Pucelle et le bastart d'Orléans, menans en leurs compaignies grans nombres de nobles, et environ quinze cens combatans, et s'en allèrent assaillir la bastille Sainct Loup (3), là où ilz trouvèrent très forte résistance, car les Angloys,

---

(1) Capitaine breton.
(2) Le baron de Coulonces, seigneur normand, se nommait Jean de La Haye. Fils d'un chevalier du même nom, qui périt, en 1426, à Pontorson, il fut fait lui-même chevalier à Patay.
(3) Cf. le récit de Guillaume Girault.

qui l'avoient moult fortiffiée, la deffendirent très vaillanment l'espasse de trois heures que l'assault dura très aspre, combien qu'en la fin la prindrent les Françoys par force, et tuèrent cens et quatorze Angloys, et en retindrent et amenèrent quarente prisonniers dedans leur ville ; mais avant abatirent, brulèrent et démolirent du tout celle bastille, ou très grant couroux, dommaige et desplaisir des Angloys. Partie desquelz estans à la bastille de Sainct Pouoir, saillirent à grant puissance durant celluy assault, voulans scourir leurs gens : dont ceulx d'Orléans furent advertiz par la cloche du beffroy, qui sonna par deux fois ; par quoy le mareschal de Saincte Sevère, le seigneur de Graville, le baron de Coulonces et plusieurs autres chevalliers et escuiers, gens de guerre et citoyens, estans en tous six cens combatans, saillirent hastivement hors d'Orléans et se mirent aux champs en très belle ordonnanche et bataille contre les Angloys ; lesquelz délessèrent leur entreprinse et le secours de leurs compaignons, quant ilz virent la manière des Françoys ainsi saillir hors et ordonnez en bataille, et s'en tournèrent dolens et courouchez dedans leur bastille, dont ilz estoient yssus en très grant haste. Mais nonobstant leur retour, se deffendirent de plus en plus ceulx de la bastille ; combien que en la fin la prindrent les Françoys, ainsi que dit est.

5 mai. Le jeudy d'après, qui fut l'Ascension Nostre Seigneur, tindrent conseil la Pucelle, le bastart

d'Orléans, le mareschal de Saincte Sevère et de Rays, le seigneur de Graville, le baron de Coulonces, le seigneur de Villars, le seigneur de Sainctes Trailles, le seigneur de Gaucourt, La Hire, le seigneur de Corraze, messire Denis de Chailly, Thibault de Termes (1), Jamet de Tilloy et ung cappitaine escoissois, appelé Canede (2) et autres cappitaines et chiefz de guerre, et aussi les bourgois d'Orléans, pour adviser et conclure ce qui estoit de faire contre les Angloys qui les tenoient assiégez. Pour quoy fut conclud qu'on assauldroit les Tournelles et boulevarts du bout du pont, combien que les Angloys les avoyent merveilleusement fortiffiées de choses deffensables, et de grant nombre de gens bien usitez en guerre. Et pour ce fut par les cappitaines commandé que chacun fut prest le lendemain au matin, et garni de toutes choses à faire assault ; auquel commandement fut bien obéy, car dès le soyr fut faict tant grant diligence, que tout fust prest le plus matin, et noncé à la Pucelle.

Laquelle saillit hors d'Orléans, ayant en sa compaignie le bastart d'Orléans, les mareschaulx de Saincte Sevère et de Rays, le seigneur de Graville, messire Florent d'Illiers, La Hire, et

(1) Thibaut d'Armignac, dit de Termes, écuyer d'écurie du roi, bailli de Chartres.

(2) Canède, sir Hugues de Kennedy, capitaine écossais au service du roi de France. « ...Pour vi pintes et choppine de vin présentées à Canède le VIe jour de may derrenier passé, vi s. vi d. p. » (Comptes de commune 1428-1430, 14e mand., id., 16e mand.)

plusieurs autres chevalliers et escuiers, et environ quatre mil combatans; et passa la rivière de Loire, entre Sainct Loup et la Tour neufve, et de prime face prinrent Sainct Jehan le Blanc, que les Angloys avoyent emparé et fortiffié. Et après se retirèrent en une petite ysle, qui est au droict de Sainct Aignan. Et lors les Angloys des Tournelles saillirent a grant puissance, faisans grans cris, et vindrent charger sur eulx très fort et de prez. Mais la Pucelle et La Hire, à tout partie de leurs gens, se joignirent ensemble et se frappèrent de tant grant forche et hardiesse contre les Angloys qu'ilz les contraingnirent reculler jusques à leurs boulevers et Tournelles. Et de pleine venue livrèrent tel assaut au boulevart et bastille là près fortiffiez par les Angloys, au lieu où estoit l'église des Augustins, que ilz les prindrent par force, delivrans grant nombre de Françoys là prisonniers, et tuans plusieurs Angloys qui estoient dedans, et l'avoient deffendu moult asprement; tant que on y fist moult de beaulx faiz d'armes, d'une part et d'autre. Et le soir ensuivant fut par les Françoys mis le siége devant les Tournelles et les boulevars d'entour. Pour quoy ceulx d'Orléans faisoyent grant dilligence de porter toute la nuyt pain, vin, et autres vivres, aux gens de guerre tenans le siége.

6 mai. Le jour d'après au plus matin, qui fut samedy, sixiesme jour de may, assaillirent les Françoys les Tournelles et les boulevars et tandis que les

Angloys y avoyent faiz pour les fortiffier. Et y eut mout merveilleux assault, durant lequel y furent faitz plusieurs beaux faiz d'armes, tant en assaillant que en deffendant, parce que Angloys y estoient grant nombre fort combatans, et garnis habondanment de toutes choses deffensables. Et aussi le monstrèrent ilz bien, car nonobstant que les Franchois les eschelassent par divers lieux moult espessement, et assaillissent de fronc, au plus hault de leurs fortiflicacions de telle vaillance et hardiesse, qu'il sembloit à leur hardi maintien que ilz cuidassent estre immortelz : si les reboutèrent ilz par maintes fois et tresbuschèrent de hault en bas, tant par canons et autre traict, comme aux haches, lances, guisarmes, mailletz de plomb, et mesmes à leurs propres mains, tellement qu'ilz tuèrent que blecèrent plusieurs Françoys. Et entre les autres y fut blecée la Pucelle et frappée d'un traict entre l'espaule et la gorge, si avant qu'il passoit oultre : dont tous les assaillans furent mout dolens et courrouchez, et par expécial le bastart d'Orléans, et autres cappitaines qui vindrent devers elle, et luy dirent qu'il valloit mieulx laisser l'assault jusques au lendemain ; mais elle les reconforta par moult belles et hardies parolles, les exortans d'entretenir leur hardiesse. Lesquelz ne la voulans croire délaissèrent l'assault, et se tirèrent arrière, voulans faire rapporter leur artillerie jusques au lendemain. Dont elle fut très doulente, et leur dist : « En nom de Dieu vous entrerez

« bien brief dedans, n'ayez doubte, et n'auront
« les Angloys plus de force sur vous. Pour quoy
« repousez vous ung peu, beuvez et mengez. »
Ce qu'ilz firent, car à merveilles lui obéissoyent.
Et quant ilz eurent beu, elle leur dist : « Retour-
« nez de par Dieu à l'assault de rechef, car sans
« nulle faulte les Anglois n'auront plus de force
« de eulx deffendre, et seront prinses leurs Tour-
« nelles et leurs boulevars. »

Et ce dit, laissa son estandart, et s'en ala sur
son cheval à ung lieu destourné faire oraison
à Nostre Seigneur, et dist à ung gentilhomme
estans là près : « Donnez vous garde, quant la
« queue de mon estandart sera ou touchera
« contre le boulevert. » Lequel luy dist ung peu
aprez : « Jehanne, la queue y touche ! » Et
lors elle luy respondit : « Tout est vostre, et y
« entrez ! » Laquelle parolle fut toust après
congneue prophécie, car quant les vaillans chefz
et gens d'armes estans demourez dedans Orléans
virent que on vouloit assaillir de rechef, aucuns
d'eulx saillirent hors de la cité par dessus le
pont. Et parce que plusieurs arches estoyent
rompues, ilz menèrent ung charpentier, et portèrent goutières et eschelles, dont ilz firent
planches. Et voyans qu'elles n'estoient assez
longues pour porter sur les deux boutz d'une des
arches rompues, ilz joingnirent une petite pièche
de boys à l'une des plus grans goutières, et
firent tant qu'elle tint. Sur laquelle passa premier tout armé ung très vaillant chevalier de

l'ordre de Rodes, dit de Sainct Jehan de Jhérusalem, appelé frère Nicole de Giresme (1), et à son exemple plusieurs autres aussi : qu'on dit [depuis] avoir esté plus miracle de Nostre Seigneur que autre chose, obstant que la goutière estoit merveilleusement longue et estroicte, et haute en l'air, sans avoir aucun appuy.

Lesquelz passez oultre se boutèrent avecques leurs autres compaignons en l'assault qui dura peu deppuis; car si toust que ilz eurent recommancé, les Angloys perdirent toute force de povoir plus résister, et s'en cuidèrent entrer du boulevart dedans les Tournelles : combien que peu d'eulx se peurent sauver, car quatre ou cincq cens combatans qu'ilz estoient furent tous tuez ou noyez, exceptez aucun peu qu'on retint prisonniers, et non pas grans seigneurs, obstant que Glacidas, qui estoit cappitaine et mout renommé en faiz d'armes, le seigneur de Moulins (2), le seigneur de Pommins, le bailli de Mente (3), et plusieurs autres chevaliers banneretz et nobles d'Angleterre, furent noyez, parce que en eulx cuidans sauver le pont fondit soubz eulx : qui fut grant esbahissement de la force des Angloys, et grant dommaige des vaillans Françoys, qui pour leur rençon eussent peu avoir grant finance.

(1) Nicole de Giresmes, chevalier, commandeur de l'ordre de Saint-Jean de Jérusalem.
(2) Le seigneur de Moulins, Guillaume de Molins; le seigneur de Pommins, Richart Ponyngs.
(3) Le bailli de Mantes était Thomas Giffart.

Toutesfois firent ilz grant joye, et louèrent Nostre Seigneur de celle belle victoire qu'il leur avoit donnée ; et bien le debvoient faire, car on dit que celluy assault, qui dura depuis le matin jusques au soleil couchant, fut tant grandement assailly et deffendu, que ce fut ung des plus beaulx faiz d'armes qui eust esté faict long temps par avant. Et aussy fut miracle de Nostre Seigneur, faict à la requeste de sainct Aignan et sainct Evurtre, jadis évesques et patrons d'Orléans, comme assez en fut apparence, selon la commune oppinion, et mesmes par les personnes qui cellui jour furent amenez dedans la ville ; l'ung desquelz certiffia que à luy et à tous les autres Angloys des Tournelles et boulevars sembloit, quant on les assailloit, qu'ilz véoyent tant de peuple que merveilles, et que tout le monde estoit là assamblé. Pour quoy tout le clergé et peuple d'Orléans chantèrent moult dévotement *Te Deum laudamus*, et firent sonner toutes les cloches de la cité, remercians très humblement Nostre Seigneur et les deux saincts confesseurs pour celle glorieuse consolacion divine ; et moult firent grant joye de toutes parts, donnans merveilleuses louenges à leurs vaillans deffendeurs, et par expécial et sur tous à Jehanne la Pucelle. Laquelle demoura celle nuyt, et les seigneurs, cappitaines et gens d'armes avecques elle, sur les champs, tant pour garder les Tournelles ainsi vaillanment conquestées, comme pour sçavoir se les Angloys du costé de Sainct Lorens sauldroyent point, voulans scourir ou venger leurs compaignons ; mais ilz n'en avoient nul vouloir.

Ainçois le lendemain matin, jour dimenche et septiesme jour de may, celluy mesme an mil quatre cens vingt neuf, désemparèrent leurs bastilles, et si feirent les Angloys de Sainct Pouoir et d'ailleurs, et levans leur siége se mirent en bataille. Pour quoy la Pucelle, les mareschaulx de Saincte Sevère et de Rays, le seigneur de Graville, le baron de Coulonces, messire Florent d'Illiers, le seigneur de Corraze, le seigneur de Sainctes Trailles, La Hire, Alain Giron, Jamet du Tilloy, et plusieurs autres vaillans gens de guerre et cytoyens saillirent hors d'Orléans en grant puissance, et se mirent et rengèrent devant eulx en bataille ordonnée. Et en tel point furent très prez l'un de l'autre, l'espasse d'une heure entière sans eulx toucher. Ce que les Françoys souffrirent très envis, obtempérans au vouloir de la Pucelle, qui leur commanda et deffendit dès le commancement que, pour l'amour et honneur du sainct dimenche, ne commanchassent point la bataille n'assaillissent les Angloys ; mais se les Angloys les assailloyent, qu'ilz se deffendissent fort et hardiement, et qu'ilz n'eussent nulle paour, et qu'ilz seroient les maistres. L'eure passée, se mirent les Angloys à chemin, et s'en alèrent bien rengez et ordonnez dedans Meung sur Loire, et levèrent et laissèrent totalement le siége, qu'ilz avoient tenu devant Orléans deppuis le douziesme jour d'octobre mil quatre cens vingt huyt jusques à cestui jour.

7 mai.

Toutesfoiz ne s'en alèrent ilz ne n'emportèrent sauvement toutes leurs bagues, car aucuns de la garnison de la cité les poursuivirent et se frappèrent sur la queue de leur armée par divers assaulx, tellement qu'ilz gangnèrent sur eulx grosses bombardes et canons, arcs, arbalaistres et autre artillerie.

Et celluy mesme jour, avoit ung augustin angloys confesseur du seigneur de Talbot, et qui pour luy gouvernoit ung sien prisonnier françoys moult vaillant homme d'armes, nommé le Bourg de Bar, qui estoit enferré des piez ; et pareillement le menoyt aprez les autres Angloys par dessoubz les bras, et tout le pas, obstant ce qu'il ne povoit aler autrement pour les fers. Lequel véant qu'ilz demouroient fort derrière, et congnoissant, comme subtil en faict de guerre, que les Angloys s'en aloient sans retour, contraignit par force celluy augustin à le porter sur ses espaulles jusques dedans Orléans, et ainsi eschappa sa rençon. Et si fut sceu par l'augustin beacoup de la convenue des adversaires, car il estoit fort famillier de Talbot.

D'autre part rentrèrent à grant joye dedans Orléans la Pucelle et les autres seigneurs et gens d'armes, en la très grant exultacion de tout le clergé et peuple, qui tous ensemble rendirent humbles graces à Nostre Seigneur, et louanges très méritées, pour les très grans secours et victoires qu'il leur avoit données et envoyées contre les Angloys, anciens ennemys de ce royaume. Et

quant vint après midy, messire Florent d'Illiers
print congié des seigneurs et cappitaines, et
autres gens d'armes, et aussi des bourgoys de la
ville, et avecques ses gens de guerre par luy là
amenez, s'en retourna dedans Chasteaudun, dont
il estoit cappitaine, reportant grant pris, los et
renommée des vaillans faiz d'armes par luy et
ses gens faiz en la deffence et secours d'Orléans.

Et le lendemain s'en partit pareillement la 8 mai.
Pucelle, et avecques elle le seigneur de Rays, le
baron de Coulonces et plusieurs autres chevalliers, escuiers et gens de guerre, et s'en ala
devers le roy luy porter les nouvelles de la noble
besongne, et aussi pour le faire mectre sur les
champs, afin d'estre couronné et sacré à Reins
ainsi que Nostre Seigneur lui avoit commandé.
Mais avant print congié de ceulx d'Orléans, qui
tous pleuroient de joye, et moult humblement la
remercioient et se offroient eulx et leurs biens à
elle et à sa volenté. Dont elle les remercia très
benignement, et entreprint à faire son sainct
voyaige ; car elle avoit faict et accomply le premier, qui estoit lever le siége d'Orléans. Durant
lequel y furent faiz plusieurs beaux faiz d'armes,
escarmouches, assaulx, et trouvez autres innumerables engins, nouvelletez et subtilitez de guerre,
et plus que longtemps par avant n'avoit esté faict
devant nulle autre cyté, ville ne chasteau de ce
royaume, comme disoient toutes les gens en ce
congnoissans, tant Françoys comme Angloys,

et qui avoient esté presens à les faire et trouver.

9 mai. Celluy mesmes jour, et le lendemain aussi, firent très belles et solempnelles processions les gens d'église, seigneurs, cappitaines, gens d'armes et bourgoys estans et demourans dedans Orléans, et visitèrent les églises par moult grant devocion. Et à la vérité, combien que les bourgoys ne voulsissent, au commancement et devant que le siége fust assiz, souffrir entrer nulles gens de guerre dedans la cité, doubtans qu'ilz ne les voulsissent piller ou maistriser trop fort, toutesfois en lessèrent ilz aprez entrer tant qu'il y en vouloit venir, depuis qu'ilz congneurent qu'ilz n'entendoyent qu'à leur deffence, et se maintenoient tant vaillanment contre leurs ennemys. Et sy estoient avecques eulz très uniz pour deffendre la cité; et par ce les departoyent entre eulx, en leurs hostelz, et les nourrissoyent de telz biens que Dieu leur donnoit, aussi famillièrement comme s'ilz eussent esté leurs propres enfans.

Peu de temps aprez, le bastart d'Orléans, le mareschal de Saincte Sevère, le seigneur de Graville, le seigneur de Courraze, Poton de Sainctes Trailles, et plusieurs autres chevalliers, escuiers et gens de guerre, dont il y en avoit partie portans guisarmes, là venuz de Bourges, Tours, Angiers, Bloys, et autres bonnes villes de ce royaume, se partirent d'Orléans, et alèrent devant Jargueau, où ilz firent plusieurs escar-

mouches, qui durèrent plus de trois heures, pour
veoir s'ilz le pourroyent assieger. Lesquelz congneurent qu'ilz ny pourroyent aincoires riens
gangnier, pour l'eaue qui estoit haulte, qui rem-
plissoit les foussez. Et pour ce s'en retournèrent
sauvement; mais les Angloys y furent fort
dommagez, car ung vaillant chevalier d'Angleterre, appelé messire Henry Biset, lors cappitaine
de celle ville, y fut thué, dont ilz feirent grant
dueil.

Lors que celles escarmousches se faisoient,
feist tant la Pucelle qu'elle vint vers le roy.
Devant lequel, si toust qu'elle le vit, elle se age-
noulla moult doulcement, et en l'embrassant par
les jambes luy dist : « Gentil dauphin, venez
« prendre vostre sacre à Reins. Je suis fort
« aguillonnée que vous y allez, et ne faictes
« doubte, que en celle cité recevrez vostre digne
« sacre. » A laquelle le roy feist moult
grant chiere, et si firent tous ceulx de la court,
considérans l'onneste vie d'elle, et les grans faiz
et merveilles d'armes faiz par sa conduicte. Pour
quoy toust aprez, manda le roy les seigneurs,
chefz de guerre, cappitaines et autres saiges de
sa court; et tint plusieurs conseilz à Tours, pour
sçavoir qu'il estoit de faire touchant la requeste de
la Pucelle, qui requéroit tant affectueusement et
instamment qu'il s'en tirast à Reins, et qu'il y
seroit sacré. Sur quoy furent diverses oppinions,
car les ungs conseilloyent qu'on alast avant en
Normendie, et les autres qu'on tendist ainçoys

prendre aucunes places principalles, estans sur la rivière de Loire. En fin le roy et trois ou quatre de ses plus privez s'estoient tirez à part, devisans entre eulx en grant secret, qu'il seroit bon, afin d'estre plus seurs, de sçavoir de la Pucelle ce que la voix lui disoit, et comment elle les asseuroit ainsi fermement. Mais ilz doubtoient luy en enquerir la vérité, de paour qu'elle n'en fust mal contante : ce qu'elle congnut par grâce divine; pour quoy elle vint devers eulx, et dist au roy : « En nom de Dieu, je sçay que vous pansez et « voulez dire de la voix que j'ay oye, touchant « vostre sacre, et, je vous diray, je me suis mise « en oreson en ma manière acoustumée. Me com- « plaingnoye de ce que on ne me vouloit pas « croire de ce que je disoye, et lors la voix « me dist : *Fille, va, va, va, je seray en ton « ayde, va.* Et quant ceste voix me vient, je suis « tant resjouye que merveilles. » Et en disant ces parolles, levoit les yeulx vers le ciel, en monstrant signe de grant exultacion.

Ces choses ainsi oyes, fut de rechef le roy bien joyeulx, et par ce conclud qu'il la croiroit, et qu'il yroit à Reins ; mais toutesfoiz feroit avant prendre aucunes places estans sur Loire ; et pendant le temps qu'on mectroit à les prendre, assembleroit grant puissance des princes et seigneurs, gens de guerre et autres à luy obéissans. Pour quoy il fist son lieutenant général Jehan, duc d'Alençon, nouvellement délivré d'Angleterre, où il avoit esté prisonnier depuis la bataille de

Vernueil jusques alors qu'il en estoit sailly, baillant partie de sa rançon, et pleiges et ostages pour le demourant, lesquelz il acquitta depuis en brief ; et pour ce faire vendit partie de sa terre, tendant en recouvrer d'autre en aydant et secourant le roy son souverain seigneur, qui pour ce faire lui bailla grant nombre de gens d'armes et artillerie, luy commandant expressément qu'il usast et feist entièrement par le conseil d'elle. Et il le feist ainsi, comme cellui qui moult prenoit de plaisir à la veoir en sa compaignie ; et si faisoient les gens d'armes, et aussi ceulx du peuple, la tenans tous et réputans estre envoyée de Nostre Seigneur ; et sy estoit elle. Par quoy le duc d'Alençon et elle et leurs gens d'armes prindrent congé du roy et se mirent sur les champs, tenans belle ordonnance. Et feirent tant que en tel estat entrèrent peu de temps aprez dedans Orléans, où ilz furent receuz à très grant joye de tous les citoyens, et sur tous les autres la Pucelle, de laquelle veoir ne se povoyent saouler.

Après que le duc d'Alençon, la Pucelle, le conte de Vendosme, le bastart d'Orléans, le mareschal de Saincte Sevère, La Hire, messire Florent d'Illiers, Jamet de Tilloy, et ung vaillant gentilhomme dès lors bien renommé, appellé Thudual de Carmoisen (1), dit le Bourgoys, de la nation de Bretaigne, avecques plusieurs autres

(1) Tudual de Kermoisan périt en 1450 au siège de Cherbourg.

11 juin.

gens de guerre (1), eurent ung peu esté dedans Orléans, ilz s'en partirent le samedy unziesme jour de juing, faisans tous environ huict mil combatans, tant à cheval comme à pied, dont aucuns portoient guisarmes, haches, arbalestres, et autres, mailletz de plomb. Et faisans porter et mener assez grant artillerie, s'en alèrent mectre le siége devant la ville de Jargueau tenant le party angloys; en laquelle estoient messire Guillaume de la Poule, conte de Suffort, et messire Jehan et messire Alixandre de la Poule, ses frères, et avecques eulz de six à sept cens combatans angloys, garniz de canons et aultre artillerie, bien vaillans en guerre, et aussi le monstrèrent ilz bien aux assaulx et escarmouches qui là furent faictes, durant celluy siége; lequel fut à demy levé par les espovantables parolles d'aucuns, qui disoient que on le devoit entrelaisser, et aller à l'encontre de messire Jehan Fascot et autres chefz du party contraire, venans de Paris et amenans vivres et artilleries avecques bien deux mil combatans angloys, voulans lever le siége, ou du moins avitailler et donner scours à celle ville de Jargueau. Et de faict s'en departirent plusieurs, et si eussent faict tous les autres, se n'eust esté la Pucelle et aucuns seigneurs et

(1) Deux bourgeois d'Orléans, Jehan Leclère et François Jehan, furent désignés pour accompagner la Pucelle. On conduisit à Jargeau la bombarde Bergère, le canon Montargis et la grosse bombarde sous les ordres des canonniers Mégret et Jehan Boillève.

cappitaines, qui par belles parolles les firent
demourer et rappellèrent les autres : tellement que
le siége fut rassiz en ung moment, et commencèrent à escarmouscher contre ceulx de la ville,
qui gectèrent merveilleusement de canons et autre
traict : dont ilz tuèrent et blecèrent plusieurs
François. Et entre les autres fut, par ung coup
de l'ung de leurs veuglaires, ostée la teste à ung
gentilhomme d'Anjou, qui s'estoit mis environ la
place ; dont le duc d'Alençon, par l'advertissement
de la Pucelle luy remonstrant que luy estoit en
péril, s'estoit tiré arrière tant soubdainement qu'il
n'en estoit pas aincoires à deux toises loing. Tout
au long d'icelluy jour et la nuit ensuivant, gectèrent les bombardes et canons des François
contre la ville de Jergueau ; tellement qu'elle fut
fort batue ; car à trois coups de l'une des bombardes d'Orléans, dicte Bergerie ou Bergère,
firent cheoir la plus grousse tour qui y fust.

Pourquoy le lendemain, qui fut dimence le
douziesme jour de juing, se mirent les gens de
guerre françois dedans les foussez à tout eschelles
et autres choses nécessaires à faire assault, et
saillirent merveilleusement ceulx de dedans, lesquelz se deffendirent grant pièce moult vertucu-
sement. Et par expecial avoit sur les murs l'un
d'eulx, qui estoit moult grant et groux, et armé
de toutes pièces, portant sur sa teste ung bassi-
net (1), lequel se habandonnoit très fort et gectoit

12 juin.

---

(1) Calotte de fer qui se mettait sous le casque.

merveilleusement grousses pierres de fez et abatdoit continuellement eschelles et hommes qui estoient dessus. Ce que monstra le duc d'Alençon à maistre Jehan le coulevrinier, afin qu'il addressast vers lui sa couleuvrine. Du coup de laquelle il frappa par la poictrine l'Angloys qui si fort se monstroit à descouvert, et le trebucha tout mort dedans la ville.

D'autre part, durant cellui assault, descendit la Pucelle à tout son estandart dedans le foussé, et ou lieu où se faisoit la plus aspre resistence, et ala tant prez du mur que ung Angloys luy gecta une grosse pierre de fez (1) sur la teste, et l'ataignit, tant qu'il la contraignit à soy seoir à terre. Et combien que la pierre fust de caillot (2) très dur, toutes foiz elle s'esmya (3) par pièces sans faire guères de mal à la Pucelle ; laquelle se releva tout incontinent, monstrant couraige vertueux, et ennorta (4) lors ses gens de plus fort, disant qu'ilz n'eussent nulle doubte, car les Angloys n'auroyent plus nul povoir d'eulx deffendre contre eulx, en quoy elle leur dist vérité ; car incontinant après ces parolles les François en estans tous asseurez, se prindrent à monter par si grant hardiesse contre les murs, qu'ilz entrèrent dedans la ville et la prindrent d'assault.

Quant le conte de Suffort et ses deux frères, et

(1) Faisceau.
(2) Caillou, pierre très dure.
(3) S'émietta, tomba en miettes, de mie, petite parcelle.
(4) Exhorta.

plusieurs autres seigneurs d'Angleterre, virent qu'ilz ne povoient plus deffendre les murs, ilz se retirèrent sur le pont; mais en eulx y retirant, fut thué messire Alixandre, frère d'icelluy conte, et aussi fut toust aprez icelluy pont rendu par les Anglois, le congnoissant estre trop feible pour tenir, et eulx voyans estre surpris. Plusieurs vaillans gens de guerre poursuivirent les Angloys; et par expecial avoit ung gentilhomme françois, nommé Guillaume Regnault (1), tendant moult à prendre le conte de Suffort, qui luy demanda s'il estoit gentilhomme : auquel il respondit que oyl ; et de rechef, s'il estoit chevalier; et il dist que non. Et lors cellui conte le feist chevalier et se rendit à luy. Et semblablement y furent prins et faiz prisonniers messire Jehan de La Poulle, son frère, et plusieurs autres seigneurs et gens de guerre, dont aucuns furent cellui soir menez prisonniers par eaue et de nuyt dedans Orléans, pour doubte qu'on ne les thuast; car plusieurs autres furent thuez en chemin, pour ung debat qui sourdit (2) entre aucuns Françoys pour la part des prisonniers. Et au regard de la ville de Jargueau, et mesmes l'église où on avoit retraict foison de biens, tout fut pillé.

Celle mesmes nuyt s'en retournèrent aussi le duc d'Alençon et la Pucelle avecques plusieurs seigneurs et gens d'armes en la cyté d'Orléans, là où ilz furent receuz à très grant joye. Et de là

(1) Écuyer d'Auvergne.
(2) S'éleva.

firent sçavoir au roy la prinse de Jargueau, et comment l'assault avoit bien duré quatre eures, durant lesquelles y furent faiz moult de beaulx faiz d'armes. Et y eut de quatre à cincq cens Angloys tuez, sans les prisonniers, qui estoyent de grant renom, tant en noblesse que en faiz de guerre.

Le duc d'Alençon et la Pucelle sejournans aucun peu de temps aprez celle prinse dedans Orléans, où avoit jà de six à sept mil combatans, y vindrent pour renforcer l'armée, plusieurs seigneurs, chevaliers, escuiers, cappitaines et vaillans hommes d'armes; et entre les autres, le seigneur de Laval et le seigneur de Lohiac (1), son frère; le seigneur de Chauvigny de Berry (2), le seigneur de la Tour d'Auvergne, le vidamme de Chartres (3).

Et environ ces jours s'en vint aussi le roy à Sully sur Loire. Et à la vérité moult croissoit son armée, car de jour en jour y arrivoyent gens de toutes pars du royaume, à luy obéissans.

Et lors le duc d'Alençon, comme lieutenant général de l'armée du roy, acompaigné de la Pucelle, de messire Loys de Bourbon, conte de Vendosme, et autres seigneurs, cappitaines et gens d'armes en grant nombre, tant à pié que à

---

(1) André de Laval, sire de Lohéac, frère de Gille de Laval, amiral et maréchal de France, mourut en 1486 sans postérité, âgé de 75 ans.

(2) Guy III de Chauvigny, baron de Châteauroux, vicomte de Brosse avec Dun-le Pulteau, en Berry, mourut en 1482.

(3) Jean Ier de Vendôme, époux de Catherine de Thouars.

cheval, se partit d'Orléans à tout grant quantité
de vivres, charroy et artillerie, le mercredy,
quinziesme jour d'icelluy mois de juing, pour
aller mectre le siege devant Baugenci, et en leur
voye assaillir le pont de Meung sur Loire, combien
que les Angloys l'eussent fortiffié et fort garny de
vaillans gens, qui le cuidèrent bien deffendre.
Mais nonobstant leur deffence, fut pris de plain
assault, sans guères arrester.

15 juin.

De là, entretenans leur ordonnance, se partirent le lendemain bien matin, et firent tant
qu'ilz arrivèrent devant la ville de Baugenci et
entrèrent dedans, parce que les Angloys l'avoient
desemparée, et s'estoient retirez ou chasteau et
sur le pont, qu'ilz avoient fortiffiez contre eulx ;
combien qu'ilz ne se logèrent pas à leur ayse du
tout, car aucuns des Angloys s'estoient embuschés
secrètement dedans aucunes maisons et masures
de la ville, dont ilz saillirent soubzdainement sur
les François, ainsi qu'ilz se logoient, et leur
livrèrent très forte escarmousche. Durant laquelle
eut plusieurs thuez et bleciez d'une part et d'autre ;
non obstant que en fin furent les Angloys contrains de reculler sur le pont et ou chasteau, que
les François assiégèrent du costé devèrs la
Beausse, et assortirent bombardes et canons.

16 juin.

A cellui siège arriva Arthus, conte de Richemont, connestable de France, et frère du duc
de Bretaingne, avecques lequel estoit Jacques
de Dinan, seigneur de Beaumanoir, frère du seigneur de Chasteaubriant. Et là pria celluy connes-

table à la Pucelle, et si feirent aussi pour amour de luy les autres seigneurs, qu'elle voulsist faire sa paix envers le roy, et elle luy octroya, moyennant qu'il jurast devant elle et les seigneurs qu'il serviroit toujours loyaument le roy. Et mesmement voult oultre la Pucelle que le duc d'Alençon et les autres grans seigneurs s'en obligeassent, et baillassent leurs scellez : ce qu'ilz firent ; et par ce moyen demoura le connestable ou siège avec les autres seigneurs. Lesquelz conclurent qu'ilz mectroient partie de leurs gens devers Sauloigne, afin que les Angloys feussent assiegez de toutes pars ; mais le bailli d'Evreux, chief des assiegez, fist requerir à la Pucelle parlement de traictié, qu'on lui acorda. En fin duquel, qui fut environ minuyt de la nuit de celluy jour, fut octroyé que les Angloys rendans le chastel et le pont, s'en pourroient aler le lendemain et emmener leurs chevaulx et harnois, avecques aucuns de leurs biens meubles, dont la valleur de chacun ne monstast point plus d'un marcq d'argent ; parmy ce aussi qu'ilz jurèrent qu'ilz ne se armeroient que dix jours ne feussent passez. Et sur ces condicions s'en alèrent celluy jour de lendemain, qui fut dix huictiesme jour de juing, et se mirent dedans Meung, et les Françoys entrèrent dedans le chasteau et le renforcèrent de gens pour le garder.

18 juin.

D'autre part, et la nuyt mesmes que la composicion de rendre le chasteau et le pont de Baugenci se faisoit, vindrent les seigneurs de Talbot et d'Escalles et messire Jehan Fascot, qui, sachans la prinse de la ville de Jargueau, avoient laissé à Estampes les vivres et artillerie, que pour la scourir amenoient de Paris, et s'en estoient venus à grant haste, tendans avecques les autres à scourir Baugency, et cuidans faire délaisser le siége; mais ilz ne peurent y entrer combien qu'ilz fussent quatre mil combatans, car ilz trouvèrent les Françoys en telle ordonnance, qu'ilz délaissèrent leur entreprinse. Et s'en retournèrent au pont de Meung, et l'assaillirent moult asprement; mais mestier leur fut de tout laisser et entrer dedans la ville, pour l'avant garde des Françoys, qui vint très hastivement aprez la prinse de Baugency, celuy jour au matin, et se vouloit frapper sur eulx. Pourquoy celluy mesmes jour, désemparèrent du tout celle ville de Meung, et se mirent à chemin sur les champs en belle ordonnance, voulans aler à Yenville (1). Et lors, quant le duc d'Alençon et les autres seigneurs françoys, qui venoient aprez leur avant garde, le sceurent, ilz se hastèrent le plus qu'ilz peurent, avecques leur armée, tenans tousjours belle ordonnance, tant que les Angloys n'eurent loysir d'aler jusques à Yenville [ains s'arrestèrent près d'un] (2) villaige en Beausse, nommé Pathay (3).

(1) Cf. Bulletin de la Société archéologique de l'Orléanais, t. VIII, p. 446.
(2) Tous les manuscrits ont un blanc; les mots entre crochets ont été suppléés.
(3) Voir dans l'Appendice le récit de la bataille de Patay.

Et parce que la Pucelle et plusieurs seigneurs ne vouloient pas que la grousse bataille fut ostée de son pas, ilz esleurent La Hire, Poton, Jamet de Tilloy, messire Ambroys de Loré, Thibault de Termes et autres vaillans hommes d'armes à cheval, tant des gens du seigneur de Beaumanoir, que autres qui se mirent en leur compaignie, et leur ballèrent charge d'aler courir et escarmoucher devant les Angloys, pour les retenir et garder d'eulx retraire en lieu fort. Ce qu'ilz firent, et oultre plus, car ilz se frappèrent dedans eulx de telle hardiesse, combien qu'ilz ne feussent que de quatorze à quinze cens combatans, qu'ilz les mirent à desarroy et desconfiture, nonobstant qu'ilz estoient plus de quatre mil combatans. Desquelz demourèrent mors sur la place environ deux mil et deux cens, tant Angloys que faulx Françoys, et les autres se mirent à fouyr, pour eulx sauver, vers Yenville, là où les gens de la ville leur fremèrent les portes ; par quoy leur convint fouyr ailleurs à l'aventure. Et par ce en y eut deppuis plusieurs thuez et prins, et mesmement pour la grousse bataille qui s'estoit joincte, sur la desconfiture, avecques les premiers coureurs.

A celle journée gaignèrent moult les François, car le seigneur de Talebot, le seigneur d'Escalles, messire Thomas Rameston et ung autre cappitaine, appelé Honquefort (1), y furent prins avecques

(1) Robert, comte de Hungerford, chevalier bachelier.

plusieurs autres seigneurs et vaillans hommes d'Angleterre. Et d'autre part n'y perdirent pas ceulx de Yenville, à plusieurs desquelz avoient moult des Angloys ballé en garde la plus part de leur argent, lorsqu'ilz y estoient passez pour cuider aler secourir Baugency.

Ce jour mesmes se rendirent au roy et à ses gens ceulx d'Yenville ; et si fist aussi ung gentilhomme, lieutenant du cappitaine, et mist dedans la grousse tour les François, ausquelz feist serment d'estre bon et loyal deppuis lors en avant envers le roy.

Pour le renom d'icelle desconfiture, dont eschappèrent plusieurs par fuitte et entre autres messire Jehan Fascot, qui se sauva dedans Corbueil, furent tant espoantez les gens des garnisons anglesches estans ou pays de Beausse, comme Mont Pipeau, Sainct Sigismont et autres places fortes et fortiffiées, qu'ilz y boutèrent le feu, et s'en fouyrent hastivement. Et par le contraire creut le cuer aux Françoys, qui de toutes pars se assemblèrent à Orléans, cuidans que le roy y deust venir pour ordonner le voyaige de son sacre : ce qu'il ne fist ; dont ceulx de la cité qui l'avoient faict tendre et parer, en furent mal contans, non considérans les affaires du roy, qui, pour conclurre de son estat, se tenoit à Sully sur Loire.

Et pour ce y alèrent le duc d'Alençon, et tous les seigneurs et gens de guerre qui avoyent esté à la journée de Pathay et de là s'estoient retirez à Orléans ; et par expécial la Pucelle, laquelle luy parla du connestable, en luy remonstrant le bon vouloir qu'il demonstroit avoir à luy, et les nobles seigneurs et vaillans gens de guerre, dont il luy amenoit bien quinze cens combatans ; luy pria qu'il luy voulsist pardonner son mal talant. Ce que le roy feist à la requeste d'elle, combien que pour l'amour du seigneur de la Tremoulle, qui avoit la plus grant auctorité entour luy, ne voult souffrir qu'il se trouvast avecques lui ou voyaige de son sacre ; dont la Pucelle fut très desplaisante, et si furent plusieurs grans seigneurs, cappitaines et autres gens de conseil, congnoissant qu'il en envoyoit beaucoup de gens de bien et de vaillans hommes. Mais toutesfois n'en osoyent parler, parce que ilz véoient que le roy faisoit du tout en tout ce qu'il plaisoit à celluy seigneur de la Tremoulle, pour plaire auquel ne voult souffrir que le connestable vint avecques luy. Pourquoy il pensa employer autre part ses gens de guerre, qui estoient fort désirans de suivir les armes, et voult aller assiéger Marchesnoir, qui est entre Bloys et Orléans. Mais quant les Angloys et Bourguingnons y estans en garnison en furent advertiz, ilz envoyèrent par saulf conduit aucuns d'eulx devers monseigneur le duc d'Alençon, qui traicta pour le roy avecques eulx, et leur donna espasse de dix jours pour emporter leurs biens, et fist tant qu'ilz promisdrent d'estre bons et loyaulx Françoys et de mectre la place en la maison du roy : dont ilz ballèrent hostaiges, pour plus grant sceureté. Et pour ce faire, et ce moyennant, leur devoit le roy pardonner toutes offences. Aprez lequel traictié fut par le duc d'Alençon mandé au connestable qu'il ne procédast plus avant, et aussi ne feist il ; mais les traictres se parjurèrent, car quant ilz sceurent que le connestable, pour la doubte duquel avoient ce faict et traictié, se départoit, ilz firent tant, durant le terme de dix jours, qu'ilz prinrent par cautelles aucuns des gens du duc d'Alençon et les menèrent prisonniers dedans leur place de Marchesnoir, afin qu'ilz peussent ravoir leurs hostaiges ; et par ce ne la rendirent, mais la tindrent comme devant.

Le dimenche après la feste Sainct Jehan Baptiste, cellui mesme an mil quatre cens vingt neuf, fut rendu Bonny à messire Loys de Culan, admiral de France, qui l'estoit allé assiéger à tout grans gens par l'ordonnance du roy. Lequel avoit envoyé querre la royne Marie, sa femme, fille de feu Loys, roy de Cecille, second de ce nom, parce que plusieurs estoient d'oppinion qu'il l'amenast couronner avecques luy à Reins. Et peu de jours après luy fut amenée à Gien, là où il tint plusieurs conseilz, pour conclure la manière à luy plus convenable à tenir ou voyage de son sacre. En la fin desquelz conseilz fut conclud que le roy renvoyroit la royne à Bourges, et que sans assiéger Cosne et La Charité sur Loire, que aucuns conseilloient à prendre par force avant son partement, il se mectroyt en chemin : ce qui fut faict, car la royne ramenée à Bourges, print le roy sa voye vers Reins.

26 juin.

29 juin.　Et se departit de Gien le jour Sainct Pierre, en celluy moys de juing, acompaigné de la Pucelle, du duc d'Alençon, du conte de Clermont, [deppuis duc de Bourbon], du conte de Vendosme, du seigneur de Laval, du conte de Boulongne, du bastart d'Orléans, du seigneur de Lohiac, des mareschaulx de Saincte Sevère et de Rays, de l'admiral de Culan et des seigneurs de Thouars, de Sully, de Chaumont sur Loire, de Prie (1), de Chauvigny et de la Trémoille, de La Hire, de Pothon, de Jamet du Tilloy, [Tudual de Carmoisen] dict Bourgois, et de plusieurs autres seigneurs, nobles, vaillans cappitaines et gentilzhommes, avecques environ douze mil combatans, tous preux, hardiz, vaillans et de grant couraige, comme par avant, et lors, et aussi deppuis monstrèrent en leurs faiz et vaillans entreprinses, et par expecial en cestui voyaige. Durant lequel passèrent en y allant et repassèrent en retournant, franchement et sans riens craindre, par les pays et contrées dont les villes, chasteaux, ponts et passaiges estoient garniz d'Angloys et Bourguignons.

Et par expecial vindrent tenans leur voye présenter le siège et assault devant la cyté d'Auxerre. Et de faict sembloit à la Pucelle et à plusieurs seigneurs et cappitaines, qu'elle estoit aysée à prendre d'assault, et y vouloient assayer. Mais ceulx de la cyté donnèrent secretement deux mil escus au seigneur de la Tremoille, afin qu'il les

(1) Antoine, seigneur de Busançois, de Montpoupon, grand queux du roi.

gardast d'estre assailliz; et si ballèrent à l'ost du roy beacoup de vivres, qui estoient très nécessaires. Et par ce ne firent nulle obéissance : dont furent très mal contans les plusieurs de l'armée, et meismement la Pucelle ; combien que pour eulx ne s'en fist autre chose. Mais toutesfoiz demoura le roy trois jours environ, et puis s'en partist à tout son ost et s'en alla vers Sainct Florentin, qui luy fut rendu paisible.

Et delà tira jusques à Troyes, là où il fit sommer ceulx de la cité qu'ilz luy feissent obéissance ; dont ilz n'en voulurent riens faire. ainçoys fremèrent leurs portes et se préparèrent à deffendre, se on les vouloit assaillir. Et oultre plus en saillirent dehors de cincq à six cens Angloys et Bourguignons, qui y estoient en garnison, et vindrent escarmoucher contre l'armée du roy, ainsi qu'elle arrivoit et se logoit entour celle cité. Mais ilz furent faiz rentrer bien hastivement et à grant foulle par aucuns vaillans cappitaines et gens d'armes de l'armée du roy, qui se tint là ainsi comme en siège, par l'espasse de cincq jours. Durant lesquelz souffrirent ceulx de l'ost plusieurs malaises de faim ; car il y en avoit de cincq à six mil qui furent près de huyt jours sans menger pain. Et de faict en feust beacoup mors de famine, se n'eust esté l'abondance des feves qu'on avoit semées celle année par l'admonnestement d'ung cordellier, nommé frère Richart, qui ès Advens de Noël et devant avoit presché par le pays de France en divers lieux et dit entre

autres choses en son sermon : « Semez, bonnes
« gens, semez foison de feves; car celluy qui
« doibt venir viendra bien brief. » Et tant que
pour celle famine et aussy parce que les Troyens
ne vouloyent faire obéissance, fut par aucuns
conseillé au roy qu'il retournast arrière sans
passer oultre, considérans que la cyté de Chalons
et mesme celle de Reims estoient aussi ès mains
des adversaires.

Mais ainsi que celle chose se traictoit au
conseil devant le roy, et que par la bouche de
maistre Regnault de Chartres, lors archevesque
de Reins, chancellier de France, eust été jà
requis à plusieurs seigneurs et cappitaines qu'ilz
en deissent leur oppinion; et aprez que le plus
d'eulx eurent remonstré que, pour la force de la
ville de Troyes et la faulte d'artillerie et d'argent,
estoit milleur de retourner : maistre Robert le
Maçon (1), qui estoit homme de grant conseil, et
avoit autreffoiz esté chancellier, dist en effect,
requis déclarer son oppinion, qu'on en devoit
parler expressément à la Pucelle, par le conseil
de laquelle avoit esté emprins celluy voyaige, et
que par adventure elle y bailleroit bon moyen. Ce
que advint, car eulx ainsi concluans, elle frappa
fort à l'uys du conseil, et après qu'elle fut entrée
dedans, le chancellier lui exposa en briefz motz

(1) Chancelier : « Pour six pintes et chopine de vin présentées et données à la femme Robert le Maçon, le IIIIe juillet,
viii. s. viii. d. p. » (Comptes de commune 1428-1430,
18e mand.)

ou parolles, les causes qui avoient meu le roy à entreprendre celluy voyaige et celles qui le mouvoyent à le délaisser. Sur quoy elle respondit très saigement, et dist que, se le roy vouloit demourer, que la cité de Troyes seroit mise en son obeyssance dedans deux ou trois jours, ou pour amour ou par force. Et le chancellier luy dist : « Jehanne, qui seroit certain dedans six « jours, on attendroit bien. » A quoy elle respondit de rechef, qu'elle n'en faisoit aucune doubte : pour quoy fut conclud qu'on actendroit.

Et lors elle monta sur ung courcier, tenant ung baston en sa main, et feist toutes aprestes en grant dilligence, pour assaillir et faire jecter canons : dont l'évesque et plusieurs de la ville s'en merveillèrent fort. Lesquelz considerans que le roy estoit leur droicturier et souverain seigneur, et aussi les faiz et entreprinses de la Pucelle, et la voix qui d'elle couroit qu'elle estoit envoyée de Dieu : requirent parlementer. Et yssit hors l'évesque avecques aucunes gens de bien, tant de guerre comme cytoyens, qui firent composicion que les gens de guerre s'en yroyent eulx et leurs biens, et ceulx de la ville auroient abolicion général. Et voult le roy que les gens d'église, qui avoient bénéfices soubz Henry, roy d'Angleterre, leur demourassent fermes ; mais que seullement reprinssent nouveaulx tiltres de luy. Et soubz celles condicions, le lendemain au matin le roy et la plus part des seigneurs et cappitaines, moult bien habillez, entrèrent en celle cité de Troyes. En laquelle avoit par avant plusieurs prisonniers, que ceulx de la garnison emmenoient par le traictié ; mais la Pucelle ne le voult souffrir, quant vint au partir, et pour ce les racheta le roy et en paya aucunement leurs maistres.

Cellui mesmes jour, mist le roy cappitaines et autres officiers de par lui en celle cyté. Et le jour ensuivant passèrent par dedans tous ceulx de son armée, qui le soir de devant estoyent demourez aux champs soubz la garde de messire Ambroys de Loré.

Aprez le roy s'en partist avecques tout son ost par l'admonnestement de la Pucelle, qui moult le hastoit, et feist tant qu'il vint à Chalons, et y entra en très grant joye : car l'évesque et les bourgoys luy vindrent au devant, et luy feirent plaine obeyssance. Pour quoy il y mist cappitaines et officiers de par luy, et s'en partit et alla vers Reins. Et parce que celle cité n'estoit en son obéissance, il se loga à quatre lieues près, à ung chasteau nommé Sepsaulx, qui est à l'archevesque. Dont ceulx de Reins furent fort esmeuz, et par expecial les seigneurs de Chastillon sur Marne et de Saveuses, y estans en garnison de par les Anglois et Bourguignons, qui firent assembler les citoyens et leur dirent que, s'ilz se vouloient tenir jusques à six sepmaines, qu'ilz leur ameneroient scours. Et deppuis, de leur consentement mesmes, s'en partirent. Lesquelz non estans aincoires guères loing, tindrent les bourgois conseil publicque, et par le vouloir de tous les habitans envoyèrent devers le roy, qui leur donna toute abolicion, et ilz luy livrèrent les clefz de la cité. Dedans laquelle celluy jour au matin, qui estoit samedy, entra et feist son entrée l'archevesque, car deppuis qu'il en avoit esté faict archevesque n'y avoit entré. Et l'après disner, sur le soir, y entra le roy et son armée entièrement ; là où estoit Jehanne la Pucelle, qui fut moult regardée de tous. Et là vindrent aussi René, duc de Bar et de Lorraine, frère du roy de Secille, et aussi le seigneur de Commercy (1), bien acompaignez de gens de guerre, eulx offrans à son service.

Le lendemain, qui fut dimenche [dix] septiesme jour de juillet, cellui mesmes an, mil quatre cens vingt neuf, les seigneurs de Saincte Sevère et de Rays, mareschaulx de France, le seigneur de Graville, et le seigneur de Culan, admiral de France, furent par le roy, selon la coustume anchienne, envoyez à Sainct Remy pour avoir la saincte empole. Lesquels firent les sermens acoustumez, c'est qu'ilz promirent qu'ilz la conduiroient et raconduiroient seurement, et l'aporta bien devotement et solempnellement l'abbé, estant revestu en habit pontifical, ayant dessus luy ung riche parement d'or, jusques devant l'église de Sainct Denys. Et là vint l'archevesque, pareillement revestu et acompaigné des chanoines, et la print et porta

17 juillet.

---

(1) **Robert** de Sarrebouche.

dedans l'église, et la mist sur le grant autel de Nostre Dame de Reins. Devant lequel vint le roy habillé comme il appartenoit; auquel feist l'archevesque faire les sermens acoustumez de faire aux vrais roys de France, voulans recevoir le sainct sacre. Et incontinant après fut faict le roy chevalier par le duc d'Alençon, et, ce faict, le sacra et couronna l'archevesque, gardant les cérimonies et prononçant les oroisons, bénédictions et exortacions contenues ou pontifical faict propre à celluy sainct sacre; lequel accomply, feist le roy, par grant excellence, comté de la seignourie de Laval. Et d'autre part firent là le duc d'Alençon et le conte de Clermont plusieurs chevaliers. Et aprez le service, fut la saincte empole reportée et conduicte ainsi qu'elle avoit esté apportée.

Quant la Pucelle vit que le roy estoit sacré et couronné, elle se agenouilla, présens tous les seigneurs, devant luy, et en l'embrassant par les jambes, luy dist en plourant à chaudes larmes : « Gentil roy, or est executé le plaisir de Dieu, qui « vouloit que levasse le siège d'Orléans, et que « vous amenasse en ceste cyté de Reins recevoir « vostre sainct sacre, en monstrant que vous estes « vray roy, et celuy auquel le royaume de France « doibt appartenir. » Et moult faisoit grant pitié à tous ceulx qui la regardoyent.

Cellui jour et les deux jours ensuivans, sejourna le roy à Reins, et aprez s'en ala à Sainct Marcoul, par le mérite duquel obtindrent les roys de France la grace divine, dont ilz garissent des escroelles;

et aussi y doibvent ilz aller incontinant aprez
leur sainct sacre : ce que le roy feist et
acomplit. Et là venu, feist ses oroisons et of-
frandes ; duquel lieu s'en vint à une petite ville
fermée, nommée Vailly, en la vallée et à quatre
lieues de Soissons. Les bourgoys de laquelle
cité de Soissons luy apportèrent là les clefz, et
si firent ceulx de la cité de Laon, ausquelz il avoit
envoyé ses héraulx leur requerre ouverture ; mais
au partir de Vailly, s'en alla dedans Soissons, là
où il fut receu à très grant joye de tous ceulx de
la cité qui moult l'amoient, et desiroient sa venue.
Et là luy vinrent les très joyeuses nouvelles que
Chastiau Thierry, Crecy en Brie, Provins, Coule-
miers et plusieurs autres villes s'estoient remises
en son obéissance.

Quant le roy eut séjourné par aucun temps en
celle saincte cyté de Soissons, il s'en partit et s'en
alla à Chastiau Thierry, et de là à Provins, là où
il se tint trois ou quatre jours, et ordonna son
armée en bataille, et se mist sur les champs vers
une place dicte la Motte de Maugis, actendant le
duc de Bethefort, qui estoit venu de Paris, et
passant par Corbueil, arrivé à Melun, dont il
s'estoit party à tout plus de dix mil combatans,
disant qu'il le combatroit. Mais il changea proupos
et s'en retourna à Paris, combien qu'il avoit bien
autant de gens que le roy. Lequel avoit aucunes
gens en sa compaignie, qui tant désiroient
retourner de là la rivière de Loire, que pour leur
complaire il avoit conclud le faire. Mais ceulx de

Bray, où il cuidoit passer Seine, et qui luy avoient promis livrer l'entrée, mirent en leur ville grant compaignie d'Anglois et Bourguignons, le soir devant qu'il y devoit passer : dont [ne] furent desplaisans les ducs de Bar et d'Alençon, et les contes de Vendosme et de Laval, avec les autres cappitaines et vaillans gens de guerre, contre le vouloir desquelz s'en vouloit le roy ainsi retourner. Et leur oppinion estoit qu'il se mist à reconquester de plus en plus, veu que la puissance des Anglois ne l'avoit osé combattre. Pour quoy ilz le firent retourner à Chasteau Thierry, et de là à Crepy en Valloys, ouquel lieu il vint loger son ost aux champs assez prez de Dompmartin en Gouelle (1). Au devant duquel acouroyent les peuples françois de toutes pars, crians *Noel* et chantans *Te Deum laudamus*, et devotes anthiennes, versetz et respons, et faisans merveilleuse feste, regardans sur tous moult la Pucelle. Laquelle considerant leur maintien, pleuroit moult fort, et soy tirant à part, dist au conte de Dunoys : « En nom Dieu, vez cy bon peuple et « devot, et vouldroye que je morusse en ce pays, « quand je debvray mourir. » Et celluy conte luy demanda lors : « Jehanne, scavez vous quant « vous mourrez, et en quel lieu ? » A quoy elle respondit que non, et qu'en la volenté de Dieu en estoit ; disant oultre à luy et aux autres seigneurs : « J'ay accomply ce que Messire me avoit com- « mandé, qui estoit lever le siège d'Orléans et

(1) Départ. de Seine-et-Marne.

« faire sacrer le roy. Je vouldroye qu'il luy pleust
« me faire remener à mon père et à ma mère, affin
« que je gardasse mes brebis et mon bestial, et
« feisse ce que je souloie faire. » Et en rendant
graces à Nostre Seigneur, levoit moult humblement les yeulx vers le ciel. Par lesquelles paroles
qu'ilz véoient estre véritables, et la manière d'elle,
creurent tous fermement qu'elle estoit saincte
pucelle et envoyée de Dieu ; et si estoit elle.

Quant le duc de Bethefort, oncle et lieutenant
général du roy Henry, et pour luy gouvernant les
citez et villes et places tenans son party en ce
royaume, sceut que le roy estoit sur les champs
environ Dompmartin, il se partist de Paris à tout
grant nombre de gens de guerre, et s'en vint
loger vers Mictry, près d'icelluy Dompmartin, et
se mist en son armée, qu'il ordonna par batailles
en belle ordonnance et place bien advantageuse.
Ce qui fut noncé au roy ; lequel feist ordonner ses
gens pareillement, en intencion d'attendre et recevoir en bataille les adversaires, ou de les aler
assaillir, s'ilz se mectoient ou estoient trouvez en
place pareille. Mais les Angloys ne monstrèrent
aucun semblant de les vouloir assaillir, car par le
contraire ilz s'estoient mis en place fort advantageuse et fortiffiez : comme fut veu, apperceu et
rapporté par La Hire et aucuns autres vaillans
cappitaines et gens de guerre, qui celluy jour,
pour veoir leur maintieng, et s'il estoit licite de
les assaillir, leur alèrent faire grant escarmousche
par plusieurs lieux et diverses foiz, deppuis le

matin jusques à la nuyt ; combien qu'il n'y eut lors comme point de dommaige, tant d'un costé que d'autre. Apprès lesquelles escarmousches se retourna le duc de Bethefort avecques son armée dedans Paris, et le roy tira vers Crepy en Vallays, dont il envoya de ses héraulx sommer et requérir ceulx de Compiengne qu'ilz se meissent en son obéissance; lesquelz respondirent qu'ilz le feroient très voulentiers.

Environ ces jours, alèrent aucuns seigneurs françoys dedans la cyté de Beauvoys, dont estoit évesque et conte maistre Pierre Cauchon, fort enclin au party angloys, combien qu'il fust natif d'entour Reims. Mais ce nonobstant ceulx de la cyté se mirent en la pleine obéissance du roy, si toust qu'ilz virent ses héraulx portans ses armes, et crièrent tous en très grant joye : « Vive Charles, « roy de France ! » chantèrent *Te Deum*, et firent grans resjoissemens. Et ce faict, donnèrent congié à tous ceulx qui ne vouldroyent demourer en celle obéissance, et les en laissèrent aler paisiblement et emporter leurs biens.

Peu de jours aprez, saillit hors de Paris de rechef le duc de Bethefort pour venir à Senliz à tout son armée de devant, acreue de quatre mil Angloys que son oncle, le cardinal d'Angleterre, avoit amenée de delà la mer, soubz couleur de les mener contre les Boesmes hérites (1) ; mais mentant ses promesses, les mist en besongne contre les Françoys très vrais chrestiens, combien qu'ilz

(1) Hérétiques.

eussent esté soubsdoyez de l'argent de l'église. Ce qui vint à la congnoissance du roy, lequel s'estoit departy, menant son ost pour aler à Compiengne, et s'estoit logié à ung villaige nommé Barron, à deux lieues de celle cyté de Senliz, laquelle tenoit le party anglois et bourguignon. Et par ce ordonna que messire Ambroys de Loré, [depuis prevost de Paris], et le seigneur de Sainctes Trailles yroient bien montez vers Paris et ailleurs où bon leur sembleroit, et adviseroient au vray le faict du duc de Bethefort et de son ost. Lesquelz, ayant avecques eulx aucuns de leurs gens des mieulx montez, se partirent toust, et firent qu'ilz approuchèrent tant prez de l'ost des Angloys, que ilz veirent et apperceurent sur le grant chemin d'entre Paris et Senlis grans pouldres, par quoy congnurent qu'ilz venoient. Et à celle occasion envoyèrent ung de leurs hommes hastivement devers le roy, luy seigniflant la venue des adversaires ; et ce nonobstant actendirent tant, qu'ilz apperceurent et congnurent au vray toute l'armée, et ce qu'elle povoit monter, et commant elle tiroit vers celle cité de Senliz ; que par ung autre de leurs hommes envoyèrent de rechef dire hastivement au roy. Lequel feist ordonner toutes ses batailles et s'en vint à très grant dilligence à tout son armée sur les champs ; et tirèrent droit à Senliz ; si se mirent à chemin entre la rivière qui passe à Barron, et une montaigne dicte Montespiloer (1).

(1) Montépilloy, arrond. de Senlis.

D'autre part arriva à heure de vespres le duc de Bethefort à tout son ost prez de Senliz, et se mist à passer une petite rivière, qui vient d'icelle cité à Barron ; combien que le passaige par où il passoit ainsi son armée estoit si estroict, qu'il n'y povoit passer que deux chevaulx de fronc. Pour quoy, si toust que les seigneurs de Loré et de Sainctes Trailles les virent commancer à passer celluy dangereux passaige, ilz s'en retournèrent le plus hastivement qu'ilz peurent devers le roy, et luy acertenèrent ce qu'ilz avoient veu. Dont il fut moult joyeulx, et feist ordonner ses batailles, et tirer tout droit au devant des Angloys, les cuidant combattre à celluy passaige ; mais l'armée des Françoys n'y sceut si toust venir, que la plus part des Angloys ne feussent jà passez. Et par ainsi s'approuchèrent tant les deux armées, qu'elles s'entrevéoyent, et aussi n'estoient elles que à une petite lieue l'une de l'autre. De chacune desquelles, combien qu'il fust jà vers le soleil couchant, se partirent plusieurs vaillans et gens de guerre, et s'entre escarmouschèrent par diverses foiz ; èsquelles se feist de très beaulx faiz d'armes. La nuyt les faisant cesser, se logèrent les Angloys au long de la rive d'icelle rivière, et les Françoys furent logez vers Montespiloer.

Le lendemain au matin, feist le roy ordonner très diligemment son armée par batailles, et en fist trois parties, de la première desquelles (c'est de l'avant garde) et où avoit plus de gens, bailla la charge au duc d'Alançon et au conte de Vendosme. De la seconde, qui devoit estre ou milleu, fut conduiseur René, lors duc de Bar et de Lorraine, [et deppuis roy de Cecile et duc d'Anjou]. En la tierce, en laquelle avoit plusieurs seigneurs et très vaillans gens d'armes, et qui estoient comme l'arrière garde, [le roy] voult estre luy mesme ; et avoit avecques luy le duc de Bourbon et le seigneur de La Trémoille, avecques grant nombre de chevaliers et escuiers. Pour les aisles desquelles trois batailles, furent ordonnez et eurent la charge les mareschaulx de Saincte Sevère et de Rays, auxquelz on bailla plusieurs chevalliers, escuiers et gens de guerre de divers estas. Et par dessus toutes ces ordonnances, fut reservée pour faire escarmouches, renforcer et scourir les autres batailles, se mestier en estoit, une autre bataille de très vaillans seigneurs, cappitaines, et autres gens de guerre, dont estoient ducteurs et avoient la charge, la Pucelle, le bastart d'Orléans, le conte d'Alebret et La Hire. Et au regart de tous les archiers, eurent la conduicte le seigneur de Graville et ung chevalier de Limozin, appellé messire Jehan Foucault.

Lesquelles ordonnances ainsi faictes, chevaucha le roy assez loing de ces trois batailles plusieurs foiz par devant l'armée des Angloys, de laquelle estoit chef le duc de Bethefort, qui avoit en sa compaignie le bastart de Sainct Pol, et moult de Picars et Bourguignons, avecques plusieurs autres chevalliers, escuiers et gens de guerre, estans en bataille ordonnées près d'ung villaige, et ayans au dos ung grant estang. Lesquelz ce non obstant n'avoient cessé toute nuyt, et ne cessoient aincoires d'eulx fortiffier en grant dilligence, tant de paulx et teudiz, comme de foussez. Pour quoy quant le roy, qui par le conseil de tous les seigneurs de son sang, là estans, et autres seigneurs, chevalliers, escuiers, cappitaines et très vaillans gens d'armes, avoit prins conclusion de combatre les Anglois et leurs aliez, s'ilz se mectoient et estoient trouvez en place esgalle : fut adverti par aucuns vaillans cappitaines et gens congnoissans en armes, de la manière qu'ilz tenoient ; comment ilz estoient logez en place forte d'elle mesmes et s'estoient fortiffiez et fortiffioient de foussez et de paulx : il vit bien qu'il n'y avoit nulle apparence de les povoir assaillir ne combatre, sans trop grant dommaige de ses gens. Mais ce nonobstant il feist approucher ses batailles jusques à deux traicts d'arbaleste près des Angloys, et leur feist seignifier qu'il les combatroit, s'ilz vouloient saillir de leur parc. Ce qu'ilz ne voulurent faire, combien qu'il y eut de très grans et merveilleuses escarmousches, car plusieurs vaillans François alloyent souvent tant à piet que à cheval jusques à la fortifficacion des Angloys pour les esmouvoir à saillir ; tellement que grant nombre d'eulx sailloient par diverses foiz, qui reboutoyent les François. Lesquelz renforcez et secourus d'aucuns des leurs, renchassoyent les Angloys, qui pareillement confortés et aydez par autres de leurs gens saillans de nouveau, rechargoyent sur les François et les faisoient reculler, jusques à ce que nouvelles gens de leurs grans batailles se venoient joindre avecques eulx, par la force et vaillance desquelz regaignoient place contre leurs ennemys. Et ainsi passèrent celluy jour sans cesser jusques près du souleil couchant.

En celles saillies et escarmouches souvent renouvelées voult aler le seigneur de La Trémoulle; lequel estant monté sur ung courcier moult joliz et grandement habillé, et tenant sa lance ou poing, frappa son cheval des esperons, qui par cas d'aventure cheut à terre, et le trebucha ou milleu des ennemys : par lesquelz il fut en grant danger d'estre tué ou prins; mais pour le scourir et monter se feirent grans dilligences. Par quoy se fit monter à très grant peine, car à celle heure y eut très forte escarmouche ; et tant que environ souleil couchant se joingnirent ensemble plusieurs Françoys et se vinrent très vaillanment presenter jusques auprez de la fortifficacion des Angloys, et là les combatirent et escarmouschèrent main à main grant espasse de temps, jusques à ce que plusieurs d'eulx, tant à piet que à cheval, saillirent hors de leur parc à grant puissance, et les firent tirer arrière. Contre lesquelz saillirent aussi pareillement des batailles du roy grant nombre de très vaillans seigneurs, chevaliers, escuiers et autres gens d'armes, et se entremeslèrent entre leur gent contre les Angloys. Et à celle occasion fut lors faicte la plus grousse et la plus dangereuse escarmouche de tout le jour; et tant s'entremeslèrent de prez, que la pouldre sourdit si espesse entour eulx, que on n'eust peu congnoistre ne discerner lesquelz estoient Françoys ou Angloys; et tellement que, combien que les deux batailles contraires feussent très près l'une de l'autre, si ne se povoient elles entreveoir. Celle dernière escarmousche dura jusques à la nuyt serrée, laquelle feist departir les Françoys des Angloys, desquelz tant d'une part que d'autre furent celluy jour plusieurs tuez, blecez et prins prisonniers. Les Angloys se retirèrent et logèrent tous ensemble dedans leur parc et fortifficacion, comme ilz avoient faict la nuyt de devant ; et les Françoys, tous assemblez, s'en alèrent aussi loger à demie lieue d'eulx, et près de Montpiloer, ainsi qu'ilz avoient faict le soir par avant. Et quant vint le lendemain au matin, les Angloys se mirent à chemin et alèrent à Paris; et le roy et son armée s'en retournèrent vers Crepy en Valloys.

La nuyt ensuivant, se logea le roy dedans Crepy, et le lendemain s'en ala à Compiengne, là où il fut receu grandement et honnorablement par ceulx de la ville, qui s'estoient mis n'avoit guères en son obéissance : pour quoy il y mist officiers de par luy. Par expecial en feist capitaine ung vaillant gentilhomme du pays de Picardie, appellé Guillaume de Flavy, qui estoit de bien noble maison.

En celle ville de Compiengne envoyèrent ceulx des citez de Beauvoys et de Senliz, et se misrent en l'obéissance du roy : lequel se partist de Compiengne sur la fin du mois d'aoust et s'en ala dedans Senlis. Et quant le duc de Bethefort le sceut, il se partist de Paris à tout grant armée de gens de guerre ; et doubtant que le roy ne voulsist tirer à reconquester Normendie, s'en y ala, et mist de ses gens en plusieurs places qu'il avoit en celluy pays en divers lieux, tenans le party angloys, et les garnit de vivres et artillerie ; delessant à Paris messire Loys de Luxemboug, évesque de Therouenne, soy disant chancellier de France pour le roy Henry, et avecques luy messire Jehan Ratelet, chevalier angloys, et messire Simon Morhier ; lesquelz avoient en leur compaignie deux mil combatans pour la garde et deffence de Paris.

D'autre part, le roy ayant ordonné officiers et cappitaines de par luy à Senlis, il s'en partit environ le derrenier jour de celluy moys, et s'en vint en la ville de Sainct Denis, de laquelle luy fut faicte plainière obéissance. Et y fut deux jours, durant lesquelz furent faictes plusieurs courses et escarmouches par les François y estans contre les Angloys de Paris ; là où furent faiz plusieurs beaux faiz d'armes d'une part et d'autre.

Et le tiers jour s'en partit la Pucelle et le duc d'Alençon, le duc de Bourbon, le conte de Vendosme, le conte de Laval et les mareschaulx de Saincte Sevère et de Rays, La Hire, Poton et

30 août.

plusieurs autres vaillans chevalliers, cappitaines et escuiers, avecques grant nombre de vaillans gens de guerre, et s'en vinrent loger en ung villaige dit La Chappelle, qui est ou chemin et comme ou milleu de Paris et Sainct Denis.

Et le lendemain ensuivant s'en vinrent mectre en belle ordonnance ou Marché aux pourceaulx, devant la porte Sainct Honoré, et firent assortir plusieurs canons, dont ilz firent gecter en plusieurs lieux et souvent dedans Paris. Où estoient en armes les gens de guerre y estans en garnison, et aussi le peuple, et faisoient porter plusieurs estendars de diverses couleurs, et tournoyer, aler et retourner à l'entour des murs par dedans ; entre lesquelz en y avoit ung moult grant à une croix rouge. Aucuns seigneurs François ne voulurent approucher plus près, et par expecial le seigneur de Sainct Vallier (1), dalphinoys, lequel fist tant que luy et ses gens alèrent bouter le feu ou boulevart et à la barrière de celle porte de Sainct Honoré. Et combien qu'il y eust plusieurs Angloys pour les deffendre, toutesfoyz leur convint il retraire par celle porte, et rentrer dedans Paris ; par quoy les Françoys prindrent et gaignèrent à force la barrière et le boulevart. Et parce qu'ilz se pensèrent que les Angloys sauldroient par la porte Sainct Denis pour courir sus aux Françoys estans devant la porte Sainct

---

(1) Charles de Poitiers II, seignenr de Clevieu et de Chaleuçon.

Honoré, les ducs d'Alençon et de Bourbon s'embuschèrent derrière la montaigne qui est auprès et contre celluy Marché à pourceaulx et plus près ne se povoient pas mectre, pour doubte des canons, veuglaires (1) et couleuvrines, dont tiroient ceulx de Paris sans cesser; mais ilz perdirent leur peine, car ceulx de Paris n'osèrent saillir hors la ville. Pour quoy la Pucelle voyant leur couart maintien, délibéra de les assaillir jusques au piet de leur mur. Et de faict, se vint presenter devant eulx, pour ce faire, ayant avecques elle plusieurs seigneurs et grant compaignie de gens d'armes, entre lesquelz estoit le mareschal de Rays, qui tous par belle ordonnance se mirent à piet et descendirent ou premier foussé. Ouquel eulx estans, elle monta le dous d'asne, duquel elle descendit jusques ou second fossé, et y mist sa lance en divers lieux, tastant et assayant quelle parfondeur il y avoit d'eaue et de boue. En quoy faisant, elle fut grant espasse, et tellement qu'ung arbalestier de Paris luy perça la cuisse d'ung traict; mais ce non obstant, elle ne s'en vouloit partir, et faisoit très grant dilligence de faire apporter et gecter fagotz et bois dedans cestuy foussé pour l'emplir, affin qu'elle et les gens de guerre peussent passer jusques aux murs : qui ne sembloit pas lors estre possible, parce que l'eaue y estoit trop parfonde, et qu'elle n'avoit point assez grant multitude de

---

(1) Bombe à feu, moins puissante et plus longue que la bombarde et se chargeant par la culasse.

gens à ce faire, et aussi parce que la nuyt estoit prouchaine. Non obstant laquelle, elle se tenoit tousjours sur celluy foussé, et ne s'en vouloit retourner ne retraire en aucune manière, pour prière et requeste que luy feirent plusieurs [qui] par diverses fois l'alèrent requerir de soy en partir, et luy remonstrer qu'elle devoit laisser celle entreprinse : jusques à ce que le duc d'Alençon l'envoya querre, et la feist retraire, et toute l'armée, en icelluy villaige de La Villette, là où ilz se logèrent celle nuyt, comme ilz avoient faict le soir de devant.

Et le lendemain s'en retournèrent tous à Sainct Denis ; en laquelle ville fut moult louée la Pucelle du bon vouloir et hardy couraige qu'elle avoit monstré, en voulant assaillir si forte cyté et tant bien garnye de gens et d'artillerie, comme estoit la ville de Paris. Et certes aucuns dirent [deppuis] que, se les choses se feussent bien conduictes, qu'il y avoit bien grant apparance qu'elle en fust venue à son vouloir ; car plusieurs notables personnes estans lors dedans Paris, lesquelz congnoissoient le roy Charles septiesme de ce nom estre leur souverain seigneur et le vray héritier du royaume de France, et commant à grant tort et par cruelle vengance on les avoit sepparez et ostez de sa seignourie et obéissance, et mis en la main du roy Henry d'Angleterre par avant mort, et deppuis continuant, soubz le roy Henry, son filz, usurpant lors grant partie du royaume : se feussent mis, [comme deppuis firent, six ans après], et réduiz en l'obéissance de leur souverain seigneur, et luy eussent faict plainière ouverture de sa principalle cyté de Paris. Ce que à ceste fois ne firent pour les causes dessus alléguées. Pour quoy le roy qui vit lors qu'ilz ne monstroient aucun semblant d'eulx vouloir rendre à luy, tint plusieurs conseilz dedans la ville de Sainct Denys; en la fin desquelz fut advisé que, veue la manière de ceulx de la ville de Paris, la grant puissance des Angloys et Bourguignons y estans dedans, et aussi qu'il n'avoit assez d'argent, ne ne pouvoit avoir illec pour entretenir si grant armée, qu'il feroit le duc de Bourbon son lieutenant général. Ce qu'il feist, et luy ordonna demourer ès villes, cytez et places à luy obéissans deçà la rivière de Loire; et pour y mectre grousses garnisons, et les garder et deffendre, luy bailla grant nombre de gens d'armes et foison artillerie.

Et oultre celle ordonnance, voult et commanda que le conte de Vendosme et l'admiral de Culant se tinssent à Sainct Denis, ausquelz il bailla aussi plusieurs gens d'armes, afin qu'ilz peussent tenir la garnison. Et ce faict, se partist le douziesme jour de septembre, et s'en ala à Laigny sur Marne, dont il se partit le lendemain, et y ordonna cappitaine messire Ambroys de Loré, auquel il bailla messire Jehan Foucault, avecques plusieurs gens de guerre. Et tira d'illec le lendemain à Provins, et de là à Bray sur Seine, que les habitans réduirent à son obéissance. Et puis, s'en ala passer pardevant Sens, qui ne luy feist

12 septembre.

aucune ouverture ; mais luy convint passer à gué, ung peu au dessoubz, la rivière d'Yonne, et tirer à Courtenay, dont il ala à Chasteau Regnart et à Montargis, et au derrain à Gien, où il actendit aucuns jours, cuidant avoir accord avec le duc de Bourgoigne, qui luy avoit mandé par le seigneur de Chargny qu'il luy feroit avoir Paris, et qu'il y vendroit en personne. Et à celle occasion, luy avoit le roy envoyé sauf conduit, affin qu'il peust passer sans contredit par les places et passaiges à luy obéissans ; et ainsi fist il, combien que luy arrivé à Paris, il ne tint riens de ce que il avoit promis ; ainçoys fist alliance avecques le duc de Bethefort allencontre du roy, de trop plus fort que devant ; et ce non obstant, par vertu du sauf conduit, passa sceurement et franchement par tous les pays, villes et passaiges de l'obéyssance du roy, et s'en retourna en ses pays de Picardye et de Flandres. Et le roy, qui fut adverty au vray, passa la rivière de Loire et s'en retourna à Bourges dont il estoit party à la requeste et supplicacion de la Pucelle, laquelle luy avoit dit par avant tout ce qu'il luy advint du lièvement du siége d'Orléans, et de son sainct sacre, et aussi de son retour franchement, ainsi que luy avoit révellé Nostre Seigneur.

En remercyant lequel et louant de sa grace, fays fin par son octroy divin à cestuy présent et très compendieux traictié, préintitulé du siége d'Orléans, mis par les Angloys et de la venue et vaillans faiz de Jehanne la Pucelle, et comment elle les en feist partir, et feist sacrer à Reins le roy Charles septiesme, par grace divine et force d'armes.

Explicit hic liber, qui scripsit vivat in evum.

DOCUMENTS DIVERS

NOTE DE GUILLAUME GIRAULT

Le mercredi, veille d'Ascension, IV° jour de may, l'an mil quatre cens vint neuf, par les [gens] du roy nostre sire, et les [habitans] de la ville d'Orléans, présent et aidant Jehanne la Pucelle [trouvée] par ses euvres estre vierge et ad ce envoiée de Dieu, et aussi comme par miracle, fut prins par force d'armes la forteresse des Angloys à Sainct Loup lez Orléans, que avoient faicte et tenoient les Anglois, ennemys du roy nostre dit seigneur. Et y furent prins et mors plus de six vingtz Anglois.

Et le samedi ensuivant, après l'Ascension de Nostre Seigneur, VII° jour dudict mois de may, et aussi par grace de Nostre Seigneur, et aussi comme par miracle le plus évident qui ad ce a esté apparu puis la Passion, à l'aide desdictes gens du roy et de ladicte ville d'Orléans, fut levé le siège que lesdiz Anglois avoient mis ès Thorelles du bout du pont d'Orléans, ou costé de la Sauloigne, qui furent prinses par effort et assault le XII° jour du mois d'octobre précédent et derrenier passé. Et furent mors et prins environ IIII^c Anglois qui gardoient lesdictes Thorelles : ad ce présent ladicte Pucelle qui conduit la besoigne, armée de toutes pièces.

Et les dimanche et lundy ensuivant, lesditz Anglois s'en allèrent de Sainct Poire où ilz avoient faict une forte bastille qu'ilz appeloient Paris, et d'une autre bastille enprès qu'ilz appeloient la Tour de Londres ; du Pressoir Ars qu'ilz nommoient Rouen, où ilz avoient fait forte bastille ; de Sainct Lorens où ilz avoient fait faire plusieurs forteresses et bastilles ; et toutes icelles forteresses et bastilles closes à deux parts de fossés et d'une... à l'entour.

Signé : Guillaume GIRAULT.

(Extrait des minutes de Me Fauchon, notaire à Orléans, qui les a mises gracieusement à notre disposition : qu'il reçoive ici tous nos remerciements.)

PRISES DE MEUNG ET DE BAUGENCY.
BATAILLE DE PATAY (1)

Grâce aux bons soins de notre Perceval [de Boulainvilliers], il nous a été apporté sûres nouvelles tant par écrit que verbalement et aussi par certaines lettres que nous avons reçues de La Hire. Ledit Perceval a même été le témoin oculaire de quelques-uns des faits qu'il nous a racontés.

Et d'abord on a pris d'assaut Jargeau, où cinq cents combattants du côté des Anglais ont été occis. Le comte de Suffolk et La Poule son frère ont été faits prisonniers par le bâtard d'Orléans; un autre frère dudit comte a été occis.

La Pucelle s'est éloignée d'Orléans le mercredi quatorzième jour de juin pour mettre le siège devant

---

(1) Ce document est tiré de la *Revue Bleue*, t. XLIX, 1ᵉʳ semestre, p. 203, où se trouve exposée par M. Siméon Luce l'origine de cette pièce.

le château de Meung, où étaient le seigneur de Scales et autres jusqu'au nombre de six cents combattants, en sa compagnie notre cousin d'Alençon et notre frère de Vendôme, tous deux capitaines de l'ost, le maréchal de Sainte-Sévère, l'amiral de France, les seigneurs de Laval et de Rais, le bâtard d'Orléans, La Hire et autres seigneurs et capitaines en grand nombre, lesquels avisèrent que mieux serait de marcher sur Baugency et d'assiéger ladite forteresse ; et ainsi firent-ils et au lendemain y mirent le siège. Talbot avait évacué ladite forteresse la nuit précédente pour réunir ses gens et livrer bataille aux nôtres, et telle était l'ardeur des siens et la confiance qu'ils avaient en leurs forces que, les nôtres eussent-ils été en triple nombre, ils en voulaient venir aux mains avec eux. Et lesdits Anglais, ayant ainsi réuni leurs forces, arrivèrent à former un corps d'armée de trois mille cinq cents combattants. A l'arrivée de nos gens, les Anglais, qui occupaient la forteresse de Baugency, se rendirent le samedi au lever du jour et promirent sous serment de ne se point armer pendant deux mois contre le roi. Richard Guéthin et Mathays, capitaines de la garnison, furent gardés comme otages ; et leurs soudoyers ayant vidé la place, se retirèrent dans la direction du Mans avec leurs chevaux et leurs harnois.

A leur départ de Baugency, les nôtres, apprenant que les Anglais, après avoir évacué le château de Meung, s'avançaient en bonne ordonnance et se préparaient au combat, en éprouvèrent une grande joie, car ils ne désiraient autre chose. Ils les poursuivirent dans la direction de Janville, jusqu'à un lieu nommé Saint-Sigismond et situé à deux lieues de Patay. C'est là que les ennemis, ayant choisi, pour livrer bataille, une position à leur convenance, descendirent de leurs chevaux et attendirent de pied ferme l'attaque de nos gens.

A l'avant-garde, de notre côté, se trouvaient le bâtard d'Orléans et le maréchal de Sainte-Sévère. Poton et Arnault Guilhem étaient les gardiens de ladite avant-garde. Après venaient les archers et les arbalétriers formant le principal corps d'armée, qui comptait, parmi ses chefs, monseigneur d'Alençon, monseigneur de Vendôme et le connétable de France, arrivé de la veille. La Hire était chargé particulièrement de la direction de ce corps d'armée dans les rangs duquel combattaient la plupart des capitaines mercenaires et des seigneurs.

L'arrière-garde marchait sous les ordres de la Pucelle, de Graville, grand maître des arbalétriers, des seigneurs de Laval, de Rais et de Saint-Gilles, accompagnés d'autres chefs de guerre en fort grand nombre. Toute cette masse d'hommes, fantassins et cavaliers, s'écoulait précipitamment et un peu pêle-mêle, tant on craignait de ne point arriver à temps pour joindre l'ennemi.

Notre avant-garde vint donner contre les archers anglais, qui ne tardèrent pas à fuir en désordre, lorsqu'ils eurent vu tomber, à la suite de ce premier choc, quatorze cents combattants; puis, ces fuyards s'étant ralliés revinrent pour rétablir le combat au nombre de huit cents fantassins; mais ils furent mis en déroute et taillés en pièces par notre principal corps d'armée. Il s'ensuivit un sauve-qui-peut général de la part des Anglais, auxquels nos gens se mirent alors à donner la chasse. Lorsque Talbot, fait prisonnier par La Hire et Poton de Xaintrailles, fut pris, il était à cheval, mais il ne portait point d'éperons, vu que lui et les autres chefs anglais s'étaient remis promptement en selle pour prendre la fuite.

Le seigneur de Scales est prisonnier de Girault de la Pallière, messire Jean Falstoff d'Arnault Guilhem, frère de La Hire, le seigneur de Hungerford du duc d'Alençon, Falconbridge d'Amadoc, autre frère de La Hire, messire Thomas Guevard de messire Theaude de Valpergue, Richard Spencer et Fitz-Walter dudit duc d'Alençon. Bref, les prisonniers sont au nombre de quinze cents.

En résumé, sur trois mille cinq cents Anglais, deux cents hommes d'armes à cheval, tout au plus, ont réussi à s'échapper, entre autres le traître Tassin Gaudin. On leur a sonné la chasse jusqu'à Janville. Les habitants ont fermé leurs portes aux fuyards et en ont occis un grand nombre ; puis ils se sont rendus au roi et ont apporté les clefs de la place à la Pucelle.

. . . .

Donné le vingt-quatrième jour de juillet, l'an du Seigneur mil quatre cent vingt et neuf.

RÉCIT ABRÉGÉ DU SIÉGE

ET ÉTABLISSEMENT DE LA PROCESSION ANNIVERSAIRE

DU 8 MAI

En l'an mil quatre cens et vingt et huit, les Anglois tindrent leur conseil ou païs d'Angleterre et là fut ordonné que le conte de Salebery descendroit ou païs de France pour conquerre les païs de monseigneur d'Orléans, lequel ilz tenoient prisonnier dès l'an quatre cens et quinze, et avoit esté pris par eulx et fait prisonnier à une journée qui fut Agincourt, en laquel journée il fut pris et plusieurs autres seigneurs de France. Audit conte de Sallebery fut baillé de six à sept mille Anglois combatens. Et lors mondit seigneur d'Orléans averti de ces choses, considérant le dommage et destruction qu'il doubtoit advenir en ses terres et seigneuries au moyen de la dicte entreprise et mission dudit conte de Salebery, voulant obvier ad ce de son pouvoir, se adressa audit conte de Salebery et lui recommanda sa terre: lequel Salebery luy promist que il la supporteroit, et moyennant ce, lui promist mondit seigneur d'Orléans six mille escuz d'or, c'est assavoir de luy raïmbre (1) ung joyau qu'il avoit en France. Et de tout ce, ledit conte de Salebery n'en tint riens ; aussi il luy en prist mal, comme vous en orrez (2), car Dieu l'en punit.

Ledit conte de Salebery, pour accomplir sa mauvaise voulunté, non obstant la promesse par luy faicte à mon dit seigneur d'Orléans, descendit ou païs de Normendie, tint sa rotte (3) droit à Chartres, et prist Nogent le Roy et se retira jusques à Yenville en Beausse, et là mist le siège, et de fait prist iceluy lieu d'Yenville d'assault. Et ce voyans, ceux de Meung sur Loire trouvèrent moyen et se rendirent sans coup férir. Et puis alla mettre le siège devant Boisgency et devant Jargueau et là se rendirent. Et cependant vint iceluy conte de Salebery piller le lieu et esglise de Nostre Dame de Cléry, dont il fist très mal, car pour iceluy temps, il n'y avoit homme d'armes qui y osast riens prendre qu'il n'en fust incontinant puny, comme chachun scet.

L'an dessusdit, le treiziesme jour d'octobre (4), arriva ledit conte de Salebery ou Portereau d'Orléans et fut posé le siége ; et la nuyt fut brûlé et abatu le moutier des Augustins, ad ce que iceulx Anglois ne se logeassent léans (5). Et ne demoura guères que il Salebery donna assault au dit Portereau, c'est assavoir

(1) Rendre.
(2) Entendrez.
(3) Route.
(4) Le mardi 12 octobre, d'après le *Journal du Siège*.
(5) En cet endroit.

au boloart du bout du pont, lequel n'estoit fait que de fagos; et dura de quatre à cinq heures, et là fut bleciĉ monseigneur de Saintrailles et Guillaume de la Chapelle, qui estoient capitaines ; et y eut telle deffence qu'ilz ne peurent riens faire ce dit jour. Et puis après copèrent (1) ledit boloart par dessoulz et ainsi fut advisé qu'il estoit expédiant de l'abendonner.

Et le dimanche en après fut donné l'assault aux Torelles devers le matin, et à icelle heure ne firent riens. Et en iceluy jour, environ deux heures après midi, Sallebery donna l'assault et de fait prist les dictes Torelles, car il n'y avoit homme d'armes qui se osast tenir pour la force des bombardes et canons que iceulx Anglois gettoient. Et quant ilz les eurent prises, ledit conte de Sallebery monta au plus hault et se mist à une fenestre qui estoit devers la ville, pour veoir le pont qui estoit très bien armé, et, à ceste heure, vint ung canon de la ville, lequel frappa par la teste ledit conte de Sallebery, qui fut l'avancement de sa mort. Et aucuns dient que ledit canon partit de Saint Anthoine, les autres dient qu'il partit de la tour Nostre Dame, et qu'il y eut un jeune paige qui jecta ledit canon ; et, qu'il soit ainsi, le canonnier, qui avoit la charge de ladicte tour, trouva ledit paige qui s'enfuyoit. Et aussi estoit ce assez raisonnable, veu et considéré que iceluy conte de Sallebery avoit, comme dit est devant, pillée ladicte esglise et Nostre Dame de Cléry, que par elle il en fust puny. Ledit conte de Sallebery ainsi heurté et frappé dudit canon, fut porté

---

(1) Coupèrent.

à Meung sur Loire par aucun desdits Anglois et là morut.

Et voyant ce, les capitaines dudit siège levèrent une partie de leur siège, et laissèrent de cinq à six mille combatens ausdictes Torelles et se retreyrent (1) à Paris, qui pour lors estoit Anglois et ordonnèrent ung nommé Tallebot à estre leur chef. Et, les féries de Noël, vindrent devers Saint Loup pour mettre le siège. Et ce pendant, ceulx de la ville abbatirent toutes les esglises et maisons des forsbourgs, qui fut une grande consolacion (2) pour ladicte ville d'Orléans à l'encontre desdiz Anglois.

Environ quaresme prenant, nouvelles vindrent que monseigneur de Bourbon venoit pour secourir ladicte ville d'Orléans ; et arriva iceluy monseigneur de Bourbon, avec luy monseigneur de Toars et plusieurs autres seigneurs ; et tindrent conseil entre eulx, et fut advisé que l'on iroit au devant de leurs vivres, c'est assavoir desdits Anglois qui estoient partis de Paris. Et ainsi se partirent nos gens dudit Orléans, et trouvèrent les Anglois environ Rouvray Saint Denis, qui est en Beausse, et estoient noz gens contre iceulx Anglois six contre ung ; mais la fortune fut telle, et en demoura environ trois cens de noz gens ; et là fut blecié monseigneur de Dunois et fut tué le connestable d'Escosse. Et ce partit monseigneur de Bourbon et plusieurs autres seigneurs et chefs de guerre de la journée, et arrivèrent à Orléans environ mynuit et entrèrent à icelle heure, et là furent neuf jours estans tous effraiés

(1) Se retirèrent.
(2) Le ms. de S. Pétersbourg dit conservation.

de la journée qu'ilz avoient perdue, tellement que quant ilz veirent les Anglois venir au siège, homme ne les povoit faire issir hors de la ville. Et ce, voyans les bourgeois de la ville que leurs vivres diminuoient fort, vindrent devers monseigneur de Bourbon et devers monseigneur de Touars leur faire requerir qu'ilz les envoyassent hors ; et ainsi s'en partirent.

En iceluy temps, Dieu, de sa saincte grace et miséricorde, envoya une voix à une fille pucelle, nommée Jehanne, laquelle gardoit les bestes aulx champs ès païs de environ Vaulcoulour, qui est près de Laurraine, disant que Dieu lui commandoit qu'elle se préparast pour aller lever le siège de devant Orléans, et qu'elle menast le roy Charles coronner. Ainsi la dicte Jehanne se adressa au seigneur dudit Vaucoulour, et luy nota ces choses, qui luy fut une grant merveille ; et se prépara pour admener ladicte Pucelle devers le roy, qui pour lors estoit à Chinon. Et elle, venue devers le roy, fut examinée de plusieurs évesques et seigneurs en plain conseil ; et en tout son fait ne fut trouvé que tout bien. Lors on luy fist faire ung harnois complect et aussi une estandart, et eut licence d'estre habillée comme ung homme.

Cependant vindrent nouvelles à Orléans de la dicte Jehanne, [laquelle lors vulgairement on appelait Jehanne] (1) la Pucelle, de quoy furent bien esmerveillés ceulx de ladicte ville d'Orléans ; et de prime face cuidoient que ce ne fust que une desrision, non obstant

---

(1) Ce qui ici et ailleurs est entre crochets ne se trouve pas dans le ms. de S.-Pétersbourg.

qu'ilz avoient grande confiance en Dieu et au bon droit du Roy et de leur seigneur, lequel estoit prisonnier, comme avez ouy cy devant ; et leur corage s'en escrut de la moitié.

Et environ la fin d'avril, fut baillé à la dicte Jehanne, monseigneur de Rais, mareschal de France, et plusieurs autres capitaines, et aussi des communes des païs d'à bas, et luy fut ordonné d'amener vivres et artillerie, et vindrent par la Saulogne, et passèrent par Olivet ou près, et arrivèrent jusques à l'isle aux Bourdons qui est devant Chéci. Et saichans ceulx d'Orléans que elle venoit furent très joyeulx et firent habiller challans à puissance ; et estoit lors la rivière à plain chantier, et aussi le vent, qui estoit contraire, se tourna d'aval, et tellement que un chalen menoit deux ou trois chalens, qui estoit une chose merveilleuse et failloit dire que ce fust miracle de Dieu. Et passèrent par devant les bastilles des Anglois et arrivèrent à leur port, et là chargèrent leurs vivres, et puis passa la rivière la dicte Pucelle. Et là estoient présens monseigneur de Dunois, La Hire et plusieurs aultres seigneurs, et vindrent par devant la bastille de Saint Loup, où estoient les Anglois.

Arriva à Orléans ladicte Pucelle et fut logée près de la Porte Regnart, et de son logis povoit veoir tout le siège. Et est assavoir que ceulx de la ville d'Orléans estoient bien joyeulx. Et cependant monseigneur de Rais et les autres capitaines qui la dicte Pucelle avoient amenée, retournèrent à Blois quérir des autres vivres. Et elle estant audit Orléans, elle alla par deux ou trois fois sommer les Anglois qu'ils s'en allassent en leur païs et que le roy du ciel le leur mandoit ; à laquelle ilz dirent plusieurs injures et entre les autres Glacidas, auquel la dicte Pucelle respondit qu'il mentoit de ce qu'il luy disoit, et qu'il en mourroit sans seigner. Ainsi fust il, comme sera déclairé cy après. Et prenoit icelle Jehanne la Pucelle en bonne pacience les injures que luy cuidoient dire et faire lesdiz Anglois. Et après s'en alla à l'église Saincte Croix, et là parla à messire Jehan de Mascon, docteur, qui estoit ung très sage homme, lequel luy dist : Ma fille, estes vous venue pour lever le siège ? A quoy elle respondit : En nom Dé, dist elle, ouy. — Ma fille, dist le sage homme, ilz sont fors et bien fortifflés et sera une grant chose à les mectre hors. — Respondit la Pucelle : Il n'est riens impossible à la puissance de Dieu. — Et en toute la ville ne fist honneur à autre.

Et le mercredi, quatriesme jour de may, l'an vingt et neuf, partit la dicte Pucelle pour aller au devant des autres vivres que amenoit le sire de Rais, et allèrent avec elle tous les capitaines [et là estoient monseigneur de Dunois, La Hire, messire Florent d'Illiers, le baron de Colonches] jusques en la forest d'Orléans, et failloit passer au plus près de la bastille des dits Anglois, nommée Paris. Et quant ceulx de la ville les veirent venir, saillirent au devant pour les recepvoir à grant joye ; et eulx venus audit Orléans prinrent leur réfection et puis vindrent en l'hostel de la ville requérir habillemens de guerre, comme coulevrines, arbalestes, eschelles et autres habillemens ; et partirent pour aller à Saint Loup. Et en iceluy jour fut pris d'assault la bastille du dit Saint Loup ; et là estoient de six à sept vings Anglois combatens. Et ce voyans les autres Anglois, c'est assavoir ledit Tallebot et les autres capitaines des Anglois, issirent de leurs bastilles cinq à six estandars pour cuider lever le siège du dit Saint Loup jusques près du pavé de Fleury, entre ledit Saint Loup et leurs dictes bastilles, en belle bataille ; et à celle heure, tout homme yssit hors Orléans, pour aller enclore lesdits Anglois ; mais ce voyans se retrairent à grant haste en leurs bastilles. Et avoient de dix à unze bastilles, dont la première estoient les Torelles, les Augustins, Saint Jehan le Blanc, celle du Champ Saint Privé, et celle de l'isle Charlemaigne, Saint Lorent, et Londres, le Pressoir Ars, Paris et Saint Loup.

Item, le cinquiesme may qui estoit le jour feste de l'Ascencion Nostre Seigneur, homme ne fist guerre, car la dicte Pucelle ne le vouloit pas et chacun reposa en Dieu.

Item, le vendredi, sixiesme jour dudit may, la dicte Pucelle passa la rivière de Loire et tous les dits seigneurs et gens d'armes, aussi communes, et vindrent devant le Portereau ; et voyans les seigneurs qu'il n'estoit pas possible de les prandre, se retrairent une partie en une isle qui est devant Saint Jehan le Blanc ; et demoura derrière la Pucelle et aussi monseigneur de Dunois, les mareschaulx de France et La Hire. Et ce voyans, les Anglois issirent hors à bel estandart desploié et venoient sur noz gens frapper. Et quant noz gens veirent ce, se retournèrent à l'encontre et les repossèrent jusques dedans leurs bastilles, et prirent les Augustins de bel assault ; et ceux qui estoient en l'isle retraiz ne demandoient nulz chalans pour venir au dit assault, car ilz passoient à gué tous armez, estant jusques aux aisselles en l'eau, et là demeurèrent toute nuyt. Et ce, voyans les dits seigneurs que la dicte Pucelle estoit fort folée (1), la menèrent en la ville pour soy refreschir; et fut crié que chacun portast des vivres au dit siège et aussi que chacun gouvernast les paiges et chevaulx des hommes d'armes qui estoient hors. Aussi fist on par toute la ville.

Item en celle nuyt, cuidèrent passer la rivière les dits Anglois au droit de la bastille du Champ Saint Privé, et estoient en deux ou trois chalans; mais ilz furent si effrayés que il s'en noya beaucoup; et qu'il soit ainsi, depuis on a trouvé de leur harnois en la dicte rivière.

Et quant fut le samedi, septième dudit may, fut tenu conseil en la ville et fut requis de par les bourgeois à la dicte Pucelle que elle voulsist accomplir la charge que elle avoit de par Dieu et aussi du roy, et ad ce fust emeue et s'en partit. Monta à cheval et dist : En nom Dé, je le feray, et qui me aimera si me suyve. Les dits seigneurs allèrent avec elle, passèrent la rivière, furent menez vivres et artillerie et vindrent si près que dès le matin fut donné l'assault par elle ausdictes Torelles. Et devers ceulx de la ville aussi firent pons pour assaillir, car il y avoit trois arches rompues avant que on peust joindre ausdictes Torelles; et fut une merveilleuse chose de faire les pons, car ilz avoient faiz grans boloars fors et avan-

(1) Foulée, lasse, fatiguée.

taigeux; mais, en tout ce, Dieu ouvroit (1); car, quant ung homme venoit pour besoigner ausdits pons, il estoit ouvrier ainsi que s'il eust acoustumé toute sa vie. Ceulx de la ville chargèrent ung grand chalen plain de fagotz, d'os de cheval, savates, souffre et toutes les plus puentes choses que on sceut finer (2), et fut mené entre les Torelles et le boloart, et là fust boté (3) le feu, qui leur fist ung grand grief; et à venir joindre, lesdits Anglois avoient des meilleurs canons du royaulme; mais ung homme eust aussi fort getté une bole comme la pierre povoit aller d'iceulx canons, qui estoit un bel miracle.

Item, quant vint environ quatre heures après midi, aucuns chevaliers veirent ung colon blanc voler par sus l'estandart de ladicte Pucelle, et incontinent elle dit: Dedans, enffens. En nom Dé, ilz sont nostres. Et oncques on ne veit grouée (4) d'oisillons eulx parquer sur ung buisson comme chacun monta contre le dit boloart. Et ce voyant ledit Clacidas, qui estoit chef, avec luy de vingt à trente hommes, cheurent de dessus le pont dedans la rivière, car ilz avoient copé ledit pont pour cuider tromper noz gens; et là fut accompli la prophétie que on avoit [faict] audit Glacidas, c'est assavoir la Pucelle, qu'il mourroit sans seigner, aussi fist-il, car il se noya et plusieurs autres, et furent prises lesdites Torelles, et plusieurs seigneurs, comme le sire de Poains, le sire de Molins; et estoient léans

(1) Travallait, du latin *operari*.
(2) Trouver.
(3) Mis.
(4) Nuée.

de cinq à six cens combatans et gens d'élitte, car ilz estoient si obstinez qu'ilz ne creignoient pour quinze jours toute la puissance de France ne d'Angleterre. Et si la dicte Pucelle faisoit son devoir, ceulx de la ville le faisoient de devers la ville, tant par terre que par eaux. Et les amena on audit Orléans deux à deux tous prisonniers, ceulx qui ne furent tués.

Item, quant vint le dimanche, huitiesme dudit may, les autres bastilles tindrent conseil et se partirent au plus matin ; et là estoit ledit Tallebot, et se misdrent sur les champs. Et ce voyans, ceulx de la ville yssirent hors à toute puissance avec ladicte Pucelle pour leur courir sus ; mais elle dit que on les laissast aller, et non pour tant que chacun estoit en bataille tant d'un costé comme d'autre; et prist on entre les deux batailles leurs bombardes et artillerie ; mais la dicte Pucelle avec les seigneurs feirent retraire tous leurs gens, et là fut faicte une haulte grande louange à Dieu, en criant Noël. Et en la compaignie avoit plusieurs prestres et gens d'église qui chantoient belles ympnes ; et dist ladite Pucelle que chacun allast oyr messe. Et ne doubtez pas se audit Orléans chacun faisoit grant joye, tant ès églises comme en appert, pour le grant don que Dieu leur avoit fait.

Item, ne demoura guères que les dits seigneurs emmenèrent la dicte Pucelle devers le roi Charles, qui estoit à Tours, et considérez quelle récepcion on leur fist ; et remercia Dieu le roy si haultement, et aussi monseigneur de Dunois et les mareschaulx et La Hire, et tous les autres capitaines qui luy avoient tenu compaignie. Ledit Tallebot demoura à Meung, à Boisgency et à Jargueau et à Yenville et aussi tous ses gens. Et ne demoura guères que le duc d'Alenson vint avec ladite Pucelle, et fut mis le siège devant Jargueau, auquel estoit le conte de Chifort, avec luy plusieurs capitaines d'Anglois et estoient léans de six à sept cens combatens, et ne demoura que deux jours qu'ils ne feussent pris de bel assault ; et Dieu scet si ceulx d'Orléans se faignoient à mener artillerie et gens et aussi vivres. Et puis après vindrent par devant Meung sur Loire où estoit Tallebot et toute sa puissance ; mais il n'osa frapper sur noz gens, car il estoit tout esperdu. Puis vindrent noz gens mectre le siège devant Boisgency, et là se trouva monseigneur le connestable de France et prisrent composicion les Anglois qui léans estoient, et s'en allèrent audit Tallebot. Et à la poursuite se trouvèrent près de Pastoy nos gens contre ledit Tallebot, et là fut pris et furent tuez environ quatre mille Anglois lesquieulz se estoient tous retraiz avec ledit Tallebot. Et ce dit jour se rendit Yenville et plusieurs autres forteresses ; et qui eust voulu poursuir, on eust chassé les dits Anglois jusques à la mer, veu le courage que chacun avoit, car ung François eust abatu dix Anglois ; non pour tant il n'y eut point de forse d'omme, mais tout procédoit de Dieu, auquel louange appartient et non à aultre.

Item, ce voyant monseigneur l'évesque d'Orléans avec tout le clergié, et aussi par le moyen et ordonnance de monseigneur de Dunois, frère de monseigneur le duc d'Orléans, avec le conseil d'iceluy, et aussi les bourgeois manans et habitans dudit Orléans, fut ordonné estre faicte une procession le huitiesme dudit may, et que chacun y portast une lumière, et que on iroit jusques aux Augustins, et partout où avoient esté le estour (1), on y feroit stacions et service propice en chacun lieu, et oroisons, et les douze procureurs de la ville auroient chacun ung sierge en leur main où seroient les armes de la ville, et qu'il en demourroit quatre à Sainte Croix, quatre à Saint Evurtre et quatre à Saint Aignan [et aussi que ledit jour seroient dictes vigilles audit Saint Aignan] et le landemain messe pour les trespassés, et là seroit offert pain et vin, et chacun procureur huit deniers parisis à l'offrande ; et seroient portées les chasses des églises, en espécial celle de monseigneur Saint Aignan, celle de monseigneur Saint Evurtre, lesquieulx furent moyens et protecteurs de ladicte cité et ville d'Orléans ; car en iceluy temps fut récité par aucun des Anglois, estans pour lors audit siège, avoir veu durant iceluy siège deux prélas en abbit pontifical aller et circuir (2) en cheminant par sus les murs de ladicte ville d'Orléans. Aussi autrefoiz ont esté gardes ou protecteurs lesdits sains monseigneur saint Evurtre et monseigneur saint Aignan de ladicte ville d'Orléans, au temps que vindrent devant icelle les mécréans ; car à la prière et requeste d'iceulx sains faicte envers Dieu, ladicte ville fut préservée des mains desdits mescréans, et en approchant à icelle, comme raconte l'istoire, furent tous évuglez (3) ad ce qu'ilz n'eurent puissance de mal faire à la dicte ville entre cy et Saint Loup.

(1) Combat.
(2) Aller et venir.
(3) Aveuglés. Ce serait l'origine du mot Orbette, nom donné à un

On ne peult trop louer Dieu et les sains, car tout ce qui a esté fait, ce a esté tout par la grâce de Dieu ; ainsi donc on doit avoir grant dévocion à ladicte procession, mesmement ceulx de ladicte ville d'Orléans, attendu que ceulx de Bourges en Berry en font solempnité, mais ils prennent le dimenche après l'Ascencion [car celuy an estoit le dimenche de ladicte Ascencion] (1). Et aussi plusieurs autres villes en font solempnité, car si Orléans fust cheu entre les mains desditz Anglois, le demourant du royaulme eust esté fort blécié. Et pour tant en recognoissant tousiours la grant grâce laquelle Dieu a voulu faire et demonstrer en ladicte ville d'Orléans, en la gardant des mains de ses ennemis, soit continuée et non pas délaissée ladicte saincte et dévote procession, sans cheoir en ingratitude, car par icelle viennent beaucoup de maulx. Chacun est tenu d'aller à ladicte procession et porter luminaire ardant en sa main. On revient autour de la ville, c'est assavoir par devant l'église Nostre Dame de Saint Pol, et là fait on grande louenge à Nostre Dame, et de là à Sainte Croix, et le sermon là, et la

quartier du faubourg Bourgogne. « Iceux infidelles devindrent tous aweugles et furent desconfiz et depuis, pour cette raison, le lieu s'appelle l'Orbete. » Manuscrit 891 de la reine Christine, cité dans les Extraits des manuscrits, t. XXXIII, p. 75.

(1) Dimanche après l'Ascension. — « En 1428, le Chapitre de Bourges fit, pendant une semaine, des processions pour la ville d'Orléans assiégée. La procession de la Pucelle fut fondée, en 1429, par Charles VII, en actions de grâces dues au Très-Haut, en mémoire de la vierge de la France, qui a fait des choses admirables contre les Anglais. » (*Histoire des chapitres de Saint-Etienne de Bourges*, par le baron de Girardot, publiée dans les *Mémoires de la Société archéologique de l'Orléanais*, t. II. p. 83).

messe après, et aussi, comme dessus, les vigilles audit Saint Aignan, et, le lendemain, messe pour les trespassez.

Et pour ce, soit ung chacun averti de louer et de remercier Dieu, car, par aventure, il y a pour le présent de jeunes gens qui à grant paine pourroient ilz croire ceste chose ainsi advenue ; mais croiez que c'est chose vraye et bien grant grâce de Dieu ; car, durant ledit siège, oncques n'y eut aucune division entre les gens d'armes et ceulx de la ville, non obstant que par avant ilz se entre hayoient comme chiens et chas ; mais quant ilz furent avec ceulx de la ville, ils estoient comme frères, et aussi ceulx de la ville ne leur faisoient avoir aucune nécessité ou souffreté à leur pouvoir, en quelque manière que ce fust. Et par le bon service que ont fait les manans et habitans de ladicte ville d'Orléans, sont et seront en la bonne grâce du roy, lequel leur a de fait montré et monstre de jour en jour, comme il appert par la teneur des beaulx privileiges lesquieulx il leur a donné.

EXTRAICT *du compte de* M⁰ Hémon RAGUIER, *trésorier des guerres du Roy nostre sire, depuis le* 1ᵉʳ *mars* 1424 *jusques au dernier septembre* 1433, *rendu par* Charles RAGUIER, *son fils, et* Louis RAGUIER, *conseiller en la Cour du Parlement, aussi son fils, en l'an* 1441.

LE FAICT DE L'ADVITAILLEMENT ET SECOURS SUR LES ANGLOIS DE LA VILLE D'ORLIENS.

I. — Aux capitaines et chiefs de guerre cy après nommez, la somme de dix neuf cens quatre vingt dix neuf escus d'or, et trois mil cent vingt quatre livres quinze sols tournois qui, ou mois de septembre mil quatre cens vingt huit, du commandement et ordonnance de Mons. de Gaucourt, chevalier, leur a esté payée et baillée ès villes d'Orliens et de Chinon.

C'est assavoir :

A Estienne de Vignolles, dit La Hire, pour le payement des gens d'armes qu'il avoit en sa compagnie en la dite ville d'Orliens et ès ville et chastel de Chasteaudun, et pour la despense que faire luy avoit convenu à estre venu de la dite ville d'Orliens devers le Roy en la dite ville de Chinon, et aussi pour le payement de cinq hommes d'armes et six archiers qui l'ont conduit du dit lieu de Chinon ou dit lieu d'Orliens où le dit seigneur l'envoya pour l'entretenement des gens d'armes illec, la somme de cl escus d'or et cxiiij l. tourn.

A Poton, seigneur de Sainterailles, escuier, sur le payement de luy, de quarante six hommes d'armes et six archiers de la compagnie de luy et du dict La Hire, estans ou service du dit seigneur en la dicte ville d'Orliens, ij^c iiij^{xx} escus et ij^c xlvij l. tourn.

A Messire Jehan de Lesgo, chevalier, sur le payement de ses gens, l l. tourn.

A Pierre d'Augy, escuier, tant pour sa personne comme pour le payement de quinze hommes d'armes et quatre archiers, xliij escus et lij l. tourn.

A Messire Raymon, seigneur de Villars, chevalier, tant pour le payement de quarante neuf hommes et vingt un archiers de sa compagnie, comme pour le payement de vingt six hommes d'armes et dix hommes de traict de la compagnie de Bernard de Comminge, estant au service du dict seigneur en la dicte ville d'Orliens, cliij escus et iiij^c liij l. xv s. tourn.

A Oudet de Rivière, escuier, sur le paiement d'un mois de quarante hommes d'armes et de quarante hommes de traict estans en sa compaignie en la ville de Chasteaudun, cl escus.

A Galobre de Panassac, escuier, sur le payement de

ses gens qu'il avoit semblablement à Chasteaudun en frontière, c escus et c l. tourn.

A Jehan Pol, escuier de la compagnie du dict Galobre, qui luy a esté baillié des dits gens pour et ou nom du dict Galobre, xl l. tourn.

A Girault de la Paillière, sur le paiement de quinze hommes d'armes estans à Orliens, xxiiij escus et xxxviij l. tourn.

Au sire de Coraze sur le payement de quinze hommes d'armes et neuf hommes de traict estans au dict Orliens, xxxij escus et l s. tourn.

Au sire de Graville, sur le payement de cinquante cinq hommes d'armes et quarante cinq hommes de traict, ij^e xxxij l. x s. tourn.

A Messire Macias d'Archiac, chevalier, sur le payement de luy, dix hommes et huit archiers, xvj escus et xx l. tourn.

A Jehan de Héraumont, escuier, sur le paiement des gens d'armes estans à Suly, l escus.

A Jehan Girard, escuier, sur le paiement de ses gens estans à Baugency, et pour vivres pour mettre dedans le dict Baugency, c l. tourn.

A Denis de Saint Savin, sur le payement de luy et de ses gens estans à Baugency, xxx escus.

A Pierre Cheure, semblablement xxx escus.

A Raymonet le Borgne et Antoine le Cloux, pour semblable cause, l escus.

A Henry Pemnarch, escuier, pour luy aider à soy habiller et récompenser de la perte qu'il avoit faite en la prise d'Ienville où il avoit esté assiegé, la somme de xx escus.

A Messire Jehan Wischard, chevalier du pays d'Escoce, sur le payement de lui et de quarante huit hommes d'armes et cent cinq archers de sa compagnie, ij^c l escus et xx l. xv s. tourn.

A lui, pour deux plattes et une cappeline qui luy furent délivrées à Blois, xxxix escus.

A luy, que le dict seigneur lui a donné pour acheter un cheval pour sa personne, c l. tourn.

A Thomas Blar, escuier du pays d'Escosse, pour le payement de vingt hommes d'armes et vingt neuf archiers, lxvij escus et lv s. tourn.

A Alexandre Norwil, escuier du dit pays d'Escosse, pour le payement de quinze hommes d'armes et vingt neuf archiers, xlvj escus et viij l. tourn.

A David Malleville, escuier du dit pays, pour le payement de douze hommes d'armes et vingt huit archiers, xl escus et viij l. tourn.

A Messire Thomas Houston, chevalier du dict pays d'Escosse, pour le payement de vingt deux hommes d'armes et de soixante et onze archiers, la somme de cxiij escus et xxj l. tourn.

A Henry Galoys, escuier du dit pays, pour et au nom de Guillaume Hameton, d'iceluy pays, pour le payement de dix hommes d'armes et trente archiers, lxij escus et xxx s. tourn.

A Douard de Linaux, escuier du dict pays d'Escosse, pour le payement de luy, quarante deux hommes d'armes et cviij archiers, iij^c xxiij l. tourn.

A Pierre de la Chapelle, escuier, pour le payement de seize hommes d'armes et dix archiers estans à Orléans, iiij^{xx} xix escus et xl l. tourn.

Au commandeur de Giresme, sur le paiement de quinze hommes d'armes et dix archiers estans à Orléans, lx escus et c l. tourn.

A Mons. Guillaume de Labret, sur le paiement de ses gens, l escus.

A Mons. de Sainte Sévère, mareschal de France, sur le payement de luy et des gens d'armes et de traict et de sa compaignie, v^c l. tourn.

A Mess. Loys de Culant, admiral de France, sur le payement de luy et des gens d'armes et de traict de sa compaignie, v^c l. t.

Et à Mons. de Conflans, pour luy aider à supporter les frais et despens que faire luy avoit convenu, à estre venu de Mouzon par devers le dict seigneur en sa dicte ville de Chinon, pour aucunes choses touchans le bien de luy et de sa seigneurie et de la ville du dict Mouzon, la somme de l escus.

Comme il appert par lettres patentes du Roy, nostre dict seigneur, données à Chinon le dernier jour du mois de septembre, l'an mil quatre cent vingt huit dessus dict, pour ce par vertu des dictes lettres et quittances cy rendues, la dicte somme de xix^c iiij^{xx} xix escus d'or et iij^m cxxiiij l. xv s. tourn.

II. — Aux personnes cy après nommées de l'ordonnance de Mons. de Gaucourt, du mois de septembre 1428 :

A Guillaume Charron, marchand d'Orléans, pour vente de clxx lances ferrées, au prix de x sous, lxx l. tourn.

Au dict Guillaume, pour xxvj livres de poudre à canon, x l. tourn.

A Jacques Lesbahy, pour vente de deux arbalestres d'if de Romens, xv l. tourn.

A Philippot Boulard, pour une arbalestre d'acier, vj l. tourn.

A Renaud Brune, pour vente d'une chinoch à tendre arbalestre, iv l. tourn.

A l'Estandart de Milly, pour vente d'une cuirasse baillée à Prégent de Coitivi lorsqu'il alla à Yenville, xx escus d'or.

Et pour perte faitte en xiv marcs de vaisselle acheptée à Orléans, au prix de viij escus le marc, pour bailler aux gens d'armes estans illec; et elle ne leur a esté baillée que pour vij escus le marc, xiv escus.

III. — A messire Raoul, seigneur de Gaucourt, chevalier, conseiller et chambellan du Roy, nostre sire, la somme de douze cens quatre vingt treize livres cinq sous tournois qui, du commandement et ordonnance du Roy, nostre dict seigneur, dès le mois d'octobre l'an mil quatre cens vingt huit, a esté baillée et délivrée par le dict trésorier au dict chevalier pour porter en la ville d'Orliens et distribuer illec aux personnes cy après nommées, estans en icelle ville pour résister et faire guerre aux anciens ennemis et adversaires du dict seigneur, les Anglois, tenant le siège devant la dicte ville;

C'est assavoir:

Au sire de Villars, Poton de Sainterailles, La Hire et Pierre de la Chapelle, vij^c l. tourn.

Au dict sire de Villars, pour sa personne, la somme de iiij^{xx} l. tourn.

A Mess. Rigault de Fontaines, chevalier, la somme de xx l. tourn.

A Mons. le Bastard d'Orliens, pour despense par luy faicte à Chinon, Selles et Romorentin, à venir par devers le dict seigneur du dict lieu de Orliens, ix^{xx} xiij l. v s. tourn.

A ung certain messaige secret pour aucunes choses et entreprises secrettes qui touchoient le bien d'icelluy seigneur et de son royaume, pour cent escus, ij^c l. tourn.

Et au dict Mons. de Gaucourt, pour plusieurs despenses par luy faites en plusieurs messaigeries, chevaucheries et autrement, c l. tourn.

Comme il appert par lettres patentes du Roy, nostre dict seigneur, données à Chinon le onziesme jour de février ou dict an mil quatre cent vingt huit. Pour ce, par vertu des dictes lettres et quittances de mon dict seigneur de Gaucourt, cy rendues, la dicte somme de xij^c iiij^{xx} xiij l. v s. tourn.

IV. — A Messire Jehan Wischart, chevalier du pays d'Escosse, capitaine de certain nombre de gens d'armes et de traict du dict pays, la somme de trois cent soixante dix livres tournois qui, du commandement et ordonnance du Roy nostre sire, luy a esté payée et bailliée par le dict trésorier, tant pour sa personne comme pour départir à ceux de sa compaignie et les entretenir au service du dict seigneur, à diverses fois et lieux et en la manière qui s'ensuit. C'est assavoir :

ou mois d'octobre mil quatre cens vingt huit, en la ville de Chinon, vingt livres tournois ; en la ville de Tours, en ce temps, cinquante livres tournois, et qui luy fut envoyé par le dict trésorier ou mois de novembre en suivant de la ville de Loches à Orliens où il estoit, et depuis fut à la garde, seurté et défense d'icelle ville à l'encontre des anciens ennemis du Roy, nostre dict seigneur, les Anglois, trois cens livres tournois, comme il appert par lettres patentes du dict seigneur, données au dict lieu de Chinon le onziesme jour de février, l'an dessus dict mil quatre cens vingt huit. Pour ce, par vertu des dictes lettres et quittances cy rendues, la dicte somme de iij^e lxx l. tourn.

V. — A Oudet, seigneur de Verduzan, et Pierre de Fontenil, escuiers, la somme de cent cinquante livres tournois que le Roy nostre sire, par ses lettres patentes données à Chinon le pénultième jour d'octobre l'an mil quatre cens vingt huit, a mandé estre bailliée et délivrée par le dict trésorier aux dicts escuiers, pour semblable somme qu'ils ont affirmé avoir distribuée et départie en la ville de Blois, aux capitaines des gens d'armes et de traict des compagnies de Mess. le Bastard d'Orliens, le mareschal de Sainte Sévère, de M. de Bueil, de Mess. Jacques de Chabannes, chevalier, et de Estienne de Vignolles, dict La Hire, pour contenter aucunement les dicts lieutenants des frais et despens que faire leur conviendroit pour le faict des dicts gens d'armes en les faisant tirer oultre, pour aller et entrer en la ville d'Orliens, et aussi pour conseiller et exhorter à leurs dicts compaignons que, non obstant le petit payement que on leur faisoit, ils ne laissassent pas à aller dedans la ville d'Orliens. Pour ce, par vertu des dictes lettres et quittances cy rendues, la dicte somme de cl l. tourn.

Aux capitaines et chiefs de guerre cy après nommez, la somme de deux mil trois cent cinquante deux livres tournois qui, du commandement du Roy nostre sire, a esté bailliée et délivrée par le dict trésorier, en la ville de Chinon, à Pierre de Fontenil, et laquelle il a affirmé et relaté au dict seigneur avoir portée, du dict lieu de Chinon à Blois, et ilec icelle distribuée et départie, pour et au nom du dict trésorier, aus dicts capitaines et chiefs de guerre, pour le payement d'eulx et des gens d'armes et de traict de leurs compaignies et pour les estats de leurs personnes, lesquels étoient allez et entrez en la ville d'Orliens pour y servir le dict seigneur à l'encontre des Anglois, ses anciens ennemis et adversaires y tenans le siège de l'un des costez.

C'est assavoir :

A Mons. le Bastard d'Orliens, 12 hommes d'armes et sept hommes de traict, et pour son estat, clv l. tourn.

A Mons. de Sainte Sévère, mareschal de France, cinquante hommes d'armes et cinquante hommes de traict, et pour son estat, v^c l l. tourn.

A M. de Bueil, 15 hommes d'armes, clv l. tourn.

A Mess. Jacques de Chabannes, chevalier, mareschal de Bourbonnois, pour six vingts hommes d'armes et six vingts hommes de traict, et pour son estat, xiij^c xx l. tourn.

Et à Estienne de Vignolles, dit La Hire, pour vingt un hommes d'armes, une trompette et six hommes de traict, viij^{xx} xij l. tourn.

Comme il appert par lettres patentes du Roy nostre dict seigneur, données à Chinon le penultiesme jour d'octobre l'an mil 428, et pour ce, par vertu des dictes lettres et quittances cy renduës, la dicte somme de deux mil trois cens cinquante deux livres tournois, cy ij^m iij^c lij l. tourn.

VI. — A Pierre de Fontenil, escuier, la somme de cent quatre livres tournois que le Roy nostre sire, par ses lettres patentes données à Chinon le penultiesme jour d'octobre l'an mil quatre cens vingt huit, a mandé estre baillée et délivrée par le dict trésorier au dict escuier. C'est assavoir : soixante quinze livres tournois pour le voyage, salaire et despens de lui, ses gens, de quatre archers du pays d'Escoce et d'un chevaucheur de l'escuirie du dict seigneur, en sa compaignie, pour avoir mené et conduit seurement, du dict lieu de Chinon en la ville de Blois, la somme de deux mil cinq cens livres tournois qui, par l'ordonnance du dict seigneur, y fut envoiée par le dict Fontenil pour estre par lui distribuée, pour et au nom du dict trésorier, aux gens d'armes et de traict des compaignies de Mons. le Bastard d'Orliens, du sire Sainte Sévère, mareschal de France, du sire de Bueil, de Messire Jacques de Chabanes, chevalier, mareschal de Bourbonnois, et de Estienne de Vignolles, dict La Hire, qui allèrent et entrèrent en la ville d'Orliens pour y servir le dict seigneur à l'encontre des Anglois y tenans le siège de l'un des costez, et pour leur avoir distribuée icelle somme en la dicte ville de Blois, et aussi avoir esté avec eulx et en leur compaignie en la dicte ville d'Orliens et retourné devers le dict seigneur en la dicte ville de Chinon, et vingt neuf livres tournois qu'il a affermé à icelluy seigneur avoir distribuée et départie. C'est assavoir : à Maistre Jehan de Jondoigne, cirurgien pour aller au dict Orliens appareiller les bleciez, dix livres tournois ; à Hérault, pour aller semblablement au dict Orliens, sept livres tournois ; à Bichete, pour chose semblable, quarante sols tournois ; et à une guide, pour avoir amené jour et nuit le dict Fontenil d'Orliens à Tours, et pour soy en retourner au dict Orliens, dix livres tournois. Pour ce, par vertu des dictes lettres et quittances cy renduës, la dicte somme de c iiij l. tourn.

VII. — A messire Jehan, seigneur de Graville, chevalier, conseiller et chambellan du Roy nostre sire, et maistre des arbalestriers de France, la somme de cent livres tournois qui, dès le mois d'octobre l'an mil quatre cens vingt huit, luy a esté paiée et baillée du commandement et ordonnance du Roy nostre dict seigneur, par le dict trésorier, pour défraier, lui et aucuns gentilshommes de sa compaignie, des frais, missions et despens que faire leur avoit convenu en venant au dict temps, de la ville d'Orléans en la ville de Chinon, par devers le dict seigneur pour lui dire et exposer aucunes choses touchant la conservation et défense de la dicte ville en son obéissance, à l'encontre de ses anciens ennemis et adversaires les

Anglois, estans devant icelle, comme il appert par lettres patentes du dict seigneur, données au dict lieu de Chinon le onziesme jour de février l'an dessus dict mil quatre cens vingt huit. Pour ce, par vertu des dictes lettres et quittances cy renduës, la dicte somme de c. l. tourn.

VIII. — Aux capitaines et chiefs de guerre cy après nommez, la somme de trois cens quatre vingts dix escus d'or qui, dès le mois d'octobre l'an mil quatre cens et vingt huit, leur a esté, du commandement et ordonnance du Roy nostre sire, paiée et baillée par le dict trésorier.

C'est assavoir :

A Messire Jehan de Lesgo, chevalier, c escus.

A Messire Loys de Vaucourt, aussi chevalier, la somme de xx escus.

A Regnault Daridel et Jehan de Héraumont, à chacun dix escus, valent la somme de xx escus.

A Girault de la Paillière, lx escus.

Et à Thibault de Termes, escuier, ix^{xx} x escus.

Tant pour leurs personnes comme pour assembler ensemble aucuns des mieux à cheval de leurs compaignies et les faire tirer vers la ville d'Orliens à certaine entreprise secrete touchant le bien, seurté et deffense de la dicte ville, qui estoit nouvellement lors advisée par aucuns autres capitaines estans au service du dict seigneur en la frontière de la rivière de Loire, et aussi pour aider ausdicts capitaines à entretenir leurs gens au service d'iceluy seigneur, comme il appert par lettres patentes du dict seigneur, données à Chinon

le onziesme jour de février l'an dessus dict mil quatre
cens vingt huit. Pour ce, par vertu des dictes lettres
et quittances des dessus dicts cy rendues, la dicte
somme de iij^c iiij^{xx} x escus.

IX. — A Messire Jehan de Lesgo, chevalier, et Thibault de Termes, escuier, capitaines de gens d'armes
et de traict, la somme de douze cens livres tournois ;
c'est assavoir : à chacun d'eux, six cens livres tournois, que le Roy nostre sire, par ses lettres patentes
données à Chinon le septiesme jour de novembre l'an
mil quatre cens vingt huit, a mandé leur estre baillée
et délivrée par le dict trésorier, pour le payement et
entretenement de leurs gens estans en leur compaignie
ou service du dict seigneur, à l'encontre des Anglois
ses anciens ennemis, estans lors devant la ville d'Orliens. Pour ce, par vertu des dictes lettres et quittances
cy rendues, la dicte somme de xij^c l. tourn.

X. — A Estienne de Vignolles, dict La Hire, la somme
de cent escus d'or et huit cens vingt cinq livres
tournois qui, du commandement et ordonnance du
Roy nostre sire, a esté baillée et délivrée par le dict
trésorier au dict La Hire, à plusieurs fois et en divers
lieux. C'est assavoir : à Chinon, ou mois de novembre
mil quatre cens vingt et huit, cent escus, pour deffrayer lui et aucuns autres gentilshommes qu'il avoit
amenez en sa compaignie, de la ville d'Orléans au dict
lieu de Chinon, pour remonstrer au dict seigneur et
faire sçavoir l'estat de la dicte ville et d'aucunes places
et forteresses d'environ, des frais et despens que ou dict

voyage faire leur avoit convenu, tant en venant par devers le dict seigneur comme séjournant en attendant son bon plaisir et ordonnance sur les choses à lui, de leur part, dictes et remonstrées, et aussi en retournant au dict lieu d'Orliens, et huit cens vingt cinq livres tournois, ou dict temps, à lui baillez et délivrez à Tours, et par lui fait emporter en sa compaignie pour départir et distribuer à plusieurs capitaines, tant de la dicte ville d'Orléans comme d'aucunes places voisines, pour les mener et conduire à certaine entreprise secrete, faite par le dict La Hire à l'encontre des Anglois, anciens ennemis du dict Seigneur, comme il appert par lettres patentes d'icelluy Seigneur, données au dict lieu de Chinon le onziesme jour de février l'an dessus dict mil quatre cens vingt huit. Pour ce, par vertu des dictes lettres et quittances cy rendues, la dicte somme de c escus d'or et viij^c xxv l. tourn.

XI. — Aux seigneurs, capitaines et chiefs de guerre cy après nommez, la somme de six mil cinquante livres tournois, pour trois mil vingt cinq escus d'or, qui, dès le mois de novembre mil quatre cens vingt huit, du commandement et ordonnance du Roy nostre sire, leur a esté paiée et baillée en la ville d'Orliens par le dict trésorier, par les mains de Pierre de Fontenil, escuier d'escuirie du dict Seigneur, auquel icellui Seigneur avoit fait payer et délivrer la dicte somme de trois mil vingt cinq escus d'or par le dict trésorier, en la ville de Chinon pour icelle porter au dict lieu d'Orliens, lors dès piéça assiegiée par les Anglois, anciens ennemis et adversaires du dict Seigneur, et icelle iler distribuer par son ordonnance ausdictz seigneurs, capitaines et chiefs de guerre estans au service d'icelui Seigneur, dedans la dicte ville d'Orliens, pour résister à la dampnable entreprise des dictz ennemis, pour distribuer et départir à leurs gens, ainsi qu'ils verroient estre à faire, pour leur aider à supporter les grans charge et despenses que faire leur convenoit, en la dicte ville d'Orliens, à la garde, tuition et défense d'icelle contre les dicts ennemis.

C'est assavoir :

A Mons. le Bastard d'Orliens, sur le payement de quarante neuf hommes d'armes, iij^c iiij^{xx} xij l. tourn.

A Mons. de Sainte Sévère, mareschal de France, tant sur son estat que sur le payement de quatre vingts six paies d'hommes d'armes et de traict, la somme de ix^c xxxij l. tourn.

A Mess. Jacques de Chabanes, chevalier, mareschal de Bourbonnois, tant sur son estat que sur le paiement de neuf vingts quatorze payes d'hommes d'armes et de traict, m viij^c xij l. t.

A Poton, s^r de Sainterailles, et Estienne de Vignolles, dict La Hire, escuyers, tant sur leurs estats que sur le payement de cinquante neuf payes, la somme de v^c xij l. tourn.

A M. de Coarase, chevalier, sur son estat et payement de vingt et une payes, clxxx l. tourn.

A Mess. Raymon, s^r de Villars, chevalier, sur son estat et payement de 74 payes, vj^c lxv l. tourn.

A Girault, seigneur de la Paillière, sur son estat et payement de vingt deux payes, ix^{xx} xj l. tourn.

A Messire Jehan, seigneur de Bueil, chevalier, sur

son estat et payement de vingt payes, la somme de ix^{xx} l. tourn.

A Mess. Guillaume de Chaumont, chevalier, s^{gr} de Quittry, sur son estat et payement de vingt deux payes, ix^{xx} xij l. t.

A Bernard de Comminge, escuier, sur son estat et payement de vingt quatre payes, ij^c xij l. tourn.

A Pierre de Beauvoir, escuier, tant sur son estat que sur le payement de dix huit payes, vij^{xx} xiiij l. t.

A Frère Nicole, commandeur de Giresme, sur son estat et payement de seize payes, vij^{xx} xix l. tourn.

A Mess. Macias d'Archiac, chevalier, sur son estat et payement de dix sept payes, vij^{xx} ix l. tourn.

A Mess. Jehan de Lesgo, chevalier, et Thibault de Termes, escuier, sur leurs estats et payemens de dix payes, iiij^{xx} x l. t.

Et audict Pierre de Fontenil, escuier, pour son voyage d'avoir mené et conduit de la dicte ville de Chinon en la dicte ville d'Orléans la dicte somme, icelle avoir distribuée par la manière que dict est dessus, et pour plusieurs despenses qu'il lui convint faire et payer ou dict voyage ij^c l. l. tourn.

Comme il appert par lettres patentes du Roy nostre dict seigneur, données au dict lieu de Chinon le onziesme jour de février l'an dessus dict mil quatre cens vingt huit. Pour ce, par vertu des dictes lettres et quittances cy renduës, lad. somme de vj^m l l. tourn.

XII. — Aux seigneurs, capitaines et chiefs de guerre cy après nommez, la somme de trois mil cent six livres tournois qui, dès les mois de décembre et janvier l'an mil quatre cens vingt huit, du commandement et ordonnance du Roy nostre sire, leur a été baillée et délivrée en la ville d'Orliens par le dict trésorier sur ce qui leur povoit estre deu de leurs estas, gaiges et souldoiemens, tant à eux que à leurs gens estans lors en la dicte ville d'Orliens, à la garde, tuition et défense d'icelle contre les Anglois, anciens ennemis et adversaires du dict Seigneur, tenans lors ilec devant le siege et pour les entretenir au service d'icelluy Seigneur.

C'est assavoir :

A Mess. Jehan de Brosse, sr de Sainte Sévère, chevalier, mareschal de France, sur le paiement de quatre vingt cinq payes d'hommes d'armes, iij^c lxxx l. tourn.

A Mons. le Bastard d'Orléans, pour soixante cinq payes, ij^c xvij l. tourn.

A Mess. Jacques de Chabanes, chevalier, mareschal de Bourbonnois, sur le paiement de deux cent onze payes d'hommes d'armes, vij^c lviij l. tourn.

A Mons. de Villars, sur le payement de soixante quinze payes, iij^c iiij^{xx} viij l. tourn.

A Thibault de Termes, pour sa personne et sur quatorze payes, lxxij l. tourn.

A Pierre de Bauvoir, pour sa personne et sur le payement de treize payes, lj l. tourn.

A Mess. Macias de Rechac, chevalier, sur son estat et payement de dix huit payes, lxiiij l. tourn.

A Mons. Guillaume de Chaumont, seigneur de Quittry, sur son estat et vingt et une payes, iiij^{xx} vij l. tourn.

A Mons. de Chaumont, pour treize payes, la somme de xxxix l. tourn.

A Mons. de Coarase, sur dix huit payes, lxiv l. tourn.

A Bernard de Comminge, sur vingt trois payes, lxix l. t.

A Girault de la Paillière, sur vingt et une payes, lxxiij l. tourn.

A David Malleville, capitaine Escossois, sur soixante payes, ij^c l. tourn.

A Poton de Sainterailles, sur le payement de quarante huit payes, clxxiv l. tourn.

A Baudrain Touze, escuier, qui estoit prisonnier des Anglois, pour luy aider à payer sa finance, ij^c l. tourn.

A Mess. Guillaume de Sarnay chevalier, pour avoir esté de Chinon, avec les bourgeois d'Orliens, en Auvergne, par devers Mons. le comte de Clermont, luy dire de notifier certaines choses touchans le fait du dict siege et pourveoir sur le lièvement d'icelluy, lx l. tourn.

Et à Bouzon de Fages et Ferrando de Civile, pour avoir esté, ou dict mois de janvier, de la dicte ville d'Orliens par devers le Roy nostre dict Seigneur, à Chinon, de l'ordonnance des dessus dicts, touchant le paiement d'eulx et de leurs gens, et dire à icelluy seigneur aucunes choses à eulx enchargées par les dicts capitaines pour le bien de la dicte ville, sur leur voyage et pour leur aider à eulx deffrayer et eulx en retourner en la dicte ville d'Orliens, à chascun 100 l. pour ce, ij^c l. tourn.

Comme il appert par lettres patentes du Roy nostre dict Seigneur, données à Mehun sur Yevre le 17ᵉ jour de décembre l'an 1428. Pour ce, par vertu des dictes lettres et quittances cy renduës, la dicte somme de iij^m c vj l. tourn.

XIII. — A Bouzon de Fages, escuier, bailly de Montargis, capitaine de gens d'armes et de traict, la somme de ij^c l. tourn. que le Roy nostre Sire, par ses lettres patentes données à Chinon le 15ᵉ jour de janvier 1428, a ordonné et mandé lui estre baillée et délivrée par le dict trésorier pour le récompenser de ses traveil, frais, missions et despens que faire lui avoit convenu et conviendroit, tant en venant de la ville d'Orléans à Chinon par devers le dict Seigneur luy informer de l'estat et gouvernement de la dicte ville et des gens d'armes et de traict estans illec departis à la garde et deffense d'icelle à l'encontre de ses anciens ennemis les Anglois, comme aussi en allant de son ordonnance du dict lieu de Chinon à Angiers par devers Mons. le comte de Vendosme, que naguères il y avoit envoyé pour poursuir et avancer le prest de huit mille livres tournois qu'il luy avoit chargié avoir pour luy en la dicte ville d'Angiers, pour les frais et affaires de la dicte ville d'Orliens, et aussi sejournant et besongnant ilec pour la dicte cause et pour soy en retourner au dict lieu d'Orliens. Et a mandé oultre, le dict Seigneur, la dicte somme estre rabatue de la recepte du dict Trésorier. Pour ce, par vertu des dictes lettres et quittances cy rendues, la dicte somme de ij^c l. tourn.

XIV. — Aux capitaines et chiefs de guerre cy aprez nommez, la somme de onze cens soixante dix livres tournois, que le Roy nostre Sire, par ses lettres patentes données à Chinon le quinziesme jour de janvier 1428, a mandé leur estre baillée et délivrée par le dict trésorier pour les récompenser et deffraier des frais, missions et despens que faire leur avoit convenu en venant, ou mois de décembre précédent, ou dict an, de la ville d'Orliens à Loches et à Chinon par devers lui, pour luy informer de l'estat de la dicte ville d'Orliens et des chiefs et capitaines de guerre estans ilec, et aussi de la conduite de ses anciens ennemis les Anglois, estans ilec devant et pour lui advertir d'aucunes choses touchans le bien de la ville et la conservation d'icelle sous son obéissance, et pour luy réquerir de paiements ausdicts chiefs et autres gens de guerre, et aussi pour avoir esté par son ordonnance du dict lieu de Chinon à Saumur par devers la Royne de Sécile poursuir certaine somme d'argent que, pour le fait de la dicte ville d'Orliens, aucuns officiers de la monnoie du dict seigneur et autres de la ville d'Angiers lui prestèrent lors, esquels voyages tant en attendant le dict prest, comme l'expédition et ordonnance d'icellui Seigneur et de son conseil sur la matière pour laquelle ils étoient venus devers lui, les dicts chiefs et capitaines bien accompaignez vacquèrent par l'espace de cinq sepmaines ou environ à grans despens.

C'est assavoir :

A Messire Raymon, seigneur de Villars, chevalier, iiij^c l. tourn.

A Messire Macias d'Arechac, chevalier, ij^c l. tourn.

A Poton, seigneur de Sainterailles, escuier, iij^c l. tourn.

A Ferrando de Civile, escuier du pays d'Espaigne, c l. tourn.

A Guiot des Champs et Perrot le Bouteiller, escuiers, vj^{xx} l. tourn.

Et à Asturgon.......... escuiers, l l. tourn.

Pour ce, par vertu dictes lettres et quittances cy renduës, la dicte somme de xj^c lxx l. tourn.

XV. — Aux seigneurs et capitaines cy après nommez, la somme de cinq mil cent trente livres tournois qui, dès le mois de janvier l'an mil quatre cens vingt huit, leur a esté paiée et baillée par le dict trésorier, du commandement et ordonnance du Roy nostre sire, pour le paiement et entretenement d'eulx et leurs gens estans lors en son service en la ville d'Orliens, pour la garde, tuition et defence d'icelle devant laquelle estoient les Anglois, anciens ennemis et adversaires du dict seigneur, pour icelle usurper et mettre en leur obéissance, et pour résister à la dampnable entreprinse des dicts ennemis, et aussi pour leur aider à supporter les grans frais, missions et despens que faire leur avoit convenu et convenoit à la dicte garde.

C'est assavoir :

A Mons. le Bastard d'Orliens, sur le payement de soixante dix hommes d'armes et de trente hommes de traict, v^c x l. tourn.

A Mons. de Sainte Sévère, mareschal de France, sur le paiement de cinquante hommes d'armes et de trente six de traict, vj^c viij l. tourn.

A Mess. Jacques de Chabanes et Théode de Walpergue, chevaliers, Denis de Chailly et Guillaume Madre, escuyers, sur le payement de dix huit hommes d'armes et six vingts douze hommes de traict, xiiij^c lvj l. tourn.

A Mons. de Coarase, chevalier, sur le payement de dix huit hommes d'armes et huit hommes de traict, vj^{xx} xij l. tourn.

A Ferrando de Civile, sur le payement de vingt six hommes d'armes et de quatorze hommes de traict, ix^{xx} xviij l. tourn.

A Mess. Jehan de Lesgo, chevalier, sur le payement de huit hommes d'armes, la somme de xlviij l. tourn.

A Mess. Guillaume de Chaumont, chevalier, s^r de Quittry, sur le payement de vingt hommes d'armes et huit hommes de traict, cxliv l. tourn.

A Mess. Macias de Rechac, chevalier, sur le paiement de dix sept hommes d'armes, la somme de c ij l. tourn.

A Bernard de Comminge, escuier, sur le payement de vingt cinq hommes d'armes et de dix hommes de traict, clxxx l. tourn.

A Girault de la Paillière, sur le payement de vingt hommes d'armes et huit hommes de traict, ij^e xliv l. tourn.

A Messire Raymon, seig^r de Villars, chevalier, sur le payement de vingt cinq hommes d'armes et de quinze hommes de traict, la somme de ix^{xx} xv l. tourn.

A Mess. Loys d'Abbencourt, chevalier, sur le payement de huit hommes d'armes, la somme de xlviij l. tourn.

A Pierre de Beauvoir, escuyer, sur le payement de douze hommes d'armes et de quatre hommes de traict, lxxxiv l. tourn.

A Poton, seign' de Sainterailles, escuier, sur le payement de trente cinq hommes d'armes et de douze hommes de traict, ij^c xlvj l. tourn.

A David Malleville, escuyer du pays d'Escoce, sur le payement de luy, de cinquante hommes d'armes et de trente deux hommes de traict, iiij^c lxvj l. tourn.

A Frère Nicole de Giresme, commandeur de la Croix, sur le payement de quatorze hommes d'armes et dix hommes de traict, cxiv l. tourn.

A Thibault de Termes, escuyer, sur le payement de dix hommes d'armes, lx l. tourn.

A Guiet des Champs, escuyer, sur le payement de dix hommes d'armes, lx. l. tourn.

A Bouzon de Fages, escuier, sur le payement de luy et de ses gens, c l. tourn.

Et au dict Mess. Theolde de Walpergue, chevalier, pour ung cheval qu'il avoit baillié et délivré par l'ordonnance des dessus dicts, au Bourg Garzat, en recompensation d'un autre cheval qui luy avoit esté tué sous luy devant les bastilles d'Orléans, cxxxv l. tourn.

Comme il appert par lettres patentes du Roy nostre sire, données à Mehun sur Yevre, le 17e jour de déc. 1428. Pour ce, par vertu des dictes lettres et quittances cy renduës, la dicte somme de v^m c xxx l. tourn.

XVI. — A Messire Patris d'Ogilby, vicomte d'Angus, ou pays d'Escoce, chevalier, conseiller et chambellan du Roy nostre sire, la somme de six cens livres tournois qui, ou mois de janvier 1428, du commandement et ordonnance du dict seigneur, luy a esté baillée et paiée par le dict trésorier pour luy aider à paier la despense de lui et de ses gens qu'il avoit faite en venant par devers le dict Seigneur qui l'avoit mandé venir pour certaine assemblée et entreprise qu'il avoit ordonnée estre faite sur ses anciens ennemis et adversaires les Anglois, qui tenoient le siège devant sa ville d'Orléans, et pour le secours et advitaillement d'icelle, comme il appert par lettres patentes d'iceluy seigneur données à Chinon le 26e jour du dict mois de janvier ou dict an 1428. Pour ce, par vertu des dictes lettres et quittances cy renduës, la dicte somme de vj° l. tourn.

XVII. — A Jehan de Barnaire, dit Cornillan, escuier, capitaine de gens d'armes et de traict, la somme de cent livres tournois qui, ou mois de janv. 1428, luy a esté payée et baillée par le dict trésorier, du commandement et ordonnance du Roy nostre sire, tant pour le deffraier d'estre venu de la ville d'Orliens, devant laquelle les Anglois, anciens ennemis et adversaires du dict Seigneur, tenoient le siège, par devers iceluy Seigneur en sa ville de Chinon, luy dire et exposer aucunes choses que aucuns ses chiefs de guerre et autres capitaines estans ou dict lieu d'Orliens lui avoient chargié dire ou dict seigneur pour le bien de la dicte ville et l'entretenement d'iceulx, comme pour luy aider à avoir du harnois à soy armer en lieu du sien qu'il avoit ung peu paravant perdu quant il fut prisonnier des diz Anglois, comme il appert par lettres patentes du dict seigneur, données à Chinon le 26ᵉ jour du dict mois de janvier ou dict an mil quatre cens vingt huit. Pour ce, par vertu des dictes lettres et quittances cy renduës, la dicte somme de c. l. tourn.

XVIII. — A Messire Hector de la Jaille, chevalier, conseiller et chambellan du Roy, nostre Sire, la somme de 500 livres tournois qui, ou mois de janvier l'an 1428, luy a esté baillée et délivrée par le dict trésorier, du commandement et ordonnance du dict Seigneur, sur le payement de luy et de certain nombre de gens d'armes et de traict qu'il avoit et tenoit en sa compaignie et service du dict Seigneur, et pour luy aider à aller avec plusieurs ses chiefs de guerre à l'encontre de ses anciens ennemis et adversaires les Anglois, estans lors devant sa ville d'Orliens, comme il appert par lettres patentes du dict Seigneur, données à Chinon le vingt sixiesme jour du dict mois l'an 1428. Pour ce, par vertu des dictes et quittances cy renduës, la dicte somme de vᶜ l. tourn.

XIX. — A Messire Jehan Stewart, chevalier, seigneur de Derule, connestable de l'armée d'Escosse, la somme de trois mil neuf cens livres tournois que le Roy nostre Sire, par ses lettres patentes données à Chinon le 30ᵉ jour de janv. l'an 1428, a mandé lui estre baillée et paiée par le dict trésorier, tant sur le payement de l'estat de sa personne que des gaiges de lui et des autres capitaines et gens d'armes et de traict de sa charge et compaignie que le dict seigneur luy avoit ordonné mander et assembler à toute haste et diligence, pour les faire tirer outre la rivière de Loire et eulx joindre avec les autres chiefs et capitaines de sa guerre à certaine entreprise par eulx advisée estre mise à exécution à l'encontre de ses anciens ennemis et adversaires d'Angleterre estans lors devant sa ville d'Orliens. Pour ce, par vertu des dictes lettres et quittances cy renduës, la dicte somme de iij^m ixe l. tourn.

XX. — A Messire Raymon, seigneur de Villars, chevalier, et Poton, seig^r de Sainterailles, escuier, capitaines de gens d'armes et de traict, la somme de 50 liv. tour. qui, ou mois de janv. 1428, du command^t et ordonnance du Roy nostre sire, leur a este baillée et délivrée par le dict trésorier, pour les deffrayer des despens qu'il a convenu de faire à eulx, leurs gens et chevaulx, en venant de la ville d'Orliens en la ville de Chinon, où ils vinrent lors par devers le dict Seigneur pour luy informer et certifier de l'estat et de la disposition de la dicte ville et des gens estans illec de par luy à la garde, seurté et défense d'icelle, à l'encontre de ses anciens ennemis les Anglois, séjournans illec, en attendant response et expédition de lui sur aucunes choses touchant le bien et défense de la dicte ville, et pour eulx en retourner ou dict lieu d'Orliens, comme il appert par lettres patentes du dict seigneur, données au dict lieu de Chinon, le 11° jour de février l'an dessus dict 1428. Pour ce, par vertu des dictes lettres et quittances cy renduës, la dicte somme de 1 l. tourn.

XXI. — Aux capitaines et chiefs de guerre cy aprez

nommez, la somme de 3750 l. tour., que le Roy, nostre sire, par ses lettres patentes données à Chinon le 4º jour de fév. l'an 1428, a ordonné estre baillée et payée par le dict trésorier aux dessus dicts, pour leur aider à assembler, ainsi qu'il leur avoit mandé faire, tout le plus grand nombre de gens d'armes et de traict que bonnement faire pourroient, et ou plus prestement les pourroient recouvrer et tirer hors de leurs maisons et hostels et amener en son service, pour avec d'autres secourir sa ville d'Orliens et contre ester à l'entreprise de ses anciens ennemis les Anglois, qui illec avoient assis et tenu et encore tenoient lors certaines bastides en entention de usurper et occuper sur sa seigneurie icelle ville, et aussi pour départir et distribuer, tant aux dessus dicts capitaines que aus dicts hommes d'armes et de traict que, ainsi que dict est, ils ameneroient en leur compaignie.

C'est assavoir :

A............, seigneur de Lymueil, escuier, la somme de xv^c l. tourn.

A Jehan de la Roche, escuier, ij^m vij^c l. tourn.

A Messire Loys du Doignon, chevalier, la somme de c l. tourn.

Et à Guillaume d'Estumes, escuier, cl. l. tourn.

Pour ce, par vertu des dictes lettres et quittances cy rendues, la dicte somme de iij^m vij^c l. l. tourn.

XXII. — A Maistre Jehan de Montesclere, canonier, demourant à Angiers, la somme de sept vingts escus d'or que le Roy nostre sire, par ses lettres pat. données à Chinon le 11º jour de févr. l'an 1428, a ordonné estre baillée et délivrée par le dict trésorier, et laquelle, dès le mois d'octobre précédent, ou dict an, qu'il le manda venir de la dicte ville d'Angiers par devers lui au dict lieu de Chinon, pour l'envoyer en la ville d'Orliens, le servir de son fait, industrie et mestier, à l'encontre de ses anciens ennemis les Anglois, qui illec devant avoient lors assis certaines bastides en intention de l'usurper sur lui et sa seigneurie, il lui promist et accorda donner son partement faire bailler et délivrer, lequel y alla et servit bien et grandement le dict seigneur, ainsi que depuis il fut et a esté soufisamment informé, comme il est contenu en ses dictes lettres. Pour ce, par vertu d'icelles lettres et quittances cy renduës, la dicte somme de vij^{xx} escus d'or.

XXIII. — A Messire Jehan de Rochechoüart, seig^r de Mortemar, chevalier, conseiller et chambellan du Roy nostre sire, la somme de cent livres tournois qui, dès le mois de mars 1428, avant Pasques, de l'ordonnance et commandement du dict seigneur, lui fut paiée et baillée par le dict trésorier, et tauxée par iceluy seigneur pour aler de son ordonnance en la ville de La Rochelle avancer 2,000 liv. tourn. sur la monnoie d'illec, pour le fait du secours d'Orliens, comme il appert par lettres pat. du dict seigneur, données à Chinon le 10e jour de may 1429.

Pour ce, par vertu d'icelles lettres et quittance cy rendues, la dicte somme de c l. t.

XXIV. — Aux seigneurs, chiefs et capitaines de

guerre cy aprez nommez, la somme de six mil deux cens soixante quatre livres dix sols tournois qui, dès la fin du mois de mars 1429, leur a esté payée et baillée par le dict trésorier, de l'ordonnance et commandement du dict seigneur, pour icelle distribuer et départir, tant à eulx et à leurs gens pour leur aider à eulx entretenir en son service en sa ville d'Orliens, pour la garde, tuition et défense d'icelle, et résister à ses anciens ennemis et adversaires les Anglois et dès longtemps paravant y tenans le siège, comme aussi pour les deffrayer de la despense que faire leur avoit convenu à conduire les vivres, advitaillemens et autres choses par lui en leur compaignie envoiées en sa dicte ville d'Orliens.

C'est assavoir :

A Mons. le Bastard d'Orliens, tant sur son estat que sur le payement de quarante neuf hommes d'armes et de vingt six hommes de traict, la somme de iiij^c xvj l. tourn.

A Jehan de Blanchefort, escuyer, lieutenant de Mons. de Sainte Sevère, mareschal de France, tant sur son estat et payement de soixante deux hommes d'armes et de quarante deux hommes de traict, v^c xl l. tourn.

A Mons. de Graville, maistre des arbalestriers de France, sur son estat et payement de soixante et un hommes d'armes et de trente quatre hommes de traict, v^c xliiij l. tourn.

A Denis de Chailly, escuier, sur son estat et payement de trente huit hommes d'armes et de trente hommes de traict, iij^c lxxiiij l. tourn.

A Morice de Meaulx, escuyer, lieutenant de Mess. Jehan Oulchart, chevalier, capitaine du pays d'Escoce, sur son estat et payement de vingt sept hommes d'armes et soixante neuf archers d'iceluy pays, j^c iiij^{xx} iiij l. tourn.

A Mess. Guillaume de Sarnay, chevalier, sur son estat et payement de onze hommes d'armes et de neuf hommes de traict, iij^c l. tourn.

A Guillaume Madre, escuier, sur son estat et payement de vingt deux hommes d'armes et huit hommes de traict, ij^c xxvj l. tourn.

Au sire de Coaraze, chevalier, sur son estat et payement de dix sept hommes d'armes et vingt deux hommes de traict, ij^c xxxvj l. tourn.

A Bernard de Comminge, escuier, sur son estat et payement de vingt quatre hommes d'armes et sept hommes de traict, ij^c xl l. tourn.

A Mess. Théolde de Walpergue, chevalier, sur son estat et payement de trente hommes d'armes et trente neuf hommes de traict, iij^c xlj l. tourn.

A Mess. Loye de Waucourt, chevalier, sur son estat et payement de cinq hommes d'armes et douze hommes de traict, viij^{xx} xviij l. x s. tourn.

A Poton de Sainterailles, escuier, sur son estat et payement de trente hommes d'armes et vingt huit hommes de traict, iij^c iiij^{xx} j l. tourn.

A Girault de la Paillière, escuyer, sur son estat et payement de vingt quatre hommes d'armes et huit hommes de traict, ij^c lxiv l. x s.

A Mess. Reymon, seign^r de Villars, chevalier, sur son estat et payement de cinquante deux hommes d'armes et de vingt neuf hommes de traict, v^c lvij l. tourn.

A Mess. Guillaume de Chaumont, chevalier, seig^r de Quittry, sur son estat et payement de dix sept hommes d'armes et de douze hommes de traict, viij^{xx} vj l. tourn.

A Thibault de Termes, escuyer, sur son estat et payement de neuf hommes d'armes et six hommes de traict, cxliv l. tourn.

A Mess. Jacques du Bois, chevalier, sur son estat et payement de quatorze hommes d'armes et 7 hommes de traict, cxviij l. t.

A Mess. Nicole de Giresme, chevalier, sur le payement de seize hommes d'armes et sept hommes de traict, cxxix l. tourn.

A Mess. Rigault de Fontaines, chevalier, pour luy aider à avoir ung cheval pour soy monter, ij^c l l. tourn.

A Maistre Jehan Jodoigne, cirurgien, pour acheter des ongnemens et autres médecines pour garir les malades ou dict lieu d'Orliens, xxx l. tourn.

A Martigny et Bichette, pour avoir poursuivy à Poitiers et fait diligence de la dicte somme distribuée cy dessus, pour leur despense, lx l. tourn.

Et à mon dict seigneur le Bastard d'Orliens, et à mon dict seigneur de Graville, oultre et par dessus ce qu'ilz ont en cy dessus, v^c lv livres x sols tour., laquelle (somme) a esté par eulx baillée et distribuée en la présence des capitaines dessus dicts en la dicte ville d'Orliens, à plusieurs personnes, gens de guerre et autres compaignons qui avoient été bleciez ou dict siege, avoient despendu du leur en la dicte ville et n'avoient de quoy vivre, pour ce, la dicte somme de v^e lxv l. x s. tourn.

Comme il appert par lettres patentes du dict seigneur, données à Chinon le 10e jour de may l'an 1429. Pour ce, par vertu d'icelles lettres et quittances cy renduës, la dicte somme de vj^m ij^c lxiiij l. x s. tourn.

XXV. — Aux seigneurs, chiefs et capitaines de guerre cy après nommez, la somme de xviij^c iiij^{xx} escus. et ij^c xxxiiij l. xv sols tourn., monnoie qui, dès le mois de mars 1428, avant Pasques, leur a esté payée et baillée, de l'ordonnance et commandement du Roy nostre sire, en sa ville d'Orliens, pour départir et distribuer à eulx et leurs gens estans en la dicte ville lors et dès long-temps paravant assiégée par les Anglois, anciens ennemis et adversaires du dict seigneur, pour leur aider à vivre, maintenir leur estat, soustenir les grans charges et despenses que faire leur convenoit en icelle ville, et pour l'entretenement d'eulx et de leurs dicts gens, à la garde, tuition et defense d'icelle contre les dicts Anglois.

C'est assavoir :

A Mons. le Bastard d'Orliens, tant sur son estat que sur le payement de cinquante huit hommes d'armes et vingt sept hommes de traict, la somme de clxxxv escus d'or et xxvij s. vj d. tourn.

A Mons. de Ste Sévère, mareschal de France, tant sur son estat que sur le payement de soixante et treize hommes d'armes et quarante quatre hommes de traict, ij^c lvij escus d'or et xxxix s. vj d. tourn.

A Messire Jehan, seigneur de Graville, chev^r, sur son estat et payement de soixante quatre hommes d'armes et vingt neuf hommes de traict, la somme de ix^{xx} xviij escus d'or et xl s. tourn.

A Denis de Chailly, escuyer, sur son estat et payement de trente sept hommes d'armes et trente sept hommes de traict, vj^{xx} xj escus d'or et xxxvij s. vj d. tourn.

A Mess. Guillaume de Serves, chevalier, pour onze hommes d'armes et douze hommes de traict, la somme de xl escus d'or.

A Guiot des Champs, escuier, sur le payement de huit hommes d'armes et neuf hommes de traict, la somme de xxix escus d'or et xvij s. tourn.

A Ferrando de Pierrebonne, pour dix sept hommes d'armes et neuf hommes de traict, l escus d'or et xxv s. tourn.

A Guillaume Madre, pour vingt trois hommes d'armes et vingt quatre hommes de traict, lxxxij escus d'or et xxv s. t.

A Messire Guillaume de Chaumont, chevalier, seigneur de Quittry, pour dix neuf hommes d'armes et quinze hommes de traict, lxij escus d'or et xv s. tourn.

A Messire Théode de Walpergue, chev^r, pour trente trois hommes d'armes et quarante et un hommes de traict, cxxv escus et xxxvj s. tourn.

A Bernard de Cominge, escuyer, pour vingt cinq hommes d'armes et dix hommes de traict, la somme de lxx escus d'or et xxv s. tourn.

A Mess. Nicole de Giresme, chevalier, commandeur de la Croix, pour dix sept hommes d'armes et six hommes de trait, xlvij escus et ij s. vj d. tourn.

A Mess. Loys de Waencourt, chevalier, pour cinq hommes d'armes et huit hommes de traict, xxj escus et vij s. vj d. tourn.

A Mess. Philippe de Culant, chev^r, pour xij hommes d'armes et v hommes de traict, xxxiv escus et v s. tourn.

A..... sire de Coaraze, chevalier, pour vingt un hommes d'armes et trente et un hommes de traict, lxxxv escus et xxxvij s. vj d. tourn.

A Girault de la Paillière, escuyer, pour vingt cinq hommes d'armes et six hommes de traict, lxv escus et xxxvij s. vj d. tourn.

A Poton, seig^r de Sainterailles, escuier, pour trente quatre hommes d'armes et vingt sept hommes de traict, cxj escus et xxxvij s. vj d. tourn.

A Maurice de Meaulx, escuyer, lieutenant de Messire Jehan Oulchart, chevalier, pour vingt cinq hommes d'armes et soixante h. de traict, cxxix escus et xvij s. vj d. tourn.

A Mess. Raymon, seign^r de Villars, chevalier, pour vingt huit hommes d'armes et treize hommes de traict, lxxxj escus et vij s. vj d. tourn.

A Thibault de Termes, escuyer, pour huit hommes d'armes et neuf hommes de traict, xxix escus.

A Mess. Jacques Du Bois, chev^r pour dix neuf hommes d'armes et six hommes de traict, lj escus et xxxij s. vj d. tourn.

A Yvon le Baillon et Baudrain Touze, pour leur voyage d'avoir esté de Blois à Orléans conduire l'argent dessus dict, lxl. tourn.

Et à maistre Jehan de Monsteiller, canonnier, sur ses gaiges, iv escus et xxx s. tourn.

Comme il appert par lettres pat. dudict seigneur, données à Mehun sur Yèvre le 17° jour de déc. l'an 1429. Pour ce, par vertu des dictes lettres et quittances cy rendués la dicte somme de xviij^c iiij^{xx} escus et ij^c xxxiiij l. xv s. tourn.

XXVI. — Aux capitaines et chiefs de guerre cy après nommez, la somme de 3,430 liv. 10 sols tourn., que le Roy nostre Sire, par ses lettres pat. données à Chinon le 27° jour d'avril, l'an 1429, a ordonné leur estre baillée et délivrée pour deffrayer eulx et les gens de leur compaignie, qu'il leur avoit mandé assembler ou plus grant nombre que faire pourroient, des frais et despens que faire leur conviendroit en partant de leurs garnisons et venant devers Mons. de Raiz, l'un des dicts chiefs, pour conduire et mener certaine grant quantité de vivres et habillemens de guerre que le dict Seigneur avoit ordonné estre conduis et menez en sa ville d'Orliens lors assiégée par ses anciens ennemis et adversaires les Anglois, pour l'advitaillement des habitans et autres estans en icelle ville et pour la défense d'elle, et aussi en eulx en retournant en leurs dictes garnisons.

C'est assavoir :

Au dit Mons. Giles, seigneur de Raiz, pour luy ayder à supporter les dicts frais et pour assembler les dicts capitaines et gens de guerre, et aussy pour le payement de xxv hommes d'armes et xj archers de sa compaignie, vij^c iiij^{xx} xv l. tourn.

A Gaultier de Brusac, escuyer, pour le payement de lxx hommes d'armes et lxx hommes de traict, à une fois vj^c lxxxvj l. v s. tourn., à une autre fois cent cinquante livres tourn., et à une autre fois cinquante six livres cinq sols tourn. Pour tout la somme de viij^c iiij^{xx} xij l. x s. tourn.

A Archades de la Tour, pour le paiement de xxvj hommes d'armes et xxvj hommes de traict, iij^c xxv l. tourn.

A Mess. Jehan Fouquaut, chev^r, pour le paiement de xxij hommes d'armes et vingt archiers, iij^c xxvij l. x s. tourn,

A Mess. Ambrois de Loré, chevalier, pour le payement de xxxij hom. d'armes et de xxxiij archiers, iiij^c lxiij l. x s. tourn.

A Robert le Feure, archier, pour le payement de luy et de trente huit autres archiers, la somme de vij^{xx} l. tourn.

A Thudual le Bourgois, escuier, pour le payement de xv hommes d'armes et de xj archiers, la somme de viij^{xx} iiij l. tourn.

Et à Bertrand de la Ferrière et au Bastard de Beaumanoir, escuiers, pour le payement de xxij hommes d'armes et de xxviij archiers, iij^c xxiij l. tourn.

Pour ce, par vertu des dictes lettres et quittances des dessus dicts cy renduës, lad. somme de iij^m iiij^c xxx l. x s. tourn.

XXVII. — Aux capitaines et chiefs de guerre cy apres nommez, la somme de neuf cents liv. tourn. qui, dès le mois d'avril 1429, après Pasques, leur a esté payée et baillée du commandement et ordonnance du Roy nostre Sire, pour deffrayer eulx et leurs gens des grans charges et despenses que faire leur avoit convenu avec et en la compaignie de plusieurs autres chiefs de guerre, capitaines de gens d'armes et de traict qui avoient conduit en la seconde fois les vivres et autres choses nécessaires en la ville d'Orliens pour l'advitaillement et fortification d'icelle, pour résister à l'entreprise des anciens ennemis et adversaires du dict Seigneur les Anglois, qui jà par longtemps avoient tenu le siège devant ladicte ville.

C'est assavoir :

A Gaston de Lesgo, escuier, sur le payement de xv hommes d'armes, et xv hommes de traict, à quatre frans par homme d'armes, et quarante s. tourn. par homme de traict, iiij^{xx} x l. t.

A Arnault Guillau de Bourg^{an}, escuier, sur le payement de xx hom. d'armes et xx hom. de traict, au dict feur, vj^{xx} l. tourn.

A Galardon de Gaulart, escuyer, sur le payement de xx hommes d'armes et xx hommes de traict, vj^{xx} l. tourn.

A Mess. Rigault de Fontaines, chevalier, sur le payement de quinze hommes d'armes et xv hommes de traict, au dict feur, iiij^{xx} x l. tourn.

A Alain Giron, escuyer, sur le paiement de xxx hommes d'armes et xxx hommes de traict, audict feur, ix^{xx} l. tourn.

A Mess. Loys de Waencourt, chevalier, sur le payement de x hommes d'armes et de x de traict. lx l. tourn.

A Bertrand de Toujouze, escuier, sur le payement de xx hommes d'armes et xx hommes de traict, vj^{xx} l. tourn.

A Jehan Girard, escuyer, sur le payement de xx hommes d'armes et ij de traict, vj^{xx} l. tourn.

Comme il appert par lettres patentes du Roy nostre dict Seigneur, données à Chinon le 10e jour de may l'an dessus dict 1429.

Pour ce, par vertu des dictes lettres et quittances cy rendues, ladicte somme de ix^c l. tourn.

XXVIII. — Aux capitaines de gens d'armes et de traict et autres personnes cy après nommées, la somme de iiij^c lxxv liv. tourn. et six vingts cinq escus d'or courans le dernier jour d'avril l'an 1429, qui du commandement et ornonnance du Roy nostre sire leur a esté payée et baillée par le dict trésorier.

C'est assavoir :

A Girault de la Pailliere, escuyer, capitaine de gens d'armes et de traict, sur le payement de ses gens et pour l'entretenement d'iceulx ou service du dict seigneur, la somme de ij^c iiij^{xx} l. tourn. et quarante écus.

A Mess. André, seign^r de Rambures, chev^r, capitaine de gens d'armes et de traict, p^r semblable cause, vj^{xx} l. tourn.

A Baudrain Touze, escuier, aussi capitaine de gens d'armes et de traict, pour pareille cause, la somme de xxv escus.

A Pierre le Beuf, escuyer, semblablement capitaine de gens d'armes et de traict, pour don à luy fait par le dict seigneur pour lui aider à avoir un cheval, la somme de lx escus.

Au Gastart, serviteur de Monsr le Bastard d'Orliens, pour son voyage d'estre venu devers le Roy nostre dit seigneur, de la ville d'Orliens à Chinon, luy apporter lettres de mon dict seign^r le Bastard, touchant le faict des Anglois estans devant icelle ville d'Orliens, 1 l. tourn.

A Maistre Jehan, le cirurgien, pour avoir des drogueries et oignemens, et aler du dict lieu de Chinon au dict lieu d'Orliens de l'ordonnance du Roy nostre dict Seigneur, saner et garir les bleciez estant illec, xxv l. tourn.

Comme il appert par lettres pat. du Roy, nostre dict Seigneur, données au dict lieu de Chinon, le dict dernier jour d'avril l'an dessus dict 1429. Pour ce, par vertu des dictes lettres et quittances cy renduës, lad. somme de iiij^c lxxv l. tourn., et vj^{xx} v escus.

XXIX. — Aux capitaines et chiefs de guerre cy après nommez, la somme de v^m vij^c xj livres tourn. qui, du commandement et ordonnance du Roy nostre Sire, leur a esté paiée et baillée par le dict trésorier ès mois d'avril et may 1429, pour deffrayer eulx et leurs gens des grans charges et despenses que faire leur avoit convenu avec et en la compaignie de plusieurs autres chiefs de guerre, capitaines de gens d'armes et de traict qui avoient conduit et mené en la seconde fois les vivres et autres choses nécessaires en la ville d'Orliens, pour l'advitaillement et fortification d'icelle, pour résister à l'entreprise des Anglois, anciens ennemis et adversaires du dict Seigneur, qui dès long temps paravant avoient tenu le siège devant ladicte ville.

C'est assavoir :

Au Vicomte d'Angus, du pays d'Escoce, sur le payement de lx hommes d'armes et iij° archers du dit pays, xiii° lxx l. t.

A Mons' de S¹° Sévère, Mareschal de France, sur son estat et payement de ses gens, la somme de vij° lxxx l. tourn.

A Mess. Fleurens d'Iliers, chevalier, sur le payement de lxxx hommes d'armes, de l hommes de traict et c piétons, vj° xx l. tourn.

A Estienne de Vignolles, dit La Hire, sur le payement de lxxx hommes d'armes et lx hommes de traict, vij° j l. tourn.

Au Bastard de la Marche, sur le payement de xxx hommes d'armes, xxx hommes de traict et lxxx piétons, iiij° xl l. tourn.

A Bernard de Bourg⁽ᵐ⁾, escuier, sur le payement de ses gens, xxx l. tourn.

A Alain Serly, escuier, sur le payement de luy et de ses gens, vj^{xx} l. tourn.

A Michel Norvil, escuier du pays d'Escoce, sur le payement de xx hom. d'armes et xxv hommes de traict, cxxx l. tourn.

A Maistre Jehan Criston, gouverneur de Chastillon, sur le payement de viij hommes d'armes et de xvj archiers du dict pays d'Escoce, xc l. tourn.

A Galobre de Panassac, escuier, sur le payement de lui et de ses gens, ix^{xx} l. tournois.

A Gonsalle Daric, sur le payement de lui et de ses gens, xlv l. tourn.

A Jehan Pot, sur le payement des gens de Mons. de Linières, xij l. tourn,

A Pierre Riffart et Jehan de Seignac, sur le payement d'eulx et de leurs gens, iiij^{xx} ij l. tourn.

A Charlot de la Pierre, sur le payement de xix hommes d'armes et x hommes de traict, iiij^{xx} xvj l. tourn.

A Mess. Jehan, seign^r de Bucil, chevalier, sur le payement de xxx hommes d'armes et xl hommes de traict, ij^c l. tourn.

A Mess. Pierre d'Amboise, seign^r de Chaumont, chevalier, sur le payement de lui et de ses gens, lx l. tourn.

A Guiot du Plecéis, sur le payement de vj archers, xij l. tourn.

A Jehan Maillet, sur le payement de xx compaignons, xxvj l. t.

A Pierre, Bastard de la Chasteigneraye, sur le payement de lui et de ses gens, xxx l. tourn.

A Mess. Anthoine, seign^r de Prie, chevalier, sur le payement de x hommes d'armes et de xx hommes de traict, iiij^{xx} l. tourn.

A Jehan Girard, escuyer, sur le payement de lui et de ses gens, xxx l. tourn.

A Jehan du Tessier, escuier, sur le payement de lui et de ses gens, xx l. tourn.

A Mess. Nicole de Giresmes, commandeur de la Croix, chevalier, et Roberton des Croix, escuyer, sur le payement de xij hommes d'armes, xij hommes de traict et xl piétons, vij^{xx} xij l. tourn.

A Loys, bastard de Harcourt, escuyer, sur le payement de lui et de ses gens, vij^{xx} l. tourn.

A Mess. Loys de Tremagon, chevalier, sur le payement de lui et de ses gens, xxx l. tourn.

A Mons. de Torcy et Anthoine de Flandre sur le payement de leurs gens, xx l. tourn.

A Mess. Raoul, seigr de Gaucourt, chevalier, sur le payement de lui et de ses gens, iijᶜ l. tourn.

A Jehan Hubert, pour sept trousses de flèches qu'il avoit acheptées pour bailler à aucuns archers du pays d'Escoce, qui avoient gasté leur traict contre les Anglois, xv l. tourn.

Comme il appert par lettres patentes du Roy nostre dict Seigneur, données à Chinon le dixiesme jour du dict mois de may l'an dessus dict mil quatre cens vingt neuf. Pour ce, par vertu des dictes lettres et quittances cy renduës, lad. somme de vᵐ vijᶜ xj l. tourn.

XXX. — Aux seigneurs, chiefs et capitaines cy après nommez, la somme de xviijᵐ vᶜ xxxiiij livres tour. qui, ès mois de may et juin 1429, leur a esté, du commandement et ordonnance du Roy nostre Sire, paiée et baillée par le dict trésorier sur le paiement d'eulx et de leurs gens, pour distribuer et départir entre eulx, et leur aider à supporter les grans charges et despenses que faire leur avoit convenu ou service du dict Seigneur à l'encontre de ses anciens ennemis et adversaires les Anglois en l'advitaillement de la ville d'Orliens, devant laquelle les ennemis avoient dès lors longuement tenu le siége, au liévement d'iceluy siége, en la recouvrance des villes et forteresses de Yenville, de Jargueau, de Mehun, de Baugency, et autres occupées par les dicts ennemis, en l'exil, deboutement et victoire eue par le dict seigneur sur les dicts ennemis ou dict mois de may, comme ou voyage et assemblée par icelluy seigneur faite à Reims pour le faict de son sacre et couronnement, dont les dicts seigneurs, chiefs et capitaines de guerre n'avoient eué pour eulx et leurs gens aucune recompensation de lui, ne paiement souflisant, considéré leurs services, estats, pensions, et le grant nombre de leurs gens et autres choses raisonnables à veoir et considérer.

C'est assavoir :

A Mons. le duc d'Alençon, ij^m c l. tourn.

A Mons. le comte de Vendosme, v^c l. tourn.

A Mons. d'Alebret, m cc l. tourn.

A Mons. le mareschal de Broce, ij^m ix^c xxv l. tourn.

A Mons. le mareschal de Raiz, iij^m vij^c lxx l. tourn.

A Mons. de Culant, admiral de France, la somme de xiiij^c l l. tourn.

A Mons. de Graville, maistre des arbalestriers de France, iij^c l l. tourn.

A Mess. Christofle de Harcourt, chevalier, v^c l. tourn.

A Mons. le comte de Laval, v^c x l. tourn.

A Mons. le Bastard d'Orleans, vj^{xx} l. tourn.

A Mons. le vicomte d'Estosse, tant pour lui que pour les capitaines et autres Escoz, iij^m viij^c xlix l. tourn.

A Mons. de Chauvigny, cl l. tourn.

A Mons. de Linières, l l. tourn.

A Mons. de Mailly, cl l. tourn.

A Mons. de Bueil, ij^c l. tourn.

A Mons. de Gaucourt, v^c xx l. tourn.

A Mons. de la Tour d'Anjou, c l l. tourn.

A Mons. le baron de Coutilly, xl l. tourn.

Comme il appert par lettres patentes du Roy nostre dict Seigneur, données ou chastel de Gyem sur Loire le 22ᵉ jour de septembre ou dict an 1429. Pour ce, par vertu des dictes lettres et quittances cy renduës, la dicte somme de xviijᵐ vᶜ xxxiiij l. t.

XXXI. — Aux capitaines et chiefs de guerre cy après nommez, la somme de iijᵐ viijᶜ xxxiij livres trois sols et neuf deniers tour. et cent trente trois escus d'or qui, ès mois de may et juing mil quatre cens 29, du commᵗ et ordonnance du Roy nostre Sire, leur a esté paiée et baillée par le dict trésorier, sur le payement d'eulx et de leurs gens, pour distribuer et départir entr'eulx pour leur aider à supporter les grans frais, charges et depenses que faire leur avoit convenu ou service du dict Seigneur, avec et en la compaignie de plusieurs seigneurs de son sang et lignaige, chiefs de guerre et autres barons, chevaliers, escuiers, et autres estans en son service, allencontre de ses anciens ennemis et adversaires les Anglois, en l'advitaillement de la ville d'Orliens, devant laquelle les dicts ennemis avoient longuement tenu le siège, au lièvement du dict siège, en la recouvrance des villes d'Yenville, Jargueau, Mehun, Baugency, et autres occupées par les dicts ennemis, en l'exil, déboutement et victoire que le dict Seigneur avoit eue sur iceulx ou dict mois de may, dont iceulx capitaines n'avoient eu pour eulx ne leurs dicts gens aucune recompensation ne payement soufisant, considéré leurs services, estats, le nombre de leurs gens et autres choses raisonnables à veoir et considérer.

C'est assavoir :

A Messire Raymon, seigʳ de Villars, chevalier, vᶜ lxxx l. t.

A Bouzon de Fages, escuyer, bailly de Montargis, c livres et cxxxiij escus.

A Messire Loys d'Abbencourt, chevalier, ij^e iiij^{xx} xiiij l. vij s. vj d. tourn.

A Messire Rigault de Fontaines, chevalier, la somme de iij^c xxj l. tourn.

A Alain Giron, escuier, iij^c xxx l. tourn.

A Jehan Girard, escuier, v^c xlix l. iiij s. ix d. tourn.

A Arnault Guillau de Bourg^{an} et Gaston de Lesgo, escuiers, m viij l. x s. tourn.

A Galardon de Goulart, escuiers, ccix^x iij l. x s. tourn.

A Jehan de Ferrières, escuier, vij^x v l. tourn.

A Jehan de Seignac, escuyer, viij^{xx} iij l. ij s. vj d. tourn.

A Bertran de Toujouze, escuyer, cc iij^x ij l. x s. tourn.

Au Bourg de Masqueran, escuyer, cc iiij^x vj. l. tourn.

A Thibault de Termes, escuier, vj^{xx} l. tourn.

A Mess. Théolde de Walpergue, chevalier, cv^x l. tourn.

A Mess. Jacques du Bois, chevalier, c l. tourn.

A Mess. Guillaume de Sarnes, chevalier, vj^x l. tourn.

A Mess. Jehan Fouquault, chevalier, xx l. tourn.

A Jehan de Neuville, escuier, vj^x l. tourn.

A Yvon du Puy, escuyer, l l. tourn.

A Pierre, sire de Gourdon, escuier, iiij^{xx} l. tourn.

Comme il appert par lettres patentes du dict seigneur, données au chastel de Gyem le 22e jour de sept. l'an dessus dict 1429. Pour ce, par vertu des dictes lettres et quittances cy renduës, la dicte somme de iiij^m viij^c xxxiij l. et c xxxij escus.

XXXII. — Aux capitaines et chiefs de guerre cy après nommez, la somme de ij^m vij^c xl l. x sols tour. qui, ès mois de may et juing 1429, du commandement et ordonnance du Roy nostre Sire, leur a esté paiée et baillée par le trésorier pour départir et distribuer entr'eulx par égale portion, sur le paiement d'eulx et leurs gens p^r leur aider à supporter les grans charges et despenses qu'ils avoient euës et soustenuës ou service du dict Seigneur avec et en la compaignie de plusieurs seigneurs, chiefs de guerre et autres capitaines en l'advitaillement de la ville d'Orléans, qui lors avoit esté longuement assiegée par les Anglois, anciens ennemis et adversaires du dict Seigneur, ou lièvement du dict siège, à la recouvrance de plusieurs places et forteresses d'ilec environ occupées par les dicts ennemis, en l'expulsion et victoire d'iceulx, que le dict Seigneur avoit euë sur eulx ou dict mois de may, et aussi pour iceulx entretenir en la compaignie et service du dict Seigneur ou voyage et armée que le dict Seigneur avoit lors nouvellement fait à Reims pour le fait de son sacre et couronnement ; et en le servant en ce que dict est ils avoient grandement frayé et despendu du leur, oultre et par dessus les paiemens qu'ils avoient euz d'icelluy Seigneur à ceste cause, pour eulx et leurs dicts gens, sans sur ce avoir eu aucune recompensation.

C'est assavoir :

A Durant des Barres, escuier, c ij^{xx} l. tourn.
Au commandeur de Giresme, ij^c vj^x iiij l. tourn.
A Pierre Paillier, xlij l. tourn.
A Bernard de Comminge, ij^c xliiij l. tourn.
A Jehan de Rouvesserelles, xxviij l. tourn.

A Guillaume Heusse, c xviij l. tourn.
A N..., capitaine de Beaumont le Bois, lvj l. tourn.
A Ferrando de Civile, ij˚ xij l. tourn.
A Jehan de Heraumont, cxxvij l. tourn.
A Bernard de Romessault, iiij^{xx} l. tourn.
Au Moyne de Tonnelerre, iiij^{xx} l. tourn.
A Hervé St Denis, ciiij^x j l. v s. tourn.
A Messire Denis de Chailly, iiij˚ l. tourn.
A Thibault de Cuise, iiij^{xx} j l. v s. tourn.
A Mess. Macias de Rechac, chevalier, c v^x l. tourn.
A Simon, Bastard de Longueval, c viiij^x v l. tourn.
A Raimonnet Coffineau, xxx l. tourn.
A Mess. Jehan de Brie, chevalier, c l l. tourn.
Et à Pierre Bessonneau, escuier, maistre de l'artillerie du dict seigneur, sur le paiement de 15 hom. d'armes et 30 hom. de traicts estans de sa compaignie à trois fois ès dicts mois, la somme de iij˚ xxxij l. tourn.

Comme il appert par lettres patentes du dict Seigneur, données ou chastel de Gyem sur Loire le 22˚ jour de septembre ou dict an 1429. Pour ce, par vertu des dictes lettres et quittances cy renduës, ladicte somme de ij^m vij˚ xl l. x s. tourn.

XXXIII. — Aux seigneurs, chiefs et capitaines cy après nommez, la somme de 400 escus d'or et xiiij^m iiij˚ lvij livres x sols tourn. qui, ès mois de may et juing 1429, du commandement et ordonnance du Roy nostre Sire, leur a esté paiée et baillée par le dict Trésorier sur le payement d'eulx et leurs gens, pour distribuer et départir entre eulx, pour leur aider à supporter les grans frais, charges et despenses que faire leur avoit convenu ou service du dit Seigneur, avec et en la compaignie de plusieurs seigneurs de son sang et lignaige, chiefs de guerre et autres barons, chevaliers et escuiers, estans en son service dessus dict, à l'encontre de ses anciens ennemis et adversaires les Anglois, en l'advitaillement de la ville d'Orliens, devant laquelle les dicts ennemis avoient très longuement tenu le siège, en la recouvrance des villes et forteresses d'Yenville, de Jargueau, Mehun, Baugency et autres occupées par lesdicts ennemis, en l'exil, déboutement et victoire que le dict Seigneur avoit eue sur iceulx ses ennemis ou dict mois de may, et aussi ou voyage et assemblée que ledict Seigneur avoit ung peu paravant faicte à Reims pour le faict de son sacre et couronnement, dont iceulx capitaines n'avoient eu pour eulx et leurs dicts gens aucune récompensation ne paiement soufisant d'icelui Seigneur, considéré leurs services, estas, le grant nombre de leurs gens et autres choses raisonnables à veoir et considérer.

C'est assavoir :

A Monsr le Bastard d'Alençon et à Messire Ambroise de Loré, chevaliers, ij^c escus d'or et iij^m iiij^c l l. tourn.

A Mess. N.... de Haye, chevalier, baron de Colonches, xj^c l. tourn.

A Gaultier de Brusac, escuier, cc escus et iij^m xxxij l. x s. t.

A Estienne de Vignolles, dit La Hire, ij^m xlij l. x s. t.

A Poton de Sainterailles, iiij^c ij l. x s. tourn.

A Jehan, sire de Sainterailles, cl. l. tourn.

A Mess. Jehan de Vendosme, chevalier, vidame de Chartres, ij^c ix^x l. tourn.

A Mess. Fleurens d'Iliers, chevalier, m vij^c vij^x l. tourn.

A N..., Bastard de la Marche, v︎ᶜ vij˟ ij l. x s. tourn.

A Roberton des Croix, iiijᶜ lvij l. tourn.

A Galobre de Panassac et Galobre d'Aulin, vjᶜ iiij˟˟ xv l. tourn.

A Guillaume l'Enfant, iiij˟˟ x l. tourn.

A Jehan de Bernare, sire de Cornillan, ijᶜ vj˟ viij l. tourn.

A Guillaume de Ricarville, viij˟ vij l. tourn.

A Girault de la Paillière, l l. tourn.

Comme il appert par lettres patentes du dict seigneur, données ou chastel de Gyem le 22ᵉ jour de sept. ou dict an 1429. Pour ce, par vertu des dictes lettres et quittances cy renduës, ladicte somme de iiijᶜ escus d'or et xiiijᵐ iiijᶜ lvij l. x s.

COMPTES

DE LA

VILLE D'ORLÉANS

1429-1431

I

MANDEMENTS DE PAIEMENT

DE

DÉPENSES DE COMMUNE[1]

DU 23 MARS 1428 (1429) AU 22 MARS 1430 (1431)

I. — A tous ceulx qui ces présentes lettres verront Jehan le Prestre, licencié en lois, garde de la prévosté d'Orliens, salut : saichent tuit que Jehan Martin, Charlot l'Uillier, Jaquet Compaing, Pierre Baratin, Jehan Morchoasne, Raoulet de Recourt, Jehan Boillève et Jaquet l'Argentier, procureurs de la ville d'Orliens, establiz pardevant Nous, en droit, lesquieulx d'un accord et consentement ont voulu, consenti et accordé que Jehan Hillaire, procureur et receveur des deniers appartenans à la ville d'Orliens, paie et baille des deniers de sa recepte, aux personnes qui ensuivent, la somme cy après déclérée, c'est assavoir :

[1] Voir dans l'*Histoire du Siège d'Orléans* par M. l'abbé Dubois, pp. 9-15, ce qui concerne les anciens comptes de la ville d'Orléans et la date à laquelle ces comptes étaient rendus.

A Jaquet l'Argentier, pour bailler à vingt massons qui ont abatues les murailles du Portereau, iiij l. p.

A Colin Gallier, pour huit voitures de ses chevaulx et charette d'avoir mené de la porte Bourgoigne en l'ostel Guiot Boillève partie du blé de la Ville naguières amené de Blois, à xvj d. p. la voiture, vallent x s. viij d. p.

A Bernart du Puy, voicturier, pour trois arres de sa voicture à amener ledit blé, iiij s. p.

A Caseau, pour deux arres de semblable cause, ij s. viij d. p.

A Jehan le Camus, pour bailler au varlet de Saint Marc, pour trois arres pour semblable cause, iiij s. p.

A Jehan Vollent, pour l'achat de deux muis d'avoine donnez à Mons' le Mareschal de France, pour la despence de ses chevaulx quant le siége estoit devant les Tourelles, au pris de xviij s. la mine, vallent xxj l. xij s. p.

A luy, pour trois muis d'avoine donnez à Mons' de Raiz semblablement, xxxij l. viij s. p.

A luy, pour ung muy d'avoine donné au baron de Coulonches, pour semblable, x l. xvj s. p.

A luy, pour demj muy d'avoine donné à Jehanne la Pucelle, c viij s. p.

A luy, pour ung muy d'avoine envoié à Jaquet l'Argentier, qui le fist porter devant les Tourelles, x l. xvj s. p.

Item, pour déchiet, iij mines ij tiers, aud. pris, vallent lxvj s. p.

A Raoulet de Recourt, pour despence faicte à la

revenue de Saint Loup en l'ostel Benoist Giraut par lui et autres, xxviij s. p.

A Charlot l'Uillier, pour ung tonneau de vin achatté pour mener devant les Tourelles, la somme de xxv l. xij s.

A Crépon Reddo, pour deux douzaines et demie de pain pour mener devant les Torelles, xl s. p.

A Jehannette Ducail, pour une xij° viij pains achactez semblablement pour porter devant les Tourelles, xxvj s. viij d. p.

A Jehan Morchoasne, pour argent baillé pour l'achat de deux alozes données à Mons' le Lieutenant de Monsieur le Gouverneur et à Mons' le Prévost d'Orliens, pour la paine qu'ilz ont prins pour faire paier les iij^m frans baillez aux gens d'armes pour aler à Jargueau, xxxvj s. p.

A luy, pour la perte de viij pourceaulx achattez le jour que les Torelles furent prises, en entencion de les envoier tous cuis aux gens d'armes qui estoient devant lesdictes Tourelles, pour le lendemain, xxxij s. p.

A lui, pour l'achat de iiij xij^{nes} de tasses de Beauvais envoiées devant lesdites Tourelles, xxxij s. p.

A Maistre Hervé Lorens, pour despence faicte par les bateliers qui passoient et repassoient au Portereau quant le siége denavant lesd. Tourelles, tant chiez Perrin Bertier que ailleurs, dont il a baillées ses parties, xj l. xij s. par.

A lui, pour payer le scel du mandement de la taille derrenièrement mise sus pour la ville d'Orliens, xl s. par.

A Gilet de Saint Mesmin et Pierre Boitart, pour don

fait par les Procureurs aux Escossoiz qui estoient en la ville, pour ce qu'ilz n'avoient que mangier en lad° ville, xl l. p.

A Jehan le Camus, pour bailler à la femme Estienne de l'Aubespin, pour viij grans pains à elle deulz, qui furent prins pour porter devant les Tourelles, x. s. viij d. p.

A Jehan Cailly, nottaire, pour plusieurs journées d'avoir vacqué à mesurer le blé et paier les gens d'armes, vj l. p.

Vallent lesd. parties la somme de ix^{xx} iv l. xvj s. viij d. p., de laquelle somme paier et bailler lesd. procureurs ont donné et donnent par devant Nous, en droit audit recepveur povoir, auctorité et mandement espécial, et par rapportant ces présentes et quictance ont voulu et consentu lad^{te} somme estre alouée audiz recepveur et rabatue de sa recepte. En tesmoing de ce Nous avons fait seeller ces lettres du seel de lad^{te} prévosté d'Orliens. Et fut fait le xiiij^e jour d'octobre, l'an mil cccc et xxix. *Signé* : J Cailly.

II. — A Monseigneur le Bastard d'Orliens, qui lui fut ordonné bailler pour paier gens d'armes par les bourgeois assemblez ensemble en la chambre de la Ville, le iiij^e jour de may, iiij^{xx} l. p.

A Jehan Marescot, pour l'achat de vj tonneaux et demj de vin envoiez en l'ost devans les Tourelles, au pris chacun tonneau de vin de xxv l. xij s. p., vallent viij^{xx} vj l. viij s. p.

A Raoulet de Recourt, pour don fait à ung homme qui a esté blecié, xvj s.

A Guillaume le Roux, deschargeoux, pour avoir tiré sept tonneaux de vin qui furent menez devant les Tourelles au pris de iij s. iiij d. le tonneau, vallent xxiij s. iiij d. p.

A Lorens, le deschargeux, pour avoir tirez autres quatre tonneaux de vin menez devant lesdictes Tourelles, au pris chacun tonneau de iiij s. p., vallent xvj s. p.

A Jehan le Camus, pour argent donné à deux poures hommes, pour Dieu, du consentement des Procureurs, xxiiij s. p.

A Jehan Lignage, bouleng', pour viij xij^{nes} de grant pain pris à deux fois pour mener devant les Tourelles, le vj^e jour de may, vj l. viij s. p.

A Perrin Brunet, pour six xij^{nes} de pain prins semblablement, iiij l. xvj s. p.

A Perrin Tron, pour iij xij^{nes} iiij pains pris semblablement, liij s. iiij d. p.

A Perrin Musnier, pour huit xij^{nes} de pain prins semblablement, vj l. viij s. p.

A Jehan Martin, pour xj xij^{nes} de pain prins semblablement, viij l. xvj s. p.

A Guillot Grant, pour v xij^{nes} de pain prins semblablement, iiij l. p.

A Jehan Toraut, pour vj xij^{nes} et demie de pain prins semblablement, c iiij s. p.

A Jehanne la Marchande, pour iij xij^{nes} et j pain prins semblablement, xlix s. iiij d. p.

A Jehan de Blois, pour iiij xij^{nes} de pain, lxiiij s. p.

A Regnault Brouy, pour vij xij^{nes} et demie de pain, vj l. p.

A Jehan Fagot, pour xiiij xij^{nes} de pain, xj l. iiij s. p.

A Raoulet de Recourt, pour deux xij^{es}, xxxij s. p.

A Jehan Ysembert, pour iiij xij^{es}, lxiiij s. p.

A Perrin Hubert, pour xvj xij^{es} et demie, xiij l. iiij s. p.

A Guillemin Gaudin, pour ij xij^{es}, xxxij s. p.

A Thevenon le Heulle, pour ix xij^{es} et ij pains, vij l. vj s. viij d. p.

A Jehan de Blois, pour iiij xij^{es} de pains, lxiiij s. p.

A Denis Grenier, pour xv pains, xx s. p.

A Guillemin Langueteau, pour une xij^e, xvj, s. p.

A Jehanne la Marchande, pour ij xij^{es}, xxxij s. p.

A Pilart, pour vij xij^{es} et x grans pains et j petit, vj l. vj s. p.

A Jehan Maillart, pour xij^e et demie, xxiiij s. p.

A Guillot de Monnoveau, pour une xij^e, xvj s. p.

A Mathurin d'Escience, pour une xij^e, xvj s. p.

A Jehan Queuvret, pour xviij xij^{es} et demie, xiiij l. xvj s. p.

A Jehan Torent, pour vij douzaines, c xij s. p.

A Jehan Mahy, pour paier les porteurs qui ont porté le pain à la rivière, iiij s. viij d. p.

Vallent (mandement du même jour), vij^e lxxiiij l. xv s. iiij d. p.

III. — A Jehan le Camus, pour paier deux hommes qui ont aidié à porter le blé derrenièrement amené, iiij s. viij d. p.

A Charlot l'Uillier, pour donner à ung poure homme, pour Dieu, iiij s. p.

— 215 —

A Jehan de Céville, pour don à lui fait et à ung autre homme blécié, du consentement des Procureurs, xxxij s. p.

A Jehan le Camus, pour argent baillié pour ceulx qui ont remué le blé et mis en autre grenier, xxxvj s. p.

A Pierre Novion, pour son sallaire de xij journées, qu'il a vacquées à mesurer le blé de la Ville, à iiij s. p. pour jour, vallent xlviij s. p.

A Jehan Cailly, nottaire, pour v seaulx de v procuracions envoiées pour la Ville à Blois, pour le fait du blé et pouldres, v s. p.

A Guion du Fossé, pour argent baillié à ung voicturier qui amena du blé de la Ville, de Blois à Orliens, le derrenier voiaige, xlviij s. p.

A Jehan le Camus, pour bailler à deux femmes qui ont cousu les poiches ou bouloart de la porte Bernier, ij s. viij d. p.

A Perrin Baratin, pour l'achat de ij^c xix xij^es de grant pain achacté des boulengiers, oultre et pardessus ce qui escript en a esté cy dessus, pour porter aux Tourelles, don jl a bailliées ses parties en la chambre, ou pris chacune xij^c de xvj s. p., vallent viij^{xx} xv l. iiij s. p.

A Jehan Martin, de la Pie, pour pain et vin par lui baillé pour porter devant lesdittes Tourelles, dont il a compté, en la chambre, aux Procureurs, xv l. iiij s. p.

A Raoulet le Frère, pour viij xij^es de pain prinses par Charlot l'Uillier pour porter devant lesdittes Tourelles, vj l. viij s. p.

A Colin Redo, pour ij xij^es et demie de pain, prins semblablement, xl s. p.

A Jehan Mahy, pour argent baillé à ung religieux carme qui fit sermon quant on porta la vraie croix, xvj s. p.

A Frère Loys, pour ung sermon par lui fait le viij° jour de may, xvj s. p.

A Maistre Robert Baignart, pour ung autre sermon par lui fait le dix° de may ensuivant, xvj s. p.

A Jehan le Camus, pour bailler à Denis de la Salle pour trois procureurs envoiez à Blois pour le fait des blez, viij s. p.

A Gilet Gueret, pour le louaige de son grenier où a esté mis et distribué partie du blé amené de Blois aux deux fois, par composicion faicte avecques lui, lxiiij s. p.

A Jehan le Camus, pour bailler à quatre hommes qui couchèrent ou challan au blé, la nuit que on l'amena, viij s. p.

A Guillot Toet, porteur, pour le sallaire de lui et de xxiiij porteurs qui ont porté le blé de la Ville de la porte Bourg^{no} en grenier, par marchié fait avec eulx, vij l. iiij. s. p.

A Guiot Boillève, pour despence faite en son hostel, quant on mesura le blé, par Jehan Morchoasne, Jehan Martin, Caillj et autres, iiij s. p.

A Jehan le Camus, pour bailler à certains compaignons qui apportèrent le blé du challan à la porte Bourg^{no} et qui aidièrent à charger les voitures, xij s. p.

A Charlot l'Uillier, pour despence faicte en chargeant led. blé à la porte Bourg^{no} et pour une femme qui couzoit les poiches qui estoient despecées, ij s. viij d. p.

A Raoulet de Recourt, pour despence faicte par lui, Fouquet Rose et autres qui tailloient les arres dudit blé ou long des rues iiij s. p.

Vallent (mandement du même jour),............ ij^c xxij l. xj s. p.

IV. — A Jacquet le Prestre, pour sept pintes et chopine de vin présentées le xix° jour d'avril iiij xxix à Jehan de Moncy et à Denisot, à xvj d. p. la pinte, vallent x s. p.

A luy, pour sept pintes de vin présentées à Monseigneur Fleurant d'Illiers, ledit jour, chacune pinte xvj d. p., vallent ix s. iiij d. p.

A Droet Ligier, nottaire, pour une lettre par luy faicte comment Monseigneur le Bastart vouloit que ledit recepveur receust ce qu'il povoit estre deu de la taille derrenièrement mise sus, iiij s. p.

A Jaquet le Prestre, pour six pintes et choppine de vin présentées le xx° jour d'avril à la trompille que Guion du Fossé et Poton amenèrent avec eulx, chacune pinte xvj d. p., vallent viij s. viij d. p.

A Guillaume Bastien, hoste de l'Escu Saint George, pour despence faicte en son hostel par Jehan l'Angloix, bourgois d'Angiers, qui apporta lettres du blé que la Roine de Cécille avoit donné à la ville d'Orliens, xliiij s. p.

A Jehan Morchoasne, ledit jour, pour despence faicte à donner à disner audit Jehan l'Angloix, pour tout, présens les Procureurs, ix l. x s. p.

A Raoulet de Recourt, pour bailler audit Jehan l'Angloix pour don que la Ville lui fist du consentement des Procureurs, x escus d'or qui ont cousté chacun xliiij s. p., vallent xxij l. p..

A Jehan Mahy, pour bailler à ung poure homme d'armes pour don à lui fait, xx s. p..

A Jaquet le Prestre, pour sept pintes de vin présentées à Messire Fleurant d'Illiers, le premier jour de may, ix s. iiij d. p..

A luy, pour sept pintes de vin présentées ledit jour à la Pucelle, à ij s. p. la pinte, vallent xiiij s. p..

Item à lui pour vij pintes de vin présentées le ij° jour de may à la Pucelle, à xvj d. p. la pinte, vallent ix s. iiij d. p.

A lui, pour bailler à ceulx qui portèrent les torches le iij° jour de may que on porta la vraie croix, ij s. p.

Item à Jehan de la Rue, pour despence faicte en son hostel par les nottonniers qui amenèrent les blez qui furent amenez de Blois le iiij° jour de may, xiij l. xiij s. p.

A Raoulet de Recourt, pour une alouse présentée à la Pucelle, le iij° de may, xx s. p.

A lui, pour vij pintes de vin à elle présentées ledit jour, ix s. iiij d. p.

Vallent (mandement du même jour)...... liij l. iij s. p.

V. — A Perroton du Mur, de la compaignie Roberton des Croix, pour don à lui faict par les Procureurs pour ce qu'il estoit blecié, xvj s. p.

A Guiot Boillève, pour le louaige de son grenier où a esté mis la plus grant partie du blé de la Ville et mesuré, iiij l p.

A Maistre Thomas Murgier, pour son sallaire d'avoir

appareillié les hommes d'armes qui ont esté bleciez, par l'ordonnance des Procureurs, viij l. p.

A Raoulet de Recourt, pour vente d'un tonneau de vin mené devant les Tourelles, au siège, xxv l. xij s. p.

A Colin Nolet, sergent, et Jehan Caseau, nottaire, pour leur sallaire d'avoir fait informacion pour la Ville du blé emblé aux challans, xliij s. p.

A Jaquet le Prestre, pour l'achat de six chappeaulx pour la Feste Dieu, x s. p.

A ceulx qui portèrent les torches, iiij s. p.

A Pierre Baratin, pour bailler à Monsr de Gaucourt, pour don à lui fait en lad^{te} ville, vj muis de blé fromant, ou pris chacun muis de xxxij s. p., vallent ix l. xij s. p.

A Jaquet Compaing, pour bailler aux porteurs de la porte Bourgoigne, pour ce qu'ilz aidièrent à descharger les blez qui derrenièrement furent amenez en ceste ville, xvj s. p.

A lui, pour demie aulne de deux vers achattée pour faire les orties des robes à la Pucelle, xxxvj s. p.

Aud^t Compaing, pour l'achat d'un traverssain de vin envoié au pont de Meung, de par la Ville, qui a cousté viij escuz d'or, chacun escu lxiij s. p. vallent xxv l. xij s. p.

A lui, pour vj xij^{es} de pain envoié audit pont, iiij l. xvj s. p.

A lui, pour argent baillé pour avoir tiré ledit traverssain mené à la rivière avec des pierres à canon, v s. iij d. p.

A Jehan Morchaisne, pour la vente d'un ton

vin qui fut envoié à Jehanne à Baugency, par Jehan Mahy et Jehan Boillève, procureurs, et cousta xvj escus d'or, à lxiiij s. p. chacun escu, vallent lj l. t. iiij s. p.

A lui, pour l'achat de xij xij^{ms} de pain envoiez semblablement à lad^{te} Jehanne, ix l. xij s. p.

A Jehan Morchoasne, pour argent baillé à Thevenon Villedart, pour la despence que ont faicte en son hostel les frères de la Pucelle, vj l. viij s. p.

A lui, pour argent baillé ausdis frères pour don à eulx fait, trois escus d'or qui ont cousté chacun lxiiij s. p., vallent ix l. xij s. p.

A Jehan le Camus et Jehan Mahy, pour l'achat de vj tonneaux de vin donnez et présentez à Monsr d'Alençon, le xvij^e jour de juing, achactez chacun xvj escus d'or qui ont cousté chacun escu lxiiij s. p., vallent iiij^x vij l. iiij s. p.

A Jaquet Compaing, pour vente de ij tonneaux de vin donnez et présentez à Monsr de Vendosme, achactez chacun xvj escus d'or, qui ont cousté chacun escu lxiiij s. p. vallent c ij l. viij s. p.

A Raoulet de Recourt, pour argent baillé à Maistre Hervé Lorens, pour ce, xxxij s. p.

A Jaquet le Prestre, pour paier ceulx qui portèrent les torches de la Ville, xvj^e jour de juing qu'on fist procession, v s. p.

Vallent (mandement du même jour) : v^c lxxij l. viij s. iiij d. p.

VI. — A Jaquet le Prestre, pour xv pintes de vin présentées à Messire Christofre de Harecourt, et pour mettre en bouteilles pour Maistre Estienne l'Uillier et Jaquet l'Argentier, qui furent envoiez à Baugency, à ij s. viij d. p. la pinte, vallent xl s. p.

A Massot Boriaut, pour avoir tiré à cler j tonneau de vin prins chiez Jehan Morchaisne, donné à la Pucelle, vj s. p.

A Maistre Robert Baignart, jacobin, pour j sermon par lui fait le xvj° de juing que on fist procession, xvj s. p.

A Frère Estienne Avolle, carme, pour j sermon par lui fait le xix° jour de juing que on fist procession, xvj s. p.

A Jaquet le Prestre, pour vij pintes de vin présentées à Maistre Jehan Picart, le xxij° de juing, au pris chacune pinte de ij s. viij d. p., vallent xviij d. p.

A lui, pour bailler à ceulx qui portoient les torches de la Ville le xix° jour de juing que on fist procession, iiij d. p.

A lui, pour argent baillé pour arres de faire quatre chappeaulx pour ceulx qui devoient porter le drap d'or au devant du Roy que on disoit venir en ceste ville, lequel ne vint pas, ij s. viij d. p.

A Jehan Mahy, pour despence faicte par lui et Jehan Boillève pour avoir esté de par la Ville à Baugency présenter à Jehanne ung tonneau de vin et xij xij° de pain, et pour le sallaire du nottonnier, lxiiij s. p.

A Agnez de Champeaulx, pour argent donné pour querir aux gens d'armes qui ont esté bléciez aux assaulx des Tourelles ce qui leur estoit besoing, xxv l. viij s. p.

A Jaquet le Prestre, pour xj pintes de vin présentées

à Madame de Gaucourt, le xx⁰ jour de juing, au pris de ij s. viij d. p. la pinte, vallent xxix s. iiij d. p.

A Jaquet le Prestre, pour xj pintes de vin présentées à Mons' de Mortemar, ledit jour, audit pris, xxix s. iiij d. p.

A Jehan Pichore, barbier, pour avoir visité les bleciez en lad'° ville et appareillez par l'ordonnance des Procureurs, viij l. p.

A Jehan Cailli, nottaire, pour avoir fait trois vidimus du mandement de Mons' le Bastard, pour contraindre à paier l'impost de iij^m f. accordez pour Jargueau, pour les seaulx d'iceulx et pour parchemin baillé pour faire les quictances de Mons' le Bastard, xvj s. p.

A Mons' le Bastard d'Orliens, pour sept muis de blé froment à lui baillez pour paier ses gens, quant jl fut querir l'armée à Blois, oultre et pardessus les vj^c l. à lui donnez, et aussi pour aller devant Jargueau, au pris, c'est assavoir, trois muis de xxviij s. la mine, et les quatre muis au pris de xxxij s. p. la mine, vallent vj^{xx} vij l. iiij s. p.

A Jehan Mahy, pour despence faicte par le Lieutenant de Mons' le Gouverneur d'Orl' et autres qui ont esté envoiez à Baugency devers ceulx de la garnison pour faire cesser les appatiz, iiij l. xix s. p.

A Thevot Brossart, pour ung cheval prins de lui pour Maistre Philippe Paris et Jehan Compaing, pour aler ou voiaige fait par eulx devers Charles Mons', en Limosin, ouquel voiage led. cheval est demouré, pour, par composicion faicte à lui, ix escuz d'or qui ont cousté chacun escu lxij s. p., vallent xxvij l. xviij s. p.

A Jehan Quieuret, pour j cheval prins de lui pour

aler oudit voiaige qui est demouré pareillement, xiiij escus d'or qui ont cousté chacun escu lxiiij s. p., vallent xliiij l. xvj s. p.

A Raoulet de Recourt, pour xxxiij pintes de vin pour porter au devant de Madame d'Alençon, au pris de ij s. viij d. p. la pinte, vallent iiij l. viij s. p.

A lui, pour bailler à un bonhomme qui fut blecié à Jargueau, pour don à lui fait, xxiiij s. p.

A Jaquet le Prestre, pour paille achattée pour mettre aux challans quant on ala audevant de Madame d'Alençon, vj s. p.

A lui, pour pain et fromaige, xiij s. p.

A lui, pour bailler à ceulx qui menerent les challans, xliiij s, p.

A Jaquet le Prestre pour bailler à ceulx qui porterent les torches le dimenche xvij^e jour de juillet que on fist procession, iiij s. p.

A Colin Maunepveu, pour xx xij^{ms} de flesches à arc qui furent envoiez à Monsieur d'Alençon devant Jargueau, huit escus d'or qui ont cousté chacun escu lx s. p., vallent xxiiij l. p.

Vallent (mandement du même jour),.. ij^c iiij^{xx} iiij l. vj s. p.

VII. A Jehan Morchoasne, pour l'achat de iiij tonneaux de vin donnez à Madame d'Alençon, à sa venue qu'elle vint en ceste ville en juillet derrenier passé, au pris chacun tonneau de xiij escuz vielz, qui ont cousté chacun escu iiij l. xvj s. p., vallent ij^c xlix l. xij s. p.

A Jehan le Camus, pour l'achat d'ung autre tonneau donné semblablement à madite dame d'Alençon, xij vielx escus qui ont cousté chacun c iiij s, p., vallent lxij l viij s. p.

A Charlot l'Uillier, pour l'achat d'un autre tonneau de vin donné à madite dame d'Alençon, xj escus vielz qui ont cousté chacun iiij l. xvj s. p., vallent lij l. xvj s. p.

A Jehan Mahi, pour don fait à trois Escossois qui estoient bleciez, pour leur aidier à vivre, xlviij s. p.

A Jehan Caillj, nottaire, pour sa pencion du terme de Saint Jehan iiij^c xxix, vj l. p. de forte monnoie apressiée à monnoie courant à xx f. marc d'argent, xvij l. ij s. viij d. p.

Aux quatre ordres mendiens d'Orliens, pour leur pencion dudit terme pour chanter les messes de la Ville, à chacune ordre xlviij s. p. de lad. forte monnoie appressiez, à ladite monnoie courant, à xxvij l. viij s. p.

A Estienne Galu, sergent, pour sa pencion dudit terme qui est de lxx s. p. de ladite forte monnoie, vallent x l. p.

A Maistre Philippe Paris, pour sa pencion dudit terme, c s. p. de lad. forte monnoie, vallent xiiij l. viij s. p.

A Maistre Estienne Trotet, pour sa pencion dudit terme, xl s. p. de lad. forte monnoie, vallent cx iiij s. p.

A Jaquet l'Uillier, pour semblable, iiij l. p. de ladite monnoie, vallent xj l. viij s. p.

A Jaquet le Prestre, pour semblable, lx s. p. de lad. forte monnoie, vallent viij l. xij s. p.

A lui, pour sa robe de Pasques, viij escus d'or qui ont cousté chacun lvj s. p., vallent xxij l. viij s. p.

Audit Jaquet, pour despence faicte par les Procureurs et autres bourgois présens le xxiij° jour de juillet que on porta *corpus Domini* par la ville d'Orliens, xiiij s. p.

A Frère Loys, augustin, pour ung sermon par lui fait ledit xxiij° jour de juillet, xvj s. p.

A Jaquet le Prestre, pour bailler à ceulx qui portèrent les torches ledit jour, v s. p.

Vallent (mandement du même jour), iiij^c iiij^{xx} v l. xix s. viij d. p.

VIII. — A Maistre Robert Baignart, pour ung sermon par lui fait le xxv° jour de juillet que fut faicte procession, xvj s. p.

A Jaquet le Prestre, pour bailler à ceulx qui portèrent les torches ledit jour, iiij s. p.

A lui, pour cinq chappeaulx pour ceulx qui portèrent *corpus Domini*, xiiij s. p.

A lui, pour sept pintes de vin présentées à Sire Jehan le Boursier, maire de la Roichelle, le xxj° jour de juillet, à iij s. iiij d. p. la pinte, vallent xxiij s. iiij d.

A lui, pour paier ceulx qui portèrent les torches le v° jour d'aoust que on porta le chief Monsr Saint Mamert à Saint Pol, vj s. p.

A lui, pour vj bastons achactez pour faire lesdictes torches, xviij s. p.

A lui, pour despence à faire lesdictes torches, v js. p.

A Moynet, pour xvj livres de cire veille et xxiiij livres de cire neufve pour faire lesdittes torches, à viij s. p. la livre de cire veille et xij s. p. la livre de cire neufve, vallent xx l. xvj s. p.

A lui, pour la façon des torches, xxxij s. p.

A Jaquet le Prestre, pour xj pintes de vin présentées à Monsʳ de Moslaux à la my aoust, à iij s. iiij d. p. la pinte, vallent xxxvj s. viij d. p.

A luy, pour sept pintes de vin présentées ledit jour aux bourgois de la Roichelle, audit pris, vallent xxiij s. iiij d. p.

A Frère Guillaume l'Escuier, qui prescha la veille de la my aoust que on porta les corps sains, pour ce, xvj s. p.

A Jaquet le Prestre, pour ceulx qui portèrent les torches le jour de Saint Lorens et le jour de ladite procession, pour ce, dix solz p.

Audit Jaquet, pour ceulx qui portèrent *corpus Domini* le xxjᵉ jour d'aoust, v chappeaulx qui coustèrent xvj s. p.

Audit Jaquet, pour ceulx qui portèrent les torches à ladite procession, vj s. p.

Audit Jaquet, pour vij pintes de vin donnez au filz du trésorier d'Angiers, à iij s. iiij d. p. la pinte, vallent xxiij s. iiij d. p.

A Jaquet le Prestre, le xxvᵉ jour de septembre, pour sept pintes de vin présentées à Maistre Mathieu des Marques, à iiij s. p. la pinte, vallent xxviij s. p.

Audit Jaquet, pour sept pintes de vin présentées le xxvjᵉ jour dudit mois à Monsʳ de Chaumont, Monsʳ de Bueil et Monsʳ d'Estissac, aud. pris, vallent xxviij s. p.

Audit Jacquet, pour vij pintes de vin présentées à Monsʳ le Commandeur de Giresme, xxviij s. p.

Ledit jour à Monsʳ de Monppipeau, audit pris, huit pintes et choppine, vallent xxxiiij s. p.

Audit Jaquet, pour xj pintes et choppine de vin présentées ledit jour à Mons' de Res, aud. pris, vallent xlvj s. p.

Audit Jaquet, pour vij pintes de vin présentées à Mons' de Villas et à Thibault de Termes, audit pris, vallent xxviij s. p.

Audit Jaquet, pour xiiij pintes de vin présentées le premier jour d'octobre à Mons' de Villars et à Girault de la Pallière, audit pris, vallent lvj s. p.

A Jehan le Berche, pour poisson donné à Monseigneur d'Alençon, achatté par Jehan Morchoasne, pour ce, xiiij escus d'or neufs, à lx s. p. la pièce vallent xlij l. p.

A Jehan Morchoisne, pour vin donné au queu Mons' d'Alençon qui vouloit avoir le drap où fut présenté le poisson, xvj s. p.

Vallent (mandement du même jour),... iiij^{xx} viij l. x s. viij d. p.

IX. — A Jehan Morchoasne, pour deux hommes qui passèrent les Procureurs par la rivière, que on porta le poisson à Mons' d'Alençon, pour ce, viij s. p.

A Jaquet le Prestre, pour l'achat de trois quaques à mettre pouldre et pour ensouffrer cinq caques et reliez, pour ce, xx s. p.

Audit Jaquet, pour six chappons de haulte gresse présentez à la femme de Mons' de la Trimouille, à ung escu d'or de lx s. p. la pièce, vallent xviij l. p.

Audit Jaquet, pour xxij pintes de vin à elle présentez à soupper ledit jour, à iiij s. p. la pinte, vallent iiij l. viij s. p.

Audit Jaquet, pour xxij pintes de vin présentées à ladite dame lendemain disner, audit pris, vallent iiij l. viij s. p.

Audit Jaquet, pour une esclisse, fillolis et fleurs où furent présentez lesdis chappons, iij s. p.

Audit Jaquet, pour l'appareil desdis chappons et pour une pinte de vin qu'il beut en appareillant jceulx, x s. p.

Audit Jaquet, pour vij pintes de vin présentées à ceulx de Bourges qui apportèrent lettres d'aler à La Charité, aud. pris, vallent xxviij s. p.

Audit Jaquet, pour sept pintes de vin présentées à Mons' de Graville, le ix° jour d'octobre, audit pris, vallent xxviij s. p.

A lui, pour xj pintes de vin présentées à Mons' le Bastart le xj° d'octobre, audit pris, vallent xliiij s. p.

A lui, pour les porteurs qui portèrent les torches au devant du corps de la femme au Connestable d'Escoce, à chacun xvj d. p., vallent viij s. p.

A lui, pour ceulx qui portèrent les torches de ladite ville à la procession générale faicte le xij° jour d'octobre, pour mémoire du jour que les Anglois misdrent le siége devant Orliens, à chacun xvj d. p., vallent viij s. p.

A Maistre Robert Baignart, pour ung sermon par lui fait ledit xij° d'octobre, xvj s. p.

A Jaquet le Prestre, pour avoir fait oster ung cheval mort qui estoit devant l'ostel Marescot. pour cause de ladite procession, iiij s. p.

A Frère Guillaume l'Escuier, pour ung sermon par lui fait le xxj° jour d'aoust que on fist procession, xvj s. p.

A Ortie, poursuivant, pour son sallaire d'avoir esté à Blois, pardevers Monsr le Chancellier d'Orliens, pour le fait de la guernison de Baugency, xxiiij s. p.

Au paige Bouchier, pour le louaige d'un cheval que mena ledit Ortie, xx s. p.

A Jehan Martin, pour poisson envoié à Frère Guillaume Rosseaume, le vij^e de septembre derrenier passé qu'il vint prescher en ceste ville, xxiiij s. viij d. p., et pour vin, dix sols.

A Jehan Chevillon, barbier, pour avoir appareillez plusieurs gens d'armes qui ont esté bleciez durant le Siége, par l'ordonnence des Procureurs, xlviij s. p.

A Jehan Cailly, nottaire, pour avoir fait quatre vidimus, pour la Ville, du mandement obtenu contre ceulx de Baugency, ad ce qu'ilz vuidassent, xvj s. p.

A Guiot Boillève, pour don fait à neuf hommes d'armes, des gens Pringent qui se sont eschappez de Paris où ilz estoient prisonniers de la prinse d'Yenville et n'avoient que mangier, pour ce, iiij l. xvj s. p.

Vallent (mandement du même jour),...... xlviij l. vij s. viij d. p.

X. — A Jaquet le Prestre, pour sept pintes de vin présentées à Monsr de Sentrailles, le xvj^e jour d'octobre, à iiij s. p. la pinte, vallent xxviij s. p.

A luy, pour sept autres pintes de vin présentées ledit jour à Giraud de la Paillière, xxviij s. p.

A Jehan de Troies le jeune, pour l'achat de deux tonneaux de vin donnez à Monsr le Bastart d'Orliens, qui coustèrent chacun tonneau lxxij l. p., vallent vij^{xx} iiij l. p.

A Jaquet l'Argentier, pour l'achat de xij mines de blé froment donnez à mondit Sr le Bastard ledit jour, au pris chacune mine de xl s. p., vallent xxiiij l. p.

A Guillemin Compaing, pour l'achat de deux muis d'avoine donnez à mondit Sr le Bastard ledit jour, au pris chacune mine de xix s. p., vallent xxij l. xvj. s p.

A Jehan le Berche, poissonnier, pour l'achat d'un luz, une carpe et ung bar achactez pour donner à Monseigneur de Jouvelle, et coustèrent viij escus vielz de lxiiij au marc et ung escu neuf, et cousta chacun escu veil vj l. viij s. p, et le neuf lxiiij s. p., vallent liiij l. viij s. p.

A Jehan le Vachier, pour une certifficacion qu'il a apportée du curé de Bresseure, coment il certiffioit que les blez que le sire de Bresseure avoit donnez à la ville d'Orliens estoient pris de par le Roy, pour ce, xij s. p.

A Jehan Pichore, pour don à luy fait pour ce que il a reviseté des gens d'armes bleciez durant le Siége, oultre et pardessus x f. qui lui en furent paiez et pour ce qu'il n'estoit pas content, pour ce, viij l. p.

A Jehan Martin, pour ung traverssain de vin qu'il bailla environ Pasques aux gens d'armes de par la Ville, et cousta iiij escus d'or qui vallent lxiiij s. p. la pièce, vallent xij l. xvj s. p.

Vallent lesd. parties (mandement du venredj xxiiijᵉ jour de mars, l'an mil cccc xxix),........ ijᶜ lxix l. s. p.

XI. — A Jaquet le Prestre, pour six pintes de vin présentées à Maistre Pierre Sauvaigne, le vᵉ jour de décembre, à viij d. p. la pinte, vallent iiij s. p.

A Jehan le Camus, pour bailler à ung chevaucheur qui apporta lettres de par le Roy pour envoier gens d'armes à La Charité, deux escus d'or qui ont cousté xx s. p.

Audit Jaquet le Prestre, pour bailler à ceulx qui portèrent les torches le xiij° jour de décembre que on fist procession autour de la ville, iiij s. p.

A luy, pour ceulx qui firent ung passaige sur la rivière près de la Herse, pour ce qu'on ne povoit passer, pour la rivière qui estoit trop grant, v s. iiij d. p.

A Perrin Basin, pour viande achactée de luy pour donner à Mons' de Gaucourt le ij° jour de décembre, xxxvj s. p.

A Jaquet le Prestre, pour xviij pintes de vin présentées à mondit S' de Gaucourt, xviij s. p.

A lui, pour xij pintes de vin présentées à Messire Théaude et Messire Guillaume du Bez et Messire Jaques du Bois, le xij° jour de décembre, xij s. p.

A lui, pour six pintes de vin à eulx présentez à ung autre jour, vj s. p.

A lui, pour xij pintes de vin présentées à Maistre Simon Coignet et Fonteny, qui apportèrent lettres à la Ville de par le Roy, le xij° de décembre, xij s. p.

A lui, pour six pintes présentées aux dessudis à ung autre jour, vj s. p.

A Jehan le Camus, pour argent baillé pour l'achat de certaine viande présentée à Mons' le Prévost de Paris le xxviij° de décembre, achattée de Perrin Basin, lx s. p.

A Jaquet le Prestre, pour xxiiij pintes de vin présentées aud. Mons. le Prévost ledit jour, xxiiij s. p.

A Frère Jehan Menicles, cordelier, pour ung sermon par lui fait le xiij° jour de décembre que on fist la procession autour de la ville par dehors, xvj s. p.

A Denis de la Salle, notaire, pour avoir fait ung vidimus d'un des previlleiges de la Ville, iiij s. p.

A Estienne Grille, sergent, pour sa pencion du terme de Noel cccc xxix, lxx s. p.

A Jaquet le Prestre, pour sa pencion dudit terme, lx s. p.

A Jehan Caillj, pour sa pencion dudit terme, vj l. p..

A Maistre Estienne Trottet, pour sa pension dudit terme, xl s. p.

A Maistre Philippe Paris, pour sa pencion dudit terme, c s. p.

A Jaquet l'Uillier, pour sa pencion dudit terme, iiij l. p.

Aux quatre ordres mendiens d'Orliens, pour leur pension dudit terme, à cause des messes qu'ilz chantent pour la Ville à Saint Jllaire, à chacune xlviij s. p., vallent ix l. xij s. p.

A Jaquet le Prestre, pour xxj pintes de vin présentées à Mons\ de Villars et à Mons\ le Commandant de Giresme, à xij d. p. la pinte, vallent xxj s. p.

A Jehan Morchoasne, pour argent baillé pour l'achat de six chappons, ix perdris, xiij congnins et ung fesan présentez à Jehanne la Pucelle, Maistre Jehan de Velly, Maistre Jehan Rabateau et Mons\ de Mortemar, le xix° jour de janvier, vj l. xij s. iiij d. p.

A Jaquet le Prestre, pour lij pintes de vin présentées aux dessudis à deux repas, ledit jour, lij s. p.

Vallent (mandement du même jour), liiij l, xiiij s. viij d. p..

XII. — A Jaquet le Prestre, pour xxj pintes de vin présentées aux embaxeurs d'Espaigne le xxix° jour de janvier, xxj s. p.

A Geuffroy Drion, pour quatre quartes d'ipocras présentées à Mons' le Bastard d'Orliens ledit jour, lxiiij s. p.

A Jaquet le Prestre, pour ij° de mestier d'oublies présentées à mondit Seigneur le Bastard, viij s. p..

A lui, pour succre pour mettre sur ledit mestier, xvj d. p.

A Raoulet de Recourt, pour argent baillé pour l'achat de six perdris, six congnins, six bécasses et ung fesant, présentées à Charles Mons' d'Anjou, le xv° jour de febvrier, iiij l. p.

A Jaquet le Prestre, pour xxj pintes de vin présentées audit Mons' d'Anjou, xxj s. p..

A lui, pour six pintes de vin présentées au trésorier d'Anjou, vj s. p.

A Jehan Morchoasne, pour l'achat de huit chappons présentez, c'est assavoir les six à Mons' d'Alençon et deux à Maistre Jehan Picart, le xxvij° jour de février, viij l. p.

A Jaquet le Prestre, pour xxj pintes de vin présentées à mond. S' d'Alençon ledit jour, xxj s. p.

A lui, pour viij pintes de vin présentées aud. Maistre Jehan Picart, viij s. p.

A lui, pour six pintes et choppine de vin présentées à Mons' de Villars led. jour, vj s. vj d. p.

A Jaquet le Prestre, pour bailler à ceulx qui portèrent les torches le xxvj° jour de février que fut faicte procession, iiij s. p.

A Maistre Robert Baignart, pour ung sermon fait ledit jour, xvj s. p.

A Jehan Martin, pour xxv l. de cire neufve achattée pour faire les torches de la Ville iij s. p. la livre, et xvij l. de cire veille à ij s. p. la livre, vallent c ix s. p..

A Estienne Gilbert, pour la façon desdictes torches et pour lemignon et bastons, xij s. p.

A Jehan Mahy, pour l'achat de ix^c de haren à xx s. p. le cent, six mines de pois à xij s. p. la mine, six mesures d'uille à iiij s. p. la mesure, présentées et données aux quatre ordres mendiens d'Orliens, pour le karesme, xiij l. xvj s. p.

A Jaquet le Prestre, pour xiij pintes et choppine de vin présentées à Monsr l'arcevesque de Tours le viij° jour de mars, xiij s. vj d.

A lui, pour ceulx qui portèrent, le x° jour de mars que fut faicte procession, iiij s. p.

A Frère Jehan Menicles, pour ung sermon fait ledit jour, xvj s. p.

Audit Jaquet le Prestre, pour xj pintes et choppine de vin présentées à Monsr de Barbazan quant il fut arrivé, le xiij° jour de mars, xj s. vj d. p.

A Jaquet l'Argentier, pour l'achat de deux carreaux, deux grans carpes et deux lamproies présentées à mondit Sr de Barbazan et à la Hire, ix l. iiij s. p.

A Jaquet le Prestre, pour xxj pintes de vin présentées à eulx le xiiij° jour de mars, xxj s. p.

Audit Jaquet, pour six pintes et choppine de vin

présentées à Maistre Guillaume de Velly le xx° mars, vj s. vj d. p.

A lui, pour six pintes et choppine de vin présentées à Charrier et au trésorier de Poictiers le xxj jour de mars, vj s. vj d. p.

A Jaquet le Prestre, pour don à lui fait, oultre ses gaiges, pour la peine qu'il prent pour lad. ville, xlviij s. p.

A Jaquet Compaing, pour despence faicte quant on assist le taux de bailler blé et vin pour les gens d'armes, derrenièrement que on fist les taux, c vj s. p. à xj f. marc d'argent, vallent à vij f. marc d'argent, lxviij s. p.

A Pierre Baratin, pour ung traverssain de vin par lui baillé environ Pasques derrenièrement passées, pour les gens d'armes, iiij l. xvj s. p.

A Charlot l'Uillier, pour argent baillé à Droet Ligier pour avoir fait le double de la taille derrenière mise sus, xvj s. p.

Vallent (mandement du même jour),....... lxv l. iiij s. x d. p.

XIII. — A Jehan Mahy, l'un des procureurs de la Ville, pour une partie de la despence que a faicte Frère Richart qui a preschié en ladite ville xxxiij jours, dont Greslier a eu partie et autres le seurplus, es doubles blans de iij d. t. la pièce, sur led. pris, x l. xiiij s. iiij d. p.

A Jehan Moreau, libraire, pour avoir relié les livres à Frère Richart, dont il a baillées ses parties, iiij l p..

A Guillemin Doulce et Jehan Cailly, pour avoir

doublez les pappiers de la taille du pain et du vin, xx s. p.

A Philippot d'Orliens, pour avoir taillé ung Jhésus de coevre pour Frère Richart, vj salus d'or qui ont cousté chacun xviij s. p., vallent c viij s. p.

A Jehan Mahy, pour le demourant de la despence que a faicte ledit Frère Richart, tant en poisson, beurre comme autres choses, lxx s. viij d. p.

A la femme Maistre Pierre Chauvin, qui lui a esté ordonné bailler pour vivre, pour ce que led. Maistre Pierre étoit à La Charité, deux mines de blé au pris de vj s. viij d. p. la mine, xvij s. iiij d. p.

A Jaquet le Prestre, pour ung Escossoys qui a eu la jambe rompue devant ceste ville, pour don à lui fait, xvj s. p.

A Jehan Neron, voitturier, sur ce qu'il doit avoir de oster le fians du vielz marchié dont jl doit avoir xl f., baillié sur ce iiij l. xvj s. p.

A Maistre Oudart Morchoasne, penancier d'Orliens, pour six escus d'or au cressent qu'il presta japieça à Maistre Philippe Paris en ung véaige qu'il fist, lui et Jehan Compaing, en Auvergne, pour le fait de la Ville, par devers Mons' le Conte de Clermont, iiij l. iiij s p.

A Jaquet Compaing, pour argent baillé pour la despence de Jehanne la Pucelle, derrenièrement qu'elle fust en cette ville, viij l. p.

A Colin Thomas, charpentier, pour son sallaire d'avoir esté ou voiaige de La Charité depuis la Toussains jusques xv jours aprez Noël, et excéda ses ferremens, sa robe et autres oitiz, et s'en est venu tout blecié, pour ce, à luy, viij l. p.

A Pierre Baratin, pour argent baillé à ung nottonnier qui mena ung homme qui porta lettres à Blois, pardevant Mons' le Bastard d'Orliens, de par ceulx de Chartres et pour la despence dudit homme, xlviij s. p.

A Guillot Savore, pour six sepmaines que jl demoura au voiage de La Charité, pour son sallaire et pour argent baillé tant pour charger la grousse bombarde comme les autres canons, pour tout, par composicion faicte à lui, oultre ce qu'il en a eu, lxiiij s. p.

A Guion du Fossé, pour le reste qui lui estoit deu de la despence faicte ou voiaige de Poton en Bourgoigne, xxij escus vielz de lxiiij au marc, à xxij s. p. la pièce, vallent xxiiij l. iiij s. p.

Vallent (mandement du même jour),...... iiij^{xx} j l. ij s. iiij d. p.

XIV. — A Jehan le Clerc, orfèvre d'Orliens, pour l'achat de six grans tasses d'argent pesans dix neuf mars six onces présentées et données à la Roine de France le xvj^e jour de may derrenier passé, achattées chacun marc sept roiaulx d'or, vallent vj^{xx} xviij réaux et j quart qui ont cousté chacun réau xxiiij s. p., vallent viij^{xx} v l. xviij s. p.

A Estienne Galu, sergent, et Jehan Cailly, notaire, pour avoir inventorié les biens du maistre de Saint Ladre, lequel estoit malade, pour les conserver à l'ostel si besoing estoit, pour ce, iiij s. p.

A Guillot Savore, pour avoir esté à Jargueau savoir quant la Roine partiroit, où il a esté par deux jours, pour despence de lui, de son cheval, pour son sallaire et louaige de cheval, pour tout, xxviij s. iiij d. p.

A Gilet d'Iniers, sergent d'armes du Roy, pour despence faicte par lui à venir à Olivet, de par le Roy, faire commandement aux gens d'armes que ilz ne saiassent point les blez et ne raençonnassent point le bestail, pour ce, à lui ordonné par les Procureurs, lxiiij s. p.

A Guillot le Brun, sellier, pour l'achat d'un bast à bahu et pour ung bahu, sereure, couroies, sangle et pour toille pour le guernir par dedens sans la couverture, donné à Jehanne la Pucelle, pour tout, lxxvj s. p.

A Jehan Pillas, pour despence faicte en son hostel par les chevaulx de Jehanne la Pucelle, laquelle a esté ordonné paier, pour ce, xx l. p.

A Gautier Simon, pour bailler à Maistre Pierre Bonnet, procureur de la Ville en parlement, pour sa pencion de l'an iiij^c xxxix, c s. p.

A Jaquet le Prestre, pour six pintes et choppine de vin présentées le iiij^e jour d'avril à Monsr l'Aumosnier de la Royne, vj s. vj d. p.

A lui, pour xiij pintes de vin présentées à Poton et à Monseig^r le Commandeur de Giresme, le xij^e jour d'avril, xiij s. p.

A lui, pour six pintes et choppine de vin présentées à Maistre Henry Mauloe cedit jour, vj s. vj d. p.

A Maistre Guillaume Greslier, pour paier la despence faicte par Frère Richart en l'ostel Jehan Greslier, son père, depuis la veille de Pasques Fleuries jusques au mercredi d'aprez Quasimodo, pour tout, ix l. vj s. p.

A Jehan Martin, pour despence faicte par iiij sergens qui firent retourner de Saint Jehan le Blanc à Orliens les charroiz et serviteurs du Roy, lesquieulx s'en alloient pour ce que Jehan des Beufs ne les avoit pas voulu logier en la Court le Roy, et pour le sallaire desdits sergens, xxxij s. p.

A Jaquet le Prestre, pour xj pintes de vin présentées à Mons' de Barbazan le xx° jour d'avril derrenier passé, xj s. p.

A Jehan le Berche le jeune, pour poisson achatté de luy, donné et présenté à Mons' de Ste Sévère, mareschal de France, le xxvj° jour d'avril, viij roiaulx d'or qui vallent, à xxiiij s. p. la pièce, ix l. xij s. p.

A Jaquet le Prestre, pour xxiij pintes de vin présentées à deux fois à mond. S' le Mareschal, xxiij s. p.

A Raoulet de Harecourt, pour despence faicte par les Procureurs led. xxvj° jour d'avril en l'ostel Jehan de Troies, où ilz y assemblèrent, pour aucunes choses, pour ce, pour alozes et autres choses, lxxj s. p.

A Charlot le Long, pour trois pères de housseaux et trois père de souliers deubz à lui pour les frères de la Pucelle, lxxij s. p.

A Jaquet le Prestre, pour vj pintes et choppine de vin présentées à Canède le vj° jour de may derrenier passé, vj s. vj d. p.

A lui, pour x pintes et choppine de vin présentées ced. jour à Maitre Regnier de Boulligny, x s. vj d. p.

Vallent lesd. parties (mandement donné le iij° jour de juillet l'an mil iiij° et trente),... ij° xxx l. xix s. iiij d. p.

XV. — A Jaquet Compaing, pour argent baillé au Bourbonnoys, pionnier, pour avoir fait trois pères de butes hors la ville pour les arbalestriers, par marchié fait audit Bourbonnois, en la chambre, par lesdis procureurs, xix l. iiij s. p.

A Estienne, paintre, et Mahiet, pour leurs paines et sallaires d'avoir fait la bannière de la Ville, painte et enluminée, pour sandal, frange, soie, bocassin et toille pour enveloper, pour tout xxj l. xiiij s. p.

Paié à Maistre Hervé le Maçon, pour don fait aux archiers pour faire leurs butes, vj l. viij s. p.

A Naudin, pour une coulevrine baillée au cappitaine de Meung pour garder le pont de Meung, et fut baillée à Jehan du Pont et cousta v escus d'or, à xiiij s. p. la pièce, vallent lxxiij s. iiij d. p.

A Jaquet Compaing et Raoulet de Harecourt, en leur compaignie Jehan de Harecourt, Jehan l'Abateux, pour despence faicte par eulx en un voiaige fait à Jargueau devers le Roy, cuidant trouver Monsr le Mareschal de France, pour loaige de chevaulx, sallaire de varlet et pour tout, lij s. p.

Vallent (mandement du même jour) : liij l. xj s. iiij d. p.

XVI. — A Jaquet le Prestre, pour xj pintes et choppine de vin présentées à Monsr de Trèves le vij^e jour de may, xj s. vj d. p.

A Jehan Martin, pour l'achat de xxxvj l. de cire neufve pour faire xij cierges qui furent portez à la procession le vij^e jour de mai et donnez à Monsr Saint Mamert, Monsr Saint Euvertre et Monsr Saint Aignan, à iij s. p. la livre, vallent c viij s. p.

A Jaquet le Prestre, pour paier ceulx qui portèrent les torches de ladite ville à ladite procession, iiij s. p.

A Monseigneur l'arcediacre de Baugency, pour paier les sonneurs qui sonnèrent à Saincte Crois le jour de ladite procession et aussi les chantres, xlviij s. p.

A Maistre Robert Baignart, pour ung sermon par lui fait aprez ladicte procession, xvj s. p.

Audit Jaquet, pour bailler à ceulx qui portèrent les châsses de Mons' Saint Aignan, Saint Mesmin, de Bonne Val et autres corps sains, pour paier quatre sergens qui furent à ladicte procession pour arrengier le peuple et pour paier ceulx qui portèrent des eschiellettes, pour tout, xlviij s. p.

A Raoulet de Harecourt, pour despence faicte par lui et Jehan Mahy, ung varlet en leur compaignie, à aler à Jargueau querir Mons' l'Évesque d'Orliens pour estre à ladicte procession, pour louaige de chevaulx et sallaire de varlet, pour tout, lxviij s. p.

A Jehan Mahy, pour avoir fait mettre à point les degrez de l'ostel d'un chanoine de Saincte Croix qui furent despeciez quant Frère Richart prescha, iiij s. p.

A Perrin le Picart, pour et ou nom de Pierre de Beauvoir auquel la Ville estoit tenu pour aucunes choses, lxiiij s. p.

A Jehan le Berche le jeune, pour l'achat d'un luz, ung bar et autre poisson donné à Mons' le Bastard d'Orliens, le xxij° jour de may derrenièrement passé, ix réaulx d'or et xij s. p. monnoye, ou pris de xxiiij s. p. pièce, vallent xj l. viij s. p.

A Jaquet le Prestre, pour xxiiij pintes de vin présentées à Monseigneur le Bastard le xxij° jour de may, xxiij s. p.

A lui, pour six pintes de vin présentées à ung cappitaine escossoys, vj s. p.

A lui, pour six pintes et choppine de vin présentées à Cannède le xxvij° jour de may, vj s. vj d. p.

A luy, pour bailler à ceulx qui portèrent les torches le xxviij° jour de may qu'on fist procession, iiij s. p.

A Frère Loys de Richeville, augustin, pour ung sermon par lui fait ledit jour, xvj s. p.

A Maistre Guillaume Greslier, pour despence faicte par Frère Richart le xvj° jour de may qu'il vint avecques la Royne, xxxiiij s. p.

A Jehan Volant, gagier de Saint Hilaire, pour xij livres de cire pour le luminaire qui art à chanter les messes de la Ville, xxxvj s. p.

A Jaquet de Loynes, pour bailler à ung poure homme pour une congniée qu'il bailla audit Jaquet, dixisinier du temps du Siège, vj s. p.

A Jaquet le Prestre, pour six pintes et choppine de vin présentées à Monseigneur de Toars le iij° jour de juing, vj s. vj d. p.

A luy, pour six pintes et choppine de vin présentées aux bourgois de Beauvaiz et de Senliz le v° jour de juing, à xvj d. p. la pinte, vallent viij s. viij d. p.

A lui, pour bailler à ceulx qui portèrent les torches de ladicte ville ledit jour que fut faicte procession à Saincte Katherine, iiij s. p.

A Frère Loys, qui fist le sermon ledit jour, xvj s. p.

A Jaquet le Prestre, pour six pintes et choppine de vin présentées à Monsr de Chaumont le x° jour de juing, à xvj d. p. la pinte, viij s. viij d. p.

A Jehan Morchoasne, pour viande achattée de Perrin

Basin, pour donner à La Hire le xiiij° jour de juing, xliiij s. p.

A Jaquet le Prestre, pour six pintes et choppine de vin présentées audit Hire, viij s. viij d. p.

A Jehan Martin, pour l'achat de xxv l. de cire neufve achattée pour faire les torches de la Feste Dieu, à iij s. p. la livre, vallent lxxv s. p.

A lui, pour xv autres livres de cire veille, xxx s. p.

A Jaquet le Prestre, pour bailler à ceulx qui portèrent les torches ledit jour de la Feste Dieu, iiij s. p.

A luy, pour iiij chappeaulx, vj s. viiij d. p.

A Mahiet, pour avoir paint et refreschy les escussons des torches, xxiij s. p.

Vallent (mandement du même jour) : xlviij l. viii s. ij d. p.

XVII. — A Jehan, frère de Jehanne la Pucelle, pour don à lui fait par la Ville, pour lui aidier à vivre et soutenir son estat, xl l. p.

A Jaquet le Prestre, pour six pintes et choppine de vin présentez aux gens de Monsr de Grasville le xx° jour de juing que ilz rescourrent le bestail prins par les Bourg^{ons}, viij s. viij d. p.

A lui, pour six pintes de vin envoiez aux gens d'armes estans à Olivet, quant Monsr le Lieutenant y fut, viij s. p.

A Jehan Mahy, pour l'achat de deux tonneaulx de vin présentez à la Roine de France, le xxiiij° jour de juing derrenièrement passé, xxxij réaulx d'or, au pris de xxiij s. iiij d. p. chacun réau, vallent xxxvij l. vj s. viij d. p.

A Guillaume Acarie, pour l'achat de deux autres tonneaulx de vin présentez à la Roine de Sicille, ledit jour, xxix roiaulx d'or, audit pris de xxiij s. iiij d. p., vallent xxxiij l. xij s. viij d. p.

A Jaquet le Prestre, pour l'achat de quatre choppines d'estain achatteez pour présenter ledit vin, xvj s. viij d. p.

A lui, pour ceulx qui portèrent les torches le xxv° jour de juing derrenier passé, que on fist procession à Saint Sanxon, iiij s. p.

A luy, pour six pintes et choppine de vin présentées au prévost de Saumur le xxiij° jour de juing, à xvj d. p. de la pinte, vallent viij s. viij d. p.

A lui, pour xiij pintes de vin présentées à Mons' le Mareschal le xxviij° jonr de juing, xiij s. p.

Aux quatre ordres mendiens, pour les messes qu'ilz chantent par chacun jour à Saint Hillaire et pour le terme de S' Jehan Baptiste iiij° xxx ix l. vij s. p.

A Jaquet l'Uillier, procureur général des causes de ladicte ville, pour ledit terme, iiij l. p.

A Jehan Caillj, notaire, pour sa pension dudit terme, vj l. p.

A Maistre Philippe Paris, conseill' et advocat de ladite ville, pour ledit terme, c s. p.

A Maistre Hugues le Prestre, pour estre conseill' de ladite ville et pour ledit terme, xl s. p.

A Jaquet le Prestre, varlet de ladite ville, pour sa pencion dudit terme, lxx s. p.

Ausdis quatre ordres mendiens d'Orliens, pour don à eulx fait pour paier partie des loaiges de leurs maisons, pour Dieu et en aumosne, xxxij l. p.

Vallent (mandement du même jour), ix{ix} l. viij s. iiij d. p.

XVIII. — A Jehan Moynet, pour avoir fait xij cierges pour la Ville, qui furent donnez le vije jour de may à la procession, et pour la façon des torches de la Feste Dieu, pour bastons et pour tout, xxxiiij s. p.

A Jehan Cailly, notaire, pour avoir fait ung vidimus du mandement obtenu par la Ville du Roy nostre Sire, touchant que la Ville est ville d'arrest et que on ne fera nulles prinses, et pour le bailler au prévost d'Orliens pour le veoir et mettre à exécution, pour tout, v s. p.

A Perrin Bernier, courratier, pour son sallaire d'avoir esté achatter les vins donnez à la Royne de France et à la Roine de Sicille, iiij s. p.

A Jaquet le Prestre, pour six pintes et choppine de vin présentées et données à Messire Denis de Saint Sabin, le iiije jour de juillet, viij s. viij d. p.

A luy, pour six pintes et choppine de vin présentées et données à la femme Robert le Maçon, le iiije jour de juillet, viij s. viij d. p.

A luy, pour xiij pintes et choppine de vin présentées à Monsr de Barbazan, le viije jour de juillet, xviij s. p.

A luy, pour xij pintes de vin présentées à Monsr le Mareschal le viije jour de juillet, xvj s. p.

A lui, pour vj pintes et choppine de vin présentées à La Hire le ixe jour de juillet, viij s. viij d. p.

A Jehan Mahy, pour vij pintes de vin baillées du vin achacté pour les Roynes, pour en essayer, vij s. p.

A lui, pour despence faicte en la chambre et pour

l'achat d'une esguière et six gobeles de voirre, ix s. iiij d. p.

A Jaquet le Prestre, pour xj pintes de vin et choppine présentées et données à Monsr le Bastard d'Orliens, le xij^e de juillet, à xvj d. p. la pinte, vallent xv s. iiij d. p.

A lui, pour xj pintes et choppine de vin présentées et données ledit jour à Monsr de Touars, xv s. iiij d. p.

A luy, pour xj pintes de vin présentées à mondit Sr de Thouars, le xiij^e de juillet ensuivant, xv s. iiij d. p.

A Maistre Philippe Paris, pour son sallaire d'avoir esté devers le Roy à Jargueau, par trois jours et demj, pour impétrer un mandement pour avoir des blez et ad ce que les gens d'armes vuidassent, xl s. p.

A Guillot Savore, pour don à lui fait pour occasion de certaine despence qu'il fist ou voiaige de La Charité, lxiiij s. p.

A Jaquet le Prestre, pour six pintes et choppine de vin présentées et données à Monsr de Bresseure, le xvij^e de juillet, viij s. viij d. p.

A luy, pour xj pintes de vin présentées à Charles Monsr d'Anjou le xviij^e de juillet, xiiij s. viij d. p.

A Maistre Guillaume Greslier, pour despence faicte par frère Richard, son père et ses compaignons en l'ostel du père dudit Greslier, en juillet derrenier, vj l. xiiij s. viil d. p.

A Jaquet le Prestre, pour huit pintes de vin présentées à Monsr de Clermont, à xvj d. p. la pinte, vallent x s. viij d. p.

A luy, pour don fait aux massons qui firent le devis des Tourelles, pour boire, xl s. iiij d. p.

A Jehan Martin, pour bailler à Maistre Pierre Chauvin, pour ce qu'il fut à faire le devis desdites Tourelles, xvj s. p.

A Jaquet le Prestre, pour xij pintes et choppine de vin présentées à Madame de la Trémoille le xxix° jour de juillet, xvj s. viij d. p.

A luy, pour ceulx qui portèrent les torches ledit jour que fut faicte procession généralle, iiij s. p.

A Maistre Robert Baignart, pour ung sermon par luy fait ledit xxix° jour de juillet, xvj s. p.

A Estienne Galu, pour avoir adjourné plusieurs bourgeois de ladicte ville pour estre en la chambre le xxviij° jour d'aoust, ij s. p.

A Maistre Simon Freron, pour un sermon par lui fait le xxix° jour d'aoust que fut faicte procession à Saint Sanxon, xvj s. p.

A Jaquet le Prestre, pour bailler à ceulx qui portèrent les torches et à cellui qui ala querir la chaire à prescher ledit jour, v s. p.

A Jehan le Camus, pour son sallaire d'avoir esté à Jargueau devers le Roy avec Maistre Philippe Paris, pour obtenir mandement pour la Ville pour avoir des blez et ad ce que les gens d'armes vuydassent, où il a esté par trois jours et demj, pour ce, xxiiij s. p.

Vallent lesdites parties (mandement donné le derrenier jour d'aoust l'an mil cccc et trente),... xxviij l. xviij s. p.

XIX. — A Jehan Miric, pour l'achat de deux pères de harnois à armer, baillez et donnez à Monseig' le Bastard d'Orliens et à La Hire, en aoust iiij° xxx, iiij^xx réaux d'or qui ont cousté chacun réau xxv s. iiij d., vallent c j l. vj s. viij d. p.

A Jehan Caillj et Guillemin Doulce, notaires, pour avoir doublez les pappiers de la taille du pain et du vin, xx s. p.

A Jaquet le Prestre, pour vj pintes et choppine de vin présentées à Poton le iiij° de septembre, à xvj d. p. la pinte, vallent viij s. viij d. p.

A Jehan le Berche, pour poisson donné à Monsr le Commandeur la veille de Toussains derrenière passée, pour ce, xliiij s. p.

Item à lui, pour ung poisson que Raoulet de Harecourt lui devoit de quant ilz furent, lui et Jehan Mahy, à Jargueau devers Monsr l'Évesque, xij s. p.

A Jaquet le Prestre, pour six pintes et choppine présentées à Poton le xx° de septembre, à xvj d. la pinte, vallent viij s. viij d. p.

Aud. Jaquet, pour xxij pintes de vin présentées et données aux chevaliers qui furent aprez les Bourg^{ons} quant ilz vindrent devant les portes de la ville à puissance, environ le iiij° jour de septembre derrenier passé, à viij d. p. la pinte, vallent xiiij s. viij. d. p.

A Perrin Basin, pour une xij^{ne} de pigons et une xij^{ne} de poussins qui furent donnez ausdits chevaliers, ledit jour, xl s. p.

A Jehan Martin, pour deux traverssains de vin donnez à Monsr le Chancelier d'Orliens le xiiij° jour d'octobre derrenier passé, lesquieulx ont cousté ix réaulx, à xxv s. p. la pièce, xj l. v s. p.

A lui, pour deux muis d'avoine donnez à Monsr le

Chancelier ledit jour, à vj s. p. la mine, vallent vij l. iiij s. p.

A lui, pour le portaige de l'avoine et pour le ménaige du vin, et pour Bernier qui achetta ledit vin, viij s. viij d. p.

A Jaquet le Prestre, pour six pintes de vin présentées à Maistre Jehan le Picart le xxij⁰ d'octobre, vj s. p.

A luy, pour xj pintes de vin présentées à Mons' Charles d'Anjou le xxv⁰ d'octobre, à viij d. la pinte, vij s. iiij d. p.

A lui, pour six pintes de vin présentées à Mons' le Commandeur, la voille de la Toussains, à xij d. p. la pinte, vj s. p.

A lui, pour ceulx qui portèrent les torches le iij⁰ de novembre, quant on fist procession géneralle, iiij s. p.

A Frère Loys, des Augustins, pour ung sermon par lui fait le iij⁰ de novembre derrenier passé, xvj s. p.

A Jaquet le Prestre, pour xxiiij pintes de vin présentées à Mons' de Bourbon et à Mons' d'Elebret, le iiij⁰ de novembre, xxiiij s. p.

A lui, pour xij pintes de vin présentées à Mons' le Commandeur quant on lui porta le poisson, à xij d. p. la pinte, vallent xij s. p.

A Pierre Baratin, pour argent par lui baillié pour une paire de chausses donnée au frère de la Pucelle, xij s. p.

A Guillot Simon, fermier du subside que la Ville prent sur le vin, pour don fait à ceux d'Ambert à cause de dix tonneaulx de vin qu'ilz ont fait venir dehors l'éveschié, qui ont esté rabatuz audit fermier, pour ce, xx s. p.

A Estienne Galu, pour une commission qu'il a eue de Mons' le Lieutenant pour contraindre à paier ceulx qui doivent de la taille de la Ville mise sus en l'an mil iiij^e xxviij, v s. p.

A Jaquet Compaing, pour argent baillié à cellui qui apporta nouvelles du siége de Compiegne quant jl fut levé, deux réaux d'or, au pris chacun réau de xxv s. p., vallent l s. p.

A Regnault Brune, pour despence faicte par lesdits procureurs quant on fist le présent à la Roine de France, xij s. p.

A lui, pour une serviette baillée pour mettre sur la vesselle qui fut donnée à la Royne, xij s. p.

A lui, pour despence faicte par Mons' le Lieutenant, le maistre d'ostel de Mons' le Bastard et aucuns desdis procureurs quant ilz furent revenuz de Meung, pour le fait des bonnes gens de Neuville, pour ce, xx s. p.

Item, pour despence faicte à donner à souper à Maistre Jehan le Coulevrineux qui estoit venu de Compeigne, xlviij s. p.

A Jaquet le Prestre, pour six pintes de vin présentées aux procureurs de Compeigne, le iiij^e de décembre, à xij d. p. la pinte, vallent vj s. p.

Vallent lesd. parties (mandement du jeudi vij^e jour de décembre l'an mil cccc et trente) : vij^{xx} l. xij s. viiij d. p.

XX. — A Estienne Galu, sergent, pour sa pension du terme de Noël iiij^c xxx, lxx s. p.

A Jehan Caillj, notaire, pour sa pension dudit terme, vj l. p.

A Maistre Philippe Paris, pour sa pension dudit terme, c s. p.

A Jaques l'Uillier, pour sa pension semblablement, iiij l. p.

A Maistre Hugues le Prestre, pour semblable cause, lx s. p.

A Jaquet le Prestre, pour sa pension dudit terme, lx s. p.

A Claude Simon, pour bailler à Maistre Pierre Bonnet, procureur de la Ville en parlement, pour sa pension d'une année, c s. p.

Aux quatre ordres mendiens d'Orliens, pour leur pension dudit terme, pour chanter les messes de la Ville, à chacune xlviij s. p., vallent ix l. xij s. p.

A Jehan Cailly, notaire, pour avoir fait ung vidimus du mandement que la Ville a obtenu de non payer les debtes de la Ville jusques à ung an, v s. p.

A Jehan Caseau, notaire, pour son sallaire d'avoir esté avec Estienne Galu, sergent, quand jl leur fist commandement de venir rendre compte de la taille mise sus en janvier iiij^c xxviij, où jl fist xij instrumens, pour ce, iiij s. p.

A Jaquet le Prestre, pour xj pintes de vin présentées à Monsr le Chancel^r de France en décembre derrenier passé, au pris de xij d. p. la pinte, vallent xj s. p.

A Jehan Fortin, poissonnier, pour ung luz et autre poisson présentez à mond. S^r le chancelier, lvj s. p.

A Perrin Basin, poullaill^r, pour xij congnins, xij perdriz, deux fesans présentez et donnez, le jour de Noël derrenier passé, à Monsr de Vendosme et à Monsr

de Saincte Sévère, mareschal de France, pour tout, c ix s. iiij d. p.

A Jaquet le Prestre, pour xliiij pintes de vin présentées ausdits seigneurs à deux fois, au pris de xij d. p. la pinte, vallent xliiij s. p.

A luy, pour xviij pintes de vin présentées à Mons' le Bastard d'Orliens, le mardj aprez Noël, aud. pris, xviij s. p.

A lui, pour vj pintes de vin présentées ledit jour aux bourgois de Compiegne, vj s. p.

A lui, pour bailler à ceulx qui portèrent les torches de la Ville la veille de Noël que fut faicte procession, iiij s. p.

A luy, pour vij pintes de vin présentées à Mons' de Monpippeau le xxxij° de décembre, vij s. p.

A Jehan Bureau, clerc du bailliaige, pour une commission pour adiourner ceulx qui avoient fait citer ceulx de la Ville devant le Conservateur, pour ce, v s. p.

A Jaquet le Prestre, pour six pintes et choppine de vin présentées aux bourgois de Compieigne à leur retour de devers le Roy, vj s. vj d p.

Vallent lesd. parties (mandement donné le mardj xx° jour de mars, l'an mil cccc et trente) : lj l. x s. x d. p.

XXI. — A Jaquet le Prestre, pour six pintes et choppine de vin présentées à Mons' le Commandeur le xxviij° jour de janvier, au pris de xij d. p. la pinte, vallent vj s. vj d. p.

A lui, pour xij pintes et choppine présentées ce jour à Mons' Jaques de Chabanes, audit pris, xij d. p.

A lui, pour chandelle achattée pour bailler les suscides derrenièrement, ij s. p.

A Jaquet le Prestre, pour xij pintes de vin présentées à Monsr le Bastart d'Orliens, le iij° jour de février, xij s. p.

A luy, pour xiiij pintes de vin présentées à Monsr de Gaucourt le vj° jour de février, audit pris, xiiij s. p.

A Jehan le Camus, pour deux chappons de haulte gresse donnez et présentez cedit jour à mondit Sr de Gaucourt, xlviij s. p.

A Jaquet le Prestre, pour six pintes et choppine de vin présentées au cappitaine de Chaslussel le viij° de février, vj s. vj d. p.

A Jehan le Vachier, pour l'achat de neuf cens de haren donnez aux quatre ordres le xvij° jour de février, c'est assavoir : aux cordeliers et jacobins, à chacun iij°, et aux autres à chacun cent et demy, au pris de xl s. p. le cent. vallent xviij l. p.

A lui, pour six mesures d'huile données auxdictes ordres, à iij s. p. la mesure, vallent xviij s. p.

A Jaquet le Prestre, pour vj mines de pois pareillement donnez, à xij s. p. la mine, vallent lxxij s. p.

A luy, pour le portaige de harenc et pois, ij s. p.

A Estienne Galu, sergent, et Gilet Courtin, notaire, pour une informacion faicte contre Estienne Charpault sur parolles qu'il avoit dictes contre la Ville, v s. iiij d. p.

A Jaquet le Prestre, pour ung cent de fagos mis en la chambre le xvij° jour de février, viij s. iiij d. p,

A Guillemin Compaing, gagier de Saint Hillaire, pour xij l. de cire neufve baillée pour luminaire que on art, par chacun an, à chanter les messes de la Ville, au pris chacune livre de iiij s. p. vallent xlviij s. p.

A Jehan le Vaichier, pour ung pavaz qu'il bailla quant on ala à La Charité, par composition faicte avec lui, viij s. p.

A Jaquet le Prestre, pour six pintes de vin présentées à Messire Rigault de Fontaines le ix° jour de mars, vj s. p.

A Ysambart Bocquet, cousturier, pour ung pourpoint baillé au frère de la Pucelle, xxix s. p.

A Jehan Mahy, pour don fait aux petis archiers le xij° de mars derrenier passé, pour leur aidier à faire leurs butes, xxxij s. p.

A Jehan du Brueil, pour avoir fait nettoier la beuvroer, iiij s. p.

A Jehan l'Amyrault, pour une trousse de fleiches par lui baillée quant on ala à Jargueau, et fut prinse par Maistre Estienne l'Uillier et Raoulet de Recourt, xvj s. p.

Audit Jehan Hilaire, receveur, pour sa penssion ordinaire de deux ans d'avoir fait la recepte et mise de la Ville, lxiiij l. p.

Vallent (mandement du même jour),..... iiij^{xx} xix l. x s. ij d. p.

XXII. — A Guillot Savore, pour son sallaire de trois sepmaines d'avoir esté à Gian conduire la grosse bombarde et autres canons de ceste ville menez audit lieu pour le fait de La Charité et pour ung voiaige fait par luy à Jargueau savoir quant le Roy partiroit, pour deux journées qu'il a vacquées à serrer les canons d'autour de la ville, pour tout, xx l. p.

A Berthin, canonnier, qui lui a esté ordonné bailler pour aler oudit lieu pour jouer de la grosse bombarde et canons, pour ses gaiges de trois sepmaines, xvj l. p.

A Jehan du Pont, canonnier, qui lui a esté ordonné bailler semblablement, pour aler oudit lieu pour jouer des canons et pour ledit temps de trois sepmaines, xiiij f. qui vallent xj l. iiij s. p.

A Estienne Troissillon, pour aler semblablement audit lieu, pour jouer de la couleuvrine, pour ledit temps, ix l. xij s. p.

A Jean Hurecoq, pour jouer des couleuvrines semblablement oudit lieu, pour ledit temps, ix l. xij s. p.

A Jehan Mauviet, pour jouer des couleuvrines semblablement audit lieu, pour ledit temps, xj l. iiij s. p.

A André Chauveau, pour semblablement jouer des couleuvrines et pour ledit temps, ix l. xij s. p.

A Gabriau, pour estre aide à Chauveau oudit lieu, pour ledit temps, lxxij s. p.

A Maistre Pierre Chauvin, maçon, pour aler oudit lieu pour faire les pierres de la grosse bombarde et les canons, pour xx jours estre par deça, par marchié fait à lui, xvj l. p.

A luy, pour bailler à son varlet pour estre avecques lui, xvj s. p.

A Colin Thomas, charpentier, pour avoir esté oudit lieu, lui et ung ouvrier, pour faire la charpenterie nécessaire à la grosse bombarde et canons, et pour faire les affustz, et sur ce que on lui peut devoir pour lui et ses gens, xxix l. iiij s. p.

A Perrin Vindereau, nottonnier, pour le sallaire de

lui et cinq hommes en sa compaignie, de son challan et challenières, pour avoir mené de ceste ville d'Orliens jusques à Gien, par eaue, la vollée de la grosse bombarde et autres habillemens, par marchié fait à luy, xix l. iiij s. p.

A Jehan des Voirres, nottonnier, pour lui cinquiesme, son challan et habillemens, pour avoir mené audit lieu de Gien la boette de lad. bombarde et autres habillemens, par marchié fait à lui, xix l. iiij s. p.

A Simon Béchet, nottonnier, pour lui iij° et son challan et habillemens, pour avoir mené oudit lieu de Gien, par eaue, deux gros canons et autres choses, par marchié fait à luy, xiiij l. viij s. p.

A Guillot Savore, pour argent baillé pour une pièce de fer à faire une cueillier à la grosse bombarde, et pour deux cent de clo à ardoise, et pour autre clo baillé à lui pour porter oudit véaige, pour tout, vj s. p.

A luy, pour ung fer de lance baillé à Berthin, pour piquer les tappons pour mettre en la grosse bombarde, iiij s. p.

A luy, pour l'achat de trente cinq livres de plomb baillées à Jehan du Pont et Troizillon et autres pour leurs coulevrines, oultre et pardessus cellui de la Ville, au pris chacune livre de ij s. viij d. p., vallent iiij l. xiij s. iiij d. p.

A Geffroy Drion, appoticaire, pour avoir gouverné Maistre Jehan, le coulevrineur, quand il fut blecié, et ung sien varlet, par composicion faicte à luy, vij l. iiij s. p.

A Guion du Fossé, sur la somme de xlij escus d'or

vielx à lui deubz, et qu'il a baillez en despence faicte ou voiaige fait par lui et Poton, dont il a baillées ses parties, la somme de xx escus d'or vielz qui ont cousté chacun escu vj l. ij s. p., vallent vj^{xx} ij l. p.

A Maistre Hervé Lorens, lieutenant de Monsr le Gouverneur d'Orliens, pour despence faicte par lui, le Prévost et plusieurs autres de ceste ville, pour voir vuider les gens d'armes estans en garnison à Baugency, pour ce, par ses parties, iiij^{xx} xiij l. xvj s. p..

Vallent lesd. parties (mandement donné le venredj xxiij^e jour de mars, l'an mil cccc vingt et neuf),.. iiij^c ix l. xv s. iiij d., à xx f. marc d'argent.

XXIII. — A Monsr le Bastard d'Orliens, la somme de deux mil quatre cens livres par. de la monnoie qui avoit cours, ou mois de may mil iiij^c xxix, à xx f. marc d'argent, laquelle somme les gens d'église, bourgois, manans et habitans de la ville d'Orliens accordèrent oudit mois de may paier et bailler pour paier les cappitaines et gens de guerre estans lors en ceste ville ad ce que le siége fust mis devant la ville de Jargueau. (Mandement du même jour.)

XXIV. — A Jehan de la Haie, de Gien, sur la somme de xix l. iiij s. p., monnoie à vij f. marc d'argent, que la Ville lui doit du temps des precédans procureurs, pour pouldres, trait et autres choses par lui baillées durant le Siége, et dont lesdits procureurs présens sont obligez audit Jehan, la somme de ix l. xij s.

A Guillot Savore, pour son sallaire d'avoir esté à Tours par devers Monsr le Chancellier de France querir ung annuit obtenu pour la Ville, où jl a demouré huit jours, pour ce, xliiij s. p.

A Jehan Couet, louvetier, pour don à lui fait pour lui aider à avoir les habillemens à prendre les loups, lxiiij s.

A Colin Thomas, charpentier, et Guillot Fraret, maçon, pour avoir mis à point l'ostel de la Ville de ce que les canons rompirent, lviiij s. vij d.

Audit Colin Thomas, pour avoir fendu et abousché dix milliers de trait pour la Ville, viij l. p.

A Maistre Philippe Paris, pour le parpaiement de son sallaire d'avoir vacqué en ung voiage fait par lui et Jehan Compaing, depuis le siége levé, ou païs d'Auvergne et Limosin pour la Ville, xij l. p.

A Bertheran Court Bec, canonnier, pour don à lui fait pour ce que la Ville estoit tenue à lui du temps du Siége et depuis, où jl a esté et vacqué à jouer des canons de lad. ville, iiij l. xvj s.

Vallent (mandement du même jour). xlij l. xiiij s. vij d. p.

QUITTANCES

A L'APPUI DES COMPTES

DE COMMUNE ET DE FORTERESSE

23 MARS 1428 (1429) AU 22 MARS 1430 (1431)

I. — L'an mil cccc vint neuf, le samedj ix° jour d'avril, Jehan l'Alement, marchant demourant à Orléans, confessa avoir receu de Jehan Hillaire, receveur des deniers appartenans à la ville d'Orl^s, la somme de trente sept sols quatre deniers parisis qui deuz lui estoient pour avoir empané de parchemin sept cens de trait pour ladite ville, si comme ledit Jehan l'Alement disoit, et en quicte ci. *Signé* : Ligier.

II. — Guillaume Boisduraut, artillier demourant à Orliens, confessa avoir eu et receu de Jehan Hillaire, procureur des manans et habitans de la ville d'Orléans et receveur des deniers d'icelle ville par la main de Jaquet Compaing, procureur d'icelle ville, la some de sept livres dix sols tournois, pour avoir empanné et ferré quinze cens de trait à arbaleste appartenant à lad. ville, pour lequel faire il a livré plume et colle, dont il doit avoir pour chacun cent x s. t., si comme est et s'en tient à bien contant, et quictance en fait le ix⁰ jour d'avril l'an mil cccc vint et neuf après Pasques. *Signé* : Doulce.

III. — L'an mil iiij cent vint neuf, le mardj xix⁰ jour d'avril après Pasques, Thomas Lucas, artillier demourant à Orléans, confessa avoir receu de Jehan Hillaire la somme de cent solz tournois pour la vente de deux milliers de fusts de viretons à empaner par lui faiz et délivrés en ce présent moys pour jcelle ville..... *Signé :* Doulce.

IV. — L'an mil iiij⁰ xxix, le xxiiij⁰ avril, Thomas Lucas, artillier, a receu de Jehan Hillaire la somme de quarante six solz huit deniers par., pour avoir abousché un millier du trait de la Ville..... *Signé :* J. Cailly.

V. — L'an mil iiij⁰ xxix, le xxvj⁰ avril, Lomer du Bois a receu de Jehan Hillaire la somme de six livres dix sols tournois, pour avoir arrondj et fait pour la Ville xiiij⁰ de trait...... *Signé* : J. Cailly.

VI. — Nous, Jehan, Bastart d'Orléans, conte de Porcien et de Mortaing, grant chambellan de France et lieutenant de Monseigneur le Roy sur le fait de la guerre es duchié d'Orléans, contez de Blois et de Dunois, confessons avoir eu et receu des bourgeois, manans et habitans de la ville d'Orléans, par la main Jehan Hillaire, receveur des deniers appartenans à jcelle, la somme de six cens livres tourn⁸, laquelle somme lesdiz bourgois, manans et habitans nous ont baillée pour paier les gens de guerre estans en jcelle ville en garnison, et les cappitaines des forteresses d'environ ce pais venuz de par nostre mandement en lad. ville, ad ce que on les entretensist jusques ad ce que l'armée qui estoit venue avec la Pucelle jusques au port du Bouschet, qui est retournée à Blois, fust revenue en ceste dicte ville pour lever le siége. De laquelle somme de vj^c l. t. nous nous tenons content et en quictons lesd. bourgois et habitans, led. receveur. Nous avons tesmoing noz seel et saing manuel ci mis, le premier jour de may, l'an mil cccc vint neuf. *Signé :* Le Bastart d'Orléans.

<small>(Sur parchemin. Signature d'une autre écriture que le corps de la quittance. Sceau et contre-sceau du Bâtard en cire rouge, sur queue de parchemin.)</small>

VII. — Nous, Jehan, Bastart d'Orléans, conte de Porcien et de Mortaing, grant chambellan de France et lieutenant de Monsr le Roy sur le fait de la guerre es duchié d'Orliens, contez de Blois et de Dunois, confessons avoir eu et receu des bourgois, manans et habitans de la ville d'Orl^s, par la main Jehan Hillaire, receveur des deniers appartenans à jcelle ville, la somme de cinq cens livres tournois à nous deue pour quatorze milliers de trait d'arbaleste ou environ, que avons faict amener de la ville de Blois en ceste dicte ville d'Orl^s, en ung tonneau, trois traverssains et deux casses, pour bailler aux gens de trait estans en jcelle ville, pour lever le siége des Anglois estans devant. De laquelle somme de v^c l. t., Nous nous tenons à contentement et en quictons ladite ville, ledit receveur.

Nous avons en tesmoing noz seel et saing manuel ci mis le vj° jour de may l'an mil iiij° vint neuf. *Signé* : Le Bastart d'Orléans.

> (Sur parchemin. Signature d'une autre écriture et d'une autre encre que le corps de la quittance. La queue de parchemin sur laquelle le sceau était appliqué a été coupée.)

VIII. — Je, Bouson de Fayes, escuier, baillif de Montargis, confesse devoir aux bourgoys et habitans de la ville d'Orliens la somme de vint livres tournois monnoie courant à présent, qu'ilz m'ont aujourdhui prestez constanz, lesquelz xx l. t. je leur promet rendre et paier à leur voulonté. Tesmoing mon seing manuel cy mis, le v° jour de may l'an mil cccc vint neuf. *Signé* : Bouson.

> (Sur papier. Signature de même encre, sinon de même écriture que le corps de la quittance.)

IX. — Je, Jehan Caseau, notaire du chastellet d'Orl°, confesse avoir eu et receu des manans et habitans d'Orliens, par la main de Jehan Hillaire, la somme de trente deux sols par., à quoy Guiot Boillève, Charlot l'Uillier, Jaquet Compaing, Pierre Baratin et autres procureurs desdiz manans et habitans ont finé et composé à moy, pour ma peine et salaire d'avoir vaqué par trois jours à faire une informacion pour ladicte ville contre Guiot de Marceau et autres personnes, auxquieulx on imposa avoir prins par nuit en certains chalans estans en la rivière de Loire, à l'endroit de la Tour Neufve, certaine quantité des blez que on avoit amenez des pais de Berry, de Tours, de Poitou et d'ailleurs, pour les garnisons de la ville d'Orliens, et lesditz blez fait amener en santines au molin de l'Aumosne d'Orliens estant soubs le pont, et les avoir fait monter par la trappe dudit moulin, environ dix heures de nuit, et porter dedens ladicte ville. Et aussi pour icelle informacion avoir doublée et le double baillié en la chambre de ladicte ville. Desquieulx xxxij sols je me tiens pour content et bien paié..... le xixe jour de may l'an mil quatre cens vint et neuf. *Signé :* J. Caseau.

X. — L'an mil iiij^c xxix, le xxe may, Jehan Barbin confesse avoir receu de Jehan Hillaire...... la somme de soixante quatre solz p., pour son sallaire d'avoir naguères conduittes les pouldres à canon de Bloys à Châteaudun et de Châteaudun en ceste ville d'Orléans. *Signé :* J. Cailly.

XI. — L'an mil iiij^c xxix, le pénultième jour de may, Jehan Volant a receu de Jehan Hillaire...... la somme de cinq solz quatre deniers par. pour xj journées de charpentier, quatre journées de maçon, qui ont besoigné à mettre le canon de Montargis à la tour des vergers Saint Sanxon, pour membreuzes, clo, ais, chandelle et autres...... *Signé :* J. Cailly.

XII. — L'an mil iiij^c xxxix, le pénultième jour de may, Jehan le Camus confesse avoir receu de Jehan Hillaire..., la somme de seize solz p., pour argent par lui baillé pour faire esmeudre partie des coignées qui furent portées devant les Torelles..... *Signé :* J. Cailly.

XIII. — L'an mil iiij^e xxix, le pénultième jour de mai, Roulet de Recourt confesse avoir receu de Jehan Hillaire..... la somme de trente deux solz p. pour bailler aux maçons qui abatirent Saint Loup le samedj vij^e de may derrenier passé..... *Signé :* J. Cailly.

XIV. — L'an mil cccc xxix, le derrenier jour de may, Robert Quarré confesse avoir eu et receu de Jehan Hillaire..... la somme de cent huit solz parisis, pour ses paines et sallaires d'avoir vacqué pour la ville d'Orl^s sur le pont d'icelle ville et es foussez du bouloart de devant les Tourelles, par l'ordonnance de Monsr le Bastart, Monsr le Chancelier et les procureurs de ladite ville, par l'espace de dix huit journées commençans le lundj ixe jour de may derrenier passé et fenissans le dymanche ensuivant xxixe jour d'icellut moys..... *Signé :* J. Cailly.

XV. — L'an mil iiij^e xxix, le xve juillet, Jehan Megny, fèvre, a receu de Jehan Hillaire, receveur, et par la main Jaquet Compaing, la somme de vint huit livres dix sols tournois, pour millier et demi de fers à arbaleste qui furent baillez pour les Torelles. Ci, quictance faicte. *Signé :* J. Cailly.

XVI. — Je, Raoul, seigneur de Gaucourt, chevalier gouverneur et cappitaine d'Orl^s, confesse avoir eu et receu de Jehan Hillaire, receveur des deniers appartenans à la ville d'Orl^s, la somme de deux cens livres tournois, c'est assavoir, c l. t. pour mes gaiges de cappitaine d'une année qui finira en mars prochain venant, et c l. pour don à moy fait par ladicte ville pour ladicte année. De laquelle somme de deux cens livres tournois pour lesdictes causes je me tiens content et paié, et en quicte lesdiz habitans et ville, ledit receveur et touz autres qu'il appartient. Tesmoing mon seel et saing manuel ci mis, le xvj^e jour de février, an mil iiij^c xxix. *Signé :* Gaucourt.

> (Sur parchemin. Signature d'une autre écriture et d'une autre encre que le corps de la quittance, scellée sur queue de parchemin, en cire rouge, aux armes du seigneur de Gaucourt, « d'hermine à deux bars adossés de gueules. »)

XVII. — Je, Guillaume Cousinot, conseill^r du Roy nostre Sire et chancellier de Monsr le Duc d'Orl^s, confesse avoir eu et receu des bourgois, manans et habitans de la ville d'Orliens, par la main de Jehan Hillaire, lors receveur, la somme de huit cens dix livres tournois, monnoie courant à présent, à quoy ont esté avalluez et niveullez cinquante huit marcs cinq onces et demie de billon à quatre deniers vint grains de loy, qui se rencesignent, à somme de loy, à vint trois solz sept deniers quinze grains trois quarz, à moy deubz pour cause de prest par moy fait à ladicte ville, et dont les procureurs de ladite ville qui lors estoient sont obligez à moy par lettres passées soubz le seel de la prévosté d'Orliens le dix^{me} jour de décembre mil iiij^e vint huit, et d'icelle somme je me tiens content et en quicte lesdiz bourgois, procureurs et receveur. Tesmoing mon saing manuel ci mis le xviij° jour de décembre l'an mil iiij° et trante. *Signé :* G. Cousinot.

<small>(Sur parchemin. Signature d'écriture et d'encre différentes du corps de la quittance.)</small>

XVIII. — L'an mil iiij° xxix, le xix° juillet, Jaquet Compaing, bourg° d'Orl°, confesse avoir receu de Jehan Hillaire...... la somme de sept vins livres douze sols p., pour argent baillé aux canonniers, colevrineux, charpentiers et autres envoiez à Jargueau et Baugency après le siège levé debvant ceste ville, comme plus à plain est contenu ou mandement auquel ceste quictance est annexée. *Signé :* J. Cailly.

XIX. — L'an mil iiij° xxxj, le xxj° de mars, Jehan Ambert confesse avoir receu de Jehan Hillaire...... la somme de quatre livres p., pour la despence faicte en son hostel par les nottonniers qui passèrent les challans, sentines et autres choses, quant noz gens tenoient le siège devant les Torelles et que on cuida deppecier le boloart de l'isle...... *Signé :* J. Cailly.

LETTRES

DE CHARLES VII, ROI DE FRANCE

DONNÉES A JARGEAU EN FÉVRIER 1429

S'ENSUIT une lettre en françois du Roy Charles, comment il veust que les habitans de la ville d'Orliens et des fauzbours soient franz et quictes de toutes prinses de blez et de vins, et de tous autres vivres quelxconques, etc. *Item* par previlègie espécial il veust que la dicte ville d'Orliens soit ville d'arrest, etc. Donnée M CCCC XXIX.

CHARLES, par la grâce de Dieu Roy de France, savoir faisons à tous présans et avenir, Nous avoir receu humble supplication de noz bien amez les bourgois et habitans de la ville d'Orliens, contenant comme dès le commencement des divisions et guerres qui longuement ont duré en nostre royaume ils ayent toujours esté loyaux sans varier envers nostre couronne et seignorie, et à la conservation d'icelle se soient loyaument employez et acquitez à leur povoir, et mesmement à la garde et défence de ladite ville d'Orléans à l'encontre de noz enciens ennemis les Anglois dernièrement, qui ont esté devant icelle ville à siége l'espace de environ huit mois, et tellement et si vertueusement se y sont gouvernez en acquitant leurs dictes loyaultez, que par la grâce de Dieu et le bon aide et secours que aussy donné leur avons, les diz Anglois tenant le dit siége ont esté illec et autre part près que tous vaincus et desconfiz, qui a esté le principal commencement de la préservacion de nostre seignorie et de la recouvrance de plusieurs noz paiz que occupoient iceulx Anglois, que depuis avons, l'aide de Dieu toujours devant, réduiz et ramenez en nostre bonne obéissance. Et si soit ainsi que avant que ledit siége feust assis et les bastides que les diz Angloiz posèrent en plusieurs pars devant la dicte ville feussent drecées et fortifiées, les diz supplians eussent fait abatre et du tout démolir et arraser tous les forsbours de la dicte ville, esquelz avoit plusieurs belles églises, maisons et grans édifices en grant quantité, afin que lesdits Anglois ne se y pussent loger, et aussi à parfondoir et croistre les fossez et douves, emparer et fortifier la muraille et portaulx et faire boulvers, garnir et establir ladicte ville de vivres et de tous habillemens de guerre et de défense; envoyèrent aussy plusieurs messaiges à requerir et demander devers Nous et devers pleuseurs villes secours et aide de gens, vivres, artillerie; et depuis durant ledit siége aient lesdits Anglois destruiz leurs vuignes, jardins et héritaiges de bien loing jusques au près de ladite ville, et les aient moult oprimez et grevez, en quoy ils ont esté et sont moult endommagiez et diminuez de leurs biens et chevances, tant que à paine s'en pourroient les pluseurs d'iceux ressoudre, se de nostre grâce et libéralité ne leur estoit benignement soubvenu et aidié, si comme ilz dient ; requérant humblement que ces choses considérées, et afin qu'il en soit mémoire perpétuel, Nous plaise leur donner et octroyer par manière de previlége aucunes franchises à perpétuité, et mesmement les exempter de toutes prinses, et que ladite ville soit ville d'arest au regart de leurs debteurs, comme sont noz villes de Paris, Rouen et pluseurs autres bonnes villes. Pour ce est il que Nous, attendans et considérans les choses devant dictes qui sont notoires et de fresche mesmoire, espécialement la recommendable loyauté des diz supplians, les vertueux courage et ferme constance qu'ilz ont concordablement euz à l'encontre de noz diz ennemis, et à leur résister sans y avoir espargné corps ne chevances, et le grant fruit qui s'en est ensuy à Nous et à nostre seignorie, voulans en icelle faveur leur recongnoistre leur dicte loyaulté et bien fait à ce qu'ils s'en estoissent et sentent ou temps à venir, et que les autres, à l'exemplaire d'eulx, s'efforcent de ainsi faire, iceulx supplians et chacun d'eulx, et semblablement les habitans des forsbourgs d'icelle ville, avons, de nostre certaine science, grâce espécial et auctorité royal, exemptez et quictez et affranchiz, exceptons, quictons et affranchissons à tousjours mes, par ces présentes, de toutez prinses de blez, vins, et autres vivres quelxconque qui pour la despence des hostelz de Nous et de nostre très chière et très amée compaigne, et de nostre très cher et très amé filz le Daulphin de Viennois, de noz autres enfans et d'autres seignieurs de nostre sanc et lignage, pouroient, par auctorité de noz drois royaulx ou autrement, estre faites sur eulx ores ne ou temps avenir, ce que ne voulons estre fait, mais par exprès le deffendons à tous commis et députez sur ce, sinon toutes voies en achetant pris resonnable lesdictes denrées et les paiant comptant avant toute euvre, et avec ce leur avons octroyé et octroions par manière de privilége que dorennavant la dicte ville soit ville d'arest, et que en usant d'icellui previlége, comme font pluseurs de noz autres bonnes villes ils puissent faire arrester par le premier sergent sur ce requis les chevaulx et autres biens meubles de leurs debteurs qui seront trouvez en ladite ville ou forsbours pour cause de somme de deniers à eux deues ou autres obligations à eulx appartenans contractés en ladite ville ou forsbours, pourveu que après ledit arrest ilz feront apparoir promptement de leurs dictes debtes par lettres confession de partie ou autrement deument; en quoy faisans voulons lesdits debteurs estre contrains à paier icelles debtes avant la délivrance de leurs diz biens ainsy arrestez. Si donnons en mandement par ces mesmes présentes au bailli de Montargis et des resors et des exemptions du duchié d'Orléans, et à tous noz autres justiciers et officiers ou à leurs lieuxtenans présens et avenir, et à chacun d'eulx, si comme à lui appartiendra, qui, de nos présente grâce et exempcion, affranchissement et octroy, et aussi dudit privilége d'arrest, facent, seuffrent et laissent lesdits supplians, et chacun d'eulx et les habitans desdiz forsbours joir et user planièrement et paisiblement, tant par la forme et manière que dessus est dit, sans les contraindre, molester ou empêcher, ne souffrir estre contrains, molestez ou empêchez aucunnement, ou contraire, car ainsy Nous plaist, et pour les dictes causes leur avons comme dit est octroyé. Et afin que ce soit chose ferme et stable à tousjours, Nous avons fait mettre notre scel ordonné, en l'absence du grant, à ces présentes. Sauf en autres choses nostre droit et l'autruy en toutes. Donné à Jargueau ou mois de février, l'an de grace mil quatre cens vingt et neuf, et de nostre règne le huitiesme.

Par le Roy en son conseil, auquel le conte de Clermont, les évesques de Sees et d'Orli, les sires de la Tremoille et de Trèves, le premier président de parlement et autres plusieurs estoient. J. Le Picart.

(Ordonnances concernant la ville d'Orléans, recueil de copies des XVᵉ et XVIᵉ siècles. — Bibl. nat., mss. fr., n° 11968.)

II

COMPTE

DE FORTERESSE

DU 23 MARS 1428 (1429) AU 22 MARS 1430 (1431)

COMPTE DE JEHAN HILLAIRE, procureur des manans et habitans de la ville d'Orliens, avecques Guy Boillève, Charlot l'Uillier, Jaquet Compaing, Jehan Martin, Pierre Baratin, Jehan Morchoasne, Jaquet l'Argentier, Jehan Mahy, Raoulet de Recourt, Jehan le Camus et Jehan Boillève, faiz, ordonnez, nommez et esleuz par lesdis manans et habitans es halles de ladicte ville, pour deux ans commançans le xxiij^e jour de mars mil cccc vingt huit et finissans le xxij^e jour de mars mil cccc et trente, si comme il appert par lettres de procuracion faictes et passées soubz le seel de la prévosté d'Orliens esdittes halles, le xiij^e jour de mars mil quatre cens vingt huit, et jcelui Jehan Hillaire ordonné et commis par lesdiz compaignons à faire la recepte et despence des deniers de ladicte ville pour lesdiz deux ans, par vertu des lettres de commission de Monseigneur le Lieutenant de Monseigneur le Gouverneur d'Orliens cydevant transcriptes, de la recepte et despence faitte par ledit receveur pour ladite ville durans lesdis deux ans, à cause de la forteresse d'icelle ville.

Despence de ce présent compte pour la fortificacion et deffense de ladicte ville pour lesdis deux ans.

I. — Et premièrement, deniers paiez par ledit receveur par vertu des lettres et mandemens des commis d'église et procureurs de ladicte ville d'Orliens.

A Thevot Poisson et Estienne Deveau, charbonniers, pour xxxij sacs de charbon achattez pour la forge de la Ville, le xxviij^e jour de mars derrenier passé, au pris chacun sac de vj s. p., vallent ix livres xij s. par.

A Jehan Martin, espicier, pour une rame de papier mise en la chambre, pour escripre les besoingnes de la Ville, ledit xxviij^e jour de mars, xlviij s. p.

A Jehan François et Gilet des Marois, aides des canonniers, pour don à eulx fait du consentement des Procureurs, pour lever œufs de Pasques, le dixiesme jour d'avril ensuivant, xxiiij s. p.

A Jehan Damède, vennier, le ij^e jour d'avril, pour iij xij^nes de hottereaulx baillez à Maistre Philippe Paris, Perrin Boitart et Jehan Ligier, pour le fait de la Ville, au pris chacune xij^ne de xxiiij s. p., vallent lxxij s. p.

A lui, ledit jour, pour un saz à sasser la pouldre à canon, iiij s. p.

A Robin de Clichy, ledit jour, pour trois douzaines de hottereaulx pris, c'est assavoir par Jehan Morchoasne deux douzaines et par Maistre Philippe Paris une douzaine, pour le fait de la Ville, audit pris chacune xij^{me} de vingt quatre solz parisis, vallent lxxij s. p.

A Jehan Chaumart, ledit jour, pour dix sept journées des charpentiers qui ont mis à point les affustz des canons, et pour avoir mué les canons de place en autre, dont il a baillées ses parties en la chambre, iiij l. ij s. p.

A Marion, fille Jehan Ligier, pour l'achat d'un cent de vielz fer achatté pour les besoingnes de la Ville, ledit ij^e jour d'avril, xxxij s. p.

A Jehan Beauharnois, pour l'achat de deux cens livres de plomb achatté pour faire getter les couleuvrines, au pris chacun cent de quatre livres parisis, vallent viij l. p.

A Jehan Boudoux, pour cent huit livres et demie de fer baillez pour la forge de la ville, au pris de quatre livres parisis le cent, vallent iiij l. vj s. iiij d. p.

A Colin Thomas, charpentier, pour xx journées de lui et de ses compaignons à avoir besoingné ou bouloart de la Croiche pour le clorre, à avoir estaié la tour de Meffroy, et pour avoir fait les degrez autour de la ville, environ le ixe jour d'avril ensuivant, au pris chacun homme de iiij s. p. par jour, vallent iiij l. p.

A lui, pour ung cent de clo gameau employé esdites euvres, iiij s. p.

A lui, pour six livres de plastre, iiij s. p.

A lui, pour trois livres de plomb, ij s. vj d. p.

A lui, pour voitture du bois emploié esdites euvres, iiij s. p.

A Jehan Boudoux, le viij° jour d'avril, pour xj journées d'ouvrier et xvj journées de varlez qui ont besoingné en la forge de la Ville en la sepmaine peneuse et depuis, au pris chacune journée d'ouvrier de v s. iiij d. parisis, et chacune journée de varlet de iij s. p. par jour, vallent c vj s. viij d. p.

A lui, pour trois journées d'ouvrier et cinq journées de varlet à avoir besongnié en ladicte forge la sepmaine d'après Quasimodo, au pris chacune journée d'ouvrier de v s. iiij d. p., et chacune journée de varlet de iij s. p., vallent la somme de xxxj s. p.

A Jehan Savore, ledit jour, pour avoir vacqué par huit jours à batre la pouldre à canon, pour chacun jour iiij s. p. du consentement desdiz procureurs, vallent xxxij s. p.

Somme des parties dessus dictes : cinquante une livres seize solz six deniers parisis, qui paiée a esté par ledit receveur par mandement de honorables hommes et saiges Maistre Jehan Parine, arcediacre de Baugency, Maistre Robert de Serceaulx, soubz doien de Saint Aignan, et Maistre Jehan Compaing, chanoine de Saint Père Empont d'Orliens, commis par les gens d'église à la fortifficacion de ladicte ville, et Charlot l'Uillier, Jaquet Compaing, Jehan Morchoasne, Jehan Martin, Jehan Boillève, Jehan le Camus, Jaquet l'Argentier, Raoulet de Recourt, Guy Boillève et Pierre Baratin, procureurs d'icelle ville. Donné le pénultième jour du mois de may l'an mil cccc et vingt neuf, et par quictance sur ce attachée audit mandement cy rendu, pour ce......... lj l. xvj s. vj d. p.

II. — A Imbert François, maçon, pour quatre journées de son mestier qu'il a vacqué à sceller les fers de la planche de la porte Bernier, à sceller les enfichements de la tour du Heaume, à luy paié le viij^e jour d'avril derrenier passé, pour chacune journée iiij s. p., qui vallent xvj s. p.

A lui, pour une journée de meneuvre et une mine de chaulx pour faire lesdittes euvres, vj s. p.

A Pierre Savereau, charpentier, pour iiij journées qu'il a vacqueez à faire les arreztz des canons de la porte Bernier, et pour un aide qui lui aida une journée, xviij s. p.

A Jehan Chaumart, ledit xvj^e jour d'avril, pour argent baillé pour l'achat d'une toise de bois, trois aez de planchier, six lattes et demj^e de clo gameau pour planchoier la tour du Heaume, pour tout, xj s. p.

A Guillot Savore, ledit jour, pour l'achat de deux grans sacs de toille et deux grans sacz de cuir, envoiez à Chasteaudun, pour mectre les pouldres à canon, et pour deux fesseaulx d'erbes pour les canoniers, pour tout, xix s. iiij d. p.

A Perrin Laugoisseux, ledit iour, pour sacz et poiches achattez à Bloys par Maistre Jehan de Villebresme, pour mettre les matières de la pouldre à canon, comme il est apparu par lettres dudit Maistre Jehan, pour ce, xij l. xvj s. p.

A Jehan de Moncy, pour bailler à Taillebois de Blois

pour argent qu'il avoit baillé par delà pour les voitures desdittes matières à canon, pour ce, cy compté, iiij l. vj s. viiij d. p.

A Jehan Mahy, pour bailler à ung aubelet qui fut envoié par devers Guion du Fossé, pour faire sa despence, xliiij s. p.

A Raoulet de Recourt, le xv° jour dudit mois d'avril, pour troiz picz achattez pour la Ville, xij s. p.

A Jehan le Bourbonnoys, pionnier, pour avoir besoingné par xvij journeez de son mestier commencent le viij° jour d'avril, ou bouloart de la porte Parisie, à iiij s. p. par jour, vallent lxviij s. p.

A Jacques Bouchier, trésorier de Monseigneur d'Orliens, pour l'achat de deux cens livres de pouldre à canon achattée de lui pour le fait de la Ville, chacun cent xxj escus d'or, vallent xl escus d'or qui ont cousté, chacun escu, xlij s. p. vallent iiij^{xx} iiij l. p.

A Jehan Cousté, charpentier, pour deux journeez de lui et de deux autres charpentiers qui ont vacqué ou bouloart de la porte Parisie à faire les affustz des canons, chacune journée au pris de iiij s. p., vallent xxiiij s. p.

A Jehan Boudoux, fevre, pour iiij journées de lui et dix journeez de varlet qu'il a fait en la forge de la Ville, commencent le lundj xviij° jour dudit mois d'avril, au pris chacune journée de v s. iiij d. p., et chacune journée de varlet iij s. p., vallent lj s. iiij d. p.

Somme (mandement du même jour)... c xiiij l. xij s. iiij d. p.

III. — A Jehan Chaumart, pour dix voittures qu'il a fait faire par le Beaussier et Bouchetault à mener bois pour faire les arreslz à canons, et pour cinq journées de meneuvre à aidier à chargier ledit bois et charger les canons, xxix s. iiij d. p.

A André Godet, serreurier, pour une serreure, ung coreau mis à la barrière du bouloart de la porte Bernier, une autre serreure à la tour du Heaulme, pour mettre à point l'uys des faulces brayes de la rivière, et pour mettre à point le canon de la tour André, et pour mettre à point le gardefol du pont de la Louée, pour tout, iiij l. xij s. p.

A Jehan Martin, artillier, pour trois cordes à arbalestes prinses pour la Ville, viij s. p.

A Colin Galier, maçon, pour trois journéez de lui à avoir besougnié ou bouloart de la porte Parisie et ou bouloart de la porte Saint Aignan et pour huit mines de chaux qu'il a emploiez, xlij s. p.

A André Tronge, serreurier, pour deux serreures mises aux barrières de la porte Saint Aignan, et par l'ordonnance de Maistre Raoul Chartain, xiiij s. p.

A Guillot Savore, pour la journée de cinq hommes qui ont batu la pouldre à canon et affinée, le xxij^e jour d'avril, xx s. p.

Item pour un fesseau d'erbes pour les canonniers, xvj d. p.

A Jehan Boivin, ledit jour, pour son sallaire d'avoir conduittes les pouldres à canon de Blois à Chasteaudun et de Chasteaudun à Orliens, lxiiij s. p.

A Jehan Bernard, de Nogent le Retro, ledit jour, pour sa voitture d'avoir amené de Chasteaudun à

Orliens deux charges de matière de pouldre à canon, et par marchié fait à luy par Jehan Morchoasne et Jaquet Compaing, à dix escuz d'or qui ont cousté xliiij s. p. chascun escu, vallent xxij l. p.

A Thevenon Villedart, pour despense faicte en son hostel par Baudet de Micy et la trompille que Poton et Guion du Fossé amenèrent à Orliens, par compte fait avecques luy par Jehan Morchoasne et ledit receveur, pour tout en somme, xxij l. p.

Audit Jehan Morchoasne, pour bailler à ladite trompille pour paier la guide qui avoit conduit ledit Guion et Poton, ung escu et ung salut qui ont cousté la somme de c iiij s. p.

A Jaquet Compaing, pour bailler audit Baudet de Micy, pour don à lui fait du consentement desdis procureurs, quatre escuz d'or qui ont cousté chacun xliiij s. p., vallent viij l. xvj s. p.

A Guion du Fossé, sur la despence qu'il a faitte oudit voiaige, xiij escus d'or vielz qui ont cousté chacun lxij s. p., vallent xxxvij l. iiij s. p.

Audit Jaquet Compaing, pour bailler à ladite trompille, pour don à lui fait du consentement desdis procureurs, vingt salus d'or qui ont cousté chacun lviij s. p., vallent lviij l. p.

A Jehan Vaichot, fèvre, sur ce que la Ville lui doit du temps des précédens procureurs, la somme de xxix l. iiij s. p.

A Jehan le Maçon, pour cordes à arbalestes par lui faictes pour la Ville, xx s. p.

Somme (mandement du même jour)... ix^{xx} vj l. xviij s. viij d. p.

IV. — A Jehan Volant, pour argent par luy baillé pour unze journées de charpentier et quatre iournées de maçon qui ont besongnié à mettre le canon de Montargis à la tour des Vergiers de Saint Sanxon, pour membreuze, clo gameau, aez, chandelle et autres choses dont il a baillé ses parties en la chambre, c j s. iiij d. p.

A Jehan de Saint Avy, pour son sallaire d'avoir esté en ung voiaige avec Poton et Guion du Fossé par xxxv jours, pour ce, vj l. viij s. p.

A Jehan Morchoasne, pour bailler à Patau et à Guillemin le Véon, pour leurs sallaires et voictures d'avoir amené de Chasteaudun à Orliens ij^c lxv livres de pouldre, par marché fait à eulx à deux escus et demj le cent, vallent six escus et demj et quatre solz parisis, qui ont cousté chacun escu xlij s. p., vallent pour tout xiij l. xviij s. p.

A Colin Thomas, pour deux journées qu'il a vacqué à besoingner à la Barre volant de l'abreuvoer et pour mettre à point les barrières coulisses, le xxiij° jour d'avril, viij s. p.

Audit Colin Thomas, pour ix journées d'ommes qui ont nettoieez la porte de l'abreuvoer, la somme de xxiij s. iiij d. p.

A lui, pour clo à clouer la barrière de l'abreuvoer, iiij s. iiij d. p.

A luy, pour iiij journées d'ouvrier à avoir besongnié ou bouloart de la porte Bourgoigne, pour eslargir la planche, pour la ferrer et pour faire ung gardefol, pour chacune journée iiij s. p. vallent xvj s. p.

A Chaumart, pour bailler à ung homme qui avoit trouvé une chambre à canon en la rivière, ij s. p.

A Perrin Savereau, ledit jour, pour ix journées de lui et ix journées de son fils pour avoir besongnié à faire l'affust du canon dont joue le Rousselet et faire l'affust du canon dont joue Berthin, lvj s. p.

A Jehan Chaumart, pour ix toises et demie de bois, les vj et demie d'un espan de fourniture en tous sens, et trois toises de demy pié, à iij s. p. la toise d'un espan, et la toise de demy pié à ij s. p., employez esdictes euvres, vallent xxv s. vj d. p.

A luy, pour xxij aez de planchier mis en la tour du Heaume, xxxvj s. p.

A luy, pour cinq quarterons de clo gameau emploié esdites euvres, vj s. viij d. p.

A Jaquet le Prestre, pour despence faicte en la chambre ledit xxiij^e jour d'avril que Monseigneur le Chancelier y gousta, v s. iiij d. p.

A Jehan Damède, pour ung saz et deux toilles mises en deux saz dont le saz a esté baillié à Maistre Jehan, x s. p.

A Maistre Philippe Paris, pour argent par lui baillé pour une serreure pour la barrière de la porte Bernier, pour six journées de charpentier, pour une corde pour la planche et autres choses dont il a baillé ses parties, liij s. p.

A Thomas du Vau, pour la vente d'un cent de vielz fer pour la Ville, xxiiij s. p.

A Jehan Chaumart, pour bois emploié en la porte Bernier pour le Rousselet, et pour ij grosses tronces de noier pour faire tappons, lxiiij s. p.

A Jaquet le Prestre, pour bailler à ceulx qui portèrent les torches le iij^e jour de may que on porta la Vraie Croix, ij s. p., vallent ij s. p.

Somme (mandement du même jour)..... xlij l. j s. vj d. p.

V. — A Jaquet le Prestre, pour l'achat de deux sacz de charbon, xx s. p.

A luy, pour ung sac de charbon achacté d'un bonhomme qui fut mis en prison, xij s. viij d. p.

A Jehan Morchoasne, pour argent par lui baillé pour iiij chevales qu'il a fait faire pour Maistre Jehan, xlviij s. p.

Audit Jehan Morchoasne, pour faire enterrer ung homme qui fut tué à l'assault de Saint Loup, iiij s. p.

A luy, pour une eschielle, ij s. p.

A luy, pour bailler à quatre porteurs qui apportèrent de la porte Bourgoigne en la chambre les pavas qui avoient esté rapportez de Saint Loup, v s. iiij d. p.

A Perrin Cascau, pour façon de sacques faiz pour les lances faictes par Maistre Jehan et pour fusées, xij s. p.

A Pierre Baratin, pour faire esmeudre partie des coigneez porteez devant les Tourelles, xx s. p., pour ce, xx s. p.

A Perrin Savereau, charpentier, pour deux journées de son mestier qu'il a faictes pour faire deux affustz de deux canons, le vj° jour de may, viiij s. p.

A Jehan Morchoasne, pour donner à quatre poures gens pour l'amour de Dieu, iiij s. p.

A Jehan Mahy, pour argent baillé à Charpault et autres charpentiers pour aler boire le jour que les Tourelles furent gaignées, xvj s. p.

A Jehan Couste, sur ce que la Ville luy doit de ses

journéez du temps passé, par l'ordonna... des Procureurs, xxviij s. p.

A Raoulet de Recourt, pour bailler aux maçons pour abatre Saint Loup, le samedy vij° jour de may, xxxij s. p.

A Jehan le Camus, pour avoir fait esmendre partie des coingnées qui furent portées devant les Tourelles, xvj s. p.

A Jehan Martin, artillier, pour l'achat de vingt huit fleiches pur bailler aux archiers, xvj s. p.

A Jehan Morchoasne, pour donner à vij Escossoys, iiij s. p.

A Jehan Soubzterrine, pour deux douzaines de fustz de lances achattez pour bailler à Maistre Jehan, à vj s. p. la pièce, vallent vij l. iiij s. p.

A Jehan des Voines, pour xiiij peaulx de mouton baillez à Maistre Jehan, pour faire les lances et les fuzées, à iij s. iiij d. p. la pièce, vallent xlvj s. viij d.

A Jaquet Compaing, pour l'achat d'un gros canon de fer gaigné à Saint Loup, xvj l. p.

Somme (mandement du même jour).... xxxvij l. xviij s. viij d. p.

VI. — A Jaquet Compaing, pour cent quatre vings deux livres de pouldre à canon achactéez de Gabriau et autres compaignons, à v s. p. la livre, le vj^me jour de may, vallent xlv l. x s. p.

A luy, pour ixe xlviij l. de pouldre à canon achattée de compaignons que Jaquet Poirier amena, liij l. xij s. p.

Audit Poirier, pour son vin, xvj s. p.

A luy, pour le poix, iiij s. p.

A luy, pour la voicture, iiij s. p.

A Jehan le Camus, pour bailler à trois compaignons, qui estoient venus avec Jehanne, qui n'avoient que mangier, iiij s. p.

A Jaquet Compaing, pour l'achat de quinze livres de pouldre à canon achattée de compaignons qui l'avoient gaignée, lxxv s. p.

A luy, pour cinquante quatre livres de pouldre achattée d'un des gens de Poton v s. p. la livre, vallent xiij l. x s. p.

A Arnoul la Vennière, pour xxxix livres de pouldre à canon achattée de lui v s. p. la livre, vallent ix l xv s. p.

A Jaquet le Prestre, pour iiij sacs de charbon mis en la chambre, à viij s. p. le sac, vallent en somme pour lesdits trois sacs. xxiiij s. p.

A Jaquet Compaing, pour une casse de trait achactée de Coichon, iiij l. xvj s. p.

A luy, pour xl fuzées achattées du petit Boulart, à xij d. p., vallent xl s. p.

A luy, pour iiij^{xx} fuzées achattée du Rousselet, iiij l. p.

A Jehan Morchoasme, pour argent baillé au Poitevin pour avoir mené en son challan à Jargueau canons, pavaz, eschielles et autres choses, lxiiij s. p.

Audit Jehan Morchoasne, pour bailler à vij des gens Denis de Chailly, pour l'achat de xij livres de pouldre à canon, xxiiij s. p.

A Aignan de Saint Mesmin, pour argent baillé à Jehan Moreau et Perrin de Levreau, pour leurs paines d'avoir fait charger les bombardes et canons qui estoient au Portereau et les amener à la ville par la rivière, pour ce, ycy, iiij l. iiij s. p.

Audit Aignan pour l'achat d'une casse de trait achattée d'un homme qui l'avoit gaignée, lxviij s. p.

A Jehan Morchoasne, pour argent baillé à cinq hommes qui ont aidié à deschargier les canons, pavaz et autres choses que on amena de la rivière, vj s. viij d. p.

A Jehan Beauharnoys, pour l'achat de ij^c livres de plomb pour les coulevrines, à iiij l. p. le cent, vallent viij l. p.

A Arnoul le Canonnier, pour despence que les nottonniers qui amenèrent le canon de la porte Renart et Montargis firent aler à Jargueau, xviij s. viij d. p.

Somme (mandement du même jour)...... viij^{xx} l. xv. s. iiij d. p.

VII. — A Jaquet Compaing, pour iiij xij^{nes} et trois flèches achatteez en la chambre pour la Ville, la somme de xxxij s. p.

A Jehan le Camus, pour l'achat de deux pioches et ung pic achattez semblablement, viij s. p.

A Jaquet le Prestre, pour argent baillé à cinq hommes qui ont batu des pouldres, au pris chacun de ij s. viij d. p., vallent xiij s. iiij d. p.

A Jehan Beauharnois, pour ung cent de plomb pour les coulevrines, le xiiij^e jour de may, iiij l. xvj s. p.

A Bouzon de Faiges, bailli de Montargis, pour prest que la Ville lui a fait sur son canon de Montargis, dont il a baillé cédulle, xvj l.

A Jehan le Camus, pour bailler à un homme qui n'avoit de quoy vivre, iiij s. p.

A Charlot l'Uillier, pour l'achat de iiij xij^{es} de trait à arbaleste, viij s. p.

A luy, pour ung martinet à double poulye, xx s. p.

A luy, pour argent baillé à iiij femmes et j homme envoiez à Saint Loup pour serrer le trait qui avoit esté tiré à l'assault, iiij s. viij d. p.

A Jaquet Compaing, pour l'achat de quinze livres de pouldre à canon, à v s. p. la livre, vallent lxxv s. p.

A luy, pour l'achat d'une grosse arbaleste d'assier, iiij l. xvj s. p.

A luy, pour ung martinet à double poulie, xxiiij s. p.

A luy, pour j autre martinet, xx s. p.

Somme (mandement du même jour)..... xxxvj l. j s. p.

VIII. — A Jaquet Compaing, pour l'achat d'une casse de trait achattée pour la Ville, xxxij s. p.

A Jaquet le Prestre, pour l'achat de viij xij^{es} de trait, xvj s. p.

A luy, pour ij l. de pouldre à canon, viij s. p.

A Jehan d'Orliens, pour sept livres de pouldre à canon achattée de lui, xvj s. p.

A Jehan le Camus, pour argent baillé à ung homme d'armes pour l'achat d'une casse de trait, xxxij s. p.

A lui, pour une autre casse, xxiiij s. p.

A Hervé Marie, pour l'achat de cinq picz achactez pour la Ville, chacun au pris de ij s. p., vallent x s. p.

Audit Jehan le Camus, pour l'achat d'une lance ferrée qui fut portée au pont, pour ce, x s. p.

A Jaquet Compaing, pour argent baillé pour viij xij^nes de trait à arbaleste, xvj s. p.

A Maistre Philippe Paris, pour l'achat de ix lances ferrées qu'il a mises ou bouloart de la porte Bernier, à x s. p. la pièce, vallent iiij l. x s. p.

A Jaquet Compaing, pour argent baillé pour l'achat de cinq picques et une pelle ferrée achattez d'un Escossoys pour la Ville, xx s. p.

A Raoulet de Recourt, pour bailler à.,... (1), ij s. viij d. p.

A Jaquet Compaing, pour iiij xij^nes et demie de fleiches achattées en la chambre, à viij s. p. la douzaine, vallent xxxvj s. p.

A Jehan le Camus, pour ung caque de pouldre achatté de Castellain que Sautereau avoit par avant achatté, viij l. vij s. p.

A Robin de Clichy, pour demie douzaine de hottereaulx prins par Maistre Estienne l'Uillier pour le bouloart de la porte Parisie, xij s. p.

A Colin Galier, pour sept maçons qui ont fais les fourneaulx à chaulx au Portereau le jeudj xij^e jour de may, vendredj et samedj ensuivant, qui sont xxj jours, pour chacun jour iiij s. viij d. p., vallent iiij l. xviij s. viij d. p.

A luy, pour six meneuvres qui ont vacqué lesdis jours avecques lesdiz maçons à faire lesdis fourneaulx, à ij s. viij d. p. par jour, vallent xlij s. viij d. p.

A Colin Galier, pour despence faicte par ceulx qui ont fait le deviz des Tourelles, xxiiij s. p.

(1) Il y a une lacune dans le manuscrit.

A Oudin de Saint Avy, pour son sallaire d'avoir esté par la ville à prendre du bois pour la bastide, xxxij s. p.

A Jehan Boudoux, pour une esse et ung crampon mis à la chaisne de Saint Père Empont, iiij s. p.

A luy, pour ij gons miz pour monter l'uys du bouloart de la porte Parisie, iiij s. p.

A luy, pour une serreure à bosse mise en ung autre huis dudit bouloart guerny de coreau, vj s. p.

Somme (mandement du même jour)... xxxv l. iiij s. p.

IX. — A Jehan Boudoux, pour une bande pour le canon Naudin, vj s. p.

A luy, pour ij tuiaulx pour deux chambres à canon, iiij s. p.

A luy, pour avoir pendus trois huys et attachée la chaisne ou bouloart de la porte Bourgoigne, vj s. p.

A luy, pour avoir besongnié une journée à faire croiches pour la Ville, v s. iiij d.

A luy, pour la journée de deux varlez à faire lesdis croiches, vj s. p.

A luy pour deux esses pesans iiij l. et demie mises ou challans qui fut ars soubz le pont des Tourelles, au pris chacune livre de ij s. p., vallent ix s. p.

A luy, pour un tuiau mis en la chambre du canon de fer quant on cuida aler à Jargueau, ij s. p.

A luy, pour avoir besongnié une journée et pour la journée de trois varlez à besongnier en la forge de la Ville, xvj s. p.

A luy, pour deux cens quatre vings dix livres et demie de fer emploié esdittes euvres, à iiij l. p. le cent, vallent xj l. xij s. p.

A Perrin Germain, sur ce qui lui est deu pour avoir faiz les pappiers du guet et portes, xxxij s. p.

A André Godet, fèvre, pour ferreures, clefz, vertevelles et autres choses mises à la porte Renart, dont il a baillées ses parties en la chambre aux procureurs de la Ville, xxxij s. p.

A Pierre Couriaige, pour baillier à ung homme qui a chargié en charette des pierres à canon qui estoient à la bastide Saint Lorens et ailleurs, ij s. p.

Audit Couriaige, pour avoir amené desdites bastides des pierres à canons, et aussi pour autres voitures qui y ont vacqué, dont il a baillées ses parties en la chambre, lvj s. p.

A Jaquet Compaing, pour l'achat d'une grosse chambre à canon achactée pour la Ville, xx s. p.

A luy, pour trois autres chambres à canon achatteez pour la Ville, viij s. p.

A Jehan le Camus, pour ung homme qui a crié que chascun alast en besoingne, et pour avoir apporté de dessus le pont d'Orliens en la chambre certains picqz, pioches et autres choses, ij s. p.

A luy, pour repoussouer achatté pour Maistre Jehan, xvj d.

Somme (mandement du même jour)..... xxj^e l. xix s. viij d. p.

X. — A Pierre Baratin, pour argent baillé à Thomas d'Ivoy pour la façon de cent et demy de pierres à canon pour la Ville, lxxiiij s. p.

A luy, pour xiiij journeez d'ouvrier à faire pierres

à canon pour la Ville, pour chacune journée iiij s. vij d. p., vallent lxiiij s. p.

A Ymbert François, pour une casse de trait achattée de lui, xxxij s. p.

A Girard le Comte, pour xiij xij^nes de mosche à fallot par luy baillées à plusieurs foys pour la Ville, ix l. xij s. p.

A André Chauveau, pour l'achat de dix livres de pouldre à canon qui furent gectées ou taudiz de fagos qui estoient devant les Tourelles, iiij s. p.

A Robin Boguet, cordier, pour cordaige prins de lui par Aignan de Saint Mesmin, pour faire hyes, vj s. viij d. p.

A Jaquet Compaing, pour bailler pour l'achat de vj xij^nes de trait achatté pour la Ville, xij s. p.

A Jehan Morchoasne, pour iij xij^nes trois fleiches achatteez en la chambre pour la Ville, xxiiij s. p.

A Perrin Liberge et Jehan de Saint Avy, pour leur sallaire d'avoir esté querir du bois pour mener au Chastignier pour le fait de la bastide, xxxij s. p.

A Jehan Nachu, Perrin Thierry et Denis Hurault, charpentiers, sur ce qui leur peut estre deu du temps des précédens procureurs par l'ordonnance des procureurs de présent, viij l. viij s. p.

A Simon Fradin, sergent, pour son sallaire d'avoir vacqué à prendre les voitures pour mener le bois au Chastignier pour la bastide et pour argent baillé aux voitturiers par l'ordonnance des Procureurs, xxiiij s. p.

Somme (mandement du même jour).... xxxj l. xij s. viij d. p.

XI. — A Robin le Boquaut, sergent, pour son sallaire d'avoir prins des voittures pour mener le bois au Chastignier pour la bastide, xvj s. p..

A Guillaume Chaumart, pour argent par luy baillé à plusieurs pionniers et mannouvriers qu'il mena à Jargueau derrenièrement quant l'on y fut, et pour avoir fait chargier et deschargier les canons et autres choses qui furent meneez à ung challan où il estoit, dont il a baillées ses parties en la chambre aux Procureurs, iiij l. xviij s. viij d. p.

A luy, pour bois et journées de charpentier qu'il a paieez pour mettre à point le canon au Rousselet, pour les canons de la porte Bernier, pour le canon que Naudin a derrenièrement fait, et pour le portaige dudit bois dont il a bailléez ses parties, en la chambre, aux Procureurs, lxvij s. viij d. p.

A Jehan Aubert, pour despence faicte en son hostel par les nottonniers qui passèrent les challans et santines qui portèrent les canons et artilleries, quant le siége estoit devant les Tourelles, par l'ordonnance de Maistre Hervé Lorens, lieutenant de Monseigneur le Gouverneur, et pour despence faicte par lesdis nottonniers, quant on cuida aler despécier le bouloart de l'Isle par l'ordonnance de Jaquet l'Argentier et Pierre Boitart, iiij l. p.

A Jehan Bouchetaut, voitturier, pour plusieurs voittures par lui faictes pour la Ville, depuis le xxij^e jour de mars derrenièrement passé jusques au xviij^e jour de may ensuivant, à mener du bois et pierres à canon pour la Ville, et pour avoir amené du blé de la Ville et autres choses, dont il a baillées ses parties par escript, en la chambre, aux Procureurs, vj l. xvj s. p.

A Jehan le Beaussier, voitturier, pour semblable cause, et dont il a baillées ses parties pareillement, iiij l. xvj s. p.

A Perrin Goault l'aisné, voitturier, pour semblable cause, et dont il a baillées ses parties pareillement en ladite chambre, iiij l. p.

A Jehan le Vaichier, pour sept douzaines de mosche et trois mesures d'uille, pour ce, vij l. viij s. p.

A Jehan le Camus, pour bailler à Katherine veufve femme de feu Jehan Augis, cordière, pour cinq chevestres de cordes à mettre es hyes, iij s. iiij d. p.

Somme (mandement du même jour)…,. xxxvj l. v s. viij d. p.

XII. — A Jaquet Compaing, pour bailler à Jehan le Grant, fèvre, pour l'achat de ij^m iij^c fers d'arbaleste faiz pour la Ville à plusieurs fois, depuis le xxij^e jour de mars derrenier passé, au pris chacun mille de xiij l. xij s. p., vallent xxxj l. liij s. p.

A Perrin Coichon, pour deux milliers de fers faiz semblablement pour ladicte ville, audit pris, vallent xxvij l. iiij s. p.

A jcellui Jaquet, pour bailler à Jehan Maigny, pour deux milliers de fers faiz pour ladicte ville, audit pris, vallent xxvij l. iiij s. p.

A luy, pour bailler à Mahiet Asselin, pour ung millier un quarteron de fers faiz pour ladicte ville, audit pris, vallent xiiij l. p.

A luy, pour bailler à Robin Noel pour iiij^c de fers pour ladicte ville, c viij s. viij d. p.

A luy, pour bailler à Jehan Yvon et Jehan Charetier, pour xxx fers semblables, viij s. p.

A luy, pour bailler à Philémon Boulart, pour j millier de fers, xiij l. xij s. p.

A luy, pour bailler à Guillaume Boisdurant, pour avoir empané à plusieurs fois pour la Ville deux milliers et demy de trait du bois de la Ville, et pour ij milliers viij^c de trait qu'il a baillé tout prest à ladicte ville, dont il a baillées ses parties, xxxviij l. viij s. p.

A luy, pour bailler à Jehan Martin, artillier, pour semblablement avoir empané et ferré trois milliers j^c de trait pour la Ville, au pris de iiij l. p. le millier, vallent xij l. viij s. p.

A luy, pour bailler à Jehan l'Alement, pour avoir empané de parchemin sept cens de petit trait, xxxviij s. iiij d. p.

A luy, pour xj^c et demy de trait tout prest et ferré, baillé pour la Ville par ledit l'Alement, xxiiij l. p.

A luy, pour bailler à Thevenon Martin, pour avoir empané et ferré deux milliers ung cent de trait pour la Ville, au pris de iiij livres parisis le millier, vallent viij l. viij s. p.

A luy, pour bailler à Thomas Lucas, pour avoir fait j millier de trait tout prest à empaner, dont il a baillé le bois, iiij l. p.

A luy, pour avoir fait deux milliers et demy de trait pour la Ville, du bois d'icelle ville, la somme de c xvj s. viij d. p.

A luy, pour iij⁰ fustz tous prestz, xxiiij s. p.

A jcellui Jaquet, pour bailler à Geffroy Drion, pour l'achat de cinq⁰ cinquante pièces de trait tous prests et autant de fers, xj l. iiij s. p.

A luy, pour bailler à l'ouvrier du bois pour xiij⁰ pièces de trait tous prestz à empaner, baillé, pour la Ville, c iiij s. p.

A luy, pour avoir fait ung millier de trait carré du bois de la Ville, xlvj s. viij d. p.

A luy, pour bailler à Casin le Fournier, pour avoir fait j millier de trait carré du bois de la Ville, xlvj s. viij l. p.

A luy, pour bailler à la femme Damède, vennier, pour une xij^me de hottereaux baillez pour la Ville, xxiiij s. p.

A luy, pour bailler à Jehan de Clichy, pour trois douzaines de hottereaulx baillez pour la Ville, lxxij s. p.

A luy, pour bailler à Berthelot Pappelart, broetier, pour avoir esté par la Ville serrer pierres à canon, iiij s. p.

A luy, pour bailler à Gilet Jeullin, serreurier, pour demy cent de chaussetrappes faittes pour la Ville, vj s. p.

A luy, pour bailler à Philémon Boulart, pour avoir fait l'estrier de l'arbaleste des ars, pour ce, iiij s. p.

A Raoulet de Recourt, pour bailler à Jehan Hallet, sergent, pour son sallaire d'avoir esté querir des nottonniers pour aler à Saint Loup quand il fut prins d'assault par noz gens, viij s. p.

Somme (mandement du même jour)........ ij⁰ xlij l. ij s. p.

XIII. — A Raoulet de Recourt, pour bailler à quatre porteurs qui ont apporté le sallepestre, ij s. p.

A Jaquet Compaing, pour cordes à faire hyes achattées de Micheau Guictry, xij s. p.

A luy, pour ij livres de chandelle achattez pour portes aux Tourelles, viij s. p.

A luy, pour x xij^{ns} de fleiches achattées pour la Ville, à viij s. p. la xij^{m}, vallent iiij l. p.

A luy, pour trait d'arbaleste achatté pareillement, iiij l. xij s. p.

A luy, pour chambre à canon, achattée pareillement, xxxiiij s. p.

A luy, pour paier ung grand martinet double, xxiiij s. p.

A luy, pour faire repasser les eschielles et pavaz qui estoient au Portereau, et pour l'achat d'ung grant pavaz, xij s. p.

A Jehan de Clichy, vennier, pour l'achat de quinze hottereaux achattez, pour le pont, par Aignan de Saint Mesmin, xxx s. p.

A Jehan le Bourbonnois, pionnier, pour xxxix journées qu'il a besongnié de son mestier pour la Ville, c'est assavoir ou bouloart de la porte Parisie xxvj journées, ou bouloart de la porte Renart vj journées, et ou bouloart du pont vij journées, depuis la sepmaine peneuse jusques au xxj^e jour de may, au pris chacune journée de iiij s. p., vallent vij l. xvj s. p.

A luy, pour aler à Jargueau derrenièrement, viij s. p.

A Julian Paletrier, pionnier, pour six journées qu'il a vacquées ou bouloart du pont d'Orliens, au pris chacune journée de iiij s. p., vallent xxiiij s. p.

A Jaquet Compaing, pour une casse de trait achattée dudit Robillart, xlviij s. p.

A Jehan Bordeau et Estienne Billecaut, pour leur sallaire d'avoir amené au port les huis et fenestres qui estoient à Saint Privé, xx s. p.

A Naudin Bouchart, pour demj cent de pouldre à canon pieça achattée de luy pour la Ville, x escus d'or au pris chacun escu de xlvj s. p., vallent en somme xxiij l. p.

A Philémon Boulart, pour avoir appareillé les arbalestes de la Ville, à faire estriez, clefz et autres choses dont il a bailleez ses parties, xlviij s. p.

A Jehan de Saint Avy, pour l'achat de xl toises de corde et xv licoz achattez par luy pour faire hyes pour porter à Saint Lorens et au Portereau, xvj s. viij d. p.

A Chaumart, pour argent baillé pour faire oster et mettre à point les pierres qui estoient entour la chambre de la Ville, où il a mis dix hommes par ung jour, et pour oingt achatté pour oindre le chariot, dont il a bailleez ses parties, xxxix s. p.

A Jaquet Compaing, pour une casse de traict achattée de Perrin Loreau, lvj s. p.

Somme (mandement du même jour)...... lviij l. ix s. viij d. p.

XIV. — A Robert Carré, pour six journées qu'il a vacqué ou bouloart et aux Tourelles à faire besongnier, au pris chacune journée de viij s. p., vallent xlviij s. p.

A Jehan Morchoasne, pour bailler au charetier du

trésorier pour pierres à canon qu'il amena de Saint Lorens quant son cheval fut perdu, ij s. p

A luy, pour bailler au Moine, varlet de Maistre Jehan le canonnier, pour don à luy fait par les Procureurs pour ce qu'il estoit blecié, xxxij s. p.

A Jaquet le Prestre, pour bailler à Maistre Hervé Lorens, pour don à luy fait pour son mes de Pasques, pour la peine qu'il prent pour la petite pinte, xl s. p.

A luy, pour bailler semblablement audit Maistre Hervé, pour son mes du jour de Penthecouste, xl s. p.

A Maistre Pierre Chauvin, pour don à lui fait pour abatre les murailles de Saint Lorens, xxiiij s. p.

A Jehannetons de Mareau, pour quarante deux livres de pouldre à canon achattez iapieça d'elle pour le fait de la Ville par Jaquet Compaing, au pris de vingt escuz d'or le cent, vallent huit escus d'or qui ont cousté chacun escu quarante six sols parisis, vallent xviij l. viij s. p.

A Jehan Nachu et Gilet Bataille, charpentiers, pour x journées de chacun d'eulx et de six autres charpentiers qui ont besongnié par lesdis dix jours avec eulx ou bouloart du bout du pont et sur le pont d'Orliens à faire ce qui estoit nécessaire depuis le mercredi xj^{me} jour de may jusques au samedi xxj^e jour de may ensuivant, dont on a compté avec eulx par les parties qui sont en la chambre de la Ville par devers les Procureurs, xxv l. j s iiij d. p.

A Guillemin Coste et Jehan Coste, charpentiers, trois autres charpentiers avec eulx qui ont besongnié par lesdis dix jours sur ledit pont et ou bouloart, dont on a compté à eulx semblablement par leurs parties qui sont en la chambre, xij l. p.

A Jehan Charpault et Perrin Thierry, charpentiers, sept autres charpentiers avecques eulx qui ont besongnié par lesdis dix jours sur ledit pont et ou bouloart dont on a compté avec eulx semblablement par leurs parties qui sont en la chambre, xv l. xvij s. p.

A Colin Thomas, charpentier, pour xxij journées qu'il a vacquées à besoingner de son mestier ou bouloart de la porte Parisie et ailleurs depuis le xxiij° jour d'avril jusques au xxij° jour de may dont il a baillées ses parties, à v s. p. pour jour, vallent c x s. p.

A Perrin Germain, pour douze picqz achattez de luy pour la Ville, xxiiij s. p.

Somme (mandement du même jour).... iiij^{xx} vij l. vj s. iiij d. p.

XV. — A Perrin Gouaut, voitturier, pour voittures par lui faittes pour mener le bois au Chastignier dont il a baillées ses parties, lxij s. p.

A Jaquet Compaing, pour bailler à Jehan le Maçon, pour façon de cordes à arbalestes pour la Ville, xvj s. p.

A Guillot Savore, pour argent par lui baillé pour despence faicte en faisant la pouldre à canon en la chambre, en herbes et autres choses, pour portaige, pour pintes et pos portez au Portereau, quant le siège estoit aux Tourelles, dont il a bailleez ses parties, iiij l. vj s. viij d. p.

A Jehan le Camus, pour bailler à ung homme d'armes blecié, tant pour don à lui fait comme pour et ou lieu de ij lances ferreez qu'il bailla derrenièrement quant les Tourelles furent prinses, pour y porter, xxxij s. p.

A Guillot le Brun, celier, pour ses peines d'avoir mis à point les pavaz pour la Ville, comme à y feire les tenans, les clouez et autres choses, et pour ij^c de clo à ardoise qui y ont esté emploiez, et pour autre clo, xxiiij s. p.

A Geffroy Drion, pour xij^{xx} livres de sallepestre, à xvj escus le cent, et pour xij l. de souffre, xxiiij escus d'or qui ont cousté chacun escu xlvj s. p., vallent, passé par quittance donnée du xvij^e jour d'aoust, lv l. iiij s. p.

A Jaquet le Prestre, pour argent baillé pour l'achat de xlv mosches à falot achattez pour la Ville, viij s. p.

A luy, pour l'achat d'une pièce de bois de vj toises et demie de long prisée par Colin Thomas et Robert Carré, xliiij s. p.

A Jaquet le Prestre, pour viij mosches à falot achatteez pour porter devant les Tourelles, viij s. p.

A Jehan Petit, chandelier, pour vj livres et demie de chandelle achattée pour ardre en la chambre, à iiij s. la livre, vallent xxvj s. p.

A Jehan Martin, pour l'achat de xxv livres de plomb achatteez de Guillaume le Charron, pour faire plombées pour Maistre Jehan, au pris de iiij l. xvj s. p. le cent, vallent xxiiij s. p.

A luy, pour xij l. de plomb achatteez dudit Guillaume, pour faire plombeez pour Phil^e Nicolas, audit pris, xij s. p.

A luy, pour xix cordes à arc achatteez pour porter devant les Tourelles derrenièrement qu'elles furent gaigneez, x s. p.

A luy, pour trois chevrotins blans achattez pour faire fuzées pour ledit jour que les Tourelles furent gaignées, vj s. p.

A Pierre Gros Yeux, homme d'armes, pour et en lieu de ce qu'il avoit perdu son chapperon devant les Tourelles, à l'assault, dont il avoit un des bassines de la Ville qu'il retenoit pour celle cause, pour ce à luy pour don, xx s. p.

Somme (mandement du même jour).... lxxiiij l. i s. viij d. p.

XVI. — A Mathieu des Cartiers, mineux, pour ses gaiges de deux mois commencez à my mars mil iiij^c xxviij et finiz à my may iiij^c xxix, au pris chacun mois de huit escuz d'or, vallent xvj escuz d'or qui ont cousté chacun escu l'un portant l'autre xliij s. p., vallent xxxiiij l. viij s. p.

A Barthelemy Courtbec dit Berthuis, canonnier, pour ses gaiges des mois d'avril et may iiij^c xxix, pour avoir servy es canons de ladicte ville, au pris chacun mois de xij l. p., vallent xxiiij l. p.

A Peisson Baillj dit Rousselet, canonnier, pour ses gaiges desdiz deux mois, audit pris de xij l. p. pour mois, vallent xxiiij l. p.

A Arnoul la Vaintre, canonnier, pour ses gaiges desdis deux mois, au pris de ix l. xij s. p. pour mois, vallent xlx l. iiij s. p.

A Jehan du Pont, canonnier, pour ses gaiges dudit mois d'avril et la moitié dudit mois de may, au pris chacun mois de ix l. xij s. p., vallent xiiij l. viij s. p.

A Guillaume Doisy, pour ses gaiges desdis mois et demj, audit pris, viiij l. viij s. p.

A Jehan Maubret, pour ses gaiges dudit mois et demj, au pris chacun mois de viij l. p., vallent xij l. p.

A Guillaume Chaumart, pour ses gaiges desdis mois d'avril et may, au pris chacun mois de viij l. p., vallent xvj l. p.

A Mahiet de la Forest, canonnier, pour ses gaiges desdis mois et demy, au pris chacun mois de ix l. xij s. p., vallent xiiij l. viij s. p.

A Claux Gaubin, canonnier, pour ses gaiges desdis mois et demy, au pris chacun mois de vj l. viij s. p., vallent ix l. xij s. p.

A Perrin Bontemps, canonnier, pour ses gaiges desdis mois et demy, au pris chacun mois de viij l. p., vallent xij l. p.

A Jehan François, canonnier, pour ses gaiges desdis mois et demy, au pris de iiij l. xvj s. p. pour mois, vallent vij l. iiij s. p.

A Casin le Fournier, aide de Berthin, pour ses gaiges desdis mois et demy, au pris de iiij l. xvj s. p. pour mois, vallent vij l. iiij s. p.

A Guillaume le Clerc, aide du Rousselet, pour ses gaiges desdis mois mois et demy, audit pris, vij l. iiij s. p.

A Gilet des Maraiz, aide Jehan du Pont, pour ses gaiges dudit mois et demy, audit pris, vij l. iiij s. p.

A Maistre Jehan, canonnier, pour don à lui fait par les Procureurs pour luy aidier à vivre pour ce qu'il n'a nulz gaiges de la Ville, xxiiij l. p.

A Jehan Morchoasne, pour bailler au varlet Guillaume Doisy, canonnier, pour don à luy fait pour ce qu'il estoit blecié, lxiiij s. p.

A Bernard Josselin, guette de Saint Père Empont, et Simon Fournier, guette à Saint Pol, pour leurs gaiges des mois d'avril et may iiij^e xxix, xvj l. p.

A Jehan le Camus, pour donner à Berthault Coulon, homme d'armes de la compagnie Oudin de Boissy, lequel avoit esté blecié d'un canon à l'assault du boloart du portereau d'Orliens, xlviij s. p.

A Jehan Cailly, notaire, pour la façon d'une certiffication et le seel d'icelle faitte à Mathieu des Cartiers, mineux, pour soy en aler, iij s. p.

Somme (mandement du même jour)...... ij^e lxviij l. xix s. p.

XVII. — A Estienne Billecaut et Jehan Bordeau, pour leur sallaire d'avoir esté querir à Saint Privé certains bois, huis et autres choses, ix s. p.

A Guillaume Chaumart, pour bailler à xj hommes qui tirèrent la grosse bombarde de la croiche, xxij s. p.

A Jehan Mahy, pour don fait à ung poure homme qui estoit blecié en la jambe, pour ce, iiij s. p.

A ung porteur qui aida à porter les eschielles de la chambre à la rivière, viij d. p.

A Jehan d'Orliens, pour avoir crié que la veille de la Feste Dieu on porteroit *corpus Domini* et que les gens d'église yroient nuz piez, ij s.p.

A Jehan Morchoasne, pour bailler à Gauguin pour avoir appareillé deux chevalos pour Maistre Jehan, iiij s. p.

A luy, pour deux cordes à martinet, ij s. viij d. p.

A luy, pour bailler à ceulx qui apportèrent en la chambre quatre barilz de sallepestre que Robin Gautier fist venir pour la Ville, ij s. p.

A André Godet, fèvre, pour avoir appareillée la chesne de l'abeuvroer et fait une serreure pour la porte, une autre serreure à la porte Bernier, et ix chevilles, et pour avoir fait ouverture en six lieux pour la Ville, xij s. p.

A Gilet de Saint Mesmin pour bailler aux nottonniers qui ont esté querir en l'isle Chalemaigne des pierres à canon, iiij s. p.

A Noel Briant, pour deux xij^{nes} de cordes à arc achacteez pour la Ville de Jehan Janioteau, viij s. p.

A Jaquet Compaing, pour argent baillé pour trait achatté en la chambre le derrenier jour de may, viij s. p.

A Jehan Corintreau, pour ij xij^{nes} de cordes à arc achattées de la Hussonne, pour la Ville, viij s. p.

A Jaquet Compaing, pour argent baillez à Girard Morceau, pour l'achat d'une casse de trait achactée pour la Ville, lxiiij s. p.

A luy, pour un cent de trait achatté de Ferraudille pour ladicte Ville, xvj s. p.

A Jehan Challaz, maçon, pour son sallaire d'avoir esté querir pour la Ville deux grosses pierres à canon de la grosse bombarde, iiij s. p.

A Jaquet Compaing, pour xlij pièces de trait achattez de Noel Bruiant, iiij s. viij d. p.

A Estienne, le paintre, pour avoir fait une banière pour la Ville, pour tout, vj l. vj s. viij d. p.

A Estienne, le paintre, pour avoir faict une banière pour la Ville, pour tout, vj l. vj s. viij d. p.

A Jehan Mahy, pour xv livres de remes et oingt pour oindre les fagos et pour engresser drappiaulx pour mettre le feu ou bouloart des Tourelles, au pris chacune livre de iij s. vj d. p., vallent lij s. vj d.

A Jehan Bouchetaut, voitturier, pour cent dix sept voittures faittes pour la Ville depuis le premier jour de juing derrenièrement passé jusques en la fin dudit mois, pour mener pierres, bois, fiens, picz, pioches et autres choses, par marchié et composicion faicte avecques luy, et dont il a baillées ses parties en la chambre, xj l. ix s. p.

A Jehan Martin, artillier, pour ij noix d'arbaleste, pour la Ville, viij s. p.

Somme des parties dessusdictes, vingt neuf livres unze solz deux deniers parisis, qui paiée a esté par ledit receveur par autre mandement de honnorables hommes et saiges Maistre Jehan Parine, arcediacre de Baugency, Maistre Robert de Serceaulx, soubzdoien de Saint Aignan, et Maistre Jehan Compaing, chanoine de Saint Père Empont d'Orliens, commis par les gens d'église à la fortifficacion de ladicte ville d'Orliens, Charlot l'Uillier, Jaquet Compaing, Jehan Morchoasne, Jehan Martin, Jehan Boillève, Jehan le Camus, Jehan Mahy, Guy Boillève et Pierre Baratin, procureurs de ladicte ville, donné le mardj xixe jour de juillet l'an mil quatre cent et vingt neuf, et par quictance sur ce faicte attachée audit mandement cy rendu, pour ce xxjx l. xj s. ij d. p.

XVIII. — A Jaquet Compaing, pour une casse de petit trait achatté pour la Ville, lxiiij s. p.

A luy, pour l'achat de cinq sacz de charbon achattez pour la Ville, au pris chacun sac de ix s. iiij d. p., vallent xlvj s. viij d. parisis.

A Jehan Couste, charpentier, trois autres charpentiers avecques luy, qui ont besongnié ou bouloart du pont à faire les pons leveys, barrière et autres choses, le lundj xxiij° jour de may, mardy, mecredj, vendredj et samedj ensuivans, qui sont xx journeez de charpentier au pris chacune journée de vj s. p., vallent lesdites xx journées, vj l. p.

A Colin Thomas, charpentier, trois autres charpentiers en sa compaignie, qui ont besongnié oudit bouloart esdittes euvres par lesdis jours, qui font xx journées de charpentier, audit pris, vallent vj l. p.

A Jehan Nachu, charpentier, trois autres charpentiers avec lui, qui ont besongnié esdites euvres ledit lundj et mardy ensuivans, et quatre charpentiers avecques lui, qui ont besongnié esdictes euvres le mecredj, vendredj et samedj ensuivans qui font xxiij journées de charpentier, vallent audit pris vj l. xviij s. p.

A Maistre Jehan de Gyves, pour avoir fait le mandement pour contraindre à paier les trois mil frans accordez pour Jargueau, xxxij s. p.

A Perrin Germain, pour deux piez achattez pour la Ville, iiij s. p.

A Jehan le Camus, pour ung autre pic, ij s. p.

A Savoye, pour deux autres picqz, iiij s. viij d. p.

A Berthelot Papelart, porteur, pour avoir mené de l'ostel Boistart chiez Vaichot les chaisn...

avoir portées les pouldres à canon et sallepestre ou hault de l'ostel de la Ville, vj s. p.

A Jaquet Compaing, pour l'achat de lxxviij l. de pouldre à canon achattée de Jehan du Pont, Yver et Gilet des Maiz, au pris chacune livre de v s. parisis, vallent xix l. x s. p.

A Guillot Savore, pour une serreure pour le grenier où sont les pouldres de la Ville, pour ce, vj s. p,

A luy, pour xiiij picqs achattez pour la Ville, xj s. viij d. p.

A Perrin Boitart, pour l'achat de trois chaisnes de fer pesans iiij^{xx} xvj livres achatteez au pris de cent solz parisis le cent, vallent iiij l. xvj s. p.

A Robin Boet, maçon, pour avoir besongnié à estoupper les canonnières du bouloart du pont, le lundj xxiij^e jour de may, mardj et mecredj ensuivans, à v s. iiij d. p. par jour, vallent xvj s. p.

A luy, pour bailler à ung meneuvre qui l'a servy lesdis trois jours, viij s. p.

A luy, pour avoir besoingné oudit bouloart les vendredj et samedj ensuivans, xij s. p.

A Guillot Savore, pour trois picz et une pioche achattez de Guillaume Romj, x s. viij d.

A Naudin Bouchart, pour la façon de deux saingz faiz pour signer les picqz, pioches, pelles et autres choses de la Ville, xvj s. p.

Audit Savore, pour trois picqz achattez de Hervé Marie, viij s. p.

A Robert Carré, maçon, pour xviij journées qu'il a besongnié ou bouloart du pont, commencent le ixe jour de may, au pris chacun jour de six s. p., vallent c viij s. p.

A Jehan le Camus, pour bailler à deux hommes qui ont porté les eschielles en la chambre de la Ville, v s. iiij d. p.

A Guillaume Chaumart, pour bailler à ung homme qui appareilla les eschielles de la Ville, v s. iiij d. p.

Somme (mandement du même jour)...... lxij l. xix s. iiij d. p.

XIX. — A Jehan le Camus, pour bailler à Estienne Charpault, pour ce qu'il disoit qu'il avoit failly à compter ses journées, iiij s. p.

A Guillot Savore, pour trois pièces de fer et pour clo pour faire les cueilliers pour charger la grosse bombarde, viij s. p.

A André Godet, serreurier, pour une serreure mise à la porte du pont, iiij s. p.

A Jaquet Compaing, pour bailler à Ortie, le poursuivant, pour aler devers Monseigneur le Bastard, xxxij s. p.

A Jehan Jaquet, charpentier, pour eschielles faictes pour la Ville, tant doubles que autres, pour porter à Jargueau et ailleurs, dont il a baillées ses parties en la chambre, xxiij l. iiij s. p.

A Guillot Fraret, couvreur, trois autres en sa compaignie, qui ont besongnié, par trois jours chacun, à couvrir la loige des portiers au bout du pont, et pour avoir arraché l'ardoise des Tourelles et taillée, au pris chacune journée de vj s. p., vallent lxxij s. p.

A luy, pour trois journées de son varlet, à ij s. viij d. p. par jour, vallent viij s. p.

A Gilet du Mont, pour son sallaire d'avoir esté à

Bourges porter lettres aux gens d'église, bourgois et habitans de Bourges, pour le fait de la monnoye de l'eigle, par marchié fait à luy, lxiiij s. p.

A Jehan Poitevin, pescheur, pour avoir mis à terre seiche ung challan qui fut mis soubz le pont des Tourelles, pour les ardre quand elles furent prinses, viij s. p.

A Jehan Couste et son filz et Jehan Clousier, charpentiers, pour avoir besongnié ou bouloart du pont, chacun pour six jours commencens le penultième jour de may, vallent xviij jours au pris chacun charpentier pour jour de vj s. p., c viij s. p.

A luy, pour bailler à cinq autres charpentiers qui ont besongnié oudit boloart pour lesdis vj jours, font xxx journées, au pris chacun jour de v s. iiij d. p., vallent viij l. p.

A Jehan Nachu, charpentier, pour avoir besongnié par lesdis vj jours, oudit bouloart, avecques lui Jaques Roussart, Robin le Picart, Jehan Fornigau, Denis Hurault, Perrin Thierry et Jehan l'Amirault, par lesdis vj jours, et Cardeau, son filz et Perrin Clément, charpentiers, chacun une journée, vallent xlv journées, au pris chacune journée de vj s. p., vallent xiij l. s. p.

A Colin Thomas, charpentier, deux autres en sa compagnie, qui ont besongnié par lesdis six jours oudit bouloart, au pris chacun d'eulx pour jour de vj s. p., vallent c viij s. p.

A Colin Galier, maçon, pour xxv journées de maçon à avoir besongnié en la loige des portiers au bouloart du pont, commencent le premier jour de juing, au pris chacune journée de vj s. p., vallent vij l. x s. p.

A luy, pour six journées de meneuvre, xviij s. p.

A luy, pour avoir fait abatre, la nuit du second jour de juing, le mur où est le pont leveys du bouloart du pont, viij s. p.

A luy, pour cinq muis quatre mines de chaulx employez esdites euvres, à xlviij s. p. le muy, vallent xij l. xvj s. p.

A Jehan le Beaussier, voitturier, pour lxv voittures par lui faictes pour la Ville, depuis le premier jour de juing derrenièrement passé jusque en la fin dudit mois, à mener pierres à canons, bois, fiens et autres choses, dont il a bailleez ses parties en la chambre, pour tout, vj l. viij s. p.

Somme (mandement du même jour).... iiij^{xx} xiij l. x s. p.

XX. — A Jaquet Compaing, pour bailler à Orliens, le hérault, pour avoir esté à Selles devers la Pucelle, le iiij^e jour de juing, dire nouvelles des Anglois, vj l. viij s. p.

A luy, pour xj l. de plomb bailleez à Bon Temps pour plommer pour la Ville, et baillé et à Guillot Savore pour achatter du plomb semblablement, viij s. p., qui sont pour tout xix s. p.

A luy, pour argent baillé pour l'achat d'un sac de charbon, x s. p.

A luy, pour bailler à Philippot Picart, Jehan Fleurj, Guillot Fraret et Estienne le Bégue, pour avoir besoingné chacun une journée à achever de couvrir la loige des portiers du bout du pont, au pris de vj s. p. pour journée, vallent xxiiij s. p.

A luy pour bailler a deux meneuvres qui les ont servis, vj s. p.

A luy pour bailler à deux hommes qui apportèrent une pierre de la grosse bombarde, ij s. viij d. p.

A luy, pour argent baillé pour l'achat de trois pioches, deux picqz et du plomb, pour tout, xiij s. viij d. p.

A luy, pour l'achat de fers de trait d'arbaleste, xvj d. p.

A luy, pour argent baillé à Jehan le Clerc qui fut, avecques François Jehanin, devers la Pucelle, de par la Ville, xvj d. p.

A luy, pour argent baillé à Jehan l'Alement et à Jehan de Beauvilliers, pour l'achat de xiij^c pièces de bois carré à faire trait, xxxij s. p.

A luy pour bailler à Regnault Barrier, pour xxx gros tappons, viij s. p.

A luy, pour l'achat de ij livres d'oingt achatteez pour la grosse bombarde, iiij s. p.

A luy, pour bailler à deux hommes qui chargèrent les canons qui estoient sur le pont pour les amener en la chambre, ij s. p.

A luy, pour deux pioches achatteez de Maugard, iiij s. viij d. p.

A luy, pour bailler à Trichery qui a emmanché picqz et pioches pour la Ville, xvj s. p.

A luy, pour l'achat d'un pic, ij s. viij d. p.

A luy, pour bailler à cinq hommes qui ont veillé par trois nuiz l'artillerie et canons qui estoient chargez sur la rivière pour mener à Jargueau, xxviij s. p.

A luy pour bailler à Vaichot pour aler à Jargueau, xvj s. p.

A luy, pour bailler à Charpault et à Cavereau et son filz, pour six journeez qu'ilz ont besongnié à faire les manteaulx, au pris chacune journée de vj s. p., vallent xxxvj s. p.

A luy, pour bailler à Maistre Pierre Chauvain, pour lui et sept maçons qu'il a menez à Jargueau, vj l. viij s. p.

A luy, pour bailler à Rifflart et Bourdon, voitturiers, pour leurs peines d'avoir mené la grosse bombarde à Jargueau et Baugency, lxxij s. p.

A luy, pour bailler à Savore et à l'Abbé, portier, qui conduisirent l'artillerie à Jargueau, xxxij s. p.

A luy, pour bailler à Jehan le Poitevin, pour lui et xxij hommes qui menèrent deux grans challans à Jargueau pour mener l'artillerie, xvij l. xij s. p.

A luy, pour bailler à Portereau, pour lui et xvj hommes qui menèrent deux autres challans à Jargueau pour mener les canons, pierres, chaz et autres choses, en somme xij l. xvj s. p.

A luy, pour bailler à Gilet Bataille et Cavereau, charpentiers, pour eulx et deux varlets pour aler à Jargueau, lxiiij s. p.

A luy, pour bailler à ceulx qui ont chargiez les canons, trait et autres choses, iiij s. p.

A luy, pour bailler à deux nottonniers qui ont mené en une santine à Jargueau les coulevrines, xxxij s. p.

Somme (mandement du même jour)..... lxv l. x s. p.

XXI. — A Jaquet Compaing, pour bailler à Casin, canonnier, pour avoir esté à Jargueau et à Baugency, xlviij s. p.

A luy, pour bailler à Bontemps, canonnier, pour aler à Jargueau et à Baugency, semblablement, xlviij s. p.

Audit Jaquet, pour bailler à François, canonnier, pour semblable cause, xlviij s. p.

A luy, pour bailler à Verno, charpentier, pour aler à Jargueau et à Baugency, xxxij s. p.

A luy, pour bailler à trois meneuvres pour aidier aux canonniers à Jargueau, xxxij s. p.

A Jehan du Pont, canonnier, pour avoir esté à Jargueau et à Baugency, luy et ung varlet, lxxij s. p.

A luy, pour bailler à Vicourt, à Gervaise le Fèvre et à Gilet des Marais, qui jouent des coulevrines, pour aler à Jargueau et à Baugency, c xij s. p.

A luy, pour bailler à Jehan le Clerc, aide du Rousselet, pour aler ausdis Jargueau et Baugency, xlviij s. p.

A luy, pour bailler à Jehan Hurecoq, coulevrinier, pour aler à Jargueau, xxxij s. p.

A luy, pour bailler à Hance et à Maubret, canonniers, pour aler à Jargueau et à Baugency, iiij l. xvj s. p.

A luy, pour bailler à Megret et à Jehan Boillève, mareschaulx, pour aler à Jargueau et à Baugency avec la grosse bombarde, lxiiij s. p.

A luy, pour bailler à Guillaume Chaumart pour bailler aux meneuvres qui ont esté envoiez à Jargueau, viiij l. p.

A Guillemin Blaye et Hervé de Bou, charrons, pour avoir esté à Jargueau et à Baugency avecques la grosse bombarde, lvj s. p.

A Jaquet Compaing, pour bailler à Robin le Bocaut, Robin Prieur et Oudin de Saint Avy, sergens, envoiez à Baugency pour faire besongnier les ouvriers, trois escuz d'or qui ont cousté ix l. p.

A luy, pour argent baillé aux voitturiers pour xxij chevaulx qui menèrent la grosse bombarde et autres habillemens de guerre à Jargueau, au pris pour chacun cheval de xxiiij s. p., vallent xxvj l. viij s. p.

A luy, pour l'achat de quatre esseaulx pour mener avec la grosse bombarde à Jargueau, viij s. p.

A luy, pour bailler à viij charpentiers envoiez à Monseigneur d'Alençon audit lieu de Jargueau, vj l. viij s. p.

A luy, pour bailler à Preudomme pour sa voitture et deux chevaulx qui menèrent deux caques de pouldre et trois casses de trait à Jargueau, le dimanche qu'il fut prins, xxxij s. p.

A luy, pour bailler à deux hommes qui portèrent à Jargueau pardevers Monseigneur d'Alençon xxv trousses de fleiches, ix s. iiij d. p.

A luy, pour bailler à deux hommes qui aidièrent à chargier le trait et pouldre menez à Baugency, ij s. p.

A luy, pour bailler aux voitturiers, pour xxiiij chevaulx qui menèrent la grosse bombarde et autres habillemens de guerre à Baugency, au pris chacun cheval de xxiiij s. p., vallent xxviij l. xvj s. p.

A luy, pour l'achat de deux picqz, iiij s. viij d. p.

Audit Jaquet, pour bailler à Boudoux, pour lui et trois autres fèvres qui ont mené une forge à Baugency pour forger ce qui seroit nécessaire pour les canons et autres choses, lxiiij s. p.

A luy, pour bailler à l'Abbé, porteur, à Savore et à son frère, pour aler à Baugency, xxxij s. p.

A luy, pour bailler à ceulx qui ont faiz les pavaz de tonneaulx, xxxij s. p.

A luy, pour bailler à Jehan le Poitevin et à Portereau, pour avoir mené à Baugency les habillemens de guerre, xvj l. p.

A luy, pour bailler à Cavereau et à son fils, charpentiers, pour aler à Baugency pour estre aides de Berthin, canonnier, xlviij s. p.

Somme (mandement du même jour)..... vij^{xx} l. xij s. p.

XXII. — A Jaquet Compaing, pour bailler à Robin de la Rue et à son varlet, charpentiers, pour aler à Baugency, xxxij s. p.

A luy, pour sallepestre achatté en la chambre, x s. p.

A luy, pour bailler à Maistre Pierre Chauvain pour lui et deux maçons pour aler audit Baugency, xl s. p.

A luy, pour bailler à Perrin Thierry, charpentier, et iiij autres charpentiers, pour aler audit Baugency, lxiiij s. p.

A Maistre Estienne l'Uillier, pour bailler à Chemaut, nottonnier, pour avoir amené de Jargueau à Orliens des habillemens de guerre, xvj s. p.

A Jaquet Compaing, pour bailler aux nottonniers de Suly qui menèrent les pavaz et autres choses dudit Suly à Baugency, xlviij s. p.

A Naudin Bouchart, pour l'achat de cent livres de

sallepestre fin achatté pour amender les pouldres qui furent meneez à Baugency, au pris de viij s. p. la livre, vallent xl l. p.

A luy, pour vj l. de souffre, xviij s. p.

A Jaquet Compaing et Jaquet l'Argentier, pour argent baillé pour l'achat de viij^{xx} l. de poudre à canon qui furent meneez à Baugency, au pris de xvj l. p. le cent, vallent xxv l. xij s. p.

A Jaquet le Prestre, pour quatre sacs de charbon achattez pour la Ville, xxxij s. p.

A Jehan le Camus, pour l'achat de vij x^{nes} de fleiches achatteez de Jehan Chartain, ung escu d'or qui a cousté xlviij s. p., et xlviij s. p. avec, vallent iiij l. xvj s. p.

A Jehan Morchoasne, pour deux chevalles achattez de Gauguin pour Lancement et Maubiet, coulevrineux, xxiiij s. p.

A luy, pour mettre à point trois chevalles pour Maistre Jehan et pour Jehan du Pont, xij s. p.

A luy, pour l'achat de deux picqz, viij s. p.

A Jehan Nachu, charpentier, pour xxxj journées de charpentier faictes par lui, Jehan Coste et autres charpentiers, en la sepmaine commencant le vj^{me} jour de juing, à besoingner sur le pont à faire la barrière et autres choses, au pris chacune journée de vj s. p., vallent ix l. vj s. p.

A Colin Thomas, charpentier, pour xxiiij journées de charpentier faictes par lui, Hervé de Bou et autres, en ladicte sepmaine, à besongnier sur ledit pont, c'est assavoir : la moittié desdictes journeez de vj s. p. chacune journée, et l'autre moittié au pris de v s. iiij d. p., vallent vj l. xvj s. p.

Somme (mandement du même jour).......... c j l. xiiij s. p.

XXIII. — A Guillot Savore, pour despence faicte par les charpentiers qui firent besoingne, par deux nuiz, au pont leveiz du bout du pont, pour les entretenir, pour ce qu'ilz ne povoient besoingner de jours, lxxiiij s. p.

A Jehan de Saint Cismont, pour son sallaire d'avoir esté par dix jours avecques Chaumart ou voyaige de Baugency pour lui aidier, xl s. p.

A Jaquet Compaing, pour argent baillé à Perrinet Rousset, charbonnier, pour l'achat de quinze sacz de charbon achattez pour la Ville, au pris chacun sac de viij s. p., vallent vj l. p.

A la femme Damède, pour vij hottereaulx prins par Maistre Raoul Chartain, le xxij^{me} jour d'avril derrenièrement passé, xiiij s. p.

A Perrin Boitart, pour une trousse de fleiches par lui bailleez à l'assault des Tourelles, pour ce, xxxij s. p.

A Jaquet Compaing, pour argent baillé à Hugenin Baron, envoié à Meun de par la Ville, quant le siège estoit à Baugency, xvj s. p.

A luy, pour argent baillé pour cordaige achacté pour lever le pont leveys du pont de Meung, xxiiij s. p.

A Regnault Brune, pour artillerie par lui baillée quant le siège estoit aux Tourelles, ix l. xij s. p.

A luy, pour bailler à ceulx qui portèrent les deux grans planches et pour avoir chargeez les pouldres, v s. iiij d. p.

A luy, pour l'achat d'une trousse de fleiches achatteez ponr porter devant les Tourelles, la somme de xliiij s. p.

A Jaquet le Prestre, pour six fustz de demie lances et quatre liaz pour fallos achattez pour Monseigneur d'Alençon, xxxij s. p.

→ A Jaquet Compaing, pour argent baillé à Guillemette la Charonne pour xxv l. de plomb achatté pour les coulevrineux, xxv s. p.

A Naudin Bouschart, pour argent baillé pour descendre des Tourelles trois gros canons de la Ville, pour les mener à Baugency, au siège, xxiij s. iiij d. p.

A Jehan des Murs et Jehan Doene, pour leur sallaire d'avoir besoingné chacun trois jours à batre la pouldre à canon pour porter à Baugency, pour chacun vj s. p., vallent xxxvj s. p.

A la femme Colin Thomas, pour le salaire d'elle et de sa niepce d'avoir seiché le sallepestre et sassée la pouldre à canon, où elles ont vaqué chacune par trois jours, au pris de ij s. p. pour jour, vallent xij s. p.

A Guillaume le deschargeur, pour avoir fait deschargier trois canons que Maistre Estienne l'Uillier et Jaquet l'Argentier amenèrent avec eulx de Baugency, v s. iiij d. p.

A Jehan Morchoasne, pour argent baillé pour l'achat de x l. de pouldre à canon achattée en la chambre, xvj s. p.

Somme (mandement du même jour)........ xxxv l. xj s. p.

XXIV. — A Jehan Savore, pour argent baillé à Notin pour avoir vacqué par trois jours à faire la pouldre à canon, viij s. p.

A Guillot Savore, pour deux livres d'oingt pour oindre le chariot de la grosse bombarde, iiij s. p.

A luy, pour chargier les eschielles pour les mener à Baugency, ij s. p.

A Jehan Hallet, sergent, pour son sallaire d'avoir esté par xxj jours sur le pont d'Orliens feniz le xviij° jour de juing, pour garder que on ne emportast le bois et que on ne passast pardessus le pont, et pour faire besongnier les ouvriers, et pour avoir fait faire les eschielles, au pris chacun jour de v s. p., vallent en somme c v s. p.

A Jehan le Poitevin et Jehan Simonneau, voitturiers par eaue, pour avoir amené de Baugency à Orléans, les canons, eschielles, manteaulx et autres choses, iiij l. xvj s. p.

A Maistre Estienne l'Uillier et Guion du Fossé, pour despence faicte par eulx en ung voiaige fait devers le Roy derrenièrement à Chinon, avecques eulx Jehan de Saint Avy, où ilz demourèrent, c'est assavoir : ledit Guion par xxj jours, et ledit Maistre Estienne par xxviij, pour la despence de trois chevaulx et pour l'argent des chevaulx, dont ilz ont compté aux Procureurs en la chambre, vj^{xx} j l. viij s. p.

A Jehan Petit, pour xxviij livres de remes et xj livres de chandelle bailles pour porter aux Tourelles et pour faire des mosches à falos, au pris de iij s. iiij d. p. la livre de remes et iiij s. p. la livre de chandelle, vallent vj l. xiij s. iiij d. p.

A Guillot Savore, pour avoir fait chargier les eschielles et bois qui a esté ramené de Baugency, vj s. viij d. p.

A Jehan Savore, pour ix journées qu'il a faictes avec Chaumart ou voiaige de Baugency, tant devant la prinse comme aprez, xxxiiij s. viij d. p.

A Robin d'Artois, charpentier, pour avoir relié des caques à pouldre et pour fons, xvj s. p.

A Guillot le Brun, pour avoir mis à point les pavaz de la Ville derrenièrement, pour clo et cuir, xxij s. p.

A Jehan Mahy, pour trait achatté de Soubzterrine, la somme de deux escuz d'or qui ont cousté vj l. p.

Somme (mandement du même jour)... vij^{xx} viij l. xv s. viij d. p.

XXV. — A Guiot Savore, pour avoir fait deschargier la grosse bombarde quant on l'a ramenée de Gien, xx s. p.

A luy, pour bailler pour xxij chevaulx qui l'ont amenée de la rivière en la chambre, pour chacun cheval xvj d. p., vallent xxix s. iiij d. p.

A luy, pour ungs traiz qui y furent rompus, xvj d. p.

A luy, pour amener les deux gros canons ramenez avecques ladicte bombarde de la rivière en la chambre et descharger du challan, xiij s. iiij d. p.

A Jehan Hallet et Robin Prieur, sergens, pour leur sallaire d'avoir quis chevaulx pour aler amener ladicte bombarde, v s. iiij d. p.

A Jaquet Compaing, pour paier trois quarterons de trait d'arbaleste achatté en la chambre, xij s. p.

A Pierre Vendereau, nottonnier, pour son sallaire d'avoir amenée de Gien à Orliens la grosse bombarde, xxxij s. p.

A Micheau, le cordier, pour xxviij toises de corde à faire hies, x s. p.

A luy, pour xvj fondes à baston, xvj s. p.

A luy, pour chevestres et cordaiges prins par Jaquet Compaing, Jaquet l'Argentier et autres à plusieurs fois, dont il a baillées ses parties par escript, liiij s. p.

A Robin le Bocaut, sergent, pour sa despence de lui et d'un cheval d'estre venu de Baugency à Orliens par l'ordonnance de Jehanne querir des pouldres, quant le siége y estoit, xvj s. p.

A Guillaume Chaumart, pour despence faitte pour bailler à meneuvres qui furent envoiez à Jargueau pour servir les canonniers, pour avoir fait desbouloarder Saint Anthoine, pour avoir fait porter le bois en la chambre, le acostrer et autres choses, dont il a baillées ses parties en ladicte chambre, xiij l. p.

A luy, pour argent baillé à meneuvres pour avoir fait acostrer du bois de la Ville, des pierres et autres choses dont il a bailleez ses parties en la chambre, liiij s. viij d. p.

A luy, pour despence faicte par lui et plusieurs ouvriers et meneuvres qu'il mena à Baugency où ilz furent par neuf jours, et pour aidier à charger et descharger la grosse bombarde, canons et autres habillemens dont il a baillees ses parties en la chambre, pour tout, xix l. xvj s. iiij d. p.

A Guillot Savore, pour despence faicte par lui et son frère ou voiaige de Jargueau et Baugency, et par ceulx qui gardoient les challans où estoit l'artillerie, et pour argent baillé pour ramener la grosse bombarde de Baugency à Orliens, dont il a baillées ses parties en la chambre, pour tout, vj l. xij s. iiij d. p.

A Colin Thomas, charpentier, pour avoir besongnié par six jours commencens le xxvj^{me} jour de juing à besongnier pour la Ville, pour mettre ung posteau et une serreure en la barrière volant du Portereau, et relever la barrière de la porte Bourgoigne, et pour cinq autres journeez que lui et son varlet ont besongnié tant à la posterne Chesneau comme à acoustrer le bois et eschielles en la court de l'ostel de la Ville, pour meneuvres qui ont besongnié avecques lui, dont il a baillees ses parties en la chambre et compté aux Procureurs à vj l. ix s. p.

A Robin Morart, pour ij pinces de fer achatteez par Jaquet Compaing, pesans cinquante quatre livres de fer, lxiiij s. p.

A Jehan Vaichot, fèvre, pour serreure, clefz, bandes, rondelles, chevilles et autres euvres de son mestier par lui bailleez pour la Ville, depuis le xiij^e jour de may derrenièrement passé jusques au cinquiesme jour de juillet ensuivant, dont il a bailleez ses parties en la chambre et compte, pour tout, iiij^{xx} vij l. xvj s. viij d. p.

Somme (mandement du même jour)..... vij^{xx} x l. j s. iiij d. p.

XXVI. — A Monseigneur le Bastard d'Orliens, pour xiiij milliers de trait par lui amené de Blois à Orliens quant la compaignie vint pour lever le siége des Tourelles et de Saint Loup, au pris de xxiij l. xvj s. p. le millier, vallent iiij⁰ l. p.

A Guillaume Boisdurant, pour quatre trousses de fleiches de lui achattez pour porter à Jargueau à Monseigneur d'Alençon, la somme de quatre escus d'or, qui ont cousté chacun escu lx s. p., vallent xij l. p.

A luy, pour fleiches veilles achatteez de luy pour la Ville, lvj s. p.

A Oudin de Saint Avy, sergent, pour plusieurs peines qu'il a eues à prendre chevaulx pour mener la grosse bombarde à Baugency, où il a vacqué x jours, et pour avoir vacqué à querir chevaulx pour cuidier aler devers le Roy, xvj s. p.

A Guillaume Mittefort, dit l'Abbé, porteur, pour xij journeez qu'il a vacquées es voiaiges de Jargueau et Baugency à garder l'artillerie de la Ville et autres choses, la somme de lxxij s. p.

A Jehan Nachu, Perrin Thierry, Gilet Bataille et Colin Thomas, charpentiers, pour environ lx journeez que d'eulx que d'autres charpentiers, pour avoir besongnié depuis le samedj que les Tourelles furent prinses jusques au mecredi aprez, tant de nuit que de jour, sur le pont d'Orliens, et aussi pour le parpaiement des voiaiges de Jargueau et Baugency dont ilz n'estoient pas contens, pour tout composé à à eulx xvj l. p.

A Colin Thomas, pour ij milliers iiij⁰ iij quarterons de clo gameau emploié ou bouloart du pont d'Orliens, au pris chacun millier de lvj s. p., vallent vj l. xviij s. viij d. p.

A lui, pour vj^m vj^c j quarteron de clo à ardoise

et à latte emploiez oudit bouloart et en la loige des portiers, au pris chacun millier de xiiij s. p., vallent en somme iiij l. xiij s. p.

A luy, pour cinq quarterons de clo de grant gien emploiez esdittes œuvres, pour tout, ij s. iiij d. p.

A Guillot Savore, pour argent baillé à Jehan Ysambert, boulengier, pour pain prins de lui, despencé en l'ostel de la Ville par ceux qui ont chargé des flens, xij s. viij d. p.

A Jehan Beauharnois, pour vij^{xx} ij l. de plomb achattez de lui pour bailler aux coulevrineux despieça, au pris de vj l. p. le cent, vallent viij l. x s. p.

A Jehan Martin, pour l'achat de deux cens lxxv l. de pouldre à canon qu'il bailla durant le siége, au pris de xx escus d'or le cent, vallent cinquante cinq escus qui ont cousté chacun escu lx s. p., vallent viij^{xx} v l. p.

A Perrin Germain et Phil^{on} le Texier, pour leurs salaires d'avoir vacqué pieça par xxxj jours à doubler le guet et portes, comme il est apparu par leurs parties, xij l. xvj s. p., pour ce, xij l. xvj s. p.

Somme (mandement du même jour).., vj^c xxxiij l. xvj s. viij d. p.

XXVII. — A Peisson Bailly dit Rousselet, canonnier, pour ses gaiges du mois de juing iiij^c et vingt neuf, xij l. p.

A Berthelemy Courtbec, canonnier, pour semblable cause, xij l. p.

A Jehan Morchoasne, pour bailler à Maistre Jehan, le canonnier, pour don à lui fait le iij^e jour de juing, pour ce qu'il n'a nulz gaiges de la Ville, pour lui aidier à vivre, viij l. p.

A luy, pour don fait audit Maistre Jehan, le xvij^{me} jour de juing ensuivant, viij l. p.

A luy, pour don fait audit Maistre Jehan le xxiij^e jour de juing ensuivant, que ledit Maistre Jehan se partit de ladicte ville, viij l. p.

A Guillaume Chaumart, canonnier, pour ses gaiges dudit mois de juing, viij l. p.

A Bernart Josselin, guette à Saint Père Empont, pour ses gaiges dudit mois de juing et du mois de juillet, au pris de iiij l. p. pour mois, pour ce, viij l. p.

A Simon Fournier, guette à Saint Pol, pour ses gaiges desdis mois, audit pris, viij l. p.

A Arnould la Vanière, canonnier, pour semblable cause, c'est assavoir pour ses gaiges du mois de juing iiij^c xxix, xij l. p.

Somme (mandement du même jour)... iiij^{xx} iiij l. p.

XXVIII. — A Jaquet le Prestre, pour despence faitte en la chambre quant on revisita le pappier du guet, viij s. p.

A Jehan Morchoasne, pour bailler à voitturiers pour avoir amené de Montferrant à Orléans quatre arbalestres d'acier donneez par ceulx de Montpellier à ceste ville, xl s. p.

A luy, pour don fait au hérault de Monseigneur d'Alençon qui apporta les lettres de la reddicion de Troies, trois escus d'or qui ont cousté chacun escu lx s. p. vallent ix l. p.

A Jehan Mahy, pour avoir fait lever les fiens et

ordures qui estoient à l'abreuvoer pour les faire esgouter, lxiiij s. p.

A Guillemin Guibert, fèvre, pour avoir fait deux cueilliers pour charger la grosse bombarde quant on fut à Baugency, xvj s. p.

A Oudin de Saint Avy, pour l'achat d'une pinsse, ij s. p.

A Jaquet Compaing, pour bailler à Guillaume Coisdurant, artillier, pour j millier de trait tout prest vendu pour la Ville, x l. p.

A luy, pour avoir appareillé du trait de la Ville, viij s. p.

A Casin le Fournier, charpentier, pour avoir esbosché j millier de trait prest à empaner, xlvj s. viij d. p.

A Thomas Lucas, charpentier, pour en avoir esbosché vj^c, xxviij s. p.

A Lommer du Bois, charpentier, pour en avoir esbosché vj^c, xxviij s. p.

A luy, pour avoir baillé vj^c de trait, bois et tout, xlviij s. p.

A Jehan Martin, artillier, pour avoir empané iij^m j^c de trait, à viij s. p. le cent, vallent xij l. viij s. p.

A Thevenon Martin, artillier, pour avoir esbosché et empané cinq cens de bois carré, lxiij s. iiij d. p.

A luy, pour avoir empané et ferré xviij^c de trait, au pris de viij s. p. le cent, vallent vij l. iiij s. p.

A Simon Robillart, pour une casse de trait achattée de lui, iiij l. p.

A Jehan Megny, fèvre, pour avoir fait pour la Ville j millier et demj de fers de traits d'arbaleste, au pris de xij l. xvj s. p. le millier, vallent xix l. iiij s. p.

A luy, pour xiij fers de fuzées porteez aux Tourelles, viij s. p.

A Jehan le Grant, fèvre, pour j millier et demj de fers de trait d'arbaleste, audit pris, xix l. iiij s. p.

A Perrin Coichon, pour ung millier de fers, xij l. xvj s. p.

A Berthelot Papelart, pour avoir amené de la rivière de Loire en la chambre xl pierres à canon, iiij s. p.

A Jehan le Beaussier, voitturier, pour ce qui lui estoit deu des terreaulx qu'il a menez sur le port durant le temps que Jaquet Compaing en avoit le gouvernement, iiij l. p.

A Jehan le Vachier, chandelier, pour vij xij^{nes} de mosches à falot portez à Baugency, à xx s. p. la xij^{ne}, vallent vij l. p.

A Pierre Baratin, pour iij^e v l. de fer achattez de luy pour faire les besoignes de la Ville, au pris de vj l. p. le cent, vallent xviij l. vj s. p.

A Jaquet Compaing, pour argent baillé à ung messagier qui a apportez lettres de Bloiz à Orliens, touchans le fait de la guernison de Baugency, viij s. p.

Somme (mandement du même jour)..... vij^{xx} j^c l. xiiij s. parisis.

XXIX. — A Philippot du Coy, cordier, tant pour cordaige comme traiz et autres choses baillez à Jaquet Compaing, Jehan Mahy, Maistre Philippe Paris, Jehan Hillaire et autres, pour le fait de la Ville, tant pour le voyage de Jargueau comme autrement, dont il a bailleez ses parties, vij l. iij s p.

A Gieffroy Drion, d'Orliens, pour avoir vacqué par

l'espace de xx jours en deux voyaiges qu'il a faiz d'Orliens à Bloiz pour recevoir et mettre en sauf le blé que la Roine de Cécille avoit fait amener audit lieu de Blois pour la Ville d'Orliens et pour affiner et faire conduire dudit lieu de Blois à Châteaudun par gens d'armes certaine quantité de sallepestre et autres habillemens de guerre, et pour l'achat de certaine quantité de toilles à faire sacz à mettre ledit blé et sallepestre, et desquelles choses ledit Geffroy a baillées ses parties, comme il appert par jcelles, xvj escus marchans, à lxvj s. p. chacun escu, et viij s. p. de monnoie et v escus au cressan qui vallent lxx s. p. chacun escu, tous lesquieulx escus vallent, en la monnoie aiant de présent cours, la somme de lxx l. xiiij s. p.

A Philippot le Texier et Pierre Germain, pour avoir esté parmy la ville pour querir la déclaracion des personnes demourans en jcelle pour faire l'assiette du guet et des portes ou mois de juillet mil quatre cens vingt et neuf, et pour avoir fait jcelle assiette, commandé ledit guet et faire les papiers d'icellui guet et portes, et pour toute despence par eulx faitte et faire les choses dessusdites, pour tout ce à eulx baillé par l'ordonnance de Jehan Martin, commis à compter à eulx, xxxij l. p.

A Guiot Boillève, pour argent baillé à ung nottonnier pour ce qu'il avoit trouvé un canon en la rivière, xx s. p.

A Jehan Mahy, pour argent baillé à ung aubelet envoié de par la ville d'Orliens à Sens pour savoir des nouvelles du Roy, quant il ala à Rains, pour son sallaire, iiij l. vj s. p.

Somme des parties dessusdittes, cent quinze livres trois solz parisis, qui paiée a esté par ledit recepveur par autre mandement de honnorables hommes et saiges Maistre Jehan Parine, arcediacre de Baugency, Maistre Oudart Morchoasne, chanoine et penancier en l'Église d'Orliens, commis par les gens d'église à la fortifficacion de ladicte ville, Charlot l'Uillier, Jaquet Compaing, Jehan Martin, Jehan Boillève, Jehan Morchoasne, Jaquet l'Argentier, Raoulet de Recourt et Pierre Baratin, procureurs de ladicte ville d'Orliens. Donné le xiiij° jour du mois d'ottobre l'an mil quatre cens et vingt neuf. et par quictance sur ce faicte atachée audit mandement cy rendu, pour ce..... c xv l. iij s. p.

XXX. — A Jehan Morchoasne, pour despence faitte par lui, Maistre Jehan Compaing, Jaquet Compaing et Maistre Philippe Paris, envoiez à Baugency de par ladicte ville pardevers Madame d'Alençon, pour savoir se on pourroit mettre hors la guernison de Baugency, pour toute despence. xv l. vj s. iiij d. p.

A Raoulet de Recourt, pour despence faitte en son hostel le xix° jour de juillet derrenièrement passé par les gens d'église et procureurs que ilz oirent l'estat dudit recepveur de sa recepte et despence, xvij l. iiij s. p.

A Colin Thomas, charpentier, pour quinze journeez de lui et autant de son apprentiz faictes depuis le v° jour de juillet jusques au xxj^{me} jour ensuivant à mettre à point la barrière du Portereau, pour avoir osté trois grosses seules qui estoient en l'Aumosne, et pour avoir fait descendre la grosse bombarde et deux gros canons, pour avoir commencié la barrière de la porte Bourgoigne et autres choses bailleez par déclaracion, à xij s. p. par jour pour eulx deulx, valent ix l. p.

A luy, pour ung meneuvre qui a besoignié avecques lui par trois jours à serrer les pierres, à vj s. viij d. p. par jour, vallent xx s. p.

A luy, pour iij^c clo gameau emploié esdictes euvres, à viij s. p. le cent, vallent xxiiij s. p.

A Jaquet le Prestre, pour l'achat d'une charrette de paille mise es lis de la Tour Neufve, xvj s. p.

A luy, pour faire mettre à point les chasliz, ij s. viij d. p.

A Jaquet Compaing, pour argent baillé à un messagier qui porta lettres de par Madame d'Alençon à Baugency, xvj s. p.

A Thevenon Jaquet, charpentier, pour planches, nez, eschielles et autres choses baillées pour la Ville quand le siège estoit devant les Tourelles, dont il a bailleez ses parties en la chambre, pour tout xxxiiij l. xiiij s. p.

A Jehan Mahy, pour don fait à ung pourssuivant qui apporta à Madame d'Alençon du sacre du Roy, trois escus d'or qui ont cousté chacun lxij s. p., vallent ix l. vj s. p.

A Colin Galier, maçon, pour xxiiij journeez de maçon faittes pour faire les deux coingz du pont et avoir appareillé les faulces braies, achevé le mur et la cheminée de la chambre aux portiers, et commença le xij^e jour de juillet, pour chacun jour xij s. p. vallent xiiij l. viij s. p.

A luy, pour ix journeez de meneuvre à faire lesdittes euvres, à vj s. p. par jour, vallent liiij s. p.

A luy, pour trois journées de tailleur de pierre à faire lesdittes euvres, à xij s. p. par jour, vallent xxxj s. p.

A luy, pour xlj mines de chaulx emploiée esdittes euvres, à iiij s. p. la mine, vallent viij l. iiij s. p.

A Guillot Savore, pour son sallaire d'avoir vacqué par trois mois du temps desdis procureurs à servir ladicte ville, comme varlet, pour ce que Jaquet ne povoit tout accomplir, xiiij l. viij s. p.

A Naudin Boulart, pour xiij picqz prins par Pierre Baratin quant on fut à Saint Loup, la somme de lij s. p.

A Simon Fournier, guette à Saint Pol, pour don à lui fait pour l'amendement de ce qu'il a esté paié par quatre mois passez en la monnoie qui a couru, viij l. p.

A Bernard Josselin, pour semblable cause, viij l. p.

A Macé Grosvillain, pour bois pris par Colin Thomas et Guillaume Chaumart pour le fait de la Ville, dont il a baillé certifficacion, vij l. iij s. p.

A luy, pour vij^c de chantille emploiez en la chambre des portiers du pont, xlij s. p.

A Jean de Moucy, pour le seel du mandement obtenu pour le fait de Baugency qu'il avoit paiez deux escuz d'or qui ont cousté vj l. xij s. p..

A Colin Thomas, charpentier, pour x journeez de lui et de son apprantiz faictes depuis le xxiij^e jour de juillet jusques au ve jour d'aoust, pour avoir fait le puis des Augustins, attayé la baculle du pont et autres

choses dont il a baillés ses parties, au pris de xvj s. p.
pour chacun jour de eulx deulx, vallent viij l. p..

Somme (mandement du même jour).... viij^{xx} xiij l.
viij s. p.

XXXI. — A Colin Thomas, pour une journée de charpentier qui lui a aidié à lever la barrière de la porte Bourgoigne, et pour une iournée de meneuvre, pour les deux, xx s. p.

A Jehan de Troies, pour despence ou bouloart de la porte Bernier par Monseigneur, le vendredj, dont le samedj ensuivant les Tourelles furent gaigneez, et pour despense faicte par les Procureurs quant Madame d'Alençon vint, pour tout, xviij s. p.

A Pierre Baratin, pour iij douzaines et demie de fleiches achatteez par lui de Raynesson pour porter aux Tourelles, viij l. viij s. p.

A Jehan de Champeaulx, pour trois trousses de fleiches prinses par Jaquet Compaing pour porter aux Tourelles, pour ce v escus d'or, et pour chacun escu lxvj s. p. vallent xvj l. x s. p.

A Bernard Josselin, guete à Saint Père Empont, pour le mois d'aoust, pour sa pencion dudit mois viij l. p.

A Simon Fournier, guette à Saint Pol, pour sa pencion dudit mois, pour ce, viij l. p.

A Jaquet Compaing, pour bailler à ung homme de Meung qui fut envoié à Blois pour porter lettres devers Monseigneur le Chancelier pour le fait de Baugency, ou mois d'aoust derrenièrement passé, xxxij s. p.

A Gilet de Saint Mesmin l'aisné, pour avoir fait

curer le puis des Augustins, pour une corde et chasnière à tirer l'eaue, et pour une pinte de potin, pour tout ce, lxiiij s. p.

A Bombachelier, le xxe jour d'aoust, pour avoir despavé à la porte Renart pour mettre le treau du pont leveys du bouloart et icellui repavé, pour ce, ycy, xvj s. p.

Au Beaussier, ledit jour, pour avoir prins du bois de dessus le pont et jcellui mené à la porte Renart, et pour avoir mené le treau dudit pont dudit boloart chiez Vaichot pour ferrer et jcellui ramener à ladite porte Renart, pour ix arres à ij s. p., vallent xviij s. p.

A Colin Thomas, pour viij jours ouvrables qu'il a vacquez, depuis le viij[e] jour dudit mois jusques ou xviij[e] jour d'icellui mois d'aoust, à ouvrer ou pont du bouloart de ladicte porte Renart, lui et son apprantiz, pour chacun jour xvj s. p. vallent vj l. viij s. p.

A luy, pour ung homme qui lui aida ledit jour, xij s. p.

A Jehan Prévost, mareschal, et Robin de Mareau, pour cinq pères de chaisnes de pont et de planches pesans c iij[xx] v l., au prix de ix l. t. le cent, vallent xiij l. vj s. vj d. p.

A Jaquet Compaing, pour l'achat d'une chambre à canon de fer pesant xx l., pour ce, xx s. p.

A Jaquet de Loynes, pour cent cinq livres de sallepestre qu'il bailla quant le siége estoit devant ceste ville et n'en povoit on finer, à xx escus le cent, vallent xxj escus, pour chascun escu lxvj s. p., vallent lxvj l. p.

Audit Jaquet, pour cent et dix livres de souffre, à viij escus le cent, vallent viij escus trois quars, et pour chacun escu lxvj s. p., vallent xviij l. xvj s. p.

Audit Colin Thomas, pour avoir fait sier les barreaulx de la barrière, vij s. p.

A André Godet, serreurier, pour les gons, vertevelles, serreure et plombz mis à la fenestre des portiers du pont, xxiiij s. p.

Somme (mandement du même jour).. vij^{xx} xvj l. xix s. vj d. p.

XXXII. — A Estienne le Bègue, couvreur, pour lui et ung ouvrier qui vacquèrent le lundj xxij^e jour d'aoust et le mardj jusques à midy pour achever de couvrir la loige des Tourelles, pour ce, xl s. p.

Audit Estienne le Bègue, pour j millier ij^c et demj de clo à ardoise et à latte, pour chacun millier xx s. p., vallent xxiij s. p.

A luy, pour demj cent de grant Gien, ij s. p.

A luy, pour demj cent de clo gameau, iiij s. p.

A Gilet de Saint Mesmin l'aisné, pour avoir fait venir vj grosses pierres de bombarde qui estoient à Marcau ou Pré, pour ce, xlviij s. p.

A Jehan Morchoasne, pour un cent de trait achatté par lui d'ung bonhomme de dehors, pour ce, xx s. p.

A Charlot l'Uillier, pour cent et demj de fagos qui furent portez aux Tourelles tous engressez, pour ce, xlviij s. p.

Audit Charlot, pour cinquante pièces de trait à arbaleste achattez par luy, en la chambre, pour ce, viij s. p.

Audit Charlot, pour huit picqz, xvj s. p.

A luy, pour iiij trousses de fleiches qu'il dit avoir baillees à l'assault desdites Tourelles, pour chacune trousse ung escu, vallent iiij escus, à lxvj s. p. l'escu, vallent xiij l. iiij s. p.

A Jaquet Compaing, pour une casse de trait achattée de luy le xxvij° jour d'aoust, pour ce, lvj s. p.

Audit Jaquet, pour trois aulnes et ung quartier de drap rouge pour mettre sur la table en la salle de la Ville, pour ce, à iij fr. et demy l'aulne, vallent ix l. ij s. p.

A Bernard Josselin, guette à Saint Père Empont, pour sa pencion du mois derrenièrement passé, viij l. p.

A Simon Fournier, guette à Saint Pol, pour sa pencion dudit terme, viij l. p.

A Micheau Guittry, cordier, pour une corde pour sonner le saint des portes à Saint Père Empont, pesant xiij l. et demie, à ij s. p. la livre, vallent xxvij s. p.

A Jehan le Blanc, maistre du guet d'Orliens, pour le louaige d'un cheval qui fut baillé à Colin de la Bosse par l'ordonnance de feu Maistre Alain du Bey, lors prévost, pour aler à Bloiz durant le Siége, pour le fait des pouldres, pour ce, xlviij s. p.

Somme (mandement du même jour)...... lv l. vj s. p.

XXXIII. — A Jehan l'Alement, pour trois cens et demj de trait ferré baillé à Jehan Boillève et à Jehan Mahy quant on fut à Baugency, pour ce, ix l. xij s. p.

Audit Alement, pour deux seulles prises par Pierre Thierry, charpentier, comme il appert par certifficacion de notaire, qui furent meneez sur le pont pour mettre au travers des arches, prisées iiij escus d'or, à lxvj s. p. l'escu, vallent xiij l. iiij s. p.

A Jehan l'Uillier, pour iij^e de fers à arbaleste, qu'il bailla audit Jehan Hillaire, pour ce que on ne povoit finer, à xxxij s. p. le cent, vallent iiij l. xvj s. p.

Audit Jehan l'Uillier, pour paier une xij^{ne} de hottereaulx, pour ce, xxviij s. p.

A Jehan Bouchetault, pour xxvij arres qu'il a faittes depuis le second jour de septembre jusques au samedj xj^e jour dudit mois, pour avoir amené le bois du Chasteignier en l'ostel de la Ville et pour avoir aidié à amener la grosse bombarde et autres choses dont il a bailleez ses parties à la Ville, pour chacune arre iij s. parisis, vallent lesdittes xxvij arres, iiij l. p.

A Guillaume le Charron, pour iiij^{xx} xviij l. et demie d'uille d'olive pour oindre les fagos à l'assault des Tourelles, iiij s. p. la livre, vallent xix l. xiiij s. p.

A luy, pour iiij^{xx} ix l. et demie de poiz noire à ij s. p. la livre, vallent viiij l. xix s. p.

A luy, pour xxxij l. de souffre, à ij s. viij d. p. la livre, vallent iiij l. v s. iiij d. p.

A luy, pour ij^c l. de plomb prins par Jaquet Compaing pour aler à Jargueau, à trois escus le cent, vallent vj escus, à lxvj s. p. l'escu, vallent xix l. xvj s. p.

A Jehan Volant, pour iiij^c xxv l. de plomb pour mener à Jargueau et aux Tourelles à faire plommeez à coulevrines, à trois escus le cent, vallent xij escus trois quars d'escu, à lxvj s. p. l'escu vallent xlij l. p.

Au Beaussier, pour voittures faittes par lui pour la

Ville, montant xxix voittures, finissans le v° jour de septembre, à chacune voitture iij s. p., vallent iiij l. vij s. p.

A luy, pour x voittures faittes le xiij° jour de septembre pour la Ville, pour amener le bois de l'Aumosne de dessus le pont en l'ostel de la Ville, à iij s. iiij d. p. chacune voitture, vallent, pour lesdittes dix voittures, xxxiij s. iiij d. p.

A Bouchetaut, ledit jour, pour xiij arres dudit bois faictes comme ledit Beaussier à iij s. iiij d. p., vallent xliij s. iiij d. p.

A Colin Thomas, depuis le premier jour de septembre jusques au xxij° jour dudit mois, pour xij jours ouvrables, lui et son apprantiz, pour avoir fortiffié et emparé le bouloart des Tourelles, comme il appert par ces parties à xx s. parisis par jour, pour eulx deux, vallent xij l. p.

Audit Colin, pour deux ouvriers charpentiers qui ont esté avec lui par deux jours à faire les euvres dessudittes dont l'un a gaignié xij s. viij d. p. et l'autre xiiij s. p., vallent, en somme, xxvj s, viij d. p.

A Pierre Baratin, pour pierres à canon qu'il fist faire la sepmaine de Pasques à Chauvin et à Thomas d'Ivoy, maçons, lesquieulx maçons s'estoient mescontez audit Baratin de xxiiij s. p., chacun pour iij journées, pour ce, xxiiij s. p.

Somme (mandement du même jour)..... vij^{xx} x l. viij s. viij d. p.

XXXIV. — A Pierre Baratin, pour bailler à Chauvin et à Thomas d'Ivoy, maçons, qui furent leur vj° à Jargueau, quant la Pucelle y fut, qui font xij jours, pour chacun jour vj s. iiij d. p., vallent lxxvj s. p.

Audit Baratin, pour iiij^{xx} xviij picz et pioches achattez par lui pour porter à Jargueau, dont jl a baillé son compte, pour ce, à luy paié, xvj l. xiiij s. p.

Audit Baratin, pour bailler à Maistre Pierre Chauvin, pour avoir ung maçon avecques lui pour lui aidier à tailler des pierres devant Baugency, pour ce, viij s. p.

Audit Baratin, pour viij tonneaux qu'il dit avoir baillez pour faire des pavas à mener à Baugency, pour ce, xlviij s. p.

A Jaquet Compaing, pour xij^c iiij^{xx} iij l. que pouldre, que sallepestre achatté de Geffroy Drion et autres, le xxe jour d'aoust derrenièrement passé, au pris de vj escus d'or le cent, vallent soixante et xvij escus d'or qui ont cousté chacun un escu lxvj s. par., vallent ij^c liiij l. ij s. p.

A Jehan Morchoasne, pour bois prins par Colin Thomas, c'est assavoir cinq soliveaux chacun de deux toises, pour faire le boulouart de la porte Bourgoigne, à iiij s p. la toise, vallent xl s. p.

Audit Morchoasne, pour deux autres seulles prinses par ledit Colin pour emploier en la tour André, chacune de iiij toises de long et demi pié de fourneture, prisées lesdittes trois seulles par ledit Colin ij escus et j mouton, à lxvj s. par. l'escu, vallent ix l. p.

A lui, pour une autre seulle prise par Jehan Hillaire pour mettre ou bouloart de ladite porte Bernier, prisée xviij s. p.

A Jehan Vaichot, fèvre, pour iij^c lj livres x onces et demie de fer ouvré qu'il a emploié es besongnes de la

Ville depuis le xᵉ jour de juing jusques au vjᵉ jour de septembre iiijᶜ xxix, comme il apparra par son compte, à xvj l. p. le cent, vallent lvj l. v s. p.

A luy, pour xij liens chacun de vij piez pour les pons des Tourelles et pour le pont porte Renart, un autre lien de vij piez de long et quatre autres liens pour la planche des Tourelles, chacun de iiij piez, et un autre lien pour la barrière porte Bourgoigne de iiij piez, qui font en nombre vjˣˣ vij piez, qui vallent, à cinq solz par. le pié, xxxj l. xv s. p.

Item, à luy, pour plusieurs serreures, gons, verterelles et clez mises où mestier estoit par ladicte ville, lxvij s. p.

A Colin Galier, pour xviij journeez qu'il a vacqueez depuis le xxijᵉ jour d'aoust comprins ledit jour jusques au xᵉ jour de septembre iiijᶜ xxix, pour besongnier ou bouloart des Tourelles et pour ij maçons avecques lui, pour chacun jour xvj s. p., vallent xiiij l. viij s. p.

A luy, pour deux meneuvres qui ont servy lesdis maçons jllec par xiiij iours, à chacun viij s. p. par jour, vallent xj l. iiij s. p.

A luy, pour cinq muys et demj de chaulx, tant pour ledit bouloart, pour paver la chambre, comme pour autres choses oudit bouloart nécessaires, à lxxij s. p. le muy, vallent xix l. xvj s. p.

Somme (mandement du même jour)...... iiijᶜ xxvj l. j s. p.

XXXV. — A Colin Thomas, charpentier, pour douze journeez de lui et de son apprantiz, pour avoir estaié et contre estaié les deux joues du bouloart des Tourelles, pour avoir aidié à ferrer les pons neufz, pour avoir fait deux (*blanc*) et autres choses, depuis le v⁰ jour de septembre iiij⁰ xxix jusques au xvij⁰ jour ensuivant, dont il a bailleez ses parties, à xx s. p. par jour pour lui et son apprantiz, vallent xij l. p.

A luy, pour quatre meneuvres qui ont aidié à deschargier le bois de l'Aumosne, à vj s. p. par jour, vallent xxiiij s. p.

A luy, pour avoir fait sier c l toises de bois tant planches que marches, à x d. p. la toise, vallent vj l. v s. p.

A Maistre Philippe Paris, pour le voiaige qu'il fist luy et Jehan Compaing à Limoges, cinq escus d'or qu'ilz dient avoir emprumpté de Maistre Girard Blanchet à Poitiers, pour ce, cinq escus d'or qui ont cousté xvj l. p., pour ce, xvj l. p.

A Maistre Hervé Lorens, pour despence faitte en ung voiaige fait par luy à Meung par le commandement de Madame d'Alençon, pour ce, lxvj s. p.

A Jaquet Compaing, pour ung cent de trait que Brisède bailla en la chambre, pour ce, lxvj s. p.

A Jehan Martin, pour paier la voiture de v balles de sallepestre et souffre amenez de Bourges à Orliens qui vindrent de Monpellier et pesoient vij⁰ et demj, paié pour chacun cent j mouton d'or de xliiij s. p., vallent vij moutons et demy qui font, audit prix, xvj l. x s. p.

A Colin Galier, pour cinq journeez qu'il a vacqueez depuis le x⁰ jour de septembre jusques au xxiiij⁰ jour dudit mois à faire et maçonner les joes du bouloart du pont des Tourelles, à xvj s. p. par jour vallent iiij l. p.

Audit Colin, pour deux meneuvres qui ont vacquié ix jours à servir lesdis maçons, à viij s. p. par jour vallent lxxij s. p.

Item, pour trois muis et demj de chaulx emploiez esdittes euvres, à lxxij s. p. le muy, vallent xij l. xij s. p.

Au prieur des Augustins, pour viij^e de carreau pris de luy par ledit Colin, pour paver la chambre des portiers d'illec et le foyer, à x s. p. le cent, vallent iiij l. p.

A Maistre Pierre Chauvin, pour trois journeez qu'il a vacqueez à mettre ung gon à la posterne Chesneau, à xvj s. p. par jour, vallent xlviij s. p.

A luy, pour un meneuvre qui lui a aidié, vj s. p.

A Jehan Hallet, sergent, pour deux journeez qu'il a vacquées à faire venir les gens en la chambre, et pour deux autres jours qu'il a vacquez à prendre des chevaulx à mener les bombardes aux challans, pour mener les bombardes à La Charité, pour tout ce, xxxij s. p.

Somme (mandement du même jour)..... iiij^{xx} iiij l. xj s. p.

XXXVI. — A Colin Thomas, pour trois jours qu'il a vacquez lui et son apprantiz, fenissans le samedj xxiiij° jour de septembre, pour faire un treau tout neuf en la planche de la porte Bernier, et pour avoir mis un contrepoiz ou pont du bouloart d'illec, et pour avoir rengez et mis à point les soliveaux dessus les arches du pont qui estoient desrangiez, et pour mettre des contrepoix es deux pons leveiz du Portereau, et aussi pour avoir mis à point la porte de la posterne Chesneau que les canons avoient rompue, à xx s. p. par jour, vallent lx s. p.

A luy, pour avoir besongnié depuis le xxvj° jour de septembre jusques au vj° jour d'octobre, qui font x iours ouvrables, pour avoir fait deux loiges à mettre le guet par nuit, l'une emprès la iij° arche et l'autre aux fosses Bruians, et ung eschauffault fait en jcelles faulces braies, et pour avoir clox les deux loiges et couvertes d'aez, et pour avoir arrachez les huis et portes qui estoient à la porte Bernier, qui ont esté emploiez esdictes loiges, et aussi pour avoir aidié à Maistre Pierre Chauvin à seller ledit gon de la posterne Chesneau pour chacun jour xx s. p. lui et son apprentiz, vallent x l. p.

Audit Colin, pour iiij° de clo gameau pour cloer lesdittes deux loiges, à x s. p. le cent, vallent xl s. p.

A luy, pour j cent et demy clo gameau pour cloer la loige de l'abreuvroer, audit pris, vallent xv s. p.

A luy, pour un quarteron de grant gian, xvj d. p.

A luy, pour j cent de clo gameau pour cloer le degré des Poissonniers, pour ce, x s. p.

A Guillaume de l'Espine, voitturier, pour xvj chevaulx qui ont mené à la rivière la grosse bombarde, pierres à canons et autres habillemens de guerre pour mener à La Charité, pour ce, xlij s. p.

A Colin Thomas, pour charger lesdis habillemens et jceulx descharger à la rivière, et pour les mettre hors de la chambre où ilz estoient, lviij s. viij d. p.

A Guillot Savore, pour deux pavas que Berthin emporta avecques lui, xvj s. p.

A Olivier des Brosses, pour un voiaige par lui fait à Baugency le premier jour d'ottobre derrenièrement passé, pour savoir se Monseigneur le Bastard estoit devant Marchesnay, pour despence et pour tout, lx s. p.

Somme (mandement du même jour)...... xxv l. iij s. p.

XXXVII. — A Estienne Brisède, pour xvij toises et demie de bois carré prins de lui par Colin Thomas le vendredj benoist derrenier passé, pour emploier en la tour de la croiche de Meffroy et ailleurs, dont il a baillé certifficacion, au pris chacune toise de ij s. p., vallent xxxv s. p.

A luy, pour ix pièces de fillière chacune de quatre toises de long, bois neuf d'un espan de fourniture en tous sens, prins pour faire certaines euvres qui furent faittes au Chasteignier dès le xe jour d'avril derrenièrement passé, au pris chacune toise de v s. p., dont il a baillé certifficacion, pour ce, ix l. p.

A Perrin Trichery, charron, pour avoir emmanchié vj^{xx} et x picqz pour la Ville, pour porter à Jargueau et Baugency, xl s. p.

A Bernard Josselin, guette à Saint Père Empont, pour ses gaiges et sallaire du mois d'ottobre iiij^c xxix, viij l. p.

A Colin Galier, maçon, pour cinq journées de maçon à bauschaer les murs du bouloart du bout du pont, à faire l'esvier dudit bouloart et tailler les pierres, feniz le xxve jour d'ottobre iiij^c xxixe, au pris chacun maçon par jour de xvj s. p., vallent iiij l. p.

A luy, pour trois meneuvres qui ont servis lesdis maçons, au pris chacun meneuvre par jour de vj s. p., vallent xviij s. p.

A luy, pour xv mines de chaulx emploiez esdittes euvres et asseoir une pièce à la posterne, au pris de vj s. p. la mine, vallent iiij l. x s. p.

A Jehan Bombachelier, paveur, pour xliij toises deux piez et demj carré de pavé fait par lui environ le xx° d'ottobre ou bouloart du pont, au pris de xvj s. p. la toise, vallent xxxviiij l. xiiij s. viij d. p.

A Philémon le Texier, clerc des chausseez, pour meneuvres qui ont serviz lesdis paveurs, pour gens qui ont esleus les pierres et caillos, pour clo, sallaire dudit clerc, le sallaire du notaire des chausseez et autres choses dont il a baillé ses parties à faire ledit pavé, pour tout xxij l. viij d. p.

A Colin Galier, voiturier, pour viij^{xx} xix voitures par lui faictes à sa charrette et deux chevaulx, pour avoir amené du sablon à faire ledit pavé et délivrer les terraulx et avoir amené pierres et cailloz, à ij s. p. pour voiture, vallent xvij l. xviij s. p.

Somme des parties dessusdittes, qui paiée a esté par ledit receveur, par autre mandement de honnorables hommes et saiges Maistre Jehan Parine, arcediacre de Baugency, Maistre Robert de Cerceaulx, soubzdoien de Saint Aignan, et Maistre Jehan Compaing, chanoine de Saint Père Empont d'Orliens, commis par les gens d'église à la fortifficacion de lad. ville, Charlot l'Uillier, Jaquet Compaing, Jehan Morchoasne, Jehan Martin, Jehan Boillève, Jehan le Camus, Jaquet l'Argentier, Raoulet de Recourt, Guy Boillève, Jehan Mahy et

Pierre Baratin, procureurs de lad. ville d'Orliens. Donné le vendredj xxiiij° jour de mars l'an mil cccc xxix, et par quittance..... c viij l. xvj s. iiij d. p.

XXXVIII. — A Husson Rosier, pour avoir esté querir aux Fossés et emporté à la porte un des canons de la Ville, ij s. p.

A Simon Fournier, guette à Saint Pol, pour avoir guetté le mois d'octobre, viij l. p.

A Gustin Picart, pour certaine quantité de fagos prins en une jsle à lui appartenant estant à Saint Jehan de Brayes et amenez sur le pont, durant le Siège, par composicion faicte avecques luy, lxiiij s. p.

A Jehan Bruneau, pour ung canon des Anglois trouvé par lui et autres en la rivière, pour ce donné à eulx, xxxij s. p.

A André Godet, serrurier, pour xlij chevilles de fer par lui bailleez à Gilet de Saint Mesmin, cinquantenier, en may derrenier passé, et emploiez ou bouloart de la porte Renart par Nachu et Bataille, comme ledit Gillet a certiffié, iiij l. xvj s. p.

A luy, pour avoir mis à point les deux serreures du bouloart de la porte Renart, certiffié par Jehan Boitart, x s. p.

A Estienne Galu, pour avoir mis six hommes à nettoier sur le pont, entre le bouloart et Saint Anthoine, le xxv° jour d'octobre, au pris chacun homme de vj s. p., vallent xxxvj s. p.

A luy, pour quatre pelles achateez pour nettoier, v s. iiij d. p.

A luy, pour bailler à un voiturier pour un arre de

bois qu'il amena de dessus le pont en la chambre, xvj d. p.

A luy, pour sept hommes qui besongnièrent sur ledit pont le jeudj xxvj° jour d'octobre, vendredj et samedj ensuivant, à geter en la rivière les ordures, au pris chacun de viij s. p., vallent lvj s. p.

A luy, pour baillé à deux charrons qui desfirent le bois du bouloart, xij s. p.

A luy, pour avoir vacqué par deux jours à les faire besongnier, x s. p.

A Colin Galier, pour xxiij journées qu'il a vacqué à mettre gens en besogne aux faulsses braies et ou bouloart du pont, et les faire besongnier, par composicion faicte à luy, viij l. p.

A Maistre Hervé Lorens, pour son mes de la Toussaint, un escu d'or vielx qui a cousté vj l. viij s. p.

A Robin le Bocaut, pour deux journées qu'il vacqua à prendre des chevaulx pour faire mener la grosse bombarde à la rivière pour la mener à La Charité, viij s. p.

A Naudin Bouchard, sur ce que la Ville luy peut devoir du temps des précédens procureurs, xiiij escus neufz, au pris chacun escu de lxiiij s. p., vallent xliiij l. xvj s. p.

A Guillemin le Charron, pour deux xij^{nes} de lances par lui baillées le jour de l'assault des Tourelles, vj escus d'or qui ont cousté chacun lxiiij s. p., vallent lesdis vj escus d'or, xix l. iiij s. p.

A Jaques Bouchier, trésorier, pour cent livres de pouldre de canon par lui baillée durant le Siège que on n'en povoit finer, xx escus d'or, qui ont cousté chacun escu lxiiij s. p., vallent lxiiij l. p.

Somme (mandement du même jour).... viij^{xx} vij l. viiij d. p.

XXXIX. — A Jaques Bouchier, trésorier, pour un cheval que Jehan Morchoasne prinst pour aler querir des pierres à canon es bastides que avoient faittes les Anglois, lequel cheval fut prins par les gens de La Hire et emmené, pour ce, à lui la valleur dudit cheval, xx escus d'or qui vallent, audit pris, lxiiij l. p.

A luy, pour quatre grosses seulles du bois de Chaumontaiz, chacune de vj toises et demie de long et d'un pié et d'un espan de fourniture, prinses pour la Ville pour refaire les arches du pont, prinses par Charpault et par Perrin Thierrj, à xx escus d'or qui vallent, audit pris, lxiiij l. p.

A luy, pour sept pièces d'autre bois neuf carré, chacune de six toises de long et d'un grant espan de fourniture en tous sens, et pour quatre chevrons neufz de cinq toises de long, faisant tout lxij toises, prisés par les dessusdis six escus d'or qui vallent, audit pris, xix l. iiij s. p.

A luy, pour deux pièces de bois neuf de Chaumontaiz, chacune de vj toises de long, d'un pié et plaine paulme de fourniture en tous sens, prinses pour ledit pont et priseez par les dessusdis x escus d'or qui vallent, audit pris, xxxij l. p.

A luy, pour deux autres pièces neufves du bois de Chaumontaiz, de cinq toises de long et demy pié de fourniture en tout sens, prinses par les dessusdis pour ledit pont, et prisées par eulx quatre escus d'or qui vallent, audit pris, xij l. xvj s. p.

A luy, pour deux autres pièces, chacune de trois toises de long, prisées deux escus d'or, vallent vj l. viiij s. p.

A luy, pour argent baillé pour xvij journées d'ouvrier de charpentier qui ont fait, drecé et assis les quatre barrières tournans qui sont sur les chemins et aucunes de devant le bouloart de la porte Renart, au pris de iiij s. p. par jour, vallent lxviij s. p.

A luy, pour xxxj toises de bois achatté par luy pour faire partie desdictes barrières et pour achever les deux deffences qui sont environ le pont leveys dudit bouloart, au pris chacune toise de ij s. p., vallent lxij s. p.

A luy, pour argent baillé à Gillet Bataille, charpentier, pour xvj journeez qu'il a vacquées à charpenter, lever et faire une herce coulant et une deffence devant, sur la saillie du bouloart de la porte Renart, audit pris de iiij s. p., vallent lxiiij s. p.

A luy, pour argent baillé audit Gilet, pour quinze toises de manbreure pour faire lad. herce, xxx s. p.

A luy, pour les piquens et ferreure d'icelle herce coulant, avec iij^c de grant clo gameau, xlviij s. p.

A luy, pour xxxj l. de fer pour faire verroz et croches, barrières et chevilles pour une murtrissouere, xxvj s. viij d. p.

A luy, pour argent baillé à Julien, pionnier, pour sa peine d'avoir drecié le grant fossé devant la porte Renart et la porte Bernier, et pour avoir miné et abatu les terres d'icellui jusques au fons dudit fossé, où il a vacqué ix jours, pour ce, xxiiij s. p.

A luy, pour xxj p^{es} de bois neuf carré, d'un grant

espan de fourniture, pour faire les eschielles et autres choses pour la Ville, et faisant cent toises, prisées par Jehan Jaquet, pour ce, au pris de v s. p. la toise, vallent xxv l. p

Somme (mandement du même jour).... ij︎ᶜ xxxix l. x s. viij d. p.

XL. — A Thomas de la Rivière, grenetier d'Orliens, sur ce qui lui peut estre deu par la Ville, iiij l. p., à xj f. marc d'argent, laquelle somme il prinst par ses mains de la recepte des ij s. p. sur minot de sel dès la fin du mois de mars derrenier passé, pour ce, iiij l. p.

A Perrin Germain, pour bailler à ung voiturier pour cinq arres de bois qu'il amena de dessus le pont en la chambre, au pris chacune arre de xiiij d. p., vallent v s. x d.

A luy, pour deux hommes qui aidièrent à chargier ledit bois par ung jour, et à mettre à point les pierres dudit bouloart, iiij s. p., pour ce, iiij s. p.

A Perrin Bouchetaut, voitturier, pour xij voittures par luy faictes le iij︎ᵉ jour de novembre, à mener du bouloart du pont en la chambre du bois et en ramener oudit bouloart, xvj s. p.

A Perrin Germain, pour paier cinq hommes qui ostèrent la terre du bouloart et la portèrent aux faulces braies, ledit iij︎ᵉ jour de novembre, x s. p.

A luy, pour huit hommes qui portèrent les pierres du bouloart aux Tourelles et les accoustrèrent le iiij︎ᵉ jour de novembre, xvj s. p.

A luy, pour viij autres hommes qui y furent semblablement le v︎ᵉ jour de novembre, xvj s. p.

Audit Bouchetault, ce jour, pour xiiij arres de bois qu'il mena de la chambre oudit bouloart, à xvj d. p. l'arre, vallent xviij s. viij d. p.

A Jehan Couste, charpentier, pour lui et deux autres charpentiers qui ont besongnié par lesdis deux jours oudit bouloart du pont, pour estaier ledit bouloart, vallent, à vj s. p. pour homme par jour, xxxvj s. p.

A Perrin Germain, pour son sallaire d'avoir esté par quatre jours à mettre gens en besoingne et les faire besongnier, x s. p.

A Guillot Savore, pour son sallaire d'avoir esté par trois jours avecques lesdittes voittures, pour soy prendre garde du bois qu'ilz acharroioient, à ij s. vj d. p. par jour, vallent pour lesdis trois jours vij s. vj d.

A Perrin Germain, pour viij hommes qui ostèrent les pierres et terres dudit bouloart le vij^e jour de novembre. à ij s. p. pour homme par jour, vallent xvj s. p.

A luy, pour ix hommes qui besongnièrent semblablement oudit bouloart le viij^e jour de novembre, à ij s. p. pour homme par jour, vallent xviij s. p.

A luy, pour ung cent de fagos pour mettre dedens ledit bouloart, xij s. p.

A luy, pour dix hommes qui besongnièrent oudit bouloart le xe jour de novembre ensuivant, xx s. p.

A luy, pour la journée de Julien, pionnier, qui besoingna oudit bouloart, ledit jour, iiij s. p.

A luy, pour avoir esté par iiij jours à mettre gens en besoingne et s'en prendre garde où dit est, x s. p.

A Jehan Couste, pour xiiij journeez de charpentier que lui et ses compaignons ont faictes en lad.

sepmaine, commençant le vij° jour de novembre, à besongnier oudit bouloart, au pris chacune journée de vj s. p., vallent iiij l. iiij s. p.

A Perrin Bouchetault, voitturier, pour sept arres qu'il a faictes, le xij° jour de novembre, à amener le grand degré du bouloart et autre bois en la chambre, et le ramener oudit bouloart, ix s. iiij d. p.

A Perrin Germain, pour huit hommes qui ont besongnié oudit bouloart, le xij° jour de novembre, à oster les terres et autres choses, xvj s. p.

A Julian, pionnier, pour avoir besongnié oudit bouloart ledit xij° de novembre, iiij s. p.

Audit Perrin Germain, pour douze hommes qui ont besongnié oudit bouloart et sur le pont le xiiij° jour de novembre, xxiiij s. p.

A Julian, pionnier, pour avoir besongnié ledit jour audit bouloart, iiij s. p.

Somme (mandement du même jour)..... xviij l. j s. iiij d. p.

XLI. — A Bouchetaut, pour xj arres de bois meneez de la chambre oudit bouloart, à xvj d. p. l'arre, vallent xiiij s. viij d.

A Jehan Couste, pour vij journeez de luy et de ses compaignons qui ont besongnié le samedj xij° jour de novembre et le lundj xiiij° jour de novembre ensuivant oud. bouloart, à vj s. p. pour jour, vallent xlij s. p.

A Perrin Germain, pour xij hommes qui ont besongnié ou bouloart du pont et nettoié le pont entre les Tourelles et le bouloart, le xv° jour de novembre, au pris chacun de ij s. vj d. p., vallent xxx s. p.

A luy, pour bailler audit Julien, pionnier, qui a esté oudit bouloart ledit jour, iiij s. p.

Audit Perrin Germain, pour avoir vacqué par quatre jours à mettre en besongne lesdiz hommes et s'en prendre garde, x s. p.

A luy, pour xij hommes qui ont besongnié oudit bouloart le xvj° jour de novembre, xxx s. p.

A luy, pour bailler audit pionnier pour ledit jour, iiij s. p.

A Jehan Couste, pour six journées de luy et de ses compaignons à avoir besongnié oudit bouloart le xv° jour de novembre et le xvj° jour ensuivant, xxxvj s. p.

Audit Perrin Germain, pour xij hommes qui ont porteez les terres des faulces braies au bouloart le xviij° jour de novembre, xxx s. p.

A luy, pour bailler audit pionnier, iiij s. p.

Audit Jehan Couste, pour six journées de luy et de ses compaignons qui ont besongnié oudit bouloart les xvij° et xviij° de novembre, xxvj s. p.

Audit Perrin Germain, pour dix hommes qui ont achevé de porter les terres oudit bouloart et nettoié ledit pont, xxv s.

A luy, pour bailler audit pionnier pour ledit jour, iiij s. p.

A luy, pour avoir vacqué lesdis xvij° et xviij° de novembre à faire besongnier lesd. ouvriers, v s. p.

A Bernard Josselin, guette à Saint Père Empont, pour avoir guetté le mois de novembre, iiij l. p.

A Simon Fournier, guette à Saint Pol, pour semblable cause, iiij l. p.

A luy, pour amendement de ce que on lui avoit paiez xl s. en blans de iij d. t. sur ledit pris, et ilz n'avoient cours que pour ij d. t., pour ce, xiij s. iiij d. p.

A Perrin Germain, le xxj° jour de novembre, pour iiij hommes qui ont aidié à chargier le bois du coillart de Saint Pol et à descendre en la chambre, à chacun iiij s. p., vallent xij s. p.

A Bouchetault, pour huit arres qu'il a faictes à mener le bois dudit coillart en la chambre, xvj s. p.

A Jehan Couste et deux charpentiers avecques luy pour avoir despecié ledit coillart, ledit jour, xviij s. p.

A Guillot Savore, pour deux cens de fagos mis en la chambre le xv° jour de novembre, xvj s. p.

A luy, pour trois caques et deux traverssains achattez pour mettre le sallepestre et le soffre de la Ville, xiiij s. p.

A Berthelot, broetier, pour avoir mis tout amont en la chambre cinq quaques que pouldre, que sallepestre, quatre balles de soffre et sallepestre, et avoir esté querir lesdis caques et traverssains, pour tout, iij s. vj d. p.

Audit Savore, pour avoir fait relier lesdiz caques et traverssains, pour sercle, osier et tout, vj s. p.

Audit Savore, qui fut envoié à La Charité savoir se le siège y estoit, xl s. p.

A Perrin Germain, pour deux hommes qui ont arrachié le bois dudit coillart, qui estoit enterré, le xxiiij° jour de novembre, v s. p.

A luy, pour bailler audit Bouchetault, pour six arres qu'il a faictes dudit bois, xij s. p.

A luy, pour avoir vacqué pour les deux jours à faire besongnier les dessusd., viij s. p.

Somme (mandement du même jour).... xxix l. xviiij s. vj d. p.

XLII. — Monseigneur de Gaucourt, gouverneur et cappitaine d'Orliens, pour ses gaiges de demy an, feny ou mois d'ottobre derrenier passé, xl l. p.

A luy, pour don que on lui fait, oultre ses gaiges, et pour ledit demj an, xl l. p.

A Raoulet Beaupigne, charron, pour avoir fait l'eschauffault à Saincte Croix où furent bruslez les tabliers, viij s. p.

A Jehan Mahy, pour l'achat de certaines acautières à faire ledit eschauffault, viij s. p.

Audit Jehan Mahy, pour l'achat de xx lances ferreez mises es portes de ladicte ville, chascune iiij s. viij d. p., vallent iiij l. xiij s. iiij d. p.

A Jehan Bouchetault, pour xxiiij arres de fiens prinses ou cloistre Saincte Croix et meneez hors de la ville, xvj s. p.

A Jehan Beaussier, pour xxxviij arres dudit fiens prins oudit cloistre, xxv s. iiij d. p.

A Bernard Josselin, guette à Saint Père Empont, pour le mois de décembre, iiij l. p.

A Simon Fournier, guette à Saint Pol, pour ledit mois, iiij l. p.

A Jaquet le Prestre, pour ung cent de carreau achatté de Regnault Brune pour carreler l'ostel de la Ville, vj s. p.

A luy, pour ung cent de fagos mis en la chambre, x s. p.

A luy, pour le mes donné à Maistre Hervé Lorens, la veille de Noël, xx s. p.

Somme (mandement du même jour).... iiij^{xx} xvij l. vj s. viij d. p.

XLIII. — A Jaquet Compaing, pour argent baillé à dix sergens et sept notaires, lesquelz ont cueilly l'argent du sel vendu pour voiaige de La Charité et fait paier par la ville, et aussi ont contrains les gens de la ville à prendre le sel, et pour le salaire de Jehan Cailly, nottaire, qui a esté par huit jours à délivrer ledit sel ou grenier et a cueilly dudit sel par la ville, pour tout à eulx tauxé, comme par tauxacion faicte à eulx par Monseigneur le Lieutenant de Monseigneur le Gouverneur est apparu ausdittes gens d'église et procureurs, pour tout xxij l. viij s. p.

A Jehan Cailly, notaire, pour argent baillé aux compaignons qui piochèrent xix muis de sel j minot moins, pour ledit fait, xx s. p.

A luy, pour une mine à mesurer ledit sel, pour ce que on ne povoit avoir celle du grenier à sel, v s. p.

A luy, pour bailler aux porteurs, oultre et pardessus ce qui en a esté receu par lesd. sergens et nottaires, lxiiij s. p.

A Jehan Voiau, cappitaine de gens d'armes envoié à La Charité, pour son sallaire d'avoir esté audit lieu de La Charité de par la Ville, à luy ordonné, xxiiij l. p.

A luy, pour bailler et distribuer aux compaignons où il verroit estre à faire oudit voaige, pour ce qu'ilz avoient petit sallaire, vj l. viij s. p.

A Jaquet Compaing, pour bailler à une trompille envoiée audit lieu de par la Ville, c iiij s. p.

A luy, pour bailler à Fauveau et Gervaise le Fèvre, joueurs de coulevrines, pour aler audit lieu, ix l. xij s. p. à chacun, qui vallent xjx l. iiij s. p.

A luy, pour argent baillé à iiij^{xx} ix compaignons envoiez audit lieu de par la Ville, à chacun d'eulx iiij l. p. vallent, pour tout, iij^c lvj l. p.

A luy, pour argent baillié au varlet Vignier, qui y a esté avec Phil^{on} Croichet et ung autre qui eut une heuque, envoiez audit lieu avec les autres, à eulx trois baillé c xij s. p.

Item, pour ung minot de sel baillé ausdis compaignons pour eulx oudit voiage, xviij s. iiij d. p.

Audit Jaquet Compaing, pour ix lances baillées semblablement, viiij s. p. la pièce, vallent lxxij s. p.

A frère Jaques, cordelier, envoié oudit voiage avec les dessudiz, iiij l. xvj s. p.

Audit Jaquet Compaing, pour despence faitte par les dessudiz à Olivet, en eulx alant et par ceulx qui les convoièrent, l. s. p.

A luy, pour demie aulne de toille cirée pour envelopper l'estandart, ij s. viij d. p.

A luy, pour deux pavaz baillez aus dessudiz, x s. p.

A Colin le Godelier, pour sa charrette et trois chevaulx et deux varles envoiez avec les dessudiz pour mener les habillemens de guerre, où ilz ont esté par xvij jours, pour ce, xiij l. xij s. p.

A Jaquet Compaing, pour lij aulnes de pers achatté de lui pour faire les heuques donneez aus dessudiz compaignons envoiez audit lieu de La Charité, à xiiij s. p. l'aulne, vallent xxxvj l. viij s. p.

A luy, pour xviij aulnes d'autre pers meilleur achatté pour parfaire lesdittes heuques, au pris de xvj s. p. l'aulne, vallent xiiij l. viij s. p.

A luy, pour cinq quartiers de blanchet pour faire les croix ausdictes heuques, au pris de xvj s. p. l'aulne, vallent xx s. p.

A luy, pour bailler à Jehan Bourgeois, cousturier, pour avoir fait cent cinq heuques pour lesdis compaignons, par marchié à luy fait, viij s. p.

A luy, pour bailler à Mahiet, pour la façon de l'estandart, refreschir et acoursser la banière de la Ville, et avoir fait les orties sur les heuques, pour tout, vj l. viij s. p.

A Jehan Morchoasne, pour despence faicte en l'ostel Jehan Compaing par les Procureurs, le grenetier, contrerolleur et mesureur du sel et autres, le premier jour que on mesura du sel pour les entretenir, pour tout, lvij s. p.

A luy, pour despence faitte chiez Regnault Brune par Monseigneur le Lieutenant, Monseigneur le Prévost, le grenetier, contrerolleur, mesureurs, procureurs et autres, le jour que lesdis compaignons partirent pour aler audit lieu de La Charité, pour tout, iiij l. iiij s. p.

Somme (mandement du même jour)..... v^c xlij l. xix s. p.

XLIV. — A Jehan Vaichot, fèvre, pour avoir fait pour la Ville serreures, clefz et autres choses, dont il a baillées ses parties veues en la chambre au jourduy, lxx s. iiij d. p.

A Raoulet de Harecourt, pour avoir fait cloer la loige des portiers du bouloart de la porte Renart, iiij s. p.

A Simon Fournier et Bernard Josselin, guettes, pour leurs gaiges du mois de janvier, à chacun iiij l. p., vallent viij l. p.

A Thevenon de Bourges, pour avoir fait nettoier le bouloart de la porte Renart, ij s. p.

A Colin Thomas, pour avoir acoustré le bois qui estoit en la court de l'ostel de la Ville et autres choses, où il a vacqué lui, ung homme et son varlet, par deux jours, pour tout, xiiij s. viij d. p.

A Colin Galier, pour six mines de chaulx emploiez à estoupper les pertuis qui furent faiz sur les murs pour mettre canons durant le Siége, chacune mine ij s. p. vallent xij s. p.

A luy, pour deux journeez de maçon à estoupper lesdis pertuis, à iij s. iiij d. p. par jour, vallent vj s. viij d. p.

A luy, pour ung meneuvre qui servy led. maçon par lesdis deux jours, ij s. viij d. p.

A Raoulet de Harecourt, pour despence faicte par Maistre Philippe Paris, Simon du Fossé, Guiot Boillève et lui, à aler devers le Roy, à Meung sur Yèvre, pour la Ville, pour impétrer les suscides et aides mis sus pour la Ville et autres choses. Pour toute despence d'eulx et de leurs chevaulx, pour leurs sallaires et louaiges de varles et chevaulx, où ilz furent par xiij jours, à compter depuis le xij^e jour de janvier derrenièrement passé jusques au xxv° ensuivant, comme apparu est en la chambre par les parties dudit Raoulet, pour tout, lxvj l. ix s. viij d. p.

A Simon du Fossé, pour argent baillé pour avoir fait sceller les lettres du Roy obtenues pour lesdittes suscides et aides, xxiiij vielz escus et sept salus qui ont cousté xxxiij l. xij s. viij d. p.

A Colin Thomas, charpentier, pour avoir dessemblé le coillart de la Court le Roy, luy et cinq autres, par deux jours commençans le lundj xxiij° jour de janvier, vallent xij journées, à chacune journée iij s. p., vallent xxxvj s. p.

Audit Colin, pour lui et cinq autres qui chargèrent le bois dudit coillart, où ilz vacquèrent par deux jours, à ij s. p. chacun homme par jour, et ledit Colin iij s. iiij d. p., vallent xxvj s. viij d. p.

A luy, pour argent baillé au Beaussier et à Bouchetault, voituriers, pour avoir mené xxvj arres dudit bois en la chambre, xxxiiij s. viij d. p.

A Jehan Bureau, pour une commission faicte pour faire paier ceulx qui doivent du sel, v s. p.

A Jehan Martin, pour une rame de papier pour escripre les besoingnes de la Ville, xxxij s. p.

A Jehan d'Orl⁵, pour avoir crié par deux fois le sel qui fut vendu à Orl⁵ pour la Ville, xvj d. p.

Somme (mandement du même jour)..... vj^{xx} l. x s. iiij d. p.

XLV. — A Jaquet Compaing, pour despence faicte par Maistre Philippe Paris, Simon du Fossé, ledit Jaquet, Jehan Morchoasne, Jehan Mahy et Jehan Camus, ou voiaige fait derrenièrement à Jargueau devers le Roy, pour obtenir certains suscides et aides pour la Ville, oubliez en l'autre voiaige, avec l'aide des forains, où ilz demourèrent par dix jours, pour ce, pour toute despence de bouche et pour les seaulx des lettres et pour les nottonniers, lij l. vj s. viij d. p.

A Guillot Savore, pour cinq journeez qu'il vacqua environ la Toussains derrenière passée à conduire le bois qui fut mené de l'ostel de la Ville ou pont pour faire le bouloart, et pour le bois du coillart Saint Pol, x s. p.

A Jaquet le Prestre, pour trois quarterons de fagos mis en la chambre, le xve jour de février derrenièrement passé, v s. iiij d. p.

A luy, pour demie livre de chandelle quant on cuida bailler les marchez de la Ville, viij d. p.

A Simon Fournier, guette à Saint Pol, pour ses gaiges du mois de febvrier derrenier passé, iiij l. p.

A Bernard Josselin, guette à Saint Père Empont, pour semblable cause, iiij l. p.

A Colin Thomas, pour doubler le pont de la porte Saint Aignan, où il a vacqué vj jours lui et son varlet, à v s. iiij d. p. par jour, vallent xxxij s. p.

A Jehan le Beaussier, pour vij arres de sa charrette et chevaulx d'avoir mené le bois pour doubler ledit pont, vij s. p.

A Jehan Vaichot, lxj l. et demie de fer emploié pour la Ville où mestier estoit, en chevilles, vertevelles, serreures et autres choses dont il a baillées les parties, lxxiiij s. viij d. p.

A Colin Galier, pour viij mines de chaulx emploiez

en la tour des jardins, à ij s. p. la mine, vallent xvj s. p.

A luy, pour ij journeez de maçon à appareiller la fenestre qui fut rompue en ladite tour, pour asseoir le canon de Montargis, vj s. viij d. p.

A luy, pour ung meneuvre pour lesdis deux jours, iiij s. p.

A Colin Thomas, pour la journée de lui, de son varlet et d'ung autre charpentier qui furent à abatre le bouloart du pont, le lundj pénultième jour de febvrier, viij s. p.

A luy, pour quatre autres jours de luy, autres quatre jours de son varlet et quatre jours dudit charpentier, à abatre ledit bouloart, xxxij s. p.

A luy, pour quatre pelles, ij s. p.

A luy, pour xlix meneuvres à abatre led. bouloart, chacun ij s. p., vallent iiij l. xviij s. p.

A Jehan Hallet, sergent, pour avoir esté à abatre ledit bouloart, par deux jours à garder le bois dudit bouloart, à ij s. viij d. p. par jour, vallent v s. iiij d. p.

A Jehan le Beaussier, voitturier, pour xlvj arres de sa charette et chevaulx, d'avoir amené le bois dudit bouloart en la chambre de la Ville, xlvj s. p.

A Hervé Bouchetault, pour six arres semblablement, vj s. p.

A Micheau Guictry, cordier, pour une corde pour le saint de Saint Pol, à sonner le saint des portes, viij s. p.

A Colin Thomas, charpentier, pour avoir fait des gardefoz depuis la tour André jusques à la Barre

Flambert, où il a vacqué lui et son varlet par deux jours, à v s. iiij d. p. par jour, vallent liij s. iiij d. p.

A Colin Galier, pour trois jours de maçons et trois mines de chaulx pour avoir scelleez des eschiffles vers Saint Pol, xvj s. p.

A Bernard Josselin et Simon Fournier, guettes, pour leur sallaire du mois de mars, viij l. p.

A Jehan Mahy, pour argent baillié à celui qui nettoia l'abreuvoer, sur ce qui peut lui estre deu, xvj s. p.

A Jaquet Compaing, pour fers de trait d'arbaleste qu'il prist, durant le Siége, de Jehan Martin, artillier, iiij s. p.

A Jaquet le Prestre, pour une livre de chandelle mise à deux fois à bailler les marchez et le xij^{me}, et pour ceulx qui portèrent les torches à convoier Monseigneur le Lieutenant et les Procureurs, ij s. viij d. p.

A Pasquier Bouchier, pour cinq journeez de son cheval, baillé à Simon du Fossé, qui fut envoié, avec Monseigneur le Bastard d'Orliens, querir à Blois Monseigneur de Ray et la compaignie pour venir lever le Siége, pour ce, xx s. p.

A Jehan le Véon, escuier, pour le louaige d'une jument baillée à Maistre Estienne l'Uillier, pour aler à Jargueau devers Monseigneur d'Alençon, quant le siége y fut mis, luy dire certaines choses de par la Ville, viij s. p.

A Pierre Germain, pour plusieurs paines et salaires qu'il a eues de visiter la Tour Neufve, les portes et l'arréreguet, iiij l. xvj s. p.

A Philippot le Texier, pour plusieurs lettres closes et autres faictes pour la Ville, xvj s. p.

A Colin Thomas, charpentier, pour un cent de clo gameau emploié esdittes euvres, ij s. viij d. p.

Somme (mandement du même jour)...... iiij^{xx} xviij l. iij s. p.

XLVI. — Pour le déchiet de certaine quantité de salus et escus receus en la recepte de ij s. p. que la Ville prent sur minot de sel, pour ce que la monnoie n'estoit pas peuplée, et aussi que la Ville eust trop perdu à prendre des blans de iij d. t., pour lesquieulx escus et salus ont esté prins pour xxiiij s. p. forte monnoie la pièce, et ilz n'ont valu, c'est assavoir les aucuns que xx s. p. la pièce, et les autres xviij s. p. pièce, ainsi y a déchiet pour la Ville, comme il appert par la recepte d'iceulx veue en la chambre par les gens d'église et procureurs, pour ce que ledit recepveur les emploie en sa recepte pour xxiiij s. p. pour forte monnoye, la somme de ix livres xvj s. p. Et pour le déchiet de c xij l. xj s. iiij d. p., en blans de iij d. t. pièce, demourez audit recepveur entre ses mains, lesquieulx il n'a peu emploier pour la Ville, et pesans c xvij marcz, qui ont esté venduz ix s. p. le marc, vallent lij l. xiij s. p., ainsi y a de déchiet lix l. xviij s. iiij d. p. Vallent ces deux parties la somme de soixante neuf livres quatorze solz quatre deniers parisis, pour ce, cy par mandement passé par les dessudis commis de l'église et procureurs de ladicte ville, donné le xxiiij^e jour de mars l'an mil iiij^c xxix cy rendu, lxix l. xiiij s. iiij d. p.

XLVII. — A Jaquet le Prestre, pour à luy fait pour

les peines qu'il prent pour la Ville, oultre ses gaiges, xlviij s. p.

A Philippot le Texier, pour avoir grossoyé par cinq fois les deux mandemens des aides nouvellement mis sus sur toutes denreez, lesquieulx ont esté clouez aux portes d'Orls, pour ce, x s. p.

A luy, pour avoir fait deux vidimus desdits deux mandemens, vj s. p.

Item, audit Philippot, pour trois peaulx de parchemin par luy bailleez pour grossoier les choses dessudictes, pour ce, iiij s. p.

A Jehan Caillj, nottaire, pour avoir fait un vidimus du mandement du Roy nostre Sire, par lequel a esté crié ban et arrière-ban, pour ce, iiij s. p.

A Jaques Bouchier, trésorier, pour certaine quantité de picqz et pelles baillez en la chambre de la Ville, dont il demandoit xj l. t. qu'il avoit pour ce paiez, et pour aucune despence faitte par Jehanne la Pucelle en son hostel, et pour l'amendement de environ xx frans de monnoye qu'il avait bailliez en bois et aus charpentiers pour la Ville, pour tout ce, xxx l. p.

A Maistre Philippe Paris et Jehan le Camus, pour leur despence par eulx faitte à Jargueau pour pourssuir certaines lettres du Roy nostre Sire pour amener à Orliens des blez du pays d'embas, et pour parler au Roy et son conseil touchant les Escossoys qui faisoient plusieurs maulx et dommaiges ou pays de Saulongne, et aussi pour faire escripre par le Roy es guernisons estans en plusieurs forteresses du pays d'amont qui empeschoient que les blez et autres vivres ne descendissent par rivière à Orliens, ouquel voiaige les dessudiz, ung varlet avec eulx, ont vacqué par l'espace de trois jours et demj, et ont despencé tant pour eulx comme pour les lettres sur ce impétreez du Roy, et aussi pour les nottonniers qui les ont menez et ramenez par caue, et pour le sallaire du secrétaire et de son clerc qui ont faittes lesdittes lettres, et pour ung messaige qui fut envoié aux dessudiz, pour ce pour toutes les choses dessudittes, c xj s. p.

A Guillot Savore, varlet des dessudis, pour son sallaire d'avoir vacqué avec eulx par l'espace desdis trois jours et demj, pour ce, viij s. p.

A Jehan Quievret, boulengier, pour trois charreteez de bois à faire trait, amenez d'emprez le bois de Chaineau à Orliens, le premier jour de juing iiij^c et trente, pour ce, xxxij s. p.

A Gilet de Saint Mesmin l'aisné, pour argent baillé à Perrin Thierry et Jehan Nachu, charpentiers, pour leurs peines et salaires d'avoir besongnié sur le pont d'Orliens par plusieurs journeez durant le Siége, pour la fortifficacion dudit pont, la somme de vingt livres quinze solz tournois monnoie, à xj frans marc d'argent, dont les procureurs de ladicte ville furent japieça condempnez envers ledit Gilet, ladicte somme avaluée, à la monnoie courant à présent à vij f. marc d'argent, à x l. xj s. p., pour ce, x l. xj s. p.

A Monseigneur de Gaucourt, gouverneur et cappitaine d'Orliens, pour demie année de ses gaiges escheue en mars derrenièrement passé, xl l.

A luy, pour don que on luy fait pour chacun demj an, xl l. p.

A Jaquet Compaing, pour argent baillé à Thevenon

Die, Maistre Pierre Chauvin, et Colin Galier, iiij s. p.

A Colin Thomas, charpentier, pour son sallaire d'avoir vacqué, lui et son varlet, par xvj journeez chacun, à besongnier de son mestier en mars derrenier, sur les murs d'Orliens, depuis la tour André jusques à la porte Parisie et à réparer les gardefoz, planchiers, eschiffles et autres choses nécessaires, au pris de cinq solz quatre deniers p. pour jour pour eulx deux, vallent iiij l. v s. iiij d. p.

A luy, pour vij^c de clo gameau emploiez où dit est, au pris de ij s. viij d. p. le cent, vallent xvij s. viij d. p.

A luy, pour bailler à ung autre charpentier qui lui a aidié à besongnier esdictes euvres, par six jours, au pris de iij s. p. pour jour, vallent xviij s. p.

A luy, pour bailler à dix meneuvres qui ont abattu le vieil bois sur lesd. murs, à ij s. p. pour chacun, vallent xx s. p.

A Pierre Baudrant, nepveu de Guerbot, pour son sallaire d'avoir esté querir et pourchasser un mandement du Roy nostre Sire à Jargueau, pour la Ville contre le Vachier, touchant le xij^e, et pour le seel et escripture dud. mandement, pour tout xxiiij s. p.

Somme des parties dessusdictes..... mandement de honnorables hommes et saiges Maistre Jehan Parine, arcediacre de Baugency, Maistre Robert de Serceaulx, soubzdoien de Saint Aignan, et Maistre Jehan Compaing, chanoine de Saint Père Empont d'Orliens, commis par les gens d'église à la fortifficacion de lad. ville, Charlot l'Uillier, Jaquet Compaing, Jehan Morchoasne, Jehan Martin, Jehan Boillève, Jehan le

Camus, Jehan Mahy et Pierre Baratin, procureurs de la ville d'Orl*. Donné le trois^me jour de juillet l'an mil quatre cens et trente..... pour ce..... vij^xx l. iiij s. p.

XLVIII. — A Jehan Morchoasne, pour argent baillé pour despence faitte en l'ostel Jehan de Troies, le vj^e jour d'avril, par les commis d'église et procureurs, quant ils tauxèrent le sallaire de ceulx qui avoient quis le xij° d'Orliens, tant pour poisson, pain, vin, comme autre choses, viij l. xij s. p.

A Colin Thomas, pour bailler à ung sieur qui a sié ung cent de bois pour faire planchiers et marches pour la Ville, xxxij s. p,

Aux guettes de Saint Père Empont et Saint Pol, pour leurs gaiges des mois d'avril et may, à chacun viij l. p., vallent xvj l.

A Jaquet Compaing, pour bailler à la Chamberière Berthin, canonnier, sur ce que ledit Berthin dit que la Ville luy doit, viij s. p.

A Jehan le Beaussier, voitturier, pour dix voittures par luy faictes en avril derrenièrement passé à amener le bois vieil de dessus les murs en l'ostel de la Ville, et pour avoir amené le bois dont a esté fait le planchier, les gardes foz et autres choses, x s. p.

A Jehan Bouchetaut, voitturier, pour viij voittures pour semblable cause et pour avoir amené du bois du bouloart du pont, pour ce, viij s. p.

A Colin Thomas, charpentier, pour xj journées de luy et de son varlet, commençant le premier jour d'avril derrenièrement passé, pour avoir besongnié sur les murs, depuis la porte Parisie jusques à la porte Bourgoigne, à faire eschiffles, mettre degrez et autres choses nécessaires, à v s. iiij d. p. pour jour, pour les deux, pour ce, lviij s. viiij d. p.

A luy, pour iij⁰ clo gameau emploié esdittes euvres, viij s. p.

A Monsʳ le Lieutenant, pour don à lui fait la veille de Pasques les Grans derrenièrement passé, pour la peine qu'il prent pour le xij⁰, j réau de xxj s. iiij d. p., pour ce, xxj s. iiij d. p.

A Colin Thomas, charpentier, pour ix journées de lui et autant de son varlet à besongnier de leur mestier, pour la Ville, sur les murs, commencées le xij⁰ jour d'avril derrenièrement passé, depuis la porte Bourgoigne jusques à l'ostel de Monsʳ d'Orliens, à réparer gardefolz, degrez, eschiffles, planchiers, et retenir et arrester le hourdeis qui est sur la posterne Chesneau, à v s. iiij d. p. pour jour, pour les deux, vallent xlviij s. p.

A luy, pour iiij⁰ de clo gameau emploié esdictes euvres, x s. viij d. p.

A luy, pour avoir fait sier du bois pour mettre aux buttes et pour faire planches aux pons de la Ville, xvj x. p.

A Jehan Vaichot, pour une père d'andiers mis en la chambre, pesans xlviij l., à viij d. p. la livre, vallent xxxij s. p.

Au prieur de Saint Sanson, pour le louaige de l'ostel de la Ville, pour les termes de Saint Jehan iiij⁰ xxix et Noel ensuivant, pour ce que led. hostel lui a esté guesvé loé par an xvj l. p., pour ce, pour lesdis deux termes, xvj l. p.

A Jehan Jaquet, pour latte et chanlatte par lui baillée japieça pour faire la loige du bout du pont, prins par Colin Gallier et Estienne le Bège qui le firent, pour ce, xj s. p.

A Jehan Bureau, clerc du bailliage d'Orliens, pour avoir fait ung roolle du bail des fermes de la Ville et coppié le mandement obtenu par Jehan le Vachier contre la Ville, pour ce, xiij s. p.

A Colin Thomas, pour xj journées de luy et autant de son varlet qui ont besongnié, à commencier le premier jour de may derrenièrement passé, à avoir doublé le pont dormant de la porte Bernier et appareillé la barrière, et pour avoir besongnié aux butes, à v. s iiij d. p. par jour, vallent lviij s. viij d. p.

A luy, pour bailler à ung charpentier qui luy a aidié par trois jours à besongnier esdites euvres, à iij s. iiij d. p. par jour, vallent x s. p.

A luy, pour ung meneuvre qui lui a aidié par trois jours à faire lesdites euvres, vj s. p.

A luy, pour ij^c clo gameau et j^c de clo de petit gien employé esd. euvres, vj s. p.

Somme (mandement du même jour).... lviij l. ix s. iiij d. p.

XLIX. — A Jehan le Beaussier, voitturier, pour xiij arres de sa voiture par lui faittes pour la Ville, depuis la sepmaine peneuse, à mener et ramener bois pour la Ville, dont il a baillées ses parties, xiij s. p.

A Jehan Beauharnois, pour la voiture et guides de iij^c xxv l. que sallepestre que soffre, qui estoient à Clermont en Auvergne, que y avoit laissié Guillemin

Thomas, et l'avoit receu de la ville d'Albie qui les donna à ceste ville, pour ce, lxxviij s. p.

A Jehan Morchoasne, pour despence faicte par Maistre Simon Freron, cinq autres seigneurs de l'Église et Université et par xij bourgois de la Ville, trois varles en leur compaignie et deux coulevrineux, en ung voiaige fait à Jargueau devers le Roy, le iij° jour de juing derrenier passé, dont il a baillées ses parties, pour tout, xvij l. xj s. p.

A Colin Thomas, pour avoir fait sier cl planches pour la Ville, à xxxij s. p. le cent, vallent xlviij s. p.

A Naudin Bouchart, pour le parpaiement d'un canon achatté de luy durant le Siége, du temps des précédens procureurs, et pris par Jehan Boillève et Jehan Mahy, procureurs, et pesoit iiij° xliij l. et demie, au pris de dix escus le cent, vault xliiij escus et ung quart. Sur quoy luy a esté paié xiiij escus, ainsi reste xxx escus et quart appressiez à xiiij s. viij d. p. chacun escu, vallent xxij l. iij s. viij d. p.

A luy, pour ung bassin à laver, une acarre et un plon à maçon baillez à Robert Carré, pour savoir se on minoit, durant le Siége, quatre escus d'or, à xiiij s. viiij d. p. chacun escu, vallent lviij s. viij d. p.

A Maistre Philippe Paris, Guion du Fossé, Jaquet Compaing, Jehan Morchoasne et Jehan le Camus, pour leurs sallaires d'avoir esté par l'espace de neuf jours à Jargueau devers le Roy, pour impétrer les fermes et suscides de la Ville, c'est assavoir pour lesdis Maistre Philippe et Jehan Camus, pour chacun iiij l. p. et pour chacun des autres [lx] s. p., vallent xvij l. p.

A Simon Fournier, guette à Saint Pol, pour le mois de juing, iiij l. p.

A Bernard Josselin, guette à Saint Père Empont, pour la moitié dudit mois, xl s. p.

A Colin de Saint Mor, guette pour le présent audit Saint Père ou lieu dudit Josselin, pour l'autre moitié, xl s. p.

A Maistre Hervé Lorens, pour don à lui fait la veille de Penthecouste, pour la peine qu'il prent pour le xij^e d'Orliens, ung réau d'or qui vault xxiiij s. p., pour ce, xxiiij s. p.

A Jehan Vaichot, pour chevilles, serreures, clefz et autres choses par lui faictes pour la Ville depuis le xxiiij^e jour de febvrier jusques à huy, dont il a bailleez ses parties en la chambre, pour ce, lxxvij s. p.

A Jaquet Compaing, pour argent baillé à ung marchant de Bretaigne pour l'achat de iij^m ij^c de trait d'arbalestre tous prets pour la Ville, xxxv l. iiij s. p.

A Colin Galier, pour bailler à viij meneuvres qui ont osté la terre de dessus le planchier des Tournelles et acoustré des pierres d'icelles qui vouloient cheoir, à chacun ij s. p., vallent xvj s. p.

A luy, pour deux maçons, lesquieulx ont osté et arrachié les pierres de tailles d'icelles Tournelles qui vouloient cheoir, viij s. p.

Item, pour avoir fait mettre à point la trompe de Saint Père Empont, ij s. p.

A Jehan Bureau, pour les baulx des xij^{es} d'Orliens des anneez commencées le xxve jour de mars mil iiij^c xxviij et xxix, c'est assavoir de chacun bail v s. p., pour ce, x s. p.

A Colin Mahy, sur la somme de iij^c iiij roiaulx d'or à lui deubz de la vente de xviij muis xj septiers trois minos de sel vendus à la Ville, pour convertir l'argent ou fait du voiaige de La Charité, la somme de lxiiij frans d'or, au pris de xxiij s. p. picte, vallent lxxiij l. xij s. p.

A Colin Thomas, pour avoir appareillié le pont de la porte Bourgoigne pour le faire hausser et besser, et pour avoir emploié xxxij toises du bois de la Ville au long des pielz de l'abeuvroer, pour tout ce, xij s. viij d. p.

Somme (mandement du même jour)..... ix^{xx} x l. xviij s. p.

L. — Pour le déchiet et perte qui a esté en la somme de quatre cens cinquante cinq livres dix solz parisis pour le droit de Monseigneur d'Orliens, de la vente de dix huit muis onze sextiers trois minos de sel vendus pour faire le voiaige à La Charité, laquelle somme fut prestée par les gens du conseil de Mondit Seigneur à laditte ville, pour promptement avoir argent pour faire ledit voiaige, et pour ce fut accordé de paier pour chacune livre parisis ung escu d'or viel de lxiiij au marc, pour ce que lors lesdis escus ne valloient plus, et sur jcelle somme, lorsque lesdis escuz ne valloient que xx solz, en fut paié cent dix livres parisis. Ainsy en reste à paier iij^c xlv l. x s. p., pour lesquelles a convenu paier trois cens quarante cinq escus et demj vielz, qui ont cousté chacun xxiij s. iiij d. p. Ainsy y a de perte et de déchiet, pour la Ville, la somme de cinquante sept livres onze solz huit deniers parisis.

Pour ce, cy par mandement par les dessusdis commis d'église et procureurs, donné le iij° jour de juillet mil iiij° et trente, cy rendu, lvij l. xj s. viij d. p.

Somme par soy.

LI. — A Jehan Renart, pour le loage de la moitié de l'ostel de la Ville, pour le terme de Saint Jehan mil cccc et xxx, iiij l. p. Somme p. soy.

A Jaquet le Prestre, pour pain, vin et poires despenciez en la chambre le iij° jour de juillet par lesd. commis et procureurs à passer le mandement derrenier, ix s. iiij d. p.

A Perrinet Rousseau, charbonnier, pour cinquante sacz de charbon de bois de tremble, à ij s. p. le sac, vellent c s. p.

Aux guettes de Saint Père Empont et de Saint Pol, pour leurs gaiges des moys de juillet et aoust, chacun iiij l. p. pour mois, vallent xvj l. p.

A Colin Thomas, charpentier, pour cinq journeez de lui et de son varlet faictes depuis le xij° jour de juillet jusques au xvij° ensuivant, pour avoir appareillez les degrez de la barre Flambert qui cheoient et les gardefolz, pour chacun jour vj s. viij d. p. pour eulx deux, vallent xxxiij s. iiij d. p.

A luy, pour bailler à ung ouvrier pour avoir besongnié avecques lui esdittes euvres, par trois jours, à iiij s. p. par jour, vallent xij s. p.

A luy, pour ij° et demy de clo gameau emploié esdictes euvres, v s. p.

A luy, pour avoir fait sier les marches pour faire lesdis degrez, v s. viij d. p.

— 374 —

A Jehan Martin, pour argent par lui baillé à Maistre Simon Freron, pour avoir esté avec les gens d'église et procureurs à Jargueau devers le Roy derrenièrement, deux roiaulx d'or, qui vallent xlvj s. viij d. p.

A Raoulet de Harecourt, sur les arréraiges de dix escuz d'or de rente que Maistre Pierre Flamberge vendit audit Raoulet pour cent escus d'or que il bailla pour la Ville, du temps que Jaquet Cormereau fut recepveur, pour le fait de l'abstinance, xvj l. p.

A Philippot le Texier et Perrin Germain, pour ieur sallaire d'avoir esté par la ville escripre les noms des demourans en jcelle pour asseoir le guet et portes, et pour avoir fait les pappiers et assiette, à eulx deux, ix l. xij s. p.

A Maistre Guillaume Cousinot, chancelier de Monseigneur le Duc d'Orliens, sur ce que la Ville lui doibt du temps des précédens procureurs, lxiiij l. p.

A Michelet de Nevers, Macé Grosvillain, pour avoir couvert à la porte Bourgoigne et es tours dessus les murs, par marchié fait à eulx en la chambre, xlvij l. iiij s. p.

A Jaquet Compaing, pour bailler à la chamberière Berthin, canonnier, sur ce qui lui est deu, xxiiij s. p.

A Jehan le Camus, pour argent baillé pour l'achat de deux croz qui furent portez à l'assault des Tourelles, v s. iiij d. p.

A Estienne Charpault, pour avoir fait le pont de la porte Bourgoigne, par marchié fait à lui, présens les gens d'église et procureurs, xxxij l. p.

A Perrin Rio, pour l'achat de cinquante soliveaux prins pour la Ville, chacun de x piez de long, d'un espan de fourniture en ung sens et demy pié en l'autre, à iiij s. p. la pièce, vallent x l. p.

A luy, pour xv toises d'autre bois pour faire le pont à l'Aloée, à ij s. iiij d. p. la toise, vallent lesd. xv toises xxxv s. p.

A luy, pour une pièce de bois pour faire le treau et le chevet dudit pont, xx s. p.

A luy, pour xviij toises d'autre bois emploié sur les murs où besoing estoit, xxj s. p.

A Colin Thomas, charpentier, pour avoir besongnié pour la Ville, depuis le xxvj° jour de juillet jusques au derrenier jour d'aoust, au pont, sur les murs et ailleurs, où il a vacquié luy, son varlet et autres ouvriers, par xxxv jours dont il a baillées ses parties, pour tout ce, vj l. viij s. viij d. p.

A luy, pour avoir fait sier les soliveaux achattez dud. Rio, iiij l. iiij s. p.

A Colin Galier, maçon, pour avoir besongnié quatre jours en la tour de Mons' l'Évesque à la paver et autres choses de son mestier, xvj s. p.

A luy, pour deux meneuvres qui l'ont servy par lesdis quatre jours, à ij s. iiij d. p. par jour pour chacun, vallent xviij s. viij d. p.

Audit Colin, pour six mines de chaulx emploiez esdittes euvres, à ij s. p. la mine, vallent xij s. p.

A luy, pour six tumbelerées de terre mises en ladicte tour, à iiij s. p. la tumbelerée, vallent xviij s. p.

A Jehan le Beaussier, voiturier, pour xj arres de sa voitture faictes par lui à mener le bois dessudit, dont il a baillées ses parties, xj s. p.

A Micheau Pongoing, pour son sallaire d'avoir nettoié l'abreuvoer et pour le terme de la Saint Jehan Baptiste derrenièrement passée, xxxij s. p.

A Jaquet le Prestre, pour despence faitte en la chambre par les gens d'église et procureurs, quant on marchanda à Colin Galier des Tourelles faire, pour pain, vin, poires et autres choses, vij s. p.

Somme... par autre mandement de... Maistre Jehan Parine, arcediacre de Baugency, et Maistre Robert de Serceaulx, soubzdoien de Saint Aignan, commis par les gens d'église à la fortifficacion de lad. ville d'Orliens, Charlot l'Uillier, Jaquet Compaing, Jehan Mahy, Jehan Martin, Jehan le Camus, Jaquet l'Argentier, Raoullet de Recourt, Guy Boillève et Pierre Baratin, procureurs de lad. ville donné le derrenier jour d'aoust l'an mil cccc et trente. Pour ce..... ij^e xxvij l. iiij s. viij d. p.

LII. — A Colin Mahy, sur ce que la Ville lui doibt de la vente de xviij muis xj septiers trois minos de sel par lui baillez et vendus à la Ville pour le fait de La Charité, à lui baillié xl escuz d'or vielz de lxviiij au marc, qui, au pris de xxiiij s. p. pièce, vallent xlviij l. p., pour ce, xlviij l. p.

A Jehan Cailly, nottaire, pour avoir fait ung vidimus du mandement de deux solz parisis que la Ville a prins sur chacun minot de sel, pour l'envoier à Montargis devers le Roy pour en obtenir ung autre, pour seel et pour tout, v s. p.

A Jehan Robert, nottonnier, pour son salaire d'avoir amené par eaue de Briou à Orliens certaine quantité de bois de fresne pour faire du trait pour la Ville, pour ce, cy iiij l. xvj s. p.

A Jehan Martin, artillier, et Jaquemart Baudry, pour avoir fait abatre et sier led. fresne, le avoir fait mener au port, et pour despence faicte par luy et Jaquemart Baudry, comme à le faire venir, pour tout, lxvj s. p.

A eulx, pour leurs sallaires d'avoir vacqué par six jours à faire amener ledit bois, xxxvj s. p.

A Colin Thomas, charpentier, pour avoir besongnié pour la Ville, luy, son varlet et ung ouvrier, c'est assavoir ledit Colin et son varlet par quinze jours, au pris de vj s. viij d. p. par jour pour eulx deulx, vallent c s. p., et ledit ouvrier par ix jours, à iiij s. p. par jour, vallent xxxvj s. p., et avoir besongnié à la barrière de la Hersse, où il a fait un beffroy neuf sur les murs, à la porte Renart, dont il a bailleez ses parties, vault tout vj l. xvj s. p.

A luy, pour ij^c clo gameau emploié esd. euvres, iiij s. p.

A Monsr de Gaucourt, gouverneur et cappitaine de la ville d'Orliens, pour ses gaiges de demie année escheue ou mois de septembre derrenièrement passé, xl livres par.

A luy, pour don que on luy fait et pour ledit demy an, xl l. p.

A Jehan Vaichot, pour vij^{xx} xviij l. de fer qu'il a emploiez aux besoingnes de la Ville depuis le xe jour d'aoust jusques à huy, dont il a baillées ses parties par escript, veues par lesdis commis et procureurs, à xij d. p. la livre, vallent vij l. xviij s. p.

A luy, pour serreures, clefz et plomb emploiez ausdittes euvres de la Ville dont il a bailleez sesd. parties par escript, et pour avoir defferré le pont de la porte Saint Aignan et referré, xlij s. viij d. p.

A Raoullet de Recourt, xxxiij l. xij s. p., pour le parpaiement de xlix l. xij s. p. à lui deuz pour les arrérages de x escuz d'or de rente dont Maistre Pierre Framberge est obligé audit Raoulet pour c escuz d'or qu'il bailla pour la Ville, pour le fait de l'abstinance de guerre, pour iceulx bailler à Monsr de la Trimoille, et par composicion faicte avec ledit Raoulet de tout le temps passé jusques xixe jour de mars mil iiij^c et xxx, oultre et pardessus la somme de xij l. t. que ledit Raoulet avoit receue de Jaquet de Loynes du temps qu'il estoit recepveur, pour ce, cy xxxiij l. xij s. p.

A Jehan Morchoasne, Jehan de Troyes, Raoulet de Recourt et Gilet Morchaisne, pour leurs gaiges et sallaires d'avoir cueilly et excercé par la main de la Ville le xij^e de la ville d'Orliens, pour un an commençant en mars, le jour de la Nostre Dame mil cccc xxviij et finissant à lad. Nostre Dame mil iiij^c xxix, pour chacun d'eulx xxx l. p., vallent vj^{xx} l. p.

A Colin Thomas, pour despence faitte quand on mist derrenièrement à point le pont de l'Alouée par nuit, pour pain, vin et chandelle, vj s. p.

A Jehan Bombachelier, paveur, pour avoir pavé autour du pont de la porte Bourgoingne qui a esté fait neuf en vendanges derrenièrement passé, v s. p.

A Jehan Martin, pour argent baillé à Oudin de Saint Avy pour despence faicte par certains compaignons que ledit Oudin avoit mis en besongne durant le Siège, laquelle despence montoit viij s. p., et la paia ledit Oudin de son argent, pour ce, iiij s. p.

Somme..... par autre mandement (*des mêmes commis et procureurs qu'au mandement précédent*) donné le jeudi vij° jour de décembre l'an mil cccc et trente,.... pour ce,............. iij° ix l. x s. viij d. p.

LIII. — A Simon Fournier, guette à Saint Pol, pour ses gaiges des mois de sept., octobre et novembre, pour chacun mois iiij l. p., vallent xij l. p.

A Colin de Saint Mor, guette à Saint Père Empont, pour lesdis trois mois, pour ses gaiges, xij l. p.

A Colin Thomas, pour le sallaire et despence de son varlet qui a esté envoié à Montargis, au commencement du mois d'octobre derrenièrement passé, pour obtenir le mandement de ij s. p. que la Ville prent sur chaque minot de sel, pour tout, xxvj s. p.

A Jehan du Brueil, pour avoir mis ung homme à oster les terraulx devant la croix dessus le pont, xx d. p.

A Jaquet le Prestre, pour ung cent de fagos mis en la chambre de la Ville, le ij° jour de novembre derrenièrement passé, et pour chandelle baillée quant on bailla le xij° des forsbours, x s. iiij d. p.

A Colin Thomas, pour huit journeez et demie que luy et son varlet ont faictes pour la Ville, depuis le xxvj° jour de septembre jusques à la Saint Simon et Jude, à avoir faicte la loige du guet sur le pont, à mettre à point la trappe du pont de la porte Bourgoingne, et pour avoir sié le bois qui a esté amené de Baugency pour faire du trait, à vj s. viij d. p. par jour, pour eulx deux, vallent lvj s. viij d. p.

A luy, pour ij^c et demj de clo gameau emploiez en lad. loige, à ij s. p. le cent, vallent v s. p.

A Monseigneur le Lieutenant de Monseigneur le Gouverneur d'Orliens, pour don à luy fait la veille de Toussains derrenièrement passée, ung réau d'or, qui a cousté xxv s. p.

A Guillot Savore, pour avoir esté à Gien devers le Roy, cuidant impétrer le mandement du sel, où il a demouré huit jours, pour despence et sallaire, xlviij s. p.

A Maistre Philippe Paris, pour avoir fait nettoier le bouloart de la porte Bernier, ij s. p.

A Monseigneur le Chancelier d'Orliens, pour le paiement de vj^{xx} xvj l. p. à lui deues pour l'avaluement de (*blanc*) par lui prestez à ladicte ville, dont il avoit obligacion, durant le siége des Anglois devant ceste ville, lorsque Thevenon de Bourges estoit recepveur d'icelle sur laquelle somme lui a esté paié par ledit Hillaire soixante quatre livres parisis, et cy pour le seurplus lxxij l. p.

A Messire Fleurant d'Illiers, pour certaine pouldre à canon qu'il amena en ceste ville durant le Siége, dont il receut lors xxxvj escus d'or neufs en lxxij l. p. de monnoye, à xx frans marc d'argent, qui vallent en monnoie à vij f. marc d'argent, xxv l. iiij s. p.

A Jaquet l'Argentier, pour plusieurs mises par lui faites en avril et may iiij^c xxix pour le fait des réparacions du pont et des Tourelles, tant pour pelles, pavaz, traitz et autres menues choses faictes hastivement par lui baillées, dont il a baillées ses parties par escript veues en la chambre par les commis et procureurs, montant ix^xx vij l. xj s. iiij d. p., monnoie à xx frans marc d'argent, calculeez et avaluées à monnoie à sept frans marc d'argent, à lxv l. xij s. p., pour ce, lxv l. xij s. p.

A Colin Galier, maçon, sur ce qu'il doit avoir de faire les Tourelles du bout du pont, selon le contrault fait avecques lui, à plusieurs et diverses fois et paiemens, iij^c xxiiij l. p.

A Estienne Galu, sergent, pour avoir adiournez à estre en la chambre les cinquanteniers et diseniers de la Ville, ij s. p.

A Colin Galier, maçon, pour deux journées de maçon pour avoir mis à point l'autel de Saint Anthoine et la fenestre de devant, à iiij s. viij d. p. par jour, vallent ix s. iiij d. p.

A luy, pour cinq mines de chaulx emploiez esdittes euvres, ij s. p. la mine, vallent x s. p.

A Jehan le Beaussier, pour xviij arres de sa voiture par lui faictes pour la Ville, pour avoir mené le pont de l'Alouée, ramené de dessus le pont en la Chambre de la Ville deux grans pièces de bois, ramené pareillement le vielz bois dudit pont, pour avoir mené la barre de la Hersse et pour avoir mené la trappe du bouloart de la porte Bourgoigne, à xij d. p. chacune are, vallent xviij s. p.

A Colin Galier, pour deux journées et demie de maçon à avoir estouppé l'arbaleste de la croiche et avoir sellée la barrière Neufve de l'abreuvoer, pour jour iiij s. p., vallent pour lesdis ij jours et demy x s. p.

A luy, pour viij mines de chaulx emploiez esdittes euvres, xvj s. p.

A luy, pour ij journées de meneuvre, iiij s. p.

A Philémon Boulart, pour l'achat de cinq cens fers à trait d'arbaleste par luy fait pour la Ville, au pris de c xij s. p. le millier, vellent lvj s. p.

A Macé Méry, pour v^c fers à trait d'arbaleste par lui fait audit pris, lvj s. p.

A Colin Viollet, pour v^c de fers semblablement, lvj s. p.

A Jehan Grant, pour j^m desdiz fers, c xij s. p.

Somme (mandement du même jour).... v^c xxxvij l. p.

LIV. — A Jehan Vaichot, pour lxxix l. de fer ouvré en chevilles, j croichet et j gon pour le bouloart de la porte Bourgoigne, au pris de xij d. p. la livre, vallent lxxix s. p.

A luy, pour alonger et reforger xv chevilles vielles trouveez audit bouloart, ij s. viij d. p.

A luy, pour avoir defferré et referré l'uis du degré dud. bouloart, xvj d. p.

A luy, pour avoir ferré la planche de la porte Bernier et fait cinquante clox pour jcelle ferreure, iiij, s. p.

A luy, pour rappareiller une serreure mise en l'uis du degré des murs, près de l'ostel à la Fleurie, pour ung croichet mis à la barrière du pont, et pour trois autres serreures, l'une pour le guischet du bouloart des Tourelles, l'autre pour la chambre des portiers de la Hersse, et l'autre pour les barres de lad. Hersse, pour tout, iiij s. p.

Paié à Perrin Bon Temps, que la Ville lui debvoit et

dont les procureurs précéd⁸ estoient obligiez à lui, comme par obligacion passé par Caillj le xxij⁰ jour de novembre derrenièrement passé est apparu, iiij f. xij s. p., à xj marc d'argent qui vallent à vij f. marc d'argent xlviij s. p.

Paié à Colin Mahy, sur ij⁰ escus vielz que la Ville luy doibt de reste de son sel qu'il bailla pour le fait de La Charité, la somme de cinquante escus achatez chacun escu xxviij s. p., vallent la somme de lxx l. p.

A Michau Guictry, cordier, pour une corde mise ou saint de Saint Pol, le xij⁰ jour de décembre derrenier passé, pesant xj l. et demie, à xij d. p. la livre, vallent xj s. vj d. p.

A Simon Fournier et Colin de Saint Mor, guettes à Saint Pol et à Saint Père Empont, pour leurs sallaires et pencions des mois de décembre, janvier, février et mars, d'avoir guetté pour la Ville, au pris chacun de iiij l. pour mois, vallent xxxij l. p.

A Jehan Bombachelier, paveur, pour avoir pavé ou bouloart de la porte Bourgoigne, au long des loiges où besoingnent les savetiers, pour sablon, pavé et tout, viij s. p.

A Jehan Morchoasne, pour argent par lui baillé pour le seel du mandement de la petite pinte, naguièrs impétré pour trois ans, paié pour chacun an dudit sel lij s. p., vallent vij l. xvj s. p.

A luy, pour le paiement du seel de Lannyon, vj s. p.

A luy, pour le clerc de Mon^r le chancelier qui escripvy lesdis mandemens, j roial d'or qui cousta xxviij s. p.

Somme.... par autre mandement (*des mêmes commis à la fortification par les gens d'église et procu-*

reurs qu'au mandement précédent), donné le xx⁰ jour de mars l'an mil quatre cens et trente.... pour ce,......
c xix l. viij s. vj d. p.

LV. — A Jehan Morchoasne, pour bailler à Maistre Guillaume de Caours, secrétaire du Roy nostre Sire, pour avoir singné deux mandemens pour la Ville, deux roiaulx d'or qui ont cousté lvj s. p.

A Jehan le Beaussier, voitturier, pour xlvij arres qu'il a faictes de sa voiture à mener du bois de la chambre de la Ville ou bouloart de la porte Bourgoigne qui estoit fondu, au pris chacune arre de xij d. p., vallent xlvij s. p.

A Regnault Brune, pour argent baillé pour avoir fait mettre une colisse, cinq ardoises, latte et clo en la chambre des portiers de la porte Renart, pour tout, iiij s. viij d. p.

A Jehan Morchoasne, pour argent par lui baillé en despence faitte en l'ostel Jehan de Troies par Messrs de l'Église, Monsr le Lieutenant de Monseigneur le Gouverneur d'Orliens, lesdis procureurs et le Conseil, pour poisson, vin et autres choses, le vij° jour de décembre derrenièrement passé, vj l. ix s. p.

A Maistre Hervé Lorens, lieutenant dessudit, pour don à lui fait à Noël derrenièrement passé, pour la peine qu'il prent pour la petite pinte, ung roiau d'or qui a cousté xxxiij s. p.

A Macé Refert, cordouennier, pour son sallaire de demy an, escheu à Noël derrenièrement passé, d'avoir nettoié l'abreuvouer d'Orliens, xlviij s. p.

A Macé Gros Villain, maçon et couvreur, pour xiij°

d'ardoise emploiez en la couverture de la loige des portiers de la porte Bourgoingne, au pris de quatre francs le millier, vallent iiij l. iij s. p.

A luy, pour iij^m c et demj de clo à ardoise et latte emploiez en lad. couverture au pris de vj s. viij d. p. le millier, vallent xxj s. p.

A luy, pour j carteron clo gameau emploié esdictes euvres, viij d. p.

A luy, pour j carteron clo de grant gien, vj d. p.

A luy, pour j cent de petit gien, xij d. p.

A luy, pour deux pièces de fer blanc emploiez comme dessus, ij s. viij d. p.

A luy, pour trois quarterons de latte abiselée, au pris de xvj s. p. le cent, vallent xij s. p.

A luy, pour cinq toises de chanlatte, v s. p.

A luy, pour x journées qu'il a vacqué à tailler lad. ardoise et couvrir laditte loige, au pris de iiij s. p. par jour, vallent xl s. p.

A luy, pour une mine de chaulx emploié esd. euvres, ij s. p.

A Robin, le Bocault, pour argent baillé à x hommes qui vacquèrent une journée à pescher le bois qui estoit cheu du bouloart du pont, par l'ordonnance de Monseigneur le Lieutenant, xij s. p.

A Perrin Germain, pour bailler à deux hommes qui chargèrent de pierres le pont du bouloart, à ce que l'eaue ne le emmenast pour la creue qui estoit seurvenue, xvj d. p.

A Monseigneur de Gaucourt, gouverneur et cappitaine d'Orliens, pour ses gaiges de demj an feny en ce mois de mars, xl l. p.

A luy, pour don que on lui fait pour ledit demy an, xl l. p.

A Jehan le Beaussier, voitturier, pour xiiij arres de sa voiture faittes en febvrier derrenièrement passé, à avoir amené le bois des gardefolz de la porte Bernier en la chambre, et pour avoir mené du bois de la Ville sur le pont, xiiij s. p.

A Jaquet de Champeaulx, pour bailler à ung homme qui nettoia la porte de la Hersse, quand la rivière fut moult grant, en febvrier derrenièrement passé, ij s. p.

A Maistre Girard Boillève, sur ce que la Ville lui peut devoir, que jl a retenu du xij° d'Orliens quant Jehan Morchoasne, Raoulet de Recourt et leurs compaignons cueilloient le xij° ou nom de la Ville en l'an mil cccc et xxix, vj l. xvij d. p. bonne monnoie, pour ce, vj l. xvij s. viij d. p.

A Maistre Estienne l'Uillier, pour son sallaire d'avoir esté, avec Guion du Fossé, devers le Roy soliciter le secours de Jargueau, où il vacqua xxxij jours, au pris de viij s. p. pour jour, vallent xij l. xvj s. p.

Somme (mandement du même jour)...... vj^{xx} vl. iij s. vj d. p.

LVI. — A Jehan Renart, dit Graz Dox, pour la moitié du terme de Noël derrenièrement passé, du louaige de l'ostel de la Ville, appartenant pour moittié audit Jehan Renart, loué pour an, xvj l. p., vault la moittié dudit terme iiij l. p., dont il a esté rabatu pour certaines refections faittes oudit hostel japieça xxvj s. xj d. p. de bonne monnoie, reste à luy paié liij s. d. p.

A Jaquet le Prestre, pour despence faicte par lesdiz procureurs en l'ostel dudit recepveur par l'espace de quatre jours, en visitant les comptes de Thevenon de Bourges, en pain, vin, feu et espices, pour tout, xxvj s. iiij d. p.

A Colin Thomas, charpentier, pour lxviij journées d'ouvrier faictes par luy et ses compaignons depuis le xv⁰ jour de décembre derrenièrement passé jusques au iiij⁰ jour de janvier ensuivant, pour avoir mis à point la tour feu Michault Canteau et besongnié ou bouloart de la porte Bourgoigne, dont il a baillées ses parties, au pris de iiij s. p. pour jour, vallent pour lesd. lxviij journées xiij l. xij s. p.

Audit Colin Thomas, charpentier, pour lxvj journées de meneuvres qui ont besongné esdittes euvres, à ij s. p. chacun meneuvre par jour, vallent vj l. xij s. p.

A luy, pour iiij⁰ et demj de clo gameau emploié esdittes euvres, à ij s. viij d. p. le cent, vallent xij s. p.

A luy, pour xij journées de son mestier par lui faictes ou bouloart du pont et en la tour Nostre Dame, dont il a baillées ses parties en febvrier derrenièrement passé, au pris de iiij s. p. par jour, vallent xlviij s. p.

A luy, pour la journée d'un meneuvre emploié esd. euvres, ij s. p.

A luy, pour demy cent de clo gameau emploié esdittes euvres, xvj d.

A luy, pour deux journées qu'il a besongnées sur les murs, viij s.

A luy, pour avoir besongnié, luy et son varlet, par neuf jours oudit bouloart du bout du pont, où il a emploiez iiij^xx xvj toises du bois de la Ville, pour ce que la rivière avoit tumbé ledit bouloart, au pris de vj s. viij d. p. par jour, pour lui et son varlet, vallent lx s. p.

A Jehan Jaquet, pour l'achat d'un quarteron de planchier emploié esdittes euvres, xxviij s. p.

Audit Colin, pour ij^c de clo gameau emploié esdittes euvres, v s. iiij d.

A Maistre Hervé Lorens, lieutenant de Monseigneur le Gouverneur d'Orliens, pour plusieurs peines qu'il a eues et soustenues à cause des nouveaulx suscides, pour ce, à luy ordonné la somme de viij l. p.

A Colin Mahy, viij escus d'or, des escus courans le xxvij^e jour d'ottobre mil iiij^c xxvj, à luy deubz par la Ville, pour la vente de six sextiers de sel qu'il bailla et vendj aux procureurs de lad. ville qui pour lors estoient, et dont lesdis procureurs estoient obligiez à luy, par obligacion passée led. jour par Jehan Caillj, notaire, pour ce cy pour la valleur desdis escus, viij l. xvj s. p.

Somme (mandement du même jour)..... xlix l. iiij s. j d. p.

LVII. — A Maistre Jehan Basin, pour une grosse pièce de bois prinse par Guillemin le Charron quant on gaigna les Tourelles contre les Anglois, pour mettre au travers d'une des arches de dessus le pont qui fut rompue, comme ledit Guillemin a certifié en la chambre, pour ce, pour ladite pièce, xl s. p.

A Jehan Petit, pour une sole prinse par Chaumart, par l'ordonnance desd. procureurs, pour mettre à la tour du Heaume, pour faire les arrestz des canons durant le temps desd. procureurs, x s. p.

A la veufve feu Maistre Alain du Bey, jadis prévost

d'Orliens, sur ce qui lui peut estre deu pour bois baillé pour la Ville à Guiot Boillève et Charlot l'Uillier, procureurs, du temps de leur procuracion, lequel bois estoit aux halles, pour ce, iiij l. xviij s. p.

A Colin Mahy, la somme de cent cinquante escus d'or vielz à luy deubz du reste de la somme de trois cens quatre escus d'or vielz, pour la vente de xviij muis xj sextiers trois minos de sel par lui vendus à la Ville pour le fait de La Charité, lesdis escus à luy baillez sur le pris chacun de xxviij s. p. pièce, vallent en somme ij^c x l. p.

Au Bourgoignon, de Baugency, pour ung challan à luy appartenant qui fut prins de fait pour mener à La Charité, pour ce, par composicion faicte avecques luy, xxxij s. p.

A Jehan le Beaussier, pour x arres de sa voitture faittes sur le pont et ailleurs pour la Ville, x s. p.

A Jehan Vaichot, fèvre, pour lx livres de fer par lui baillé pour la Ville, et autres choses dont il a baillées ses parties, à luy compté à lxvj s. viij d. p. dont il lui a esté rabatu xl s. p. pour viel fer de la Ville, à lui baillé pour ce, cy xxvj s. viij d. p.

A Colin Thomas, pour une pièce de bois par lui prinse japieça de Benart pour le bouloart de la porte Bourgoigne, iiij s. p.

A luy, pour j^c de clo emploié au pont et ailleurs, ij s. viij d. p.

A Jehan Hillaire, recepveur de lad. ville, pour la recepte des nouveaux suscides et autres choses, pour les deux ans de sa recepte, xl l. p.

A Jehan Caillj, pour son sallaire d'avoir faicte la

recepte du sel par l'espace de six mois feniz le xijᵉ jour d'ottobre derrenièrement passé, xx l. p.

A Jehan de Saint Avy, sergent, sur ce que la Ville lui doibt du voiaige qu'il fist au sacre du Roy, xl s. p.

A Colin Thomas, charpentier, demourant en l'ostel de la Ville, pour don à lui fait pour plusieurs peines qu'il a eues pour le fait de la Ville, durant les deux ans desdis procureurs, pour ce, xxxij s. p.

A Jaquet le Prestre, varlet de lad. ville, pour don à luy fait pour ses peines, xxxij s. p.

A Raoulet de Harecourt, pour despence faitte en son hostel, le mardj xxᵉ jour de mars, par Messeigneurs d'église, les Procureurs et conseil de la Ville, quant led. recepveur passa ce présent mandement, pain, vin, poisson et autres choses, xvj l. p.

Somme (mandement du même jour).... iiijᶜ ij l. vij s. iiij d. p.

LVIII. — A Perrin Germain, pour don à lui fait par lesdiz commis et procureurs pour plusieurs peines qu'il a eues, durant le temps desdiz procureurs, à visiter la Tour Neufve, les portes et le guet de ladicte ville, xxxiij s. p

A Estienne Galu, sergent, pour son salaire et d'ung notaire, pour avoir exécuté Guillot Simon pour le reste qu'il doibt de la ferme du vin, ij s. p.

A Maistre Philippe Paris, pour avoir fait les escriptures pour ladicte ville ou procès qu'elle a devant Monsʳ le Gouverneur d'Orliens contre Colin le Percheron, xl s. p.

A Jaquet l'Uillier, pour le fait du procès que ladicte ville a à l'encontre de Jehan Janvier, viij s. p.

A Jehan Hillaire, recepveur de ladicte ville, pour lesdiz deux ans de ce présent compte, pour sa pension ordinaire d'avoir fait la recepte et mise de la Ville durant ledit temps, lxiiij l. p.

A Hance de Chasteauneuf, canonier, pour ses gaiges du mois d'avril et may iiij^c xxix, en monnoie à xx f. marc d'argent, vij l. iiij s. p.. Laquelle somme ledit recepveur a oblié compter cy devant avec les autres, pour ce, cy vij l. iiij s. p. monnoie à xx f. marc d'argent, qui vallent, à vij f. marc d'argent, l s. v d.

A Guillaume Chaumart, sur ce que la Ville lui peut debvoir du temps des précédens procureurs, par l'ordonnance des Procureurs, xvj s. p.

A Jehan Bureau, clerc du baillage d'Orléans, pour ung bail des xij^es des foursbours et du Portereau, ung acte faict touchant le procès qui est contre Janvier, et pour avoir examiné tesmoins en lad. cause, pour tout, xij s. p.

A Jehan Martin, espicier, la somme de neuf livres parisis, monnoie à xj f. marc d'argent, et quatre escuz d'or neufs à lui deubz de reste par ladicte ville, pour prest par lui fait à icelle ville durant le Siége, comme par les parties contenues ou pappier des debtes peut apparoir, lesquelx escuz ont esté appressiez chacun escu à xvj s. p. à vij f. marc d'argent, pour ce, cy pour tout, à vij f. marc d'argent, viij l. xviij s. viij d. p.

A Charlot l'Uillier, sur ce qui lui peut estre deu par la Ville, à lui baillé en monnoie à vij f. marc d'argent, xv l. xvj s. viij d. p.

A Jaquet l'Argentier, sur ce qui lui peut estre deu semblablement, en ladite monnoie, xxij l. p.

A Jaquet Compaing, sur ce qui lui peut estre deu semblablement, en ladite monnoie, xxxij l. p.

A Jehan le Camus, pour le reste à lui deu par ladicte ville du prest par lui fait durant ledit siége, lix s. iiij d. p.

A Pierre Baratin, sur ce qui lui est deu semblablement, vij l. p.

A la vefve feu Gilet de Saint Mesmin, sur ce qui lui peut estre deu par ladicte ville semblablement, xv l. xviij s. ij d. p.

A Jehan Mahy, sur ce qui lui peut estre deu semblablement, c iiij s. p.

A Guiot Boileave, sur ung bacinet qu'il bailla à la sault des Torelles, xxxij s. p.

A Jehan Hillaire, recepveur, la somme de soixante dix livres dix huit sols cinq deniers parisis, monnoie à xj f. marc d'argent, à lui deuebs de reste par ladicte ville, rabatu son impost de la taille mise sus en l'an mil iiij^e xxviij, lesquelles lxx l. xviij s. v d. p. vallent, à vij fr. marc d'argent, xlv l. ij s. viij d. p., et lxxj escuz d'or neufs courans durant le Siége, lesquelx escuz estoient à lxxviij pour marc d'or, vallent lesdiz escuz, au pris de xxiiij s. p. pour réau d'or, lxvij l. iiij s. p. à vij f. marc d'argent, pour ce, pour tout en monnoie, à vij f. marc d'argent, c xij l. vj s. viij d. p.

A Gilet Courtin, notaire, pour son sallaire d'avoir cueilly et levé par deux ans dudit ce présent compte, le suscide que la Ville prent sur les maisons et rentes des forins, tant pour lui comme pour le sergent qui a esté avec lui, en monnoie à vij f., ix l. ix s. iiij d. p.

A Maistre Hervé Lorens, lieutenant de Monseigneur

le Gouverneur d'Orliens, sur ce que la Ville lui peut debvoir, c s. p., desquelx il avoit reppondu pour Jehan Turpin, fermier des porcs sallez, pour ce, cy c. s. p.

A Naudin Bouschart, sur ce que la Ville lui peut debvoir du temps des précédens procureurs, xxj l. p., à xj f. marc d'argent, qui vallent, à vij f. marc d'argent, xiij l. v s. vij d. p.

A Estienne Galu, sergent, pour la tierce partie de c iiij s. p., monnoie à xj f. marc d'argent, deubz par ladicte ville à feu Denis de Cangy, duquel Denis led. Galu, à cause de sa femme, est héritier en ladicte tierce partie, xxxiiij s. viij d. p. de ladicte monnoie, qui vallent, en monnoie à vij f. marc d'argent, xxij s. p., pour ce, cy xxij s. p.

Audit Jehan Hillaire, pour la valleur de deux bacinez à camail par lui baillez aux procureurs de la Ville, le xixe jour d'octobre mil iiij^c xxviij, et portez en la chambre d'icelle Ville, six escuz d'or courans lors, qui, au pris de xviij s. p. pièce, vallent, en monnoie à vij f., c viij s. p., pour ce, cy c viij s. p.

A Jehan Boillève, tanneur, pour le reste à luy deu par ladicte ville du prest par lui fait durant le Siége, lxxvj s. viij d. p.

Somme, depuis l'article où a escript « à Perrin Germain, pour don…, » … iij^c xxxiij l. xvij s. vj d. p.

LIX. — Deniers renduz cydevant en recepte et non receuz pour les causes qui cy après sont déclairées, qui seront cy repris en despence :

De Colin le Percheron, fermier du xij^e Saint Martin sur Loiret, pour l'année derrenière de ce présent compte, à iiij^{xx} j. l. p., de laquelle somme ledit recepveur fait recepte cydevant, et ledit Colin n'en a paié que xlij l. xviij s. p., et pour le seurplus, montant xxxviij l. ij s. p., icelluy Colin pleide à la Ville et en est en procès devant Monseigneur le Gouverneur d'Orl^s, et sur ce a obtenu un mandement du Roy nostre Sire, pour ce qu'il dit qu'il n'a peu exécuter son marché, pour les gens d'armes qui furent à Olivet et sur le pais durant ledit temps, pour ce, cy xxxviij l. ij s. p.

A Guillot Simon, fermier pour ladicte derrenière année du blé et vin entrant et yssant en la ville, de la somme de iiij^{xx} x l. p. dont ledit recepveur fait recepte cy devant, et par les commis de l'Église et Procureurs luy a esté remis, quicté et pardonné xx l. p., pour ce que il disoit que ou bail faisant on lui avoit dit qu'il n'y auroit aucuns exemps de lad. ferme, et aussi qu'il disoit que la vendenge qui avoit esté advencée lad. année en lad. ville debvoit paier, pour ce, cy xx l. p.

De Jehan Prévost, fermier du vin et du blé pour deux mois de la fin de ce présent compte, lequel Jehan Prévost tenoit lad. ferme à xxv l. p. pour mois, et il n'a paié pour mois que xvij l. x s., pour ce que les Procureurs lui ont quicté, remis et pardonné le seurplus, pour ce que lad. ferme luy fut ostée par l'abolicion que fist le Roy nostre Sire, pour ce, cy xv l. p.

De Jehan Janvier, fermier du sel pour ladicte derrenière année de ce présent compte, à vj^{xx} viij l. p., de laquelle somme ledit recepveur fait recepte, et ledit fermier n'en a paié que xj^{xx} j livre xij s., et pour le seurplus montant vj l. viiij s., ycellui fermier est en procès devant Monseigneur le Gouverneur d'Orl^s, pour ce qu'il dit que on lui promist que Mr de Suly ne paieroit riens de ladicte ferme, pour ce, cy vj l. viij s.

Somme desd. deniers renduz,.... lxxix l. x s. p.

LX. — Pour ces présens comptes de forteresse minuter et grosser en trois pappiers de parchemin, pour tout en monnoie à vij fr. marc d'argent, xx l. p.

Pour despense faicte à l'audicion de ces présens comptes où estoient les gens d'église, Monsr le Lieutenant de Monsr le Gouverneur d'Orl^s, le conseil de Monseigneur et de la Ville, les Procureurs et autres, pour tout, xvj l. p.

A Jaquet le Prestre, varlet de lad. ville, pour don à lui fait pour plusieurs peines et travaulx par lui euz et soustenuz pour le fait de ladicte ville durant le temps de ces présens comptes, xxxij s. p.

A Estienne Galu, sergent de Monseigneur le Duc d'Orl^s, pour plusieurs criz par lui faiz pour lad. ville durant ledit temps de ces présens comptes, xxxij s.

A Jehan Cailly, notaire, pour avoir vacqué par plusieurs journées à la visitacion et vérifficacion de ces présens comptes, et pour avoir mis les sommes et conclusions en yceulx, et pour la closture, pour tout, iiij l. p.

Somme de ces v parties,..... xliij l. iiij s. p.

Somme toute de ladicte despence en forte monnoye,.... iij^m v^c liiij l. vj s. v d. p.

Item en monnoye feible, à xx f. marc d'argent,...... iij^m vij^c iiij^{xx} j. xiij l. vij s. viij d. p.

Et la recepte monte en lad. forte monnoye iij^m vij^c iiij^{xx} xiij l. xj s. p., et deux escuz d'or vielz avaluez à xlviij s. p.

Item, en lad. feible monnoye, ij^m ixe liij l. ij s. ix d. p.

Ainsi doit ledit recepveur, en forte monnoye, ij^c xlj l. xij s. vij d. p.

Et lui est deu en lad. feible monnoye, à xx f. marc d'argent, xixe xxvij l. iij s. xj d. p., qui ont esté avaluez en lad. forte monnoie à vij f. marc d'argent, à vj^e lxxiiij l. x s. iiij d. p.

Ainsi, tout déduit et rabatu, tant d'une monnoie que d'autre, est deu aud. recepveur iiij^c xxxij l. xvij s. ix d. p. à vij f. marc d'argent.

Ce présent compte rendu pardevant Nous, Hervé Lorens, licencié en lois, lieutenant général de noble homme Monseigneur le Gouverneur d'Orl^s, commissaire du Roy nostre Sire en ceste partie, par Jehan Hillaire, recepveur, à honnorables hommes et saiges Maistre Jehan Parine, arcediacre de Baugencj, Maistre Guillaume de Beaumont, chanoyne de Saint Père Empont et Maistre Pierre Compaing, chanoyne de Saint Aignan d'Orl^s, commis par les gens d'église quant à la fortifficacion de la ville d'Orl^s, à Jaquet de Loynes, Cosme de Comy, Gaultier Simon, Jehan Aubelin, Jehan Hate, Jehan de Troies, Pierre le Fèvre, Colin Mahy, Jehan l'Uillier et Guillaume Acarie, de présent procureurs de lad. ville, lesquelx commis et procureurs ont passé ledit compte, ainsi qu'il gist, et ont tenu et tiennent les receptes et mises dedans contenues pour bonnes et valables et bien vériffiées, après que lesd. commis de l'Église ont dit que plusieurs des mises contenues dedans ledit compte ilz ont passé et passent pour occasion des guerres qui ont eu cours durant le temps dudit compte, et ont fait protestacion que ce qu'ilz ont passé soit senz préjudice ou temps advenir de ceulx de l'église d'Orl*. Et à ce faire ont esté présens Frère Estienne Courtin, prieur de Saint Sanxon d'Orl*, et Maistre Jehan de Thory, chevecier de Saint Père Empont, eulx disans de présent commis de par lesd. gens d'église à lad. fortifficacion, lesquelx ont dit que led. compte ilz ne passent ne contredient. Ce fait en la présence de Jehan Cailly, clerc notaire juré de Chastellet d'Orléans à ce appellé et requis, le lundj xviij° jour d'aoust, l'an mil ccc trente et deux. *Signé :* J. Cailly.

Distribucion faicte par lesdiz procureurs et recepveur de la quantité de xv muiz x mines de blé, xiiij tonneaux de vin, et de la somme de ix l. xij s. p. receuz le jeudj absolu, xxiiij° jour de mars m¹ iiij° xxviij, par Maistre Jehan le Prestre, garde de la prévosté d'Orliens, et par Jehan le Camus, l'un desdiz procureurs, en la présence de Jehan Cailly, notaire de Chastelet d'Orliens, d'aucuns particuliers de la ville d'Orliens, par emprunt, comme il appert par un roole sur ce fait. Ladicte distribucion faicte aux gens de guerre estans en jcelle ville, pour leur aidier à vivre, et du consentement des bourgois, manens et habitans d'icelle ville.

Premièrement.

Aux Escossois estans en jcelle ville, iiij tonneaux et demy dudit vin et iij muiz et demj dudit blé.

A Monseigneur de Graville, j tonneau et demj de vin et un muy et demy de blé.

A Madre, j traverssin de vin et demy de blé.

A Denis de Chailly, j tonneau et demy de vin et j muy et demy de blé.

A Thibault de Termes, j traverssin de vin et v mines de blé.

A Monseigneur de Guitry, j traverssin de vin et viij mines de blé.

A Monseigneur de Coaraze, j traverssin de vin et v mines de blé.

A Messire Theaude, j tonneau et demj de vin et un muy et demy de blé.

A Messire Cernay, j traverssin de vin et vj mines de blé.

A Poton de Sainterailles, j tonneau de vin et x mines de blé.

A Monseigneur le Mar^al, ij tonneaux de vin et ij muiz de blé.

A Monseigneur de Villars, j tonneau et demj de vin et j muy et demj de blé.

Aux sergens et notaires, pour leurs salaires d'avoir esté par ladicte ville querir lesdiz blé, vin et argent, pour le salaire des porteurs et deschargeurs qui ont porté ledit blé et tiré ledit vin, et pour la despence de trois Escossois ausquelx on donna à disner ledit jeudj absolu, pour ce qu'ilz furent avec lesdis sergens et notaires à ce que ledit emprunt se feist plus tost, pour ce, pour tout, viij l. ij s. iiij d. p.

TABLE ALPHABÉTIQUE DES NOMS CITÉS

A

Abbencourt (Louis d'), pages 178, 201.
Abreuvoir (Porte de l'), 281.
Acarie (Guillaume), 244.
Acarie (Jehan), 396.
Alebret (d'), voir Le Bret.
Alement (Jehan L'), 311, 335.
Alençon (Jehan, duc d'), 94, 95, 97, 98, 99, 100, 102, 103, 105, 106, 108, 114, 116, 121, 125, 127, 128, 138, 139, 140, 152, 199, 204, 220, 227, 233, 318.
Amade, 71.
Amadoc (Falconbridge d'), 140.
Amboise (Pierre d') (voir Seigneur de Chaumont).
André (Tour), 279, 338, 361, 366.
Angloix (Jehan L'), 217.
Angus (Vicomte d'), 195.
Anjou (Charles d') 233, 249.
Arciac (Macias d'), 159, 172, 173, 176, 178, 203.
Argentier (Jaquet L'), 209, 210, 273, 276, 318, 380.
Asturgon, 177.
Aubelin (Jehan), 396.
Aubespin (Estienne de L'), 212.
Augustins (Bastille des), 148.
Augustins (église et couvent des), 4, 84, 142, 153.
Augy (Pierre d'), 158.
Aulin (Galobre d'), 205.
Aulon (Jehan d'), 50.
Aumône Saint-Pouair, 15.
Aumône d'Orléans, 57, 263.
Auxerre, 108.
Avolle (Estienne), 221.

B

Baignart (Robert), 216, 221, 225, 228, 234, 241, 247.
Baillon (Yvon Le), 190.
Bailly (Peisson), 324.
Banier (Boulevart de la porte), 26, 29, 55.
Banier (Porte), 277.
Bar (le Bourg de), 36, 90.
Bar, René (Duc de), 113, 116, 121.
Baratin (Pierre), 209, 215, 219, 249, 273, 276, 305, 367.
Barbazan (de), 234.

Barnaire ou Bernare (Jehan de), 180, 205.
Bataille (Gilet), 298.
Baudricourt (Robert de), 35, 44, 45.
Baudry (Jaquemart), 377.
Beaugency, 101, 102, 138, 142, 151, 152, 198.
Beaugenet (Simon de), 32.
Beauharnois (Jehan), 275, 324, 369.
Beaumont (Guillaume de), 396.
Beauvilliers (Jehan de), 311.
Beauvoir (Pierre de), 172, 173, 179, 192.
Belle Croix (la), 8, 16, 18, 25, 27, 79.
Belles, 5.
Bessonneau (Pierre), 203.
Bethefort (duc de), 63, 70, 115, 117, 118, 120, 121, 125.
Beuf (Pierre Le), 194.
Bey (Alain du), 59, 335.
Bez (Guillaume du), 231.
Bichete, 167, 187.
Biset (Henry), 93.
Blanc (Jehan Le), 335.
Blanchefort (Jehan de), 185.
Blar (Thomas), 160.
Boillève (Girard), 386.
— (Guiot), 210, 216, 229, 273, 358.
Boillève (Guy), 276, 305.
— (Jehan), 96, 209, 220, 273, 276, 305, 366, 370.

Bois (Jacques du), 187, 190, 201, 231.
Boitart (Pierre), 211, 274.
Bonnet (Pierre), 238, 251.
Bonny, 107.
Borde aux Mignons (La), 59.
Borgne (Raymonet le), 159.
Bouchart (Naudin), 370, 393.
Boucher (Jacques), 77, 278, 346, 347, 364.
Bouchier (Pasquier), 229, 362.
Boulard (Philippot), 162.
Boulligny (Regnier de), 239.
Boulogne (Comte de), 108.
Bourbon (duc de), 121, 125, 127, 129, 144, 249.
Bourdons (Ile aux), 146.
Bourgogne (Porte de), 14, 281, 367.
Bourgogne (Philippe de), 52, 70, 130.
Boursier (Jehan Le), 225.
Bouzon de Fages, 174, 175, 179, 201, 262.
Bret ou d'Albret (Guillaume de Le), 34, 37, 43, 199, 249.
Breton (le petit), 28.
Brie (Jehan de), 203.
Brosse (Maréchal de), 199.
Brosses (Olivier des), 343.
Brune (Renaud), 162, 317.
Brunet (Perrin), 213.
Brusac (Gaultier de), 191, 204.
Bueil (Seigneur de), 11, 165, 171, 197, 199, 226.
Bureau (Jehan), 369, 371, 391.

C

Cailly (Jehan), 212, 215, 222, 224, 229, 248, 303, 355, 364, 376, 390, 395, 397.

Camus (Jehan le), 210, 212, 213, 214, 215, 216, 263, 273, 276, 305, 364, 370, 397.

Canède, 39, 83, 239, 242.

Canteau (Tour feu Michault), 387.

Caours (Guillaume de), 384.

Carmes (les), 14.

Carré (Robert), 297, 370.

Caseau (Jehan), 210, 219, 251, 262.

Cauchon (Pierre), 118.

Cernay, 12, 32, 174, 186, 398.

Cerquenceaux (Abbé de), 22.

Céville (Jehan de), 215.

Chabannes (Jacques de), 11, 20, 21, 26, 32, 33, 35, 165, 171, 173, 178, 252.

Chabot (Jehan), 43.

Chailly (Denis de), 32, 33, 83, 178, 185, 189, 203, 397.

Champeaulx (Agnez de), 221.
— (Jacquet de), 386.

Chappelle (Guillaume de la), 143.

Chappelle (Pierre de la), 6, 160, 162.

Charlemagne (Bastille de l'Ile), 148.

Charpault (Estienne), 253, 374.

Charpenterie (Rue de la), 64.

Charron (Guillaume), 161.

Chartres (Regnault de), 51, 110.

Chartres (Vidame de), 100.

Chaslussel (de), 253.

Chasteauneuf (Hance de), 391.

Chasteigneraye (Bastard de la), 197.

Châteaubrun (Seigneur de), (Voir Jehan de Mailhac), 43.

Chaumont sur Loire (Seigneur de), 11, 108, 172, 173, 174, 178, 187, 189, 197, 228, 242.

Chauvigny (Seigneur de), 100, 108, 199.

Chécy, 74, 75, 146.

Chesneau (Poterne), 5, 17, 54.

Cheure (Pierre), 159.

Chevillon (Jehan), 229.

Clerc (Jehan Le), 237, 311.

Clermont (Comte de), 32, 36, 38, 40, 43, 44, 50, 51, 79, 108.

Cléry (Notre Dame de), 13, 142.

Clichy (Jehan de), 295, 296.

Cliford (Comte de), 152.

Cloux (Antoine le), 159.

Coffineau (Raimonet), 203.

Commercy (Seigneur de), 113.

Comminge (Bernard de) 158, 172, 174, 178, 186, 189, 202.

Compaing (Guillemin), 253.
— (Jaquet), 209, 219, 222, 236, 250, 258, 266, 273, 276, 304, 305, 327, 355, 366, 370, 371.

Compaing (Jehan), 276, 305, 340, 366.

Compaing (Pierre), 396.

Compiègne, 250, 252.

Comy (Cosme de), 396.

Conflans (Seigneur de), 161.
Contes (Loys de), 50.
Cordeliers (Les), 14.
Cormereau (Jaquet), 374.
Coulonces (Baron de), 81, 82, 83, 89, 91, 147, 204, 210.
Courras (Seigneur de), 6, 33, 89, 92, 159, 171, 174, 178, 186, 190, 398.
Courtin (Estienne), 397.
— (Gilet), 253, 392.
Cousinot (Guillaume), 265, 374.
Coutilly (Baron de), 199.
Criston (Jehan), 196.
Croix Boisée (la), 21.
— (Boulevart de la), 26, 54.
Croix de Fleury, 73.
Croix Morin (la), 61, 80.
Cuise (Thibault de), 203.
Cuiveret (la Grange de), 60, 65, 74.
Culan (Louis de), 23, 24, 51, 107, 108, 113, 129, 161, 199.
Culan (Philippe de), 190.

D

Daridel (Regnault), 168.
Darie (Gonsalve), 196.
Dinan (Jacques de), 101.
Doignon (Louis du), 183.
Doulce (Guillemin), 248.
Drion (Geffroy), 256, 327.
Ducail (Jehannette), 211.
Duisy (Guillaume), 17.
Dunois (Comte de), (Voir Jehan, bâtard d'Orléans).
Durant des Barres, 202.

E

Enfant (Guillaume L'), 205.
Escalles (d') ou de Scales, 3, 15, 20, 33, 53, 63, 103, 104, 138, 140.
Escuier (Guillaume L'), 226, 228.
Estienne, 240, 304.
Estissac (d'), 226.
Estosse (Vicomte d'), 199.
Estuart (Guillaume), 34, 37, 41, 43.
— (Jehan), 36, 40, 43, 181.
Estumes (Guillaume d'), 183.
Évesque (Tour de Monsieur L'), 375.
Évreux (Bailly d'), 3, 38, 102.

F

Faiéte (Gilbert de la), 36.
Fascot (Jehan), 26, 38, 44, 46, 96, 103, 105, 140.
Fauveau (Guillaume), 55.
Favière (Pressoir de la), 4.
Ferrando de Civile, 174, 177, 178, 203.
Ferrière (Bertrand de la), 192.
Ferrières (Jehan de), 201.
Fèvre (Gervaise Le), 356.
— (Pierre Le), 396.
Fitz-Walter, 140.
Flambert (Rivière), 24, 373.
Flandre (Antoine de), 198.
Flavy (Guillaume de), 124.

Fleury aux Choux, 69, 71.
Fontaines (Rigault de), 163, 187, 193, 201, 254.
Fontenil (Pierre de), 164, 165, 166, 170, 172.
Fossé (Guion du), 215, 237, 256, 280, 319, 370, 386.
Fossé (Simon du), 358, 359, 362.
Foucault (Jehan), 121, 129, 192, 201.
Fouquembergue (de), ou Falcombridge, 3, 140.
Fournier (Simon), 303, 325, 371, 379.
Framberge (Pierre), 374, 378.
Fratames (Regnault de), 35.
Fréron (Simon), 247, 370, 374.

G

Galardon de Goulart, 193, 201.
Gallier (Colin), 210, 369, 371.
Galoys (Henry), 160.
Galu (Estienne), 224, 250, 253, 381, 390, 393.
Gasquet (Jehan le), 21.
Gastelier (Le), 27.
Gaucourt (Seigneur de), 7, 34, 83, 157, 162, 163, 198, 199, 219, 231, 253, 264, 354, 365, 377, 385.
Germain (Pierre), 362, 374, 390.
Gien, 107, 108, 130, 254, 256.
Girard (Jehan), 159, 194, 197, 201.

Giraut (Benoit), 211.
Giresmes (Nicole de), 87, 161, 172, 179, 187, 189, 197, 202, 226, 232, 238.
Giron (Alain de), 73, 82, 89, 193, 201.
Glacidas, 3, 9, 13, 17, 79, 87, 147, 150.
Gourdon (Pierre de), 201.
Graville (Seigneur de), 37, 44, 65, 82, 83, 89, 92, 113, 121, 139, 159, 167, 185, 187, 189, 190, 228, 397.
Gres (Seigneur de), 3, 54.
Greslier (Guillaume), 238, 242.
Guéthin (Richard), 138.
Guevard (Thomas), 140.
Guilhem (Arnault), 139, 140, 193.
Guillau (Arnault), 201.
Guiot des Champs, 177, 189.
Guitry (Seigneur de), 6, 398.
Gyves (Jehan de), 306.

H

Haie (Jehan de la), 257.
Hallet (Jehan), 319, 320, 341, 361.
Hameton (Guillaume), 160.
Harcourt (Bâtard d'), 197.
— (Christoffe d'), 199, 220.
Harecourt (Raoulet d'), 239, 241, 248, 358, 374, 390.
Hate (Jehan), 306.
Heaume (Tour du), 277, 282.

Héraumont (Jehan de), 159, 168, 203.
Hérault, 167.
Héron (Robin), 61.
Hervé Saint Denis, 203.
Heusse (Guillaume), 203.
Hillaire (Jehan), 209, 254, 273, 389, 391, 396.
Hôtelleries (Rue des), 45, 56.
Houston (Thomas), 160.
Hubert (Jehan), 198.
Hungerford (Comte de), 104, 140.
Hurecoq (Jehan), 313.

I

Illiers (Florent d'), 73, 78, 81, 89, 91, 95, 147, 196, 204, 217, 218, 380.
Iniers (Gilet d'), 238.

J

Jacobins (les), 14.
Jaille (Hector de la), 181.
Janvier (Jehan), 394.
Janville, 152, 198.
Jaques (Frère), 356.
Jargeau, 13, 27, 31, 56, 92, 96, 99, 137, 142, 152, 198, 222, 237, 257, 306.
Jehan, bastard d'Orléans, 10, 18, 25, 32, 36, 41, 43, 44, 51, 53, 57, 65, 75, 79, 81, 83, 85, 92, 95, 108, 116, 121, 137, 138, 139, 144, 146, 147, 148, 152, 163, 165, 171, 173, 177, 185, 187, 188, 199, 212, 222, 228, 229, 232, 233, 236, 238, 241, 247, 252, 253, 257, 260, 261, 322.
Jehan d'Arc, 243, 254.
Jehan (François), 96.
Jehan (Maître), chirurgien, 195.
Jehan (Maître), couleuvrinier, 18, 21, 24, 28, 54, 98, 250, 256, 298, 302, 303, 324, 325.
Jehanin (François), 311.
Jehanne d'Arc, 34, 44, 46, 58, 62, 74, 75, 79, 80, 81, 83, 84, 85, 88, 89, 90, 91, 93, 94, 95, 96, 98, 99, 100, 102, 104, 105, 108, 110, 112, 114, 116, 121, 125, 127, 130, 135, 136, 139, 140, 145, 146, 147, 148, 149, 150, 151, 218, 219, 220, 221, 310, 311, 364.
Jondoigne (Jehan de), 167, 187.
Josselin (Bernard), 371.
Jouvelle (de), 230.

L

Labret (Guillaume de), 161.
La Hire (voir Vignolles), 12, 29, 31, 32, 33, 39, 40, 42, 44, 51, 65, 78, 81, 83, 89, 95, 104, 108, 117, 121, 125, 138, 139, 140, 146, 147, 148, 158, 162, 234, 243, 247.
Lange (Bâtard de), 58.

Lancelot de Lisle, 3, 20, 24, 31.
Laval (Seigneur de), 100, 108, 116, 125, 138, 139, 199.
Leclère (Jehan), 96.
Le Fèvre (Robert), 192.
Lesbahy (Jacques), 162.
Lescot (Gaston de), 193, 201.
— (Jehan de), 34, 158, 168, 169, 172, 178.
Ligier (Droet), 217.
— (Jehan), 274.
Lignage (Jehan), 213.
Ligny (comte de), 70,
Linaux (Douard de), 160.
Linières (de), 199.
Lohéac (Seigneur de), 100, 108.
Londres (Bastille de), 148.
Longueval (Bâtard de), 203.
Loré (Ambroise de), 76, 104, 112, 119, 120, 129, 192, 204.
Lorens (Hervé), 211, 213, 257, 292, 298, 340, 355, 371, 388, 393, 396.
Louée (Pont de la), 279.
Loynes (Jaquet de), 242, 333, 378, 396.
Loys (Frère), 216, 225, 242, 249.
L'Uillier (Charlot), 209, 211, 214, 241, 273, 276, 305, 366.
L'Uillier (Estienne), 254, 288, 315, 318, 319, 362, 386.
L'Uillier (Jaquet), 390.
— (Jehan), 396.
Luxembourg (Jehan de), 52, 70.

Luxembourg (Louis de), 125.
Lymueil (Seigneur de), 183.

M

Maçon (Robert Le), 110.
Madre (Guillaume), 178, 186, 189.
Magdeleine (la), 20, 33.
Mahy (Colin), 396.
— (Jehan), 216, 220, 241, 273, 305, 354, 370, 372.
Mailhac ou Nailhac (Jehan de), 41,
Maillet (Jehan), 197.
Mailly (de), 199.
Malleville (David), 160, 174, 177.
Mantes (Bailli de), 87.
Marche (Bâtard de la), 196, 205.
Marchenoir, 36, 106.
Marescot (Jehan), 212.
Marie (la reine), 107.
Marques (Mathieu des), 226.
Martigny, 187.
Martin (Jehan), 209, 213, 215, 273, 276, 305, 366, 374.
Mascaran (le Bourg de), 72, 201.
Mascon (Jean de), 147.
Mathays, 138.
Mathias, 6.
Meaulx (Maurice de), 186, 190.
Mégret, 96

Menicles (Jehan), 232, 234.
Meung-sur-Loire, 12, 13, 89, 101, 102, 103, 138, 142, 144, 151, 152, 198, 240.
Meung-sur-Yèvre, 358.
Metz (Jehan de), 45.
Mignon (Berthault), 60.
Moncy (Jehan de), 217, 277.
Mont (Gilet du), 308.
Montargis, 6, 130.
Montesclere [ou Monsteiller (Jehan de), 183, 190.
Montpipeau, 105.
— (Seigneur de), 226, 252.
Montpellier, 325, 340.
Morchoasne (Gilet), 378.
— (Jehan), 209, 211, 219, 227, 236, 273, 274, 276, 305, 366, 370, 378.
Morchoasne (Oudart), 329.
Morhier (Simon), 38, 125.
Moreau (Jehan), 235.
Mortemar (de), 222, 232.
Moslaux (de), 226.
Moulins (Seigneur de), 3, 87, 150.
Mur (Perroton du), 218.

N

Neuville (Jehan de), 201.
Nolet (Colin), 219.
Novion (Pierre), 215.
Norwil (Alexandre), 160.
— (Michel), 196.

O

Ogilby (Patrice d'), 179.
Olivet, 146, 238.
Orbette (L'), 69.
Orléans (Bâtard d'), (voir Jehan).
Orléans (Charles, duc d'), 52, 141, 142.
Orléans (Ville d'), 45, 47, 51, 53, 55, 68, 71, 73, 89, 105, 144, 153, 154, 267.
Oudet (Voir Verduran), 164.

P

Paillier (Pierre), 202.
Pallière (Girault de la), 140, 159, 168, 171, 174, 178, 186, 190, 194, 205, 227, 229.
Panassac (Galobre de), 158, 196, 205.
Parine (Jehan), 276, 305, 329, 366, 396.
Paris (Bastille dite de), 148.
Paris (Philippe), 222, 224, 236, 244, 246, 258, 274, 275, 340, 358, 364, 370, 390.
Parisis (Porte), 57, 278, 366, 367.
Patay, 103, 139, 152.
Pemnarch (Henry), 159.
Perrot Le Bouteiller, 177.
Picart (Jehan), 233.
Pichore (Jehan), 222, 230.
Pierre (Charlot de la), 197.

Pierrebonne (Ferrando de), 189.
Philippot, 236.
Pleceis (Guiot du), 197.
Pol (Jehan), 159.
Polongy (Bertrand de), 45.
Pommins (Seigneur de), 3, 87, 150.
Pont (Jehan du), 255, 256, 301, 313.
Porteriau ou Portereau (le), 2, 4, 23, 142, 148, 210, 288.
Pot (Jehan), 196.
Pothon de Sainctes Trailles, 6, 31, 32, 33, 38, 39, 42, 44, 52, 65, 69, 92, 104, 108, 125, 139, 140, 162, 171, 174, 177, 179, 182, 186, 190, 204, 238, 248, 280, 398.
Poulle (De la) ou de la Pole (Alexandre), 96, 99.
— (Guillaume), 2, 63, 96.
— (Jean). 2, 20, 96, 99, 137.
Pressoir Ars, 68, 74, 136, 148.
Prestre (Hugues Le), 244.
— (Jaquet Le), 224, 225, 226, 228, 235, 241, 300, 363, 373, 395.
Prestre (Jehan Le), 209, 397.
Prévost (Jehan), 394.
Prie (Seigneur de), 108, 197.
Prieur (Robin), 320.
Puiseux (Aymart de), 66.
Puy (Bernart du), 210.
— (Yvon du), 201.

R

Rabateau (Jehan), 232.
Rambures (Seigneur de), 194.
Rameston (Thomas), 44, 104.
Ratelet (Jehan), 125.
Rays (Maréchal de), 76, 79, 81, 83, 89, 91, 108, 113, 121, 125, 127, 138, 139, 146, 147, 191, 199, 210, 227, 362.
Recourt (Raoulet de), 209, 210, 212, 217, 233, 254, 264, 273, 276, 329, 378.
Reddo (Crespon), 211.
Regnault (Guillaume), 99.
Remonet, 28.
Renart (Jehan), 373, 386.
— (Bastille de la Porte), 22, 23, 25, 26, 30, 31.
— (Porte), 21, 77.
Ricarville (Guillaume de), 205.
Richard (Frère), 109, 235, 236, 238.
Richemont (Comte de), 101.
Richeville (Louis de), 242.
Riffart (Pierre), 197.
Rivière (Oudet de), 158.
Roberton des Croix, 197, 204.
Roche (Jehan de la), 183.
Rochechouart (Jehan de), 184.
— (Loys de), 41.
Romessault (Bernard de), 203.
Rosier (Husson), 345.
Rosseaume (Guillaume), 229.

Rouvesserelles (Jehan de), 202.
Rouvroy de Saint-Denis, 38, 46, 144.
Roux (Guillaume Le), 213.

S

Salisbury (Comte de), 1, 9, 12, 13, 16, 141, 142, 143.
Salle (Denis de la), 232.
Saint Aignan, 16, 88, 153, 240, 241.
Saint Aignan (Chapelle de), 19.
Saint Aignan (Église de), 13, 153, 155.
Saint Aignan (Moulins de), 28.
Saint Anthoine, 143.
Saint Avy (Église de), 14.
Saint Avy (Jehan de), 281, 297, 319, 360.
Saint Avy (Oudin de), 280, 314, 323, 378.
Saint Euverte, 88, 153, 240.
Saint Euverte (Église de), 19, 58, 153.
Saint Gervais, 19.
Saint Gilles (Seigneur de), 139.
Saint Hilaire, 232, 242, 244, 253.
Saint Jehan le Blanc, 72, 84.
— (Bastille de), 148.
Saint Jehan le Blanc (Turcie de), 4.
Saint Ladre, 20, 54, 69.

Saint Laurent (Bastille de), 148.
Saint Laurent (Boulevard de), 22, 23, 26, 30, 33, 67, 208.
Saint Laurent (Église de), 15, 20.
Saint Loup (Bastille de), 57, 58, 81, 135, 146, 148, 204.
Saint Loup (Église de), 19.
— (Port de), 22, 23, 28.
Saint Mamert, 240.
Saint Marc (Église de), 19.
Saint Marceau, 68.
Saint Mathurin, 15.
Saint Mesmin, 241.
Saint Mesmin (Aignan de), 285, 286.
Saint Mesmin (Gilet de), 211, 304, 332, 334, 345, 365.
Saint Michel (Église de), 44.
Saint Michel (Jehan de), 51, 152, 241.
Saint Mor (Colin de), 371, 379.
Saint Paul (Église Notre Dame de), 154, 225.
Saint Père Empont, 7.
Saint Pol (Bâtard de), 121.
Saint Pouair (Bastille de), 82.
Saint Pouair (Église), 20, 69, 78.
Saint Privé (Bastille du Champ de), 148, 149.
Saint Privé (Champ de), 24.
Saint Sabin (Denis de), 159, 245.
Saint Sanson, 214, 247, 281.

Saint Sevère (Seigneur de), 10, 18, 20, 24, 25, 30, 32, 33, 37, 44, 51, 59, 79, 81, 82, 83, 89, 92, 95, 108, 113, 121, 125, 138, 139, 161, 165, 171, 173, 177, 188, 196, 239, 252.

Saint Sigismond, 105, 139.

Saint Vallier Seigneur de), 126.

Saint Victor (Église de), 14.

Saint Vincent des Vignes (Église de), 19.

Sainte Catherine, 242.

Sainte Croix (Église de), 43, 81, 147, 153, 154, 241.

Saintes Trailles (Seigneur de), 6, 31, 37, 83, 89, 119, 120, 143, 158, 204, 229.

Sandillon, 27.

Saulton, 39.

Sauvaigne (Pierre), 230.

Savore (Guillot), 209, 317, 321.

Savore (Jehan), 319.

Serceaulx (Robert de), 276, 305, 344.

Seigna (Jehan de), 197, 201.

Serly (Alain), 196.

Serves (Guillaume de), 189, 201.

Simon (Gaultier), 396.

Souliers (Rue aux Petits), 16.

Spencer (Richard), 140.

Stewart (voir Estuart).

Suffort (Comte de), 20, 53, 63, 96, 98, 99, 137.

Sully sur Loire, 100, 105.

Sully sur Loire, (Seigneur de), 108.

T

Talbot (Jehan), 15, 20, 53, 63, 102, 104, 138, 140, 144, 148, 151, 152.

Tassin Gaudin, 140.

Termes (Thibaut de), 83, 104, 108, 109, 172, 173, 179, 187, 190, 201, 227, 398.

Ternay, 31.

Tessier (Jehan du) 197.

Texier (Philippot Le), 304, 374.

Théaulde de Valpergue, 11, 24, 31, 140, 178, 179, 186, 189, 201, 231, 398.

Thévenon de Bourges, 380.

Thomas (Colin), 372, 373, 375.

Thory (Jehan de), 397.

Thouars (Vicomte de), 37, 44, 108, 144, 242, 246.

Thudual de Kermoisan, 95. 108.

Thudual le Bourgois, 192.

Tilloy (Jamet du), 44, 65, 81, 83, 89, 95, 104, 108.

Tonneau (Jehan), 60.

Tonnelerre (Moyne de), 203.

Torcy (de), 198.

Toujouze (Bertrand de), 193. 201.

Tour (Seigneur de la), 37, 44, 51, 192, 199.

Tour d'Auvergne (Seigneur de la), 100.

Tourelles (Les), (voir Tournelles).

Tour Neuve, 5, 84.

Tour Notre Dame, 10, 31, 143, 387.

Tournelles (Les), 5, 8, 9, 10, 13, 16, 25, 54, 84, 88, 143, 144, 148, 149, 150.

Touze (Baudrain), 174, 190, 194.

Trémagon (Louis de), 197.

Trémoille (Seigneur de la), 106, 108, 121, 123, 378.

Troies (Jehan de), 229, 239, 332, 367, 378, 396.

Troyes, 109, 112.

Turpin (Champ), 53, 65.

— (Colombier), 27.

Turquoys (Jehan), 46.

V

Vaucourt (Louis de), 168, 186, 190, 193.

Védille, 21.

Velly (Jehan de), 232.

Vendome (Comte de), 95, 100, 108, 116, 121, 125, 129, 138, 139, 199, 201, 220, 251.

Véon (Jehan Le), 332.

Verduran (Seigneur de), 34, 38, 41, 43.

Vernade (Guillaume de), 55.

Vignolles (Estienne de), 12, 157, 166, 169, 171, 196, 204.

Villars (Seigneur de), 6, 31, 81, 83, 158, 162, 163, 171, 173, 176, 178, 182, 186, 190, 200, 227, 232, 233, 398.

Villebresme (Jehan de), 277.

Voiau (Jehan), 355.

Vollent (Jehan), 210.

W

Wischard (Jehan), 160, 163.

TABLE DES MATIÈRES

	Pages
Préface	I
Journal du Siège	1

DOCUMENTS DIVERS

I. — Note de Guillaume Girault	135
II. — Prises de Meung et de Beaugency. — Bataille de Patay	137
III. — Récit abrégé du Siège et établissement de la procession anniversaire du 8 mai	141
IV. — Extrait du compte de Hémon Raguier, trésorier des guerres du Roi, relatif à l' « advitaillement et recours sur les Anglois de la ville d'Orliens »	157
V. — Comptes de la ville d'Orléans, 1429-1431. — Mandements de paiement de dépenses de commune	209
Quittances à l'appui des comptes de commune et de forteresse	259
Lettres de Charles VII, roi de France, données à Jargeau, en février 1429	267
Compte de forteresse	273
Table alphabétique des noms cités	399

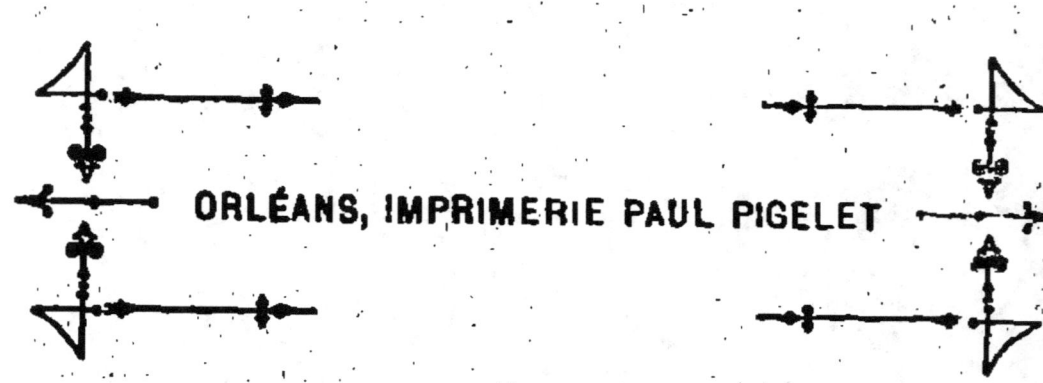

www.ingramcontent.com/pod-product-compliance
Lightning Source LLC
Chambersburg PA
CBHW051621230426
43669CB00013B/2140